剖析计量交易策略
创建持续赢利模式

QUANTITATIVE
TRADING STRATEGIES

McGraw Hill Education

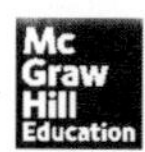

《市场赢家生存智慧》丛书

计量技术操盘策略

（美国）拉尔斯·卡斯特勒（Lars Kestner）◎著

郑 皑　刘宏伟◎译

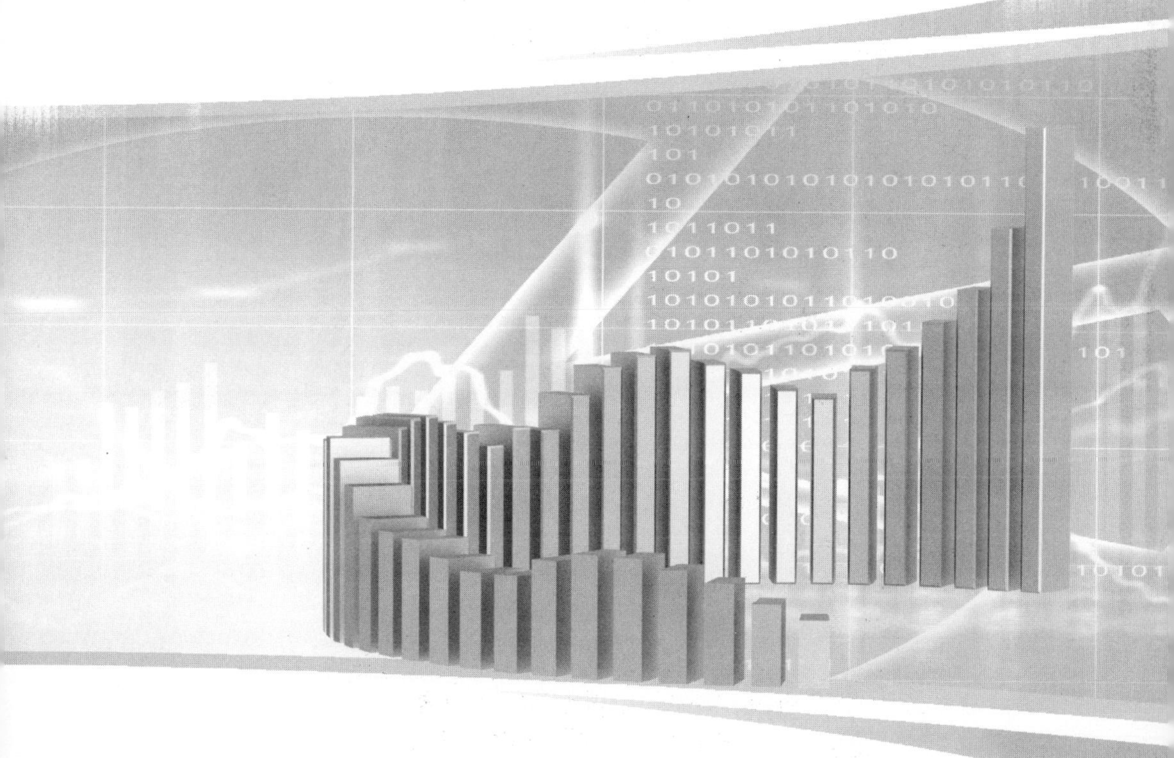

SPM

南方出版传媒

广东经济出版社

·广州·

图书在版编目（CIP）数据

计量技术操盘策略/（美）拉尔斯·卡斯特勒（Lars Kestner）著，郑皑，刘宏伟译—广州：广东经济出版社，2014.9
（市场赢家生存智慧丛书）
ISBN 978-7-5454-3498-9

Ⅰ.①计… Ⅱ.①卡…②郑…③刘… Ⅲ.①股票交易—基本知识 Ⅳ.①F830.91

中国版本图书馆CIP数据核字（2014）第154220号

Lars Kestner.
Quantitative Trading Strategies：Harnessing the Power of Quantitative Techniques to Create a Winning Trading Program
ISBN：0-07-141239-5

著作权合同登记号：19-2014-084

出版发行	广东经济出版社（广州市环市东路水荫路11号11～12楼）
经销	全国新华书店
印刷	湛江日报社印刷厂
	（广东省湛江市赤坎康宁路）
开本	730毫米×1020毫米 1/16
印张	22
字数	369 000字
版次	2014年9月第1版
印次	2014年9月第1次
印数	1～5 000册
书号	ISBN 978-7-5454-3498-9
定价	68.00元

如发现印装质量问题，影响阅读，请与承印厂联系调换。
发行部地址：广州市环市东路水荫路11号11楼
电话：（020）38306055 38306107 邮政编码：510075
邮购地址：广州市环市东路水荫路11号11楼
电话：（020）37601950 营销网址：**http://www.gebook.com**
广东经济出版社新浪官方微博：**http://e.weibo.com/gebook**
广东经济出版社常年法律顾问：何剑桥律师

目录

第二部分　利用计量技巧,构建交易程序

致谢

希望借此机会向那些直接或间接协助我完成本书的人表达谢意。

我的父亲尼尔（Neil）和母亲阿尼纳（Arlene）总是鼓励我追求自己的梦想，不管这些梦想看起来是多么高不可及。

感谢克里斯汀（Kristen），她曾在我熬夜写稿的过程中，陪伴我度过一个又一个夜晚。

感谢我的朋友们，他们多年来帮助我步入金融领域，并形成自己的思想观念。这些朋友包括安迪·康斯坦（Andy Constan）、司各特·德雷普（Scott Draper）、里昂·葛罗斯（Leon Gross）、肯·麦康希（Ken Mackenzie）和杰斯·彭纳（Josh Penner）。还要向《股票与商品》（*Stocks and Commodities*）杂志的前编辑汤姆·哈度（Tom Hartle）致谢，他曾发表了我 19 岁时写的一些文章。文章的发表增强了我从事更深入研究的信心。另外，还要感谢司各特·比伯（Scott Bieber）和尼克·西赛罗（Nick Cicero），他们两人整理了本书的初稿，并提出许多建设性建议。也要感谢麦格劳·希尔公司的史蒂芬·艾赛克（Stephen Issacs）和司各特·柯兹（Scott Kurtz），他们协助我把粗略的构想整理成为完整的作品。最后要感谢我的两只猫：托马斯和葛雷，它们经常在笔记本电脑旁陪伴我到深夜，作为合著者，它们或许也拥有部分版权吧。

序言

啊，财富，

像月亮般变幻不定，

时盈时亏，

令人沮丧的生活啊，有时亏待我们，

有时又满足我们最疯狂的欲望，

贫穷和权利在生活中融化，

如同冰块一样。

——摘自舞台大合唱 *Carmina Burana*

卡尔·奥赫夫著（1895－1982）露西 E. 柯路斯 译

写本书的初衷

如引言所述，本书是关于风险投资的。本书重点在于讲述建立买卖金融资产的交易策略和管理与之相关的风险。虽然我们无法预测下一笔交易是赢利还是亏损，但是利用计量工具我们可以鉴别风险和回报，在确保预期赢利的同时尽可能减少风险。这也是长期交易成功的关键。本书提到的大多数工具，在过去 50 年学术机构都曾研究过，华尔街的交易专家也曾使用了长达 20 年之久。不幸的是，在向一般投资人解释传授这些技巧方面还存在欠缺。本书提出了有关系统交易、风险管理、资产管理的新概念，以填补现有的空缺。

本书探讨了计量交易策略对市场的掌控能力。计量交易策略综合了技术分析和统计分析。应用中，可以产生买卖信号。这些信号可能通过价格形态或由市场价格计算出的综合指标触发。交易策略一旦形成，就可以通过历史数据测试其绩效。如某策略曾产生过赢利，人们对它未来的表现也有信心。检测了绩效后，应选择交易市场。多头购买，可以在保证预期收益的同时将风险降到最低。提出构想、检测历史绩效和挑选市场进行交易是高效、赢利交易策略中常用的几个技巧。之前有几本书曾涉及到上述发展过程中的某些领域，本书是第一本详细阐述交易过程的书。本书提出的概念都有详细的理论解释和实际操作绩效，并标明相关的学术参考文献。本书以久经时间检验的统计数据来阐述计量技术交易策略，不只是一些空洞的理论或流传下来的神秘传说。

市场分析的新方法

市场分析的方法数不胜数。多数投资者和交易者借助基本面数据来判断市场走势。在股票市场，投资者通过研究企业收入、产品销售量和债务负担来对公司进行合理估价，然后决定其股票估价。在商品市场，投资者观察商品的供求趋势。恶劣天气令作物减产，价格升高。经济萧条时，由于最终需求不足，导致价格下降。研究这些基本面因素，是最常用的市场分析方法之一。

技术分析是渐渐兴起的另一种市场分析方法。技术分析不依赖基本面数据来预测市场的跌宕起伏。技术分析师认为，单一市场参与者所掌握的信息，远不如其他市场参与者整体掌握的信息准确。因此，技术分析师相信价格行为本身是最好的信息来源。通过图表形态进行行情预测，使用十几年的形态，如“头肩顶”、“等腰三角形”和“趋势线”，都是技术分析师常用的技术手段。技术分析师的交易决策，大多依赖个人主观判断。例如，某一价格排列对某一技术分析师来说是买入信号，而对另一技术分析师来说可能是代表卖出信号。

本书另辟蹊径，不同于单纯的基本面分析或技术分析。本书多数策略都利用过去价格预测未来价格（技术分析的通常做法），每一策略都采用严格的法则来明确定义。计量过程避免了基本面分析和技术分析中存在的主观性。由可靠统计特性得来的策略，通过历史价格检测其历年来的赢利性。只有经得起时间检验的策略，才会被应用到实际交易。进行历史绩效检测的优点，在于当交易表现不佳时，可以增进交易者的信心。

计量交易策略的创建、检测和执行

本书反复强调检测理论的必要性。冗长的争论都无法解决文学或政治的分歧。对于这些缺乏精确性的主题，没有绝对的真理，也没有明确的答案。是应该增加政府支出以刺激经济，还是应偿付债务以降低利率？谁是美国本土最优秀的作家？约翰·斯坦贝克还是威廉·福克纳？无论如何研究，都无法找到这类问题的确切答案。

本书讨论的主题是计量交易。可以利用数学和统计学检验市场分析是否正确。利率的变动是否影响股市？如果玉米价格正在攀升，未来能否保持上升的趋势？将这些问题量化，通过研究历史市场价格，我们就能得出答案。运用数学或统计学检测，分析结果找到答案。本书旨在指导投资者和交易者通过正确解读市场行为而获利。

我们大部分研究都涉及创建、检测和交易策略的应用。交易策略（也称交易系统或交易方法）是由一套行为法则组成，交易者根据其给出的信号，决定何时买入，何时卖出及卖空。价格形态和指标促成买卖决定。策略可以非常简单，如周三买进，周五卖出。也可以相当复杂，涉及到统计回归分析和考虑多个相关市场的关系。可以肯定的是，过去 20 年赢利的多数交易系统在本质上都很简单。本书涉及的多数概念也简单明了，读者只需具备高中数学基础即可理解。

交易系统应具备的另一个重要条件是，行为法则中的参数值可以调整。例如，如果今日收盘价比 10 天前收盘价高，则买入。10 天回顾期可以修改，以提高绩效。调整参数值来提高绩效的过程又称为最优化过程。

建立交易系统的过程中，最重要的部分是检测绩效。检测历史绩效以观其赢利性。历史上赢利的策略不止一个，因而需要比较不同策略的赢利能力。通常，最赢利的系统并不是理想的系统。事实上，我感觉多数交易者采用过时的或缺乏一致性的绩效考核方法。本书使用夏普比率和 K－比率进行绩效评估。

在交易策略的运用上，还应建立一套资金管理办法来配合。由于期货市场和股票市场比较容易取得融资，我们需要将融资规模调整到最佳状态，不可越过这个门槛无限度交易。这点看似简单，可是某些最英明的大资金管理家往往就是因未能遵循资金管理法则而一败涂地。

可供交易的市场越来越多

交易策略规划检测完毕，下一步就该选择市场。如今可做的市场有股票、基金、期货等。计量交易策略适用于上述各个市场。计量交易的优势在于预先设定的法则可以用在多个市场。轻而易举就可将策略用于另一市场。打开电脑，只需几秒钟，点击鼠标，策略即可显示是买入、卖出还是平仓。借助当今先进的技术，一个人可以在成百上千个市场中交易。

本书着重分析股票、期货和相对价值市场。股票的受偿权排在银行和债券持有人之后。在美国，公司股票主要在三个交易所交易：纽约证券交易所（NYSE）、美国证券交易所（AMEX）和纳斯达克（NASDAQ）。前两个是实际交易场所，而纳斯达克则是由坐市商（Market Maker）构成的平台。股票可以买入、卖出或卖空。如果预测股价会上升，则买入股票以期涨价后卖出来获利。如果预测股票价格下跌，则卖空。卖空时，你的经纪人借用其他客户的股票以你的名义卖出，你再以较低价位买入。

期货合约包括金融、农作物、石油和其他产品等。期货市场是为降低供货商和最终用户的风险而形成的。例如，农户种植的玉米不能立即在市场出售。玉米需生长、收获、加工后才能出售。在玉米种植到卖出的过程中，价格可能发生急剧变化。玉米最终的销售价格决定农户的收入，这样农户要承受很大风险。同样，以玉米为原料加工早餐麦片的食品加工厂也受玉米价格变动的影响。产品的生产者和使用者都可以通过期货市场规避风险。玉米期货合同是在未来某时间以某一价格买入或卖出某数量、某级别的玉米的合约。农户可以在6月份将9月份才能收获的10 000蒲式耳玉米以某固定价格售出。食品公司因未来生产需要则可以在6月份买进10 000蒲式耳9月份玉米以锁定生产成本。因期货市场方便融资，交易费用低廉，一直受计量交易者的青睐。

大部分有关交易的书籍，通常仅限于介绍股票和期货市场。本书进一步将计量交易策略延伸到避险基金和华尔街交易商活跃的某些新市场。如收益率曲线码差（Yield Curve Spread）、信用码差（Credit Spread）、价格波动率（Volatility）、配对股票（Stock Pairs）、商品替代（Commodity Substitutes）等交易工具，对个人投资者来说，这些名称看上去深不可测。而这些商品的日成交量达数十亿美元。这些产品大多涉及多个市场。例如，当收益率曲线飞速上扬时，买入 30 年期国库券，卖出 5 年期国库券。结合两种以上资产，可以得出相对价值市场的价格数据。计量交易策略经规划检测后，可以在股票、期货市场以外的新市场应用。计量交易无界限，计量交易者通过价格数据即可得出交易策略。计量交易者可以随时进入新市场获利。

计量交易的可行性和局限性

有效市场假说（Efficient Markets Hypothesis，简称 EMH）这一学术理论认为，从某种程度来说，投资人不可能持续掌控市场。EMH 有三种形式：强有效市场（Strong Form）、半强有效市场（Semi-strong Form）和弱有效市场（Weak Form）。强有效市场假说认为，所有公开和未公开的信息都表现为当前价格。最新价格反映的信息包括未公布的作物报告、将要公布的公司收入，甚至甲公司和乙公司正在谈判的合并。半强有效市场假说认为，当前价格反映了公开领域的信息，如企业年度报告、美国农业局的作物评估、华尔街研究报告以及企业管理的状况。弱有效市场假说认为，价格影射的信息可以通过分析诸如收盘价格、成交量和短期收益等历史市场数据得来。

依据有效市场假说的三种形式，人们想通过历史价格形态进行买卖赢利的希望也落空了。在 20 世纪七八十年代，有效市场假说广为接受。近期的研究发现了其中的一些漏洞。学术界和金融行业研究都发现某些缺乏效率现象会持续多年。例如，前三年表现不佳的股票，后三年一般都有突出表现。一些价格形态可以预测未来的回报。有些交易策略可应用到期货市场的一揽子交易中，回报趋势相同。有效市场假说暗示市场不如人们预期的有效。计量交易策略或许可以发现持续赢利的模式。

计量技术操盘策略的提法并不新颖。大型基金管理机构，如约翰·亨利公司（John W Henry & Company）、特劳德交易与管理公司（Trout Trading and Management Company）、城堡投资集团（Citadel Investment Group）和复兴科技公司

（Renaissance Technologies），多年来一直使用这些策略，而且非常成功。众所周知，他们管理的基金都是最佳基金中的佼佼者。本书接下来将讨论如何创建一套交易程序，以取得和大基金管理机构同样辉煌的业绩。

拉尔斯·卡斯特勒

第一部分

提高技术交易绩效的结构性基础

本书第一部分详细介绍了当今计量交易和技术交易中使用的技术。本部分不仅提出了基本的概念，还引进了系统交易者每日交易中采用的一些先进技术。本书第二部分，以此为基础，进一步研究更为复杂的先进交易方法。

本书开篇介绍了计量交易的起源、演变和当前的应用。只有正确把握市场每日的表现，剖析诸如平均价格、价格波动率以及不同市场的关系等的走势，才能有效进行交易。为达到此目的，我们还将研究市场行为的统计资料和基本性质。

紧接着，本书介绍了交易系统的组成模块——进场、出场和筛选。每个模块都有明确的例证，以便读者能够更好地理解稍后探讨的更为先进的概念。随后，又探讨了交易策略的绩效问题。常用的绩效衡量方法有收益率、获利因子（Profit Factor）和获利/最大流失金额比率（Profit to Drawdown）。本书尤其关注这些衡量方法存在的问题。特别值得一提的是，本书还阐明了同样是获利/最大流失金额比率，为何适用于某一系统，但是却不适用于另一系统。

介绍完绩效评估，本书又探究了分散投资的问题，并解释了为何在多个市场进行交易能够提升技术交易策略的整体表现。多数情况下，在多个市场交易的抗风险能力要比在单一市场进行交易强。本书还说明了分散性投资组合的效益、策略和参数。

本书第一部分最后谈论了筛选进场的优缺点以及最佳化参数。最佳化参数是当今的热门话题。我们将运用实际结果来量化收益。

计量交易简介：如何运用统计学成功进行交易

交易策略和科学方法

金融交易竞争异常激烈。与其他行业不同，金融交易所需资金不多，也没有进场限制。同时，由于经纪人之间的竞争，交易费用，如佣金等也越来越少。几乎任何人都可以进入金融市场，所以产生了不同的交易和投资风格。100 个交易者可能有 100 种不同的交易理念。当今常用的交易方法有动能（Momentum）、价值、顺势和配对交易等。本书不打算褒此贬彼，而是通过尽可能多的历史数据检验这些方法，科学分析每种方法的优点。评估历史绩效的方法如下：

1. 遵循科学方法提出某假设——交易系统；
2. 检验假设（使用历史数据检验）；
3. 根据数据得出结论（评估结果、使用交易方法）。

采用科学的方法分析金融市场的交易者，称为计量交易者。

计量交易者的生活与众不同。虽然交易过程每天都大同小异，但是交易结果通常不能预先得知。由于随时都可能出现新的交易理论，计量交易者每天都探寻尝试新观念。或许你今天就能发现一种新交易方法，使得交易大获成功。

短时间内交易发生了很多变化。随着先进技术和个人电脑的普及，越来越多的计量交易者可以运用统计和数学方法决定买卖的时机。有时这些方法是复杂的计算机程序，需要花费数小时来运算；多数情况，这些方法只是简单的法则，在一张信封的背面就可勾勒完毕。

交易者不需要花费分毫，利用新的软件就可以检验方法。过去，一套策略是否适用于历史资料，交易者只能凭空推测。现在，使用新的软件，可以在全球成千上万的市场进行检验，方法久经检验，增强了交易者的信心。更重要的是，只需要几分钟就可完成整个检验过程。

当然，在先进技术未出现前，交易者通过分析信息、价格走势图，并凭直觉作出买卖决定。少数所谓的“凭感觉交易者”（Discretionary Traders）具有洞悉市场导向的天赋，不使用系统法则，也能在交易中获利。这就要求交易者能够控制自己的情绪并能客观分析信息。

凭感觉交易者的业绩是否比计量交易者更佳呢？这一直是人们长期争论的话题。伯克雷（Barclay）集团一直致力于避险基金和期货管理方面的研究，保存了许多商品交易顾问机构（CTA）以各自风格进行交易的记录。商品交易顾问机构是向其他交易者提供期货买卖和选择期货建议的个人或公司，最大的几家商品交易顾问机构管理着20多亿美元的资金。伯克雷（Barclay）集团认为CTA的交易，如果75%以上是基于主观判断，那他就属于凭感觉交易者。如果95%或以上通过系统方法完成，则属于系统交易者。根据这两个类别，伯克雷集团分别计算“伯克雷系统性交易者指数”和“伯克雷凭感觉交易者指数”。两个指数都是按交易者月收益和损失整理编写的。

总之，凭感觉交易和计量交易业绩比较如下：从1996—2001年底，计量交易者的平均年收益率是 7.12%，凭感觉交易者的对应数只有 0.58%。另外，在检验的 6 年期间内，系统性交易者指数有 5 年的表现比凭感觉交易者指数好。根据统计数据，我们应该支持系统性交易。图 1.1 详细说明了系统性交易者和凭感觉交易者的不同业绩，时间涵盖 1996—2001 年。

写本书的缘由

12 岁那年，我的父亲——一位理论化学家，在年终清理办公室时，带回家几本股票方面的书。父亲知道我对交易感兴趣，便让我把书拿去读。那一天，永远改变了我的生活。

我已记不清第一本书的书名，只记得第二本是投资经典书籍《股票趋势技术分析》（*Technical Analysis of Stock Trends*）。该书于 1948 年首次出版。人们普遍

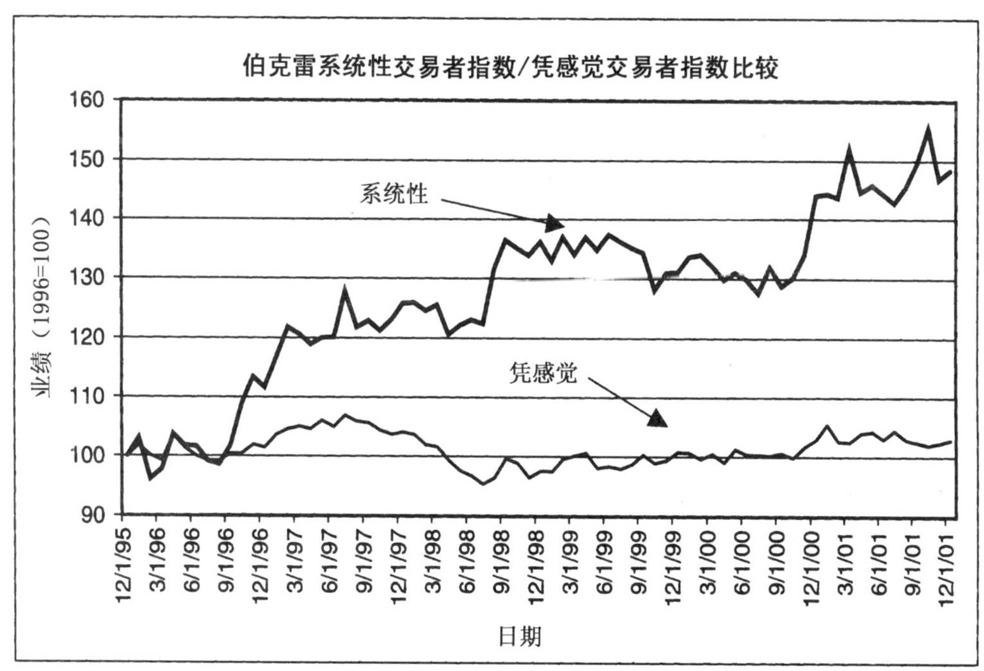

图 1.1　伯克雷系统性交易者指数与凭感觉交易者指数比较。根据图表，系统性交易者的业绩明显比凭感觉交易者好

认为这本书是技术分析的教科书。当今的许多交易形态，如三角形、V形、头肩形和矩形等，都出自该书。一打开这本书，我就被深深地吸引住了。不知不觉中，我阅读了和技术分析有关的所有内容。

15岁时，我收到一份设计交易策略的邮寄广告。主要是针对30年期国库券期货市场隔夜走势进行交易。创建一套固定的法则用来交易而不依赖人的判断力的想法让我着迷。我于是着手开发在期货市场使用的交易系统。从那时起，我开发、测试过上千种方法。19岁那年，我在《股票和商品技术分析》（*Technical Analysis of Stock and Commodities*）杂志上，发表了处女作。后来，我又在《期货》（*Futures*）杂志上刊载了更深入的研究文章。1996年，《常用交易系统比较》（*A Comparison of Popular Trading Systems*）一书出版，这是一本交易手册，共250页。里面详细介绍了30种通用系统在29个期货市场10年的业绩数据。

多年来我一直很困惑，介绍新观念和交易策略的书为什么不提供模拟结果来验证历史绩效。我写的交易手册就解决了这些问题。即使不考虑佣金和滑移价差等交易费用，我测试的所有策略中超过50%的都亏损。另外，表现最佳的策略往往很简单。在证明新策略价值的同时，我也意识到另行验证交易绩效的重要性。

新市场和交易方法

金融期货市场于20世纪80年代初产生，美国一般家庭普遍投资股票组合，以及类似能源市场的产业不规范性，这些原因导致衍生出许多新的产品和市场，同时也带来新的机遇。

交易者越来越普遍地利用计量分析发现交易机会。分析师根据历史信息，如价格、成交量和公布的利润等研究行情。

系统交易是计量分析的范例之一。通过建立模拟市场动态的数学公式，自动作出买卖决定。本方法的一大优点是交易过程排除了人为因素的干扰。即使成功的交易者也容易见好就收，放弃了获取更多收益的机会。或者，更不幸的是，有的交易者在价格大跌时，持股不动导致最终无法收拾。机械交易系统的亮点是交易系统认为有必要时才进行买卖。这也是机械交易系统成功的关键——排除了非理性的感情因素。

或许我们有些迫不及待。什么是交易系统呢?

交易系统是产生买卖信号的一套固定法则。举个简单的例子：当价格高于最近 20 天平均收盘价时，买入。如果价格持续上升，可以继续持股。价格升高的时日越长，赢利也越丰厚。很简单，你顺应了市场趋势。一般来说，采用顺势系统操作分散性投资组合的回报，要比标准普尔 500 的回报高，风险相近或更低。

科学倾向性与计量交易

读者可能要问，市场上已有大量介绍交易系统和方法的书，每月新出的书不断，为什么偏偏选择本书?我的回答是《计量技术操盘策略》是一本特别的书。我运用务实的观念和合乎逻辑的方法，把计量分析带到交易主流领域。

多数书籍仅介绍某种特定交易方法，未能提供方法的历史追溯记录或其他交易方法的背景说明。本书介绍了各种新旧交易方法，并在多个市场检验其效力。其他书着重点在股票或期货市场，本书则将计量交易策略应用到所有市场。

我们将把交易技巧应用到期货、股票以及读者不熟悉的新市场。另外，我们还将检验目前流行的通俗交易系统和我在过去 15 年的交易中发明的一些新方法的历史绩效。检验涉及 29 种商品、34 种股票和 30 个相对价值市场，涵盖过去 12 年每天的价格数据。我们将从多个角度检验历史绩效。

我将进一步阐述读者如何根据我的研究成果，创建、检验和评估自己的交易系统。另外，通过分析我使用过的多种工具，简要说明计量分析的优缺点。结合本人的切身体会，也就是说，我还将引用自己在交易中遇到的某些经历，详细解释一些要点。

探讨计量交易方法的局限性与说明其赢利性同等重要。任何交易者都不可能每天挣钱。每月都能赢利的交易者也很少见。过去曾发挥作用的策略，将来可能瓦解不再起作用。采用计量策略交易也存在风险，我们希望借助一些技巧将风险控制在一定限度之内。

读者可能已经注意到，以历史价格为基础，采用固定法则进行交易，我称之为计量交易，没有采用金融界通用的叫法“技术分析”，二者的区别在于分析的质量不同。我承认自己对技术分析师利用图表解释过去的价格行为不赞同。以趋势线为例来说明：趋势线是连接市场头部或底部的直线（参见图1.2）。趋势线理论认为，这些线的延伸可以成为未来价格走势的压力或支撑。传统的技术分析师常持有以下观点：

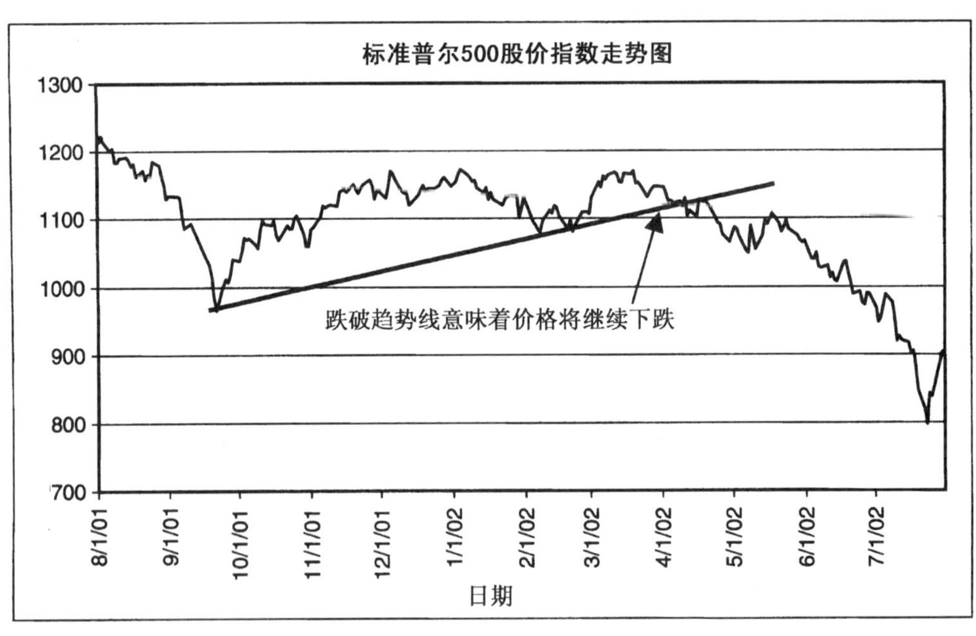

图1.2　标准普尔500股价指数走势图。股价指数一旦跌破趋势线（连接9月份与2月份价格低点的上升直线），将一路下挫

观点 1：标准普尔 500 指数之所以下跌，是因为在 1100 点跌破 6 个月以来的趋势线。

上述观点，在交易过程中，没过太大预测性价值。使用技术分析解释以往的市场行为是毫无意义的。新闻和信息将导致价格下跌。例如，作物歉收、企业赢利不佳、作物供大于求或产品需求不足等因素都可能引起价格下跌。解释历史，我们可以发现引起价格上涨或下跌的市场因素很清晰。

我认为用技术分析和股价走势图来解释过去市场行为的做法很愚蠢，但是技术分析确实有助预测未来行情走势。

观点 2：行情跌破最近 6 个月的趋势线，可能促使更多交易者卖出股票，导致价格进一步下跌。

这个观点有其意义，值得交易者参考。因为当价格降到某一预期底线之下时，近期继续下跌的可能性很大。因此，我们应卖掉多头部位，建立空头部位。精明的技术分析师可以准确捕捉到受价格行为支配的市场信号。而基本面分析师还在分解信息，解释历史市场动向。

观点 2 对交易者可能有用，我们还应进一步把历史绩效纳入进来。毕竟，我们不能确定突破趋势线就是价格走低的前兆。历史上，这一策略的作用效果如何？下一个观点建议我们根据移动平均价穿越这一特定的价格排列，来决定买卖行为。

观点 3：因为价格跌破 200 天的移动平均值，我们预测价格还会继续走低。

如果收盘价低于过去 200 天平均值，技术分析师预测价格还将继续下跌。200 天移动平均在金融交易中广为使用。虽然观点 3 加入了展望性预测，但还可以再强化一下。例如，如果我们按照这一固定交易法则，当市价高于 200 天移动平均时买进，低于 200 天移动平均时卖出，其绩效是否胜过“买入—持有策略”？投资者采用 200 天移动平均法则，在过去 5 年或 10 年获得了多少收益呢？200 天移动平均穿越系统已使用多年，但是它是否经得起统计和历史的检验呢？

本书将解决以上两个问题。首先，不同于观点 1，我们所有的交易分析都是针对未来的交易，而不是试图解释过去的价格行为。其次，不同于观点 3，我们在多个市场，用多年的数据将交易策略检验完毕后，才将其运用到交易中，来产生买卖信号。我们仔细研究检验结果，以分辨出有效的方法和无效的方法。毕竟，任何策略如果过去从未获利，我们今后也没必要采用。

计量交易的先驱

计量交易产生于20世纪初。其中著名的计量交易者有甘氏（W. D. Gann）、理查德·董全（Richard Donchian）、韦尔斯·怀尔德（Welles Wilder）、托马斯·迪马克（Thomas DeMark）等。

甘氏（W. D. Gann）

20世纪初，甘氏还是股票和商品经纪人，年纪轻轻就已崭露头角。这位具有传奇色彩的交易者，在1909年接受《投资文摘》（*Tickerand Investment Digest*）杂志（Kahn，1980）采访时，谈到自己的交易方法和可信度。杂志整理发表了甘氏叙述的交易记录，共四页。采访称，在1909年10月，甘氏做了286笔股票交易，其中264笔赢利，仅22笔亏损。

尽管后来甘氏也写了几本书，但没有一本真正讲解他的交易方法。从他发表的著作可以看出，甘氏的交易技巧较多，包括不受时间因素影响的价格绘图方法，以及更为复杂的数值分析。甘氏的《如何进行商品交易》（*How to Trade in Commodities*）是我最喜欢的经典书籍之一。

理查德·董全（Richard Donchian）

出生于1905年，他在1949年建立了第一个期货基金（Jobman，1980）。基金成立的最初20年内，因为董全在商品市场凭自定的交易方法进行交易，基金运作艰难。董全在20世纪30年代的经济大萧条时开始进入金融市场，所以他的看法始终偏空。他的这种偏见严重影响了其基金的表现，因为五六十年代是属于多头市场。到了70年代，董全量化了他的交易方法，其基金才开始稳步获利。

尽管董全从未出版过有关交易的书籍，他使用的交易方法现在仍非常流行，这些方法也是制定当今很多策略的基础。董全对金融界的贡献有“两条移动平均线穿越策略”（Dual Moving Average Crossover Strategy）和“通道突破策略”（Channel Breakout Strategy）。我在《常用交易系统比较》一书中介绍了这两种方法。令我惊讶的是，这两种方法是经过检验的所有方法中绩效最佳者。本书稍后将详细介绍董全的成果。

韦尔斯·怀尔德（Welles Wilder）

1978 年，怀尔德的著作《技术交易新观念》（*New Comcepts in Technical Trading*）一书出版。本书介绍了用机械交易方法替代交易者的主观判断进行买卖交易，是最早介绍这方面知识的书籍之一。怀尔德引入了“相对强度指数”（Relative Strength Index，简称 RSI）概念，现在几乎所有交易软件都有其标准格式。该书还介绍了抛物线停止——反转系统（Parabolic Stop and Reverse System）和其他七种方法。怀尔德凭其严谨的计量方法成为计量交易领域的先驱者。

托马斯·迪马克（Thomas Demark）

20 世纪 80 年代初，迪马克在到都铎投资公司（Tudor Investment Corporation）工作前，曾编写交易咨询刊物。都铎投资公司是世界上赫赫有名的商品交易咨询公司之一。保罗·都铎·琼斯（Paul Tudor Jones）对迪马克极为赏识，于是两人合伙开了一家子公司——都铎系统公司，专门开发托马斯的交易方法，并根据这些方法进行交易。

在迪马克的整个交易生涯中，他都没有透露其交易技巧。因此迪马克也被称为“终极指标与系统的家伙”（Ultimate indicator and system guy，请参考 Burke，1993）。1994 年，迪马克的著作《技术交易新科学》（*The New Science of Technical Trading*）出版，本书向世人揭示了他的交易方法。随后，《新市场时效技巧》（*New Market Timing Techniques*）一书在 1997 年出版。如果读者还未读过这两本书，我建议还是找来看看。单单检验和评估这两本书中的方法就可能花费你多年的时间。迪马克的贡献包括序列指标（Sequential Indicator，属于逆势系统）、迪马克指标（Demarker）和宽度指数（REI，属于新的振荡指标），以及其他多种系统交易策略。

计量交易最近的快速发展

20世纪70年代，少数期货交易者开始拓展现代计量交易。借助IBM主机和穿孔机，期货交易者开始利用历史价格数据检测结构简单的策略。由于期货市场融资简单，交易费用低廉，所以很适合从事这类交易。

现在，许多大型的商品基金管理机构都完全接受了计量交易，并将其应用到实践中。像约翰·亨利（John Henry）和切莎匹克的杰瑞·匹克（Jerry Parker of Chesapeake Capital）这样的商品交易咨询公司，每家都管理着数十亿美元的资金，使用技术交易系统在全球市场进行交易。最新的调查显示，75%以上的商品交易咨询公司（CTAS）使用计量交易系统。实际上，杰克·史瓦格（Jack Schwager）采用商品市场适用的交易系统管理机构基金。杰克著有《市场魔力法则》（*Market Wizards*）和《新市场魔力法则》（*New Market Wizards*）两本书。

直到20世纪70年代中期，由于采用股票佣金自由化以及引进DOT（Designated Order Turnaround System）系统，股票买卖采用计量交易才切实可行。

直到1975年为止，纽约证券交易所始终规定股票交易的最低佣金费率。希克林商务学院（Zicklin School of Business）的金融教授罗伯特·史瓦兹（Robert Schwartz）曾做过计算，在固定佣金年代，大型机构投资人的佣金费用，约占本金的0.57%。如果以每股50美元的价格交易50 000股，每股的佣金为0.29美元。过高的佣金费用，妨碍了计量交易者进军股票市场。

佣金费率自由化大大降低了交易费用，推动了计量交易者进入股票市场。1976年，创建了DOT交易系统，股票市场才真正向计量交易者敞开大门。DOT交易系统产生前，所有的交易委托都通过场内经纪人递达给纽约证券交易所的交易员，这个过程既费时又费力。引进DOT系统和之后的更新版超级DOT系统，任何交易指令，都可以通过电子方式瞬时传递到交易所。

当今计量交易者

目前，许多计量交易者都有非常成功的长期交易记录。有些仅做期货交易，有些则投资多种产品，包括国内外股票、可转换债券、权证、外汇和固定收益工具。当今最优秀的基金经理人有门罗·德劳特（Monroe Trout）、约翰·亨利（John Henry）、肯·葛里芬（Ken Griffin）和吉姆·西蒙（Jim Simons）等。他们都重点研究计量交易策略。

门罗·德劳特（Monroe Trout）

德劳特是计量交易领域的奇才。17 岁开始就给一著名股票交易者做研究。从哈佛大学毕业后，他又给另一位有名的交易者维多·尼德霍夫（Victor Neiderhoffer）服务。在纽约期货交易所担任场内交易员期间，德劳特几乎都靠短线交易为生。1986 年，他搬到交易所楼上，创建了一家商品交易咨询公司，从事部位交易。到 2002 年退休时，德劳特领导的德劳特交易管理公司（Trout Trading Management Group）创造了风险调整后的一些金融界最高收益纪录。

多年来，德劳特和他的雇员在实际交易中检测和使用了上千种模式。根据杰克·史瓦格著的《新市场魔力法则》，德劳特在交易中一半使用系统方法，一半凭感觉判断，他强调应将交易费用降到最低。

约翰·亨利（John Henry）

2002 年，约翰·亨利买下波士顿红短袜队，开始成为家喻户晓的人物。1982 年，约翰·亨利创建了约翰·亨利公司。约翰·亨利本是一个农场主，20 世纪 70 年代，为了规避农场作物价格风险，他开始从事农业期货交易。1980 年夏天，到挪威出差途中，他阅读了甘氏和其他交易者的作品，开始形成自己的交易方法。不久后，他开发了以计量方法为基础的系统，用于期货市场。这套系统的内容，直到今天大体上都维持不变。

经历了20世纪80年代末至90年代初的全盛时期，约翰·亨利公司开始全面调整其交易方法。虽然系统产生的信号大体上保存完整，但是创立了新的风险管理政策，用来提高风险调整后的收益。全面整顿后，约翰·亨利公司又开始持续赢利。约翰·亨利将他的交易哲学概括为四个要点：分辨长期趋势、规范投资过程、管理风险和全球分散投资。

> 我们并不试图预测趋势，而是顺应我们认定的趋势方向进行操作。虽然我们通过一系列统计方法来确认趋势的存在，但是只有等趋势结束后，人们才能确切知道趋势何时开始、何时结束。
>
> ——约翰·亨利公司市场手册

约翰·亨利公司的旗舰产品——金融和金属基金自1984年10月创立起，平均年收益率达到30%。约翰·亨利公司现在管理着10亿多美元的资金，大部分是零售顾客通过公共期货共同基金投入的资金。

肯·葛里芬（Ken Griffin）

与传统的常青藤社团学生不同，1987年，葛里芬还在哈佛大学读二年级时，就申请安装一个卫星天线以便在宿舍就能接受即时股票价格。当时，股票市场价格波动剧烈，而葛里芬管理着超过25万美元的佛罗里达注册资金。

1987年，股票市场即将大崩盘之前，葛里芬注重计量方法，大量放空股票。他曾读到《福布斯》杂志发表的一篇关于家庭购物网公司（Home Shopping Network）商业前景的负面报道，于是买进该公司股票的卖出选择权。当股票价格下挫时，令葛里芬大跌眼镜的是卖出选择权的价格远低于其合理价值。当得知是坐市商制造的这一现象后，他开始着手研究衍生性交易工具。葛里芬在哈佛大学商学院的图书馆刻苦钻研，研究著名的布来克—薛里斯（Black - Scholes）选择权定价模型，反复推敲可转换债券套利交易。

毕业后，葛里芬开办了威林顿（Wellington Partners）基金，资本为1800万美元。最初，该基金从事美国和日本的可转换债券和认股权证交易。现在该基金还对投资者开放。在过去几十年里，城堡投资集团（Citadel Investment Group，葛里芬的伞形基金组织）几乎涉足和金融业有关的各个领域，包括风险套利、垃圾债券（distressed high yield bonds）、政府债券套利、股票统计套利和发行债券时的直接销售。对于这些新市场，城堡投资集团都采用先进的技术和分析方法进行交易。该公司的目标在于使用经证实的统计方法替代决策中的人为因素，来量化交易决定。

吉姆·西蒙（Jim Simons）

如果我提到华尔街的复兴科技公司（Renaissance Technology Corporation），投资者的一般反应可能是“不用了，谢谢。我已经腻烦了科技股”。由获奖的数学家吉姆·西蒙经营的复兴科技公司，和技术有关，和亏损无关。如果读者未听说过西蒙或他的公司，这并不足为奇。复兴公司一直保持低调，但是自他的旗舰基金——米戴里昂（Melallion）1988 年推出以来，创造了金融业最好的收益。

吉姆·西蒙取得麻省理工硕士学位和伯克利加州大学博士学位后，在麻省理工和哈佛大学教授数学。因成功投资朋友的公司，西蒙离开了学术界，于 1978 年成立复兴资本公司。在随后的 24 年内，该公司利用技术交易方法，针对市场上出现的不合理价格关系或是缺乏效率现象进行交易。有 50 多位博士和他共事，因而他的公司不像是交易公司，更像是一个智囊团。西蒙操作的基金超过 40 亿美元。

> 科学家进行股票交易，其优势不是数学或计算机技巧，而是他们的科学思维方法。他们不太可能接受表面上看似赢利，实际上没有统计意义的策略。
>
> 吉姆·西蒙　复兴科技的创始人

计量技术交易得以成功的原因

尽管计量交易者很关心他们怎样通过计量分析市场来挣钱，但更重要的问题是，为什么能挣钱？金融交易为什么能够赢利呢？

大部分交易者都知道有效市场假说（EMH）。根据这一理论，当前价格不仅可以反映出历史价格包含的信息，而且可以反映出所有的已公开信息。在有效市场，有些投资者和交易者运作好，有些运作差。但是他们的运作结果是靠运气而不是靠技巧。

有效市场假说的起源可以追溯到1900年。那年，法国博士生路易斯·巴柯列（Louis Bachelier）提出市场运动遵循布朗运动模式（Brownian Motion）。（罗伯特·布朗是英国植物学家，他在1827年发现，花粉颗粒溶于水后，以任意的、无规则的方式游动，于是发明了布朗运动模式。）布朗运动模式实际上是任意运动的另一种叫法，就像醉汉的步子一样。醉汉在路中间行走，因为缺乏平衡，东倒西歪。每一步都是随意的，像翻转的硬币。醉汉可能在任何一点停步，或靠左，或靠右，也可能在路中央，无法预测。人们常常用醉汉任意的动作来解释市场价格的上升或下跌：完全无规则可循又不可预测（不需要酒精的作用）。

1905年之前，几乎没人运用布朗运动，直到年轻的科学家阿尔伯特·爱因斯坦（Albert Einstein）成功地分析了布朗运动模式的数量学意义。尽管巴柯列的论文《交易理论分析》（*Theorie de la Speculation*）和爱因斯坦以及其他自然科学的作品有一些关联，但半个多世纪都未引起人们的注意。20世纪50年代，随着美国人大量投资股票，以及学术研究机构也试图发现股票价格的循环本性，开始出现了金融研究的热潮。

由于相关的研究都不能有效解释股价行为，因此市场有效理论开始广为接受，有效市场假说的可信性也不容置疑。20世纪六七十年代也是有效市场假说流行的时期。一些粗糙的研究认为计量交易不可能长期成功，这更增强了人们对有效市场假说的信心。到了20世纪80年代，计算能力加强，可以进行更为详细的分析，有效市场假说理论的漏洞也浮现出来。事实上，人们已经开始置疑理想有效市场的说法。

1985 年春季的《投资组合管理期刊》（*Journal of Portfoilio Management*）刊登了巴赫·罗盛伯格（Barr Rosenbery）、肯尼斯·里德（Kenneth Reid）和罗纳得·兰斯坦（Ronald Lanstein）合写的一篇文章，对有效市场假说的有效性提出质疑。三人研究了1 400只最大型股票在 1973—1984 年的月平均收益率。每月用这 1 400 只股票建立多头或空头投资组合。采用先进的回归分析方法，挑选价格低于前一个月平均水准的股票，建立多头投资组合。使用价格高于前一个月平均水准的股票，建立空头投资组合。对多头和空头组合进行最佳化，使两者同样受计量因素的影响。这些可计量因素有风险程度、平均资本市价、成长型/价值型导向以及产业类别。因此，不同投资组合之间的收益差别，就不能用诸如产业集中化或大型股、小型股集中程度之类的因素来解释。每月都重新挑选多、空头投资组合的成分股票。

结果是，买进赔钱股和放空赚钱股的策略，每月绩效表现是平均水准的 1.09 倍。在 46 个月中，有 43 个月赢利。这些结果表明，市场不具备充分的效率，积极的交易者可能有优于市场平均水平的绩效。

在另一份研究中，路易斯·路卡（Louis Lukac）、伟德·布洛尔森（Wade Brorsen）和司各特·艾文（Scott Irwin）利用 12 种商品期货市场，测试了 12 种技术交易系统从 1975—1984 年的绩效表现。交易法则直接取自常见的交易文献。绝大部分方法都属于所谓的“顺势”系统。接受测试的方法包括通道突破（Channel Break）、抛物线停止/反转部位系统（Parabolic Stop and Reverse）、导向指标系统（Directional Indicator System）、区间份额系统（Range Quotient System）、多/空/出场通道突破（Long/Short/Out Channel Break）、MII 价格通道系统（MII Price Channel）、导向变动系统（Directional Movement System）、参考偏离系统（Reference Deviation System）简单移动平均系统（Simple Moving Average）、两条移动平均穿越系统（Dual Moving Average Crossover）、趋向抛物线系统（Directional Parabolic System）和亚历山大过滤法则（Alexander's Filter Rule）。

结果是，12 种接受测试的策略中，有 7 种的收益率为正数，其中 4 种，根据严格统计测试显示收益显著大于零。一般来说，非自然科学的数据，不能通过统计测试来测定其显著性。然而，路卡、布洛尔森和艾文成功地发现某些交易结果可以通过严格的统计测试，真是不同寻常。前述 4 种策略，月平均收益率在 1.89% ~2.78%之间，月份标准差在 12.62% ~16.04%之间。其中两种获利的系统是通道突破系统和两条移动平均穿越系统。我们将以这两个系统为基准，对比本书稍后将要讨论的新交易系统。

还有一份研究报告，是由安德鲁·罗（Andrew Lo）、哈利·马梅斯基（Harry Manaysky）和吉安·王（Jiang Wang）在 2000 年发表的。试图将几种通用的交易模式数量化并检测他们对股票价格的预测能力。在平滑价格后，三人根据计量法则量化了 10 种价格形态。这 10 种价格形态由爱德华和马基在 1948 年提出后，一直是技术分析领域最常见的价格排列（参见图 1.3 ~ 图 1.12）。价格形态名称描述的几何图形结构，同实际的价格排列非常类似。

尽管技术分析交易者使用这些价格形态已多年，但直到最近学术界才尝试量化这些排列。一旦我们系统辨别这些价格形态，就可以开发价格形态产生的交易信号的获利能力。过去 10 年中，柯蒂斯·阿诺德（Curtis Arnold）和托马斯·布

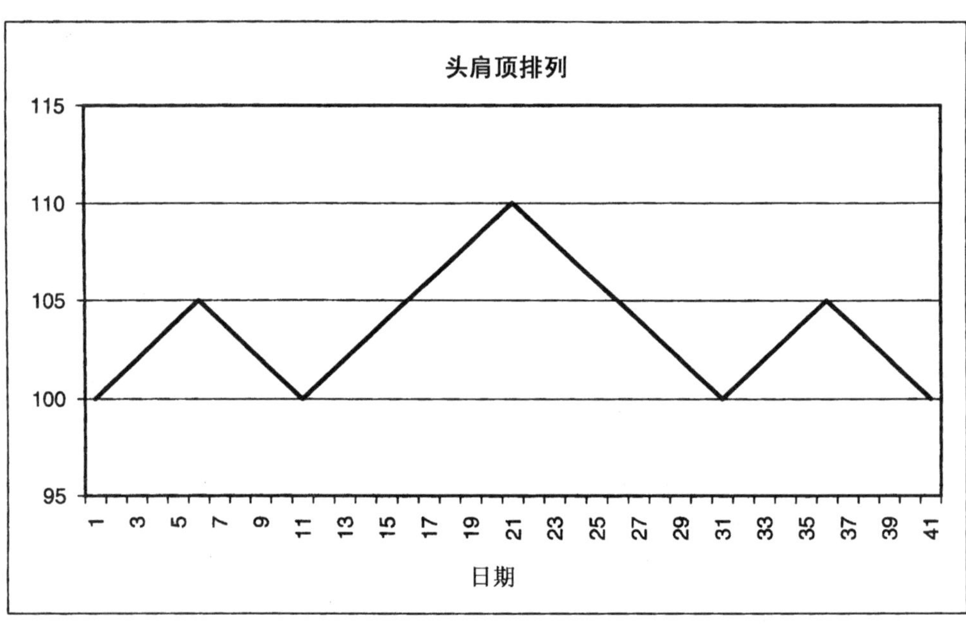

图 1.3　头肩顶排列

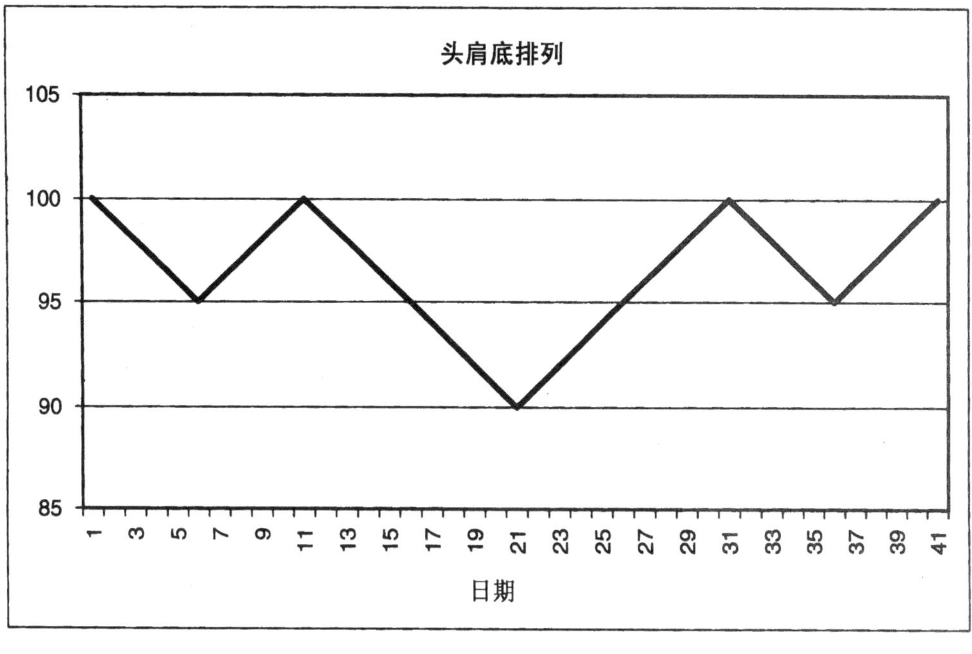

图 1.4　头肩底排列

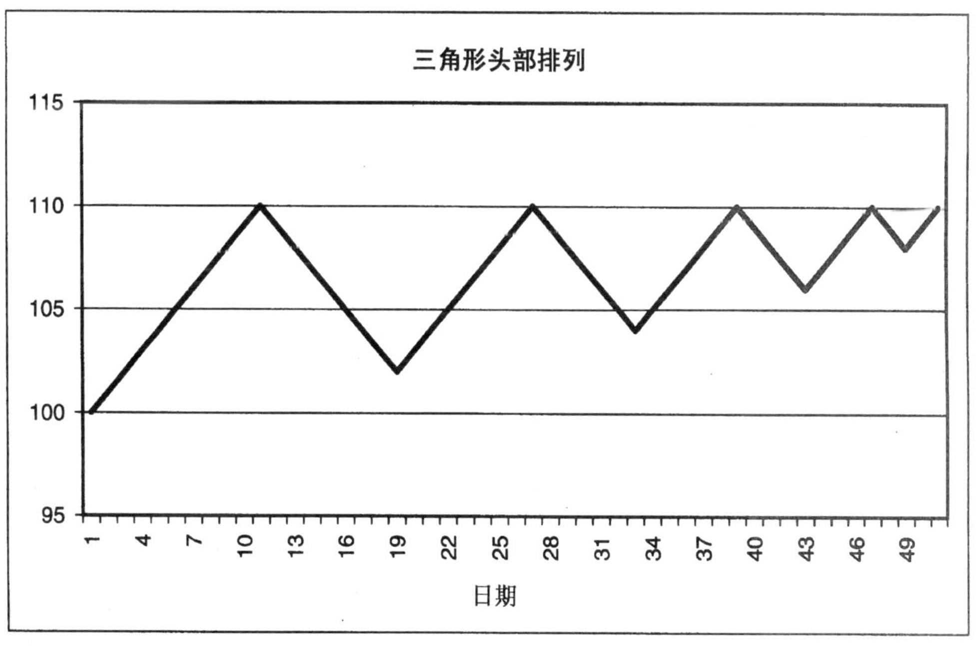

图 1.5　三角形头部排列

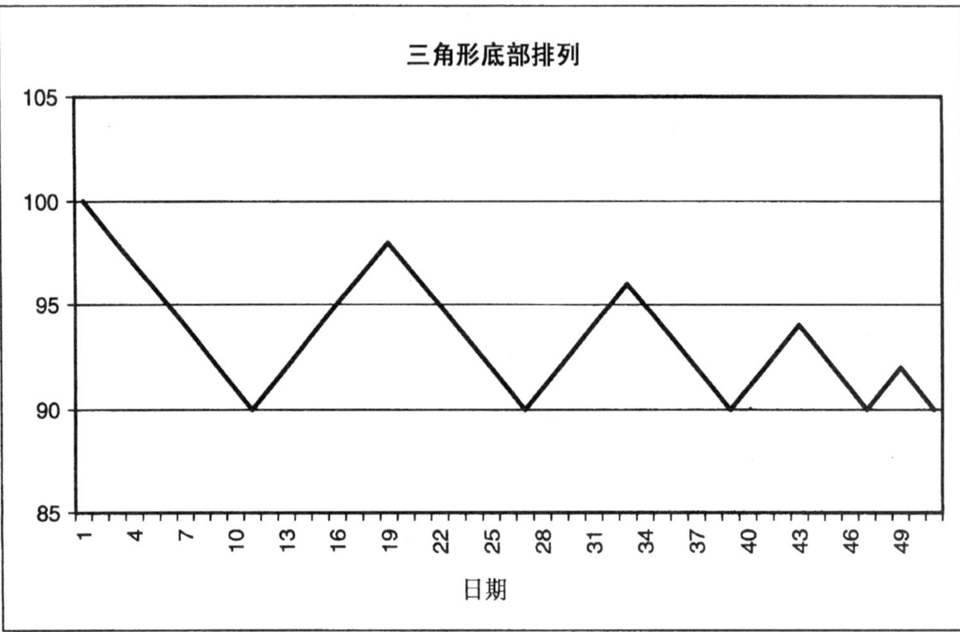

图 1.6　三角形底部排列

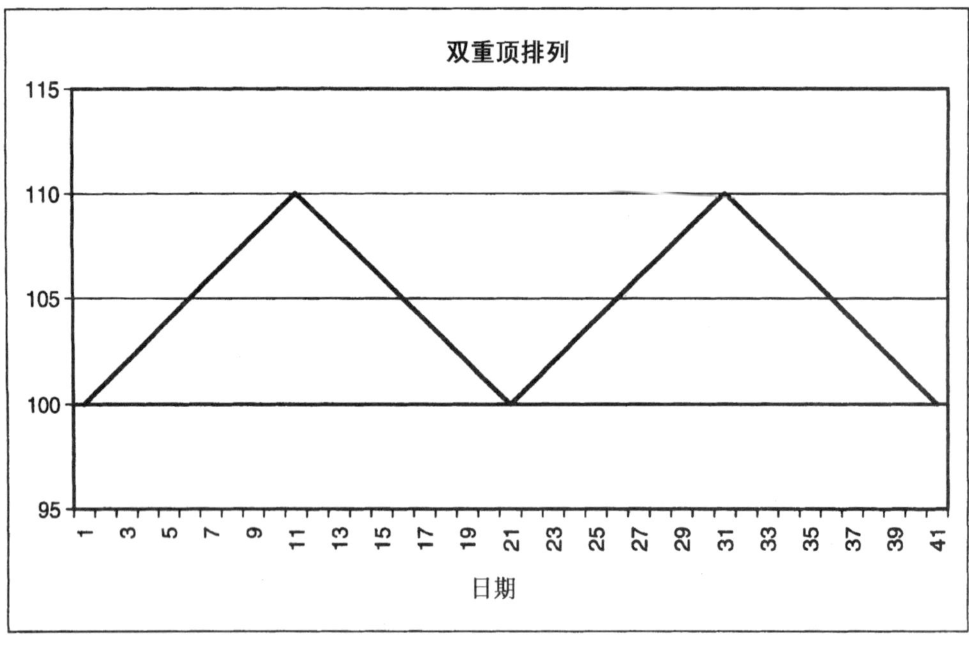

图 1.7　双重顶排列

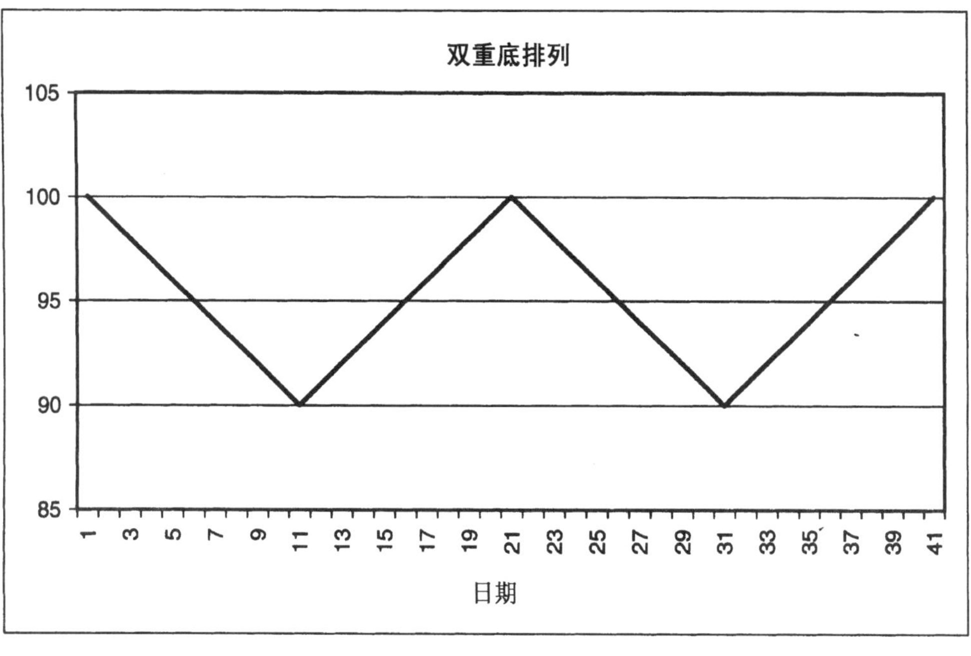

图 1.8　双重底排列

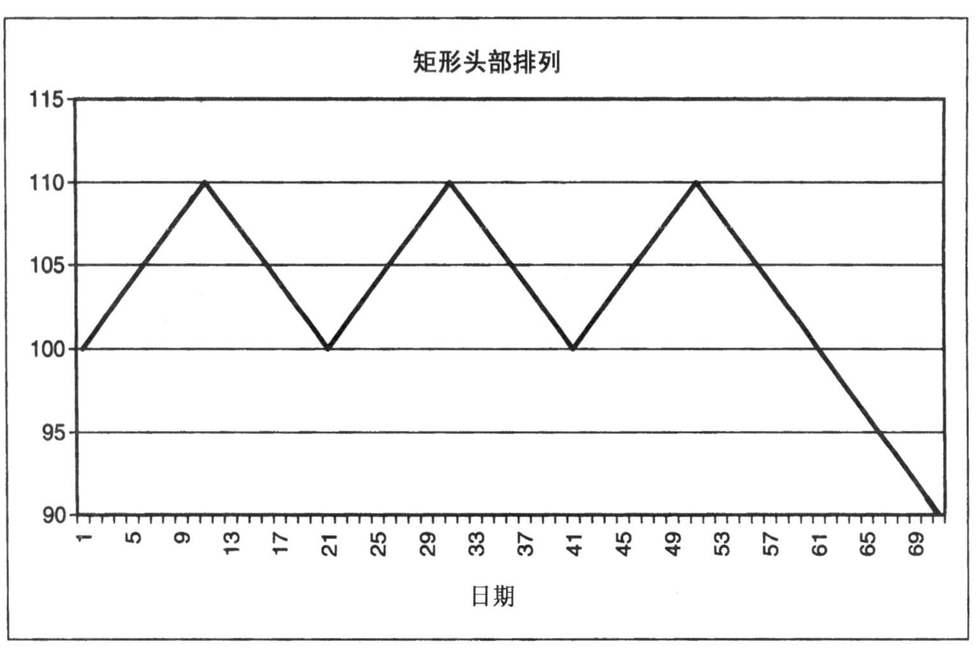

图 1.9　矩形头部排列

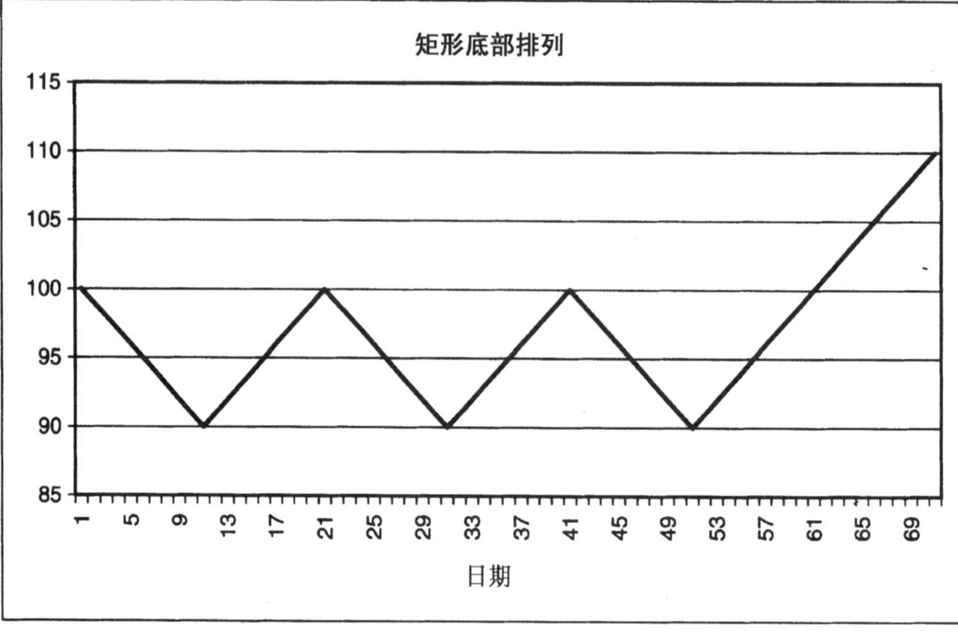

图1.10　矩形底部排列

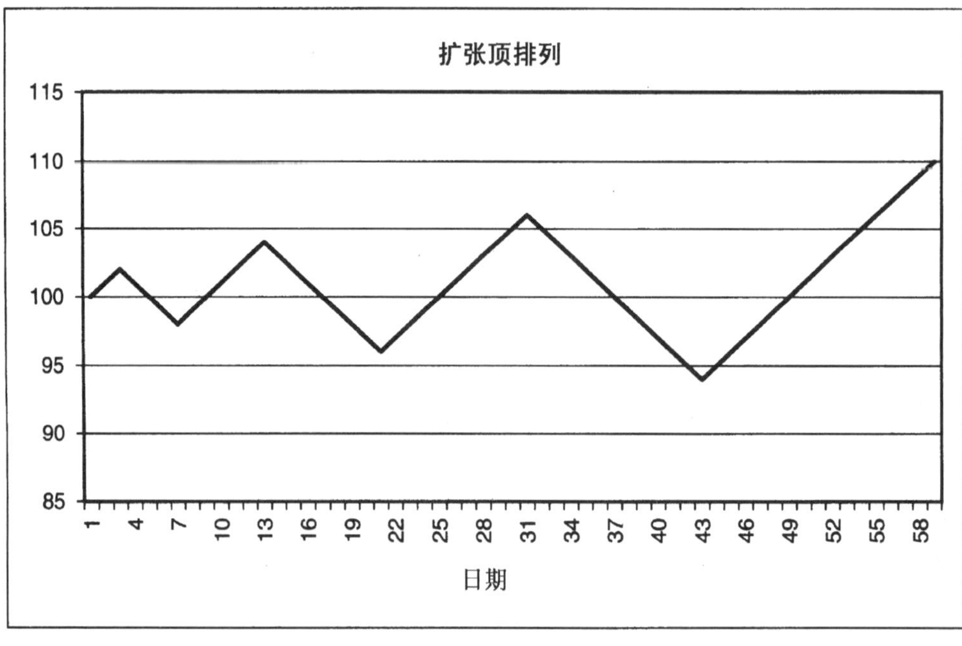

图1.11　扩张顶排列

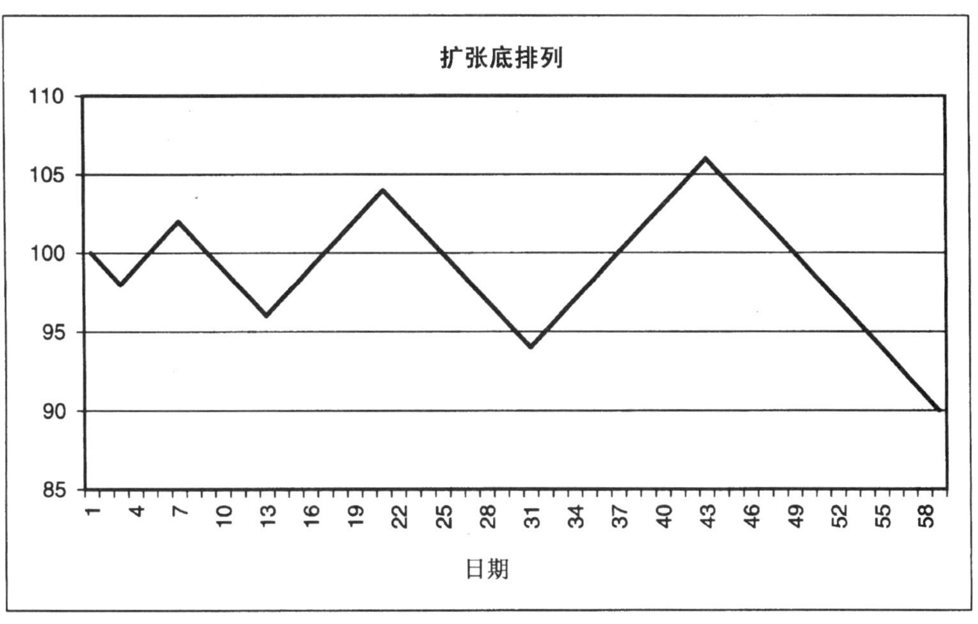

图 1.12 扩张底排列

洛斯基（Thomas Bulowski）在这个领域的贡献最为突出。《柯蒂斯·阿诺德PPS交易系统》（*Curtis Arnold PPS Trading System*）是这方面的最早著作之一，通过系统方法，界定交易形态，然后检测这些交易法则的有效性。虽然价格形态的解释是门艺术，但是阿诺德还是由客观法界定这些结构，然后有系统的测试相关交易法则的买卖信号。托马斯·布洛斯基在其著作《价格形态百科全书》（*Encyclopedia of Chart Patterns*）与《古典价格形态交易》（*Trading Classic Chart Patterns*）中，更进一步深入这方面的研究。

总之，罗氏、马梅斯基（Harry Mamaysky）与王氏在纽约证券交易所、美国证券交易所和纳斯达克交易所测试了10种价格形态，测试期间从1962年到1996年。此外，研究人员还发现了和布朗运动相似的大量随机价格运动。这些法则还用来检测随机数据的形态。如果市场价格确实是随意的，就像布朗运动（或醉汉漫步），那么应产生两组相似的数据：

1. 上述10种价格形态发生在实际股票价格数据内的频率，和这些价格形态发生在虚构随机价格数据内的频率大体相当。

2. 实际价格数据所呈现的价格形态，其交易信号的收益率不应该显著偏离零。

如果按这些价格形态进行交易可以赢利，我们就有理由认为市场并不总是有效。出乎意料的是，罗氏等人发现几种价格形态，如头肩顶和头肩底形态，在实际价格数据中出现的频率显著高于随机产生的频率。除了发生频率不同外，某些价格形态所产生的收益率也相当显著，尤其是头肩顶排列发生后，价格有下跌的倾向，反之，头肩底排列发生后，价格有上涨的倾向。

新学科的诞生

研究人员根据上述结果，开始调查市场的某些缺乏效率现象常年存在的原因。人的行为模式研究是这方面最为流行的理论。由于人具有群居的本能，经常受到周围人的影响，所以造成市场泡沫的产生。人们开始重新思考市场是怎么运作的。个体行为（无论可否预见，是否能引起市场恐慌和狂躁）成为人们研究的重点。金融学的这门新学科，将心理学和社会学理论引入到金融市场和金融决策。

行为金融学和人性的缺陷

金融学术界一些顶尖人物一直关注行为金融学。行为金融学综合了传统的经济学和行为心理的原理。人们希望以这门新学科为平台，研究长久以来无法解释的市场不规则因素和无效率。通过研究投资者为什么会在决策过程中出现系统性错误，学术界可以解释投资的心理因素，投资者也可以利用这一因素。

心理学家阿摩斯·特沃斯基（Amos Tversky）和丹尼尔·卡尼曼（Daniel Kahneman）在他们的作品中最早提出行为金融学的诸多观点。两人研究人们如何根据经济利益作出抉择。特沃斯基和卡尼曼最重要的发现有期望理论（Prospect Theory）和取向理论（Framing）。根据期望理论，投资者对损失反应迟缓，对赢利反应迅速，本章稍后将详细探讨。取向理论解决的是不同方式的提问是如何影响解答的。特沃斯基和卡尼曼在 1984 年发表的一份研究报告给出了实例说明。两人向一群医生提出以下两个问题：

> 假设美国境内要爆发一场罕见的亚洲疾病，预计有600人死于这一疾病。有两套应对方案可供选择。假设经过严格的科学方法评估，这两个方案的实施结果如下：如果采纳方案A，可以救活200人。如果选择方案B，有1/3的可能性，可以救活全部600人，有2/3的可能性，一个人也救活不了。
>
> **两种方案，你赞成哪一个？**

> 假设美国境内要爆发一场罕见的亚洲疾病，预计有600人死于这一疾病。有两套应对方案可供选择。假设经过严格的科学方法评估，这两个方案的实施结果如下：如果采纳方案C，将有400人死亡。如果选择方案D，有1/3的可能性，没有人死亡，有2/3的可能性，600人全部死亡。
>
> **两种方案，你赞成哪一个？**

两组问题，描述的是同一情节。方案A和C，200人将存活，400人丧命。方案B和D，有1/3的可能性所有的人可以存活，有2/3的可能性所有的人都死亡。方案A和C的结果完全一样，方案B和D的结果也完全一样。第一个问题和第二个问题，仅仅是问题的取向不同而已。第一个问题积极取向，从挽救的人数来描述问题。第二个问题则消极取向，以人员的死亡来叙述问题。问题的取向影响了对问题的回答。

特沃斯基和卡尼曼发现，72%的医生在回答第一个问题时，选择安全保险的方案A；在回答第二个问题时，则有72%的医生选择有风险的方案D。这种现象不符合逻辑，选择方案A的医生，在回答问题二时，应选C才对，因为这两个方案的结果相同。这个试验表明，问题取向会影响答案。

特沃斯基和卡尼曼的许多研究都发现：涉及到经济决定时，人们往往容易作出不一致的决策。经济学家利用两人的研究成果来解释市场的有效性问题。我们面临的一大逻辑问题就是：如果投资人作出的决定不一致，这是否导致金融市场的无效率呢？

决策者的非理性因素

大部分人认为，只有当所有的投资者都理性地进行交易时，市场才呈现充分效率，但这并不正确。买方会继续买进，直到价格涨到他们认定的合理水平为止；同理，卖方会继续卖出，直到价格下跌到它们认定的合理水平为止。在某一价格水准，如果买进和卖出的数量相当，这一价格被称为清算市场价格。利多消息公布时，投资者会根据修订后的合理价值买进，理性地推动股价走高。尽管只有少数投资者和交易者根据无关的信息（如月亮的周期或宠物的叫声），非理性地进行买卖交易，市场价格还是会有效升高——只要市场的参与人数足够多，一个非理性投资者买入时，另一个非理性投资者可能正在卖出，其影响可以相互抵消。

非理性投资者的买卖行为不能相互抵消时，市场效率就遇到了麻烦。设想一下，非理性投资者蜂拥买入或竞相卖出的情形。如果所有的非理性投资者都买入或卖出，其力量可以压倒理性投资者，导致市场缺乏效率。

让我们以甲公司为例来说明。假设其股票价格为 100 美元。有 100 个投资者进行交易。80 人为理性投资者，根据公司的前景，他们认为每股 100 美元是合理的价格。另 20 人根据不相关的信息进行买卖交易。当甲公司收入增加时，理性投资者认为：由于公司前景光明，买家愿意出高价购买，股票价格将上升到 120 美元。现在，20 名非理性投资者，因公司业绩好，都开始购买甲公司股票。致使股票价格攀升到 135 美元。当股票价格高于他们感觉的合理价格时，理性投资者卖出他们手中的股票。20 名非理性投资者便从他们手中购得股票。其中 10 名理性投资者，或是认为自己误解了信息，或是后悔自己不再持有甲公司股票，开始失去理性，也购买甲公司股票。导致股票价格上升到 145 美元。整个过程可能如此循环而失去控制，造成价格不合理地上涨。所有这些都是 20 名非理性投资者和利多消息引起的。

当非理性投资者集体行动时，市场的不合理性就会产生并存在相当一段时间，最终导致产生市场泡沫、恐慌和崩盘。这一理论可以用来解释 20 世纪 90 年代末和 21 世纪初的科技股的暴涨暴跌。由于一般投资者和日冲销交易者渴望持有科技股，他们的思考过程也从理性评估转为非理性地认为评估不重要了。和其他许多人一样，当我看到我的同行在股市挣大钱时，也跃跃欲试想挣一把。我购买股票和股票的合理估价无关，和公司预期的商业前景也无关。我是怕错过了在股市发家致富的机会才买股票的。1987 年、1989 年和 1997 年的股市恐慌也是由股民同样的心理产生的。由于担心股票价格下跌时两手空空，理性投资者也变得不再理性了。结果是，他们抛售股票，希望避开持续的跌势或至少业绩做得比同行要好些。

最先发表在《金融期刊》（*Journal of Finance*）上的一篇文章，开始了行为金融学的革命。1986 年，沃纳·德邦特（Werner Debondt）和理查德·泰勒（Richard Thaler）研究了 1926—1982 年表现最好的和最差的股票的收益差别。连续三年收益最好的股票被划归为赢家投资组合，连续三年收益最差的股票被划归为输家投资组合。德邦特和泰勒发现，投资组合创建后 1～5 年，先前运作差的股票投资组合的表现比先前运作好的股票投资组合要好，每年高出 4%～6%。不论每组挑选 35 只股票还是 80 只股票，结果都相同，他们由此得出结论：投资者对于未预料到的新闻事件反应过度，过分强调近期新闻和公司收入。

一家公司公布的业绩，如果高于预计赢利，投资者就会认为这是正常现象，而且相信将来还会继续如此。可是到了某种程度后，公司经营开始不景气，公司收入刚刚达到或低于估计值时，投资者于是纷纷卖掉公司股票。同样地，一些赢利绩效经常不如预期的“可怕”的企业，几乎看不到起死回生的征兆。最后，当商业前景恢复时，投资者又争先恐后购买该公司股票。投资者的短期利益心态，能够引起市场缺乏效率。

耶鲁大学的罗伯特·席勒（Robert Shiller）可能是最著名的行为经济学家之一。20 世纪 80 年代，席勒最先提出市场波动率学说，重新界定了经济学家对股市的看法。他在 1981 年提出，市场价格的波动程度，大概是股票价值的驱动因子——现金流量——的 5～13 倍。公司预期的现金流量的变化将带动股票价格按比例变动（现金流量以分红形式传递给投资者）。他提出一项假说，股价之所以过分波动，是投资者的心理行为和投资者对正、负面的新闻的过激反应造成的。尽管有人曾抨击席勒的方法（参考 Schwert，1991 年），但他的理论确实引起一股新的思潮，强调投资者心理对股票价格变动的影响。

尽管学术研究表明金融市场确实存在缺乏效率，许多人还是怀疑计量交易策略的赢利能力。你或许会问：为什么固定法则产生的买卖信号优于人的直觉判断和根据实际情况进行评估的能力呢？（事实上，本章早先援引的案例结果是，采用系统分析方法的资金管理者比凭感觉判断的同行绩效好。）答案是，人的直觉判断具有破坏投资绩效的根本因素。在过去几十年，心理学和金融学的研究显示，人类具有这种情绪倾向，并且多少可以说明为什么有些市场价格形态可以长期存在。

卖掉赢利股票，持有亏损股票

面对经济形势，人们常常出现偏颇行为。这方面的研究，可以说明情绪是如何影响交易决定的。加州大学的金融学教授戴伦斯·欧迪安（Terrance Odean）1998 年曾做了一项这方面的调查：查阅了一家大型折扣经纪商的 10 0000 个交易账户 1987—1993 年的状况，以确定赢利部位和亏损部位的交易风格是否有差别。他发现了投资者一个显著倾向是，卖出赢利股票过早，亏损股票持有的时间过长。他测试的时间段内，投资者卖出的赢利股票次数比他们卖掉亏损股票的次数要多 50%。

基于以上资料，欧迪安得出结论：投资人处理赢利股票的速度和频率，都超过了亏损股票。尽管结果多少有些出乎意料，投资者的行为也合乎常理。通常我们在认为公司的股票价值被低估时，买进股票。股票价格上升时，低估的部分减少，同理，如果股票价格降低，低估部分则增加。随着股票价格的上涨，股价看起来不像当初购买时那么便宜。价格下跌而发生亏损的股票，价格看起来比购买时还便宜。所以卖掉价格看似较贵的赢利股票，持有价格看起来更便宜的亏损股票，这种行为似乎就合情合理了。

尽管道理上说得过去，欧迪安的研究结果表明这种行为并不正确。卖掉的赢利股票价格继续上升，持有的亏损股票价格持续下跌。卖掉股票后的一年内，投资者卖掉的赢利股票的绩效平均优于大盘水平 2. 36%。同时，继续持有的亏损股票的绩效平均低于大盘水平 1. 06%。欧迪安发现，平均来看，投资者因过早卖掉赢利股票，而过长持有亏损股票，其运作不如大盘水平。单纯的经济学理论，无法解释投资者的这种行为。或许可以用心理学的知识来解释。显而易见，根据研究，买进赢利股票，卖掉亏损股票才能挣得更多利润。

主要有两套理论——前景理论（Prospect Theory）和平均回归值理论（Mean Reversion Theory）可以解释卖掉赢利股票，继续持有亏损股票的现象。

前景理论　前景理论将心理学家丹尼尔·卡尼曼（Daniel Kahneman）和阿摩斯·特沃斯基（Amos Tversky）的理论应用到金融领域。此理论认为，处理获利部位，投资人憎恶风险；处理亏损部位时，投资人则愿意接受风险。我们都希望赚钱，没人愿意亏损。所以，投资者和交易者快速卖掉赢利股票（寻求心理安慰），继续持有亏损股票（希望有一天可以扭亏为赢）。

为了更好地说明问题，让我们来看看下列游戏的两种选择：

游戏 1：

有 75% 的机会能赚 1 000 美元

25% 的机会能赚 0 美元

或者

100% 可以赚 750 美元

我们可以计算上述第一个选择的赢利期望值：

第一个选择的赢利期望：75% ×1 000 美元 +25% ×0 美元 =750（美元）

游戏 1，虽然两种选择的赢利期望值相同，但通常人们获利时，比较憎恶风险。所以多数人会作出第二个选择，也就是稳赚 750 美元，而不选高风险、高回报的第一个选择。下面来看一下游戏 2，有关亏损的两个选择：

游戏 2：

有 75% 的机会损失 1 000 美元

25% 的机会损失 0 美元

或者

100% 的损失 750 美元

第一个选择的赢利期望：75% ×(−1 000) 美元 +25% ×(−0) 美元 = −750（美元）

游戏 2，多数人都希望冒险争取扳平的机会，因此会选第一个选择。虽然两个选择的赢利期望值完全一样，但是很多人都不愿意放弃全盘皆赢的机会。从这两个游戏我们可以看出：处理获利部位，投资人憎恶风险；处理亏损部位，投资人则愿意接受风险。

游戏结果和欧迪安的研究相吻合。我也有这方面的切身经验，我就常常一边持有亏损股票，一边对自己说“等不赔钱时就卖掉”，或者甚至开始计算无亏损的价位，以免抛售亏损股票。如果前景理论成立并能用到金融市场，我们可以通过设计一些交易策略，来规避人性的这些弱点。

回归平均值理论　这一理论也可以解释为什么投资者卖掉获利的股票，持有亏损的股票。投资者期望价格回归平均值时才买卖股票的。数列具有回归长期平均值的倾向。利率就是个范例。通过测定10年期国库券的收益率可以看出，10年中利率的收益率主要集中在5%～8%（参见图1.13）。

通常，利率偏低时，就发行大量债券，希望借取廉价资金，导致利率也随着上升。反之，利率偏高时，投资者的需求也增加，试图锁定不同寻常的高利率，赚取更多利润，结果导致利率下降到正常水平。如果投资者认为股票价格也按照相同的路径波动，股票价格上涨时，他们就会卖出股票；下跌时，持有股票，因

图1.13　10年期债券的收益率。在20世纪90年代，收益率有返回到5%～8%的倾向

为他们相信股票价格最终会回到一个比较正常的水平。

以 XYZ 股票为例，参见图 1.14。XYZ 股票的交易价格在未跌破 45 美元之前，多月来一直在 50～55 美元之间徘徊。观察股价走势图，根据回归平均值理论，股价的这种波动是不正常的，应买入股票。类似的例子还有图 1.15ABC 股票的价格走势图。ABC 股票的通常交易价在 45～50 美元之间，当股价突破 50 美元时，我们认为应该卖掉股票，因为股价还将恢复到 45～50 美元的范围。

哈佛大学的心理学家保罗·安德里森（Paul Andreassen）在 20 世纪 80 年代中期做了两个实验，观察投资者是否根据回归平均值理论（请参考 1988 年的论文）进行交易。安德里森在虚拟账户给接受实验的人存入一定金额的资金。向测试者随机公布股票价格，每 30 秒为一个测试周期，共进行 120 次测试。每次测试结束时，测试者都要用虚拟账户里的钱买卖股票。根据交易成果进行一定的奖励，人们受经济利益的驱动，都想积极表现。

安德里森发现，测试者往往在价格下跌时买进股票，在价格上涨时卖出股票。这种行为说明人们本能地认为价格将会回归平均值。面对一系列的股票价格，人们本能地期望价格会恢复到最近的均衡价位。而较传统的理论认为市场价

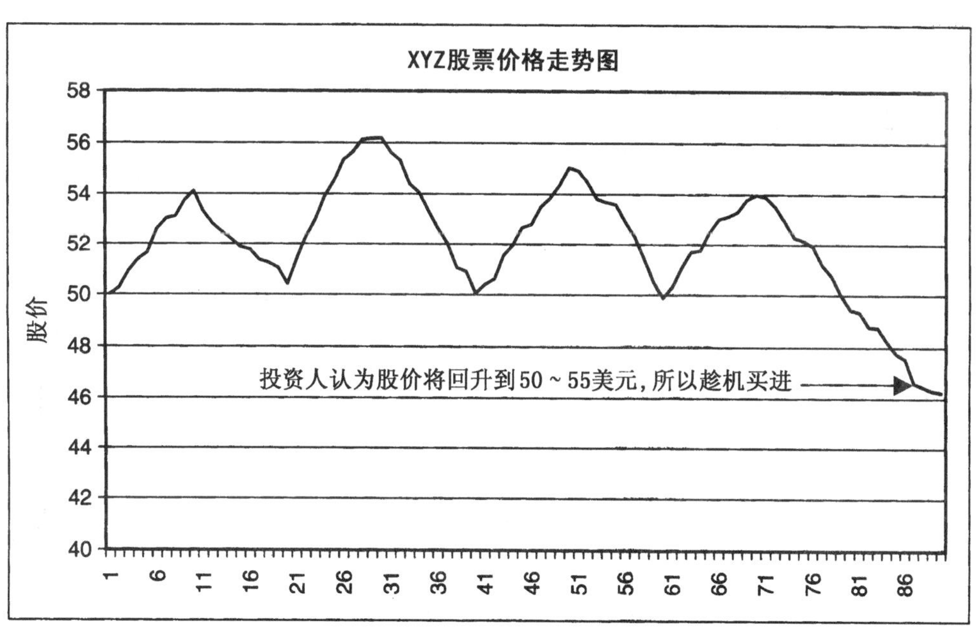

图 1.14 XYZ 股票价格走势图。投资者预期价格将恢复到 50～55 美元，所以当价格跌破 50 美元时，买进该股票

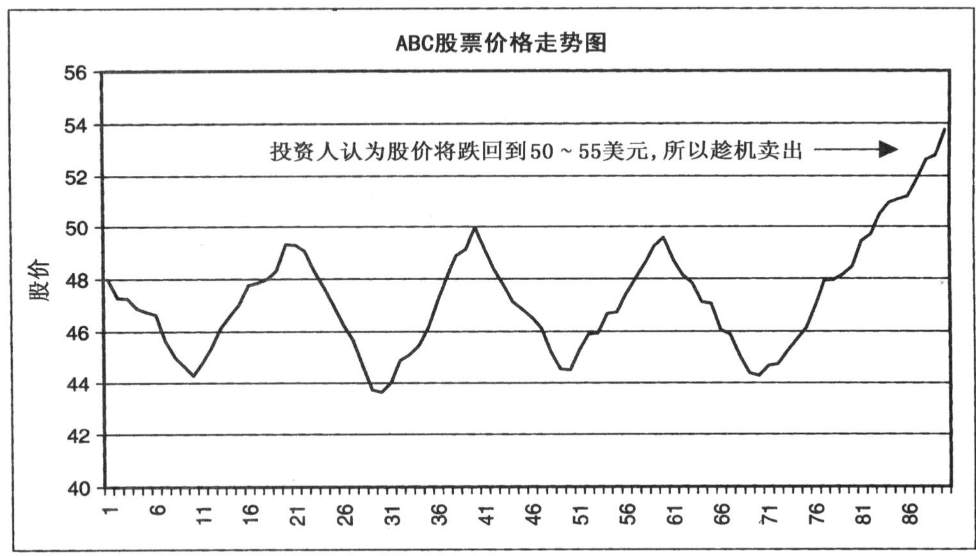

图1.15　ABC股票价格走势图。投资者预期价格将恢复到45～50美元，所以当价格攀升到50美元以上时，卖掉该股票

格具有独立性，价格上涨或下跌的可能性各占50%。

有些计量方法可以利用投资者过早卖出赢利股票或过长持有亏损股票的倾向。多数模式可以归入到顺势系统。顺势系统主张牛市时买入，熊市时卖出。结合前景理论和回归平均值理论，我们可以解释顺势系统成功的原因。

顺势系统（Trend-Following Systems）　股票价格上涨超出近期区间时，根据前景理论，多头部位应出场，空头部位继续持有。多头获利的交易者不愿意冒风险，因此会卖掉获利部位，锁定利润。同时，空头赔钱的交易者不想在低价位卖掉手中部位。他们希望股市还会回转，至少出场时不赔不赚。

另外，股票价格上涨超出近期区间时，回归平均值理论认为，股票价格过度上涨，最终将回落到先前交易价格区间。认同回归平均值理论交易者建立空头部位，因为他们预测价格会跌回正常区间。当然，那些在股价上涨时卖掉部位的交易者注定要失败。新的利好消息公布，股票价格继续上涨。那些与趋势抗衡的交易者，难免失败。那些顺着趋势买进的交易者可以借机利用人性的弱点。

局限于前景理论和回归平均值理论的交易者，长久而言，难逃失败的命运。无论是基本经济面因素的变动，还是市场人气的转换，都可能引起市场价格变动。精明的交易者不受前景理论和回归平均值理论中人为因素的影响，他们顺势跟进，而其他交易者继续持有亏损部位。他们通常在市场接近极端时，才不得已卖掉赔钱部位。我们可以发现，利用计量技术交易策略，能够减少人为倾向。因为计量交易通过优化历史绩效，产生交易策略，不依赖心理倾向。

前景理论和回归平均值理论中人性的弱点使仅凭感觉交易者损失惨重。本章稍后援引的研究显示：在许多市场首选的交易策略应是，创新低时卖出，创新高时买进。读者应记住，这仅是利用市场的缺乏效率现象，运用系统方法进行交易的一个实例。我们还将探讨其他交易方法，例如，在其他人卖出时，买进；卖掉超短期的强弱部位；根据相关或替代市场的差异进行交易等。

计量交易系统每次都可以利用人性的弱点获利。毕竟，计量交易遵循的特定法则是以历史绩效为依据，采用科学的过程制定的，不依靠人的直觉判断制定交易策略。

有时，我感觉很难作出交易决策，而且要经历一番思想斗争，真是很滑稽。实际上，每个决策只有两种选择，买或是卖。我们之前也探讨了非理性的买卖，众多的障碍使交易者在买或卖选择时，难以取舍。

金融市场技巧和缺乏效率

金融市场有时也存在缺乏效率的情况，但并不永远是这样。金融历史讲述了交易者在过去30年利用市场的缺乏效率积累财富的故事。

零息票债券

20世纪70年代，美国财政部首次允许发行零息票工具。例如，需要支付20次利息和一次本金的10年期债券可以拆解为20张零息票债券（Zero Coupon Bonds）。与每半年支付一次利息的传统债券不同，零息票债券不用付利息。零息票债券按票面值的折扣价出售。随着时间的推移，债券可以升值到票面价值，投资者到期收回本金（票面价值和折扣价之间的差额即为利息）。投资银行发现像保险公司等许多机构都喜欢零息票工具，于是开始向他们提供这一产品。拆解的零息票价值总和应该和未拆解的债券价值相当。各部分之和等于整体。精明的交易者常常可以将息票拆解，然后按照高于原始债券的价格出售，毫无风险地赚取买卖之间的差价。交易者不可能长期套利获益，随着先进技术的推广，比较容易计算零息票债券的合理价值。

买进选择权和卖出选择权

20 世纪 80 年代初，股票选择权合约逐渐流行，选择权明显不同于下单交易。选择权作为衍生交易工具，赋予买家在特定时间范围按特定价格买卖某一股票的权利（非义务）。例如，当 XYZ 股票价格在 100 美元时，我可以花 2 美元购买在下月按 100 美元买进此股票的权利。如果股票价格超过 100 美元，我可以行使权利，买进股票。如果股票价格低于 100 美元（无论是 98 美元还是 50 美元），选择权则失效。

选择权比较受个体投资者和避险基金的欢迎，可以用来调整收益和损失。有些投资者把选择权作为融资的工具，也有些用它来规避金融风险。选择权有两种形式：买进选择权和卖出选择权。买进选择权是在特定时间段内，按特定价格购买某一股票的权利（非义务）。卖出选择权是在特定时间段内，按特定价格卖出某一股票的权利（非义务）。购买选择权的支出，一般称为“权费”（Option Premium），要预先一次付清。

费希尔·布莱克（Fisher Black）和梅任·斯歌勒（Myron Scholes）在 1974 年发表了一篇论文，详细介绍了买进选择权和卖出选择权的相对等价，以及买进选择权费用和卖出选择权费用的关系。论文凭其提出的布莱克—斯歌勒平衡学说，一举成名。根据这一理论，交易者买进一工具，卖出其他工具，以规避股票的潜在风险。这一过程没有风险，交易者每股可赚 0.25 ~ 1 美元。实际上，早期，人们误解了买卖权等价学说，买权和卖权甚至在不同的权证交易所，由不同的经纪人和坐市者进行交易。再次，随着科技的进步，通过套利来获利机会也渐渐消失了。

期货合约

20 世纪 80 年代中期，所罗门兄弟（Salomon Brothers）的债券套利集团

[Bond Arbitrage Group，成员企业后来成为长期资金管理公司（Long Term Capital Management）的核心] 在现货市场买进政府债券，同时在期货市场卖空 30 年期债券期货，在两者之间进行套利。期货合约有确定的模式。到期时，买家收到实际货物，卖家则按合同约定实际发送货物。农作物产品，货物是一定级别的作物。金融产品，货物是现金或特定的联合债券。在芝加哥期货交易所（CBOT）交易的 30 年期国库券期货，交割债券必须是 15 年内不能提前赎回的国库券。有 30 多种债券符合规定。CBOT 公布了换算因子（Conversion Factor），以此计算每种债券的价值换算方式。由于每日债券价格和变换因素的不相符，导致换算因子的数值未必精确，因此存在一种债券在交货时的价格比其他债券便宜。

20 世纪 80 年代初，债券期货的价格有时相对高于最便宜的可交割债券的价格。遇到这种情况，所罗门兄弟在放空债券期货的同时，买进按照相应的期货合约最便宜的可交割债券。到期时，他们交付库存的便宜债券弥补空头期货部位，通过期货合约的错位价格赚取利润。公司不持有部位，只有利润。和前述案例一样，随着科技的进步，市场缺乏效率的现象也销声匿迹了。

选择权价格

最近，有经验的股票选择权交易者可以购买单个股票的选择权，卖出股票指数选择权，通过分散个股利润，取得无风险收益。选择权价格的主要驱动因子是价格波动率。不同于股票价格、利率或是分红，价格波动率是布莱克—斯歌勒选择权价格公式中唯一的未知或不可回避的变数。股价指数成分股（如标准普尔 500 的成分股）的价格波动率和股价指数本身（如标准普尔 500）的价格波动率有特定的关联。

例如，英特尔股票、通用电气股票和埃克森股票价格波动率上涨，标准普尔 500 的价格波动率也应该上升。富于经验的选择权交易者常常利用个股选择权（如英特尔、通用电气或埃克森）和股价指数选择权（如标准普尔 500）价格波动率的差异进行套利交易。个股选择权和股价指数选择权之间的合理定价是建立在指数成分股与股价指数之间相关性基础上的。20 世纪 90 年代末，选择权市场上这种定价相关系数一般超过 +1.0，这当然是不合理的（理论上行不通），计量交易者可以获利。但是随着价格系统的改善和其他交易者也注意到缺乏效率现象，他们获利的机会也消失了。

反复讲述的主题是，借助科学的计量分析，当缺乏效率现象出现时，交易者可以捕捉到这一信息。因为赚钱的机会并不永远有，交易者必须不断发明新技术。当今市场的确存在和上述类似的缺乏效率现象，本书以后的章节还将介绍如何发现这些时机。

股票和期货市场也存在缺乏效率现象吗？是的，我相信市场总会有缺乏效率现象。真正有效率的市场并不存在。如果市场完全有效率，交易者就不必寻找能够获利的交易策略或低估的公司。研究一旦停止，随着交易者的消失，缺乏效率将重新出现。缺乏效率重现后，交易者将重新利用这一现象，促使市场回归到效率状态。

可以把有效市场比做橡皮带。如果脱离效率太远，外力（交易者进场）将把它快速拉回到效率状态。如果效率反方向运作，市场进入到完全效率状态，外力（交易者出场）则使市场背离效率。无论橡皮带是紧或是松，交易者借助统计和数学方法总能赚到钱。

基本面分析的优缺点

如果计量交易可以获利，我们为什么还要研究基本面分析呢？

我认为利用基本面分析也能赚钱。和计量交易一样，基本面分析也非常有效。因为避险基金越来越流行，其数量和资产也增长了，有必要对公司资产负债表和收入板块进行独立的基本面分析。避险基金可能就每个行业或部门进行单一的分析。分析师将公司分解分析，可以注意到客户群、收入的地域范围、水平技术以及竞争的强势和弱势。在评估公司营业绩效方面，他们凭借丰富的知识和专业技术而具备优势。

同时，基本面分析也应借鉴计量分析的经验。过去 5 年中，人们使用众多的方法评价科技股。我曾注意到同一个分析师在 5 年间，使用市盈率、价格-销售额和价格-收益增长率等不同的方法评估同一家公司。由于公司收入的波动性很大，基本面分析师很难改进他们的评估技巧。以股票价格为例，跟踪英特尔、通用电气和通用汽车三家公司的年收入和价格-收益率。

就英特尔和通用电气来说，股价在每股收益达到最高值之前已经见顶。英特尔最高收盘价出现在2000年7月，而其过去12个月的每股收益最高值在6个月后的12月才出现（见图1.16）。同样的例子也发生在通用电气，其最高收盘价出现在2000年4月，而其过去12个月的每股收益最高值出现在2001年底（参见图1.17）。通用汽车的股价在2000年4月见顶，而其每股收益在1999年12月达到最高（见图表1.18）。尽管在1999年12月至2000年12月间，通用电气的收益在8~10美元波动，但是股价从93美元跌到53美元。

我的观点是尽管收益真的能够驱动股价，它们也不是唯一的因素。即使你知道这三只股票下一年度准确的收益数，它也可能对你的交易绩效没有帮助。尽管收益在增长，但是股价却往往在下跌。这种情况的发生可能是由于商业前景、股票价值超过了潜在收益，或者是产品过时或恶性竞争等原因造成的。尽管基本面

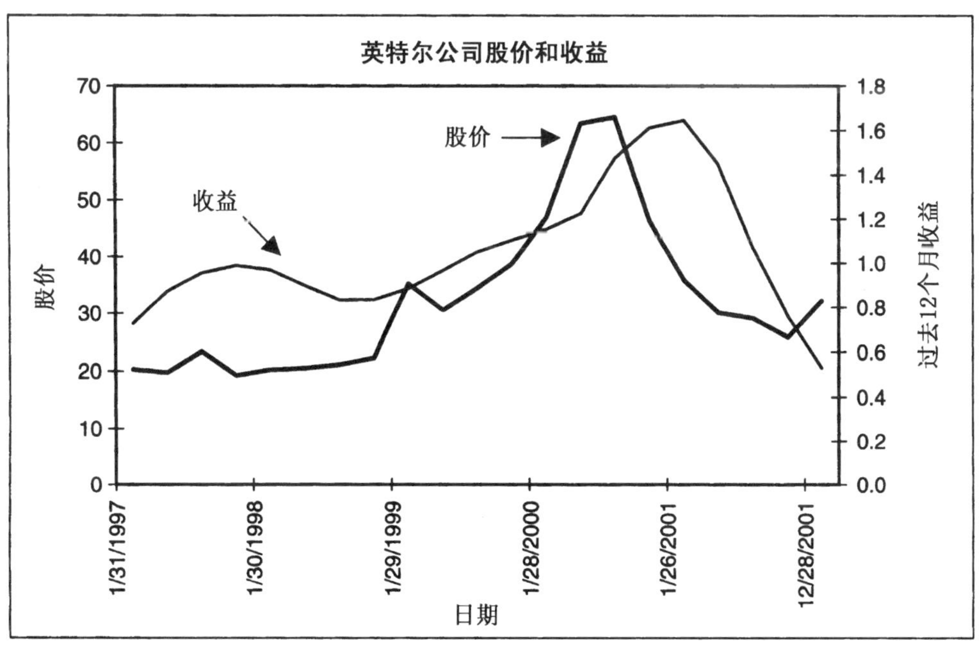

图1.16　英特尔股价和收益。虽然收益是股价的驱动力之一，但是，通常情况下，股价领先收益变化一年或更长的时间

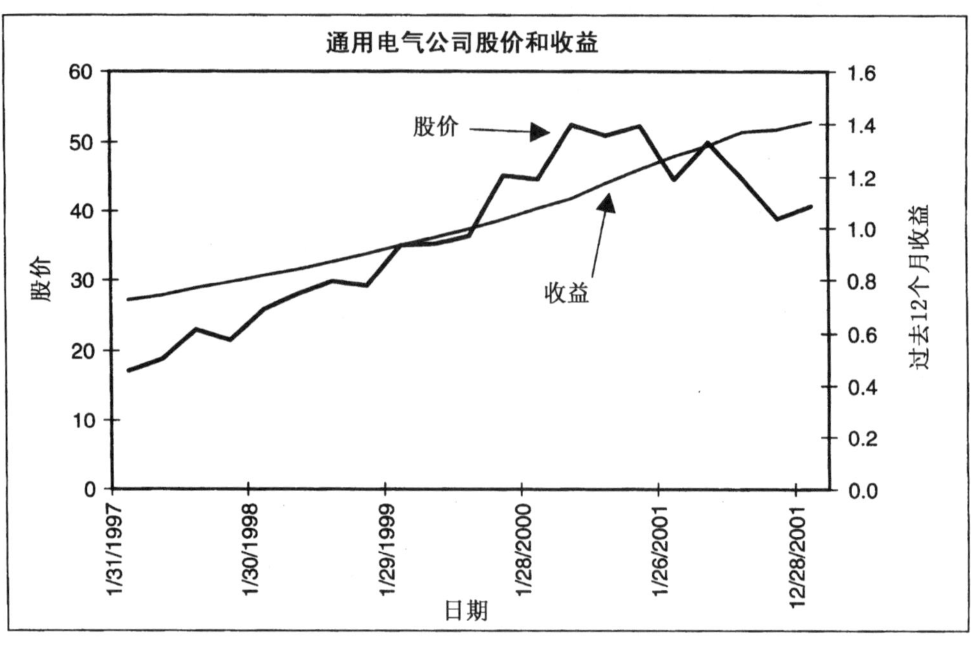

图 1.17　通用电气股价和收益。虽然收益是股价的驱动力之一，但是，通常情况下，股价领先收益变化一年或更长的时间

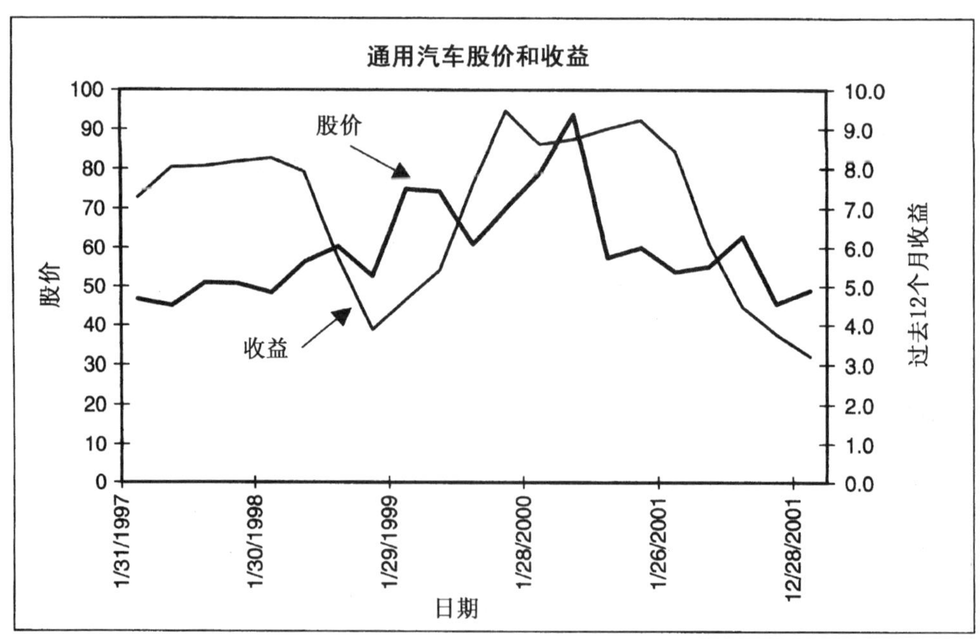

图 1.18　通用汽车股价和收益。虽然收益是股价的驱动力之一，但是，通常情况下，股价领先收益变化一年或更长的时间

分析不可替代，但是我坚信运用计量分析策略能够更快地发现影响股价变动的因素。“价格先动，基本面随后变化”这种说法确实有一定道理。

虽然有非常优秀的基本面分析师从事严格的工作，但是在分析公司的赢利潜能上，即使是最好的分析师也难免受到市场过度反应和滞后反应的影响。纳斯达克 100 指数就是这样的一个例子。该指数由在纳斯达克挂牌交易的 100 只最大的非金融股票组成。这个指数中科技股、电信股、生物股占了很大比重。图 1. 19 绘制了该指数在 2000 年的变化。市场并没有想象的那么有效和理性。纳斯达克 100 指数从 1998 年的 1008 点暴涨到 2000 年的 4708 点。这两年的回报率高达 367% 。

这种非理性的行为很难通过基本面分析解决，因为非理性行为都会过度延伸，远超过合理价值。这期间，很多网络股都涨到了荒唐的地步，有些公司甚至连营业计划都没有。让我们将重点放在两家有实力的幸存者身上。两个很好的例子是思科系统（Cisco System）和亚马逊公司（Amazon）。两家公司的业务范围不同，思科经营电脑网络软硬件设备，而亚马逊是一家在线销售图书、电子产品

图 1. 19　纳斯达克 100 指数。纳斯达克 100 指数在 1998—2000 年大幅上涨

和计算机软件的公司。

在1998—2000年的网络热潮中，亚马逊和思科的股价暴涨。诸如市盈率和"价格与销售收入比率"等价值度量指标早就被抛到九霄云外。我们进入了全新的时代，科技股在成长和未来盈余方面将取代其他传统行业。一些著名分析师如美林的亨利·布拉吉特（Henry Blodget）和摩根斯坦利的玛丽·米克（Mary Meeker）能够通过研究报告中的乐观评价而促使股价大幅上涨。1998年12月16日，那时布拉吉特任职于加拿大帝国商业银行爱本海默公司（CIBC Oppenheimer），他做了个大胆的行动——将亚马逊公司的目标价从每股150美元调高到400美元。亚马逊公司的股价立刻做出反应，从每股243美元上涨到289美元，涨幅达到20%。

毫无疑问，从1998—2000年的科技股泡沫导致了股价上升到令人难以置信的地步。在1999年，即使你已经发现这些股价高估了，但是如果建立空头部位将面临很大的挫折和风险。市场不仅可能被高估，而且这种高估可能会持续多年。相反，相对低迷的阶段也可能持续很长时间，直到某种催化剂产生而引起投资者的兴趣。

许多投资者认为科技股泡沫使股价从1997年一直飙升到2000年，然后伴随着缓慢平稳的下跌。实际上，个股在这期间涨跌了好几个来回。经过股票分割的调整后，亚马逊的股价从1998年每股5美元涨到2001年的92美元，又下跌到45美元，然后又上涨到105美元，又跌到43美元，然后涨到106美元，最后在2001年跌到6美元（参见图1.20）。对应的涨跌幅分别为：+1700%、-52%、+135%、-59%、+150%和-94%。思科的股价从1998年的每股10美元开始，其波动率非常大。思科的股价涨到17美元，又跌到11美元，又飙升至80美元，又跌到51美元，又涨到68美元，又跌到11美元，然后又涨到2000年12月的22美元（参见图1.21）。对应的涨跌幅分别为：+78%、-36%、+630%、-37%、+35%、-84%和-94%。

我要强调的是，即使是在泡沫或崩盘的行情，股价也不是直线变化的。尽管

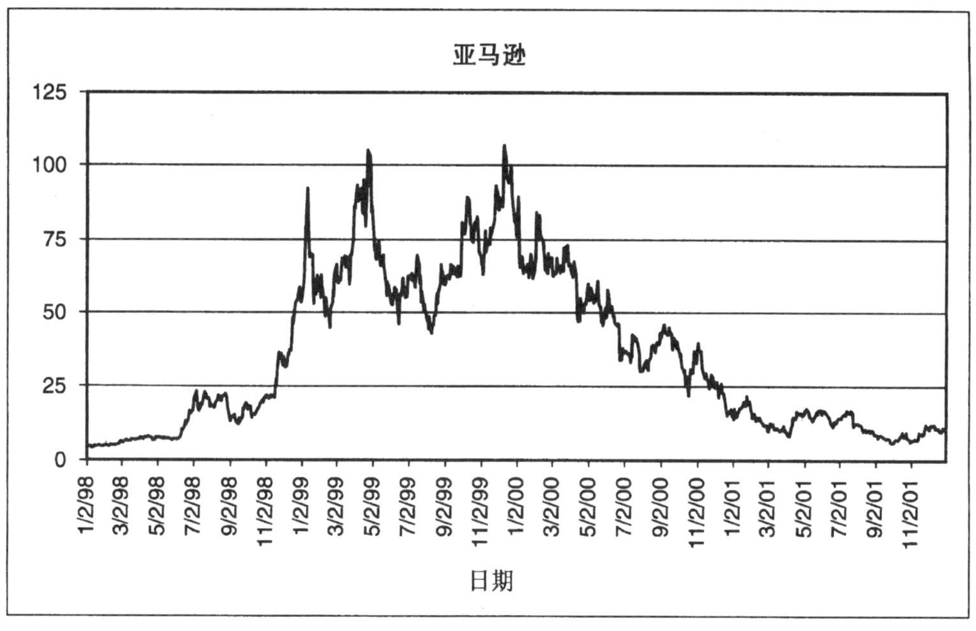

图 1.20　亚马逊。1998—2000 年，亚马逊的股价剧烈波动

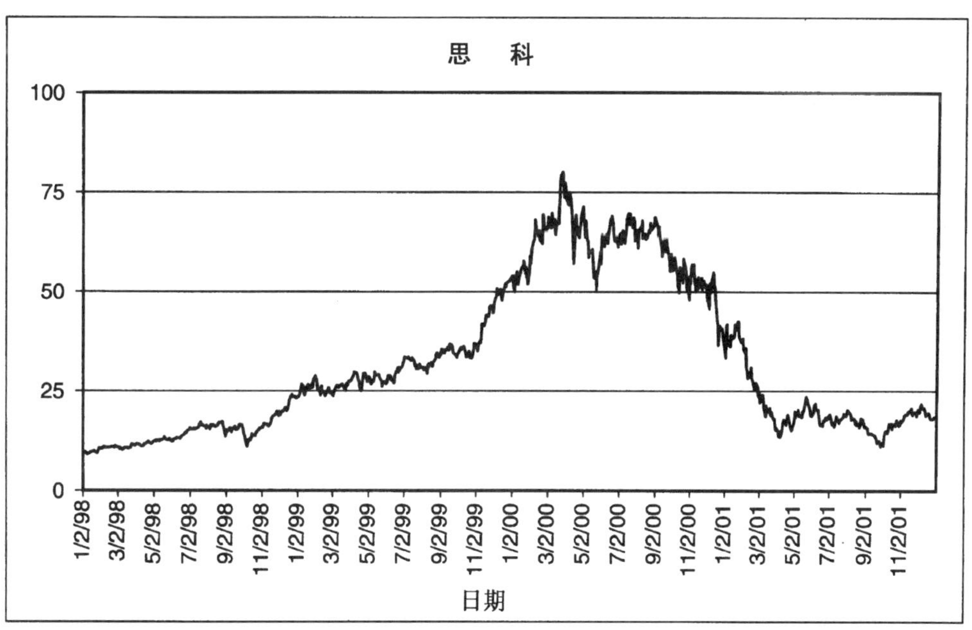

图 1.21　思科公司。思科公司是电脑网络软硬件设备制造商，1998—2000 年之间，该公司的股价出现惊人的涨势

长期基本面不会经常发生重大变化，但是这并不妨碍股价的大涨和暴跌。亚马逊和思科在过去的 5 年中的剧烈变动给交易者带来了很多机会。计量分析的魅力在于我们可以在基本面不发生变化的情况下捕捉住这些机会。我们的模型能够判断价格变动的趋势，从而使我们能够从股价的波动中获利，而不是受害。

基本面分析的难题是公司基本面的变化非常缓慢，使它很难抓住股票市场价格的波动，而这些波动是由投资者的情绪和感觉造成的。基本面分析成功的前提是，市场经常保持理性和充分效率变成一种常态，而这往往不能出现。现实中存在许多聪明而优秀的基本面分析师，但是为了充分利用市场的短期波动而获利，无论是股票市场、期货市场，还是其他市场，我们将把重点放在计量分析，利用过去的价格资料产生交易信号。

统计学简介：利用科学方法，开发赢利交易策略

使用统计学衡量市场

成功的交易者并不一定要通晓统计学，但是知道价格行为背后的数学原理，能让你在交易时占有优势。基于这个目的，本章将介绍与金融市场有关的统计知识，如平均数、标准差和收益相关性。

交易者使用描述统计量这一工具，可以更容易理解掌握数据。举例来说，我不需要描述100个人的身高，只需给出100个人的平均身高是5英尺8英寸即可。通过描述统计学（平均），就可以说明整个样本身高的品质。我可以进一步指出身高的标准差是3英寸（标准差是用来衡量个体与平均数的偏离程度的，我们稍后会详细探讨这个概念）。现在，仅凭两条信息——平均数和标准差，我可以精确的推断出100人的身高分布，包括最高身高和最矮身高。

同样的道理，通过计算市场价格、市场收益和市场成交量的描述统计量，我们可以了解近期价格走势的性质。描述统计量是计量交易策略的奠基石。

了解市场背后的统计学理论，有助于创建新的交易方法。对于计量交易者来说，市场预期走势很重要，可以帮助判断价格波动究竟是随机现象还是特定趋势。另外，市场统计对于建立风险管理策略也很有帮助。

平均数、平均收益率和价格

一个数列的平均数，通常叫做平均值，是衡量分布的中心位置。平均数是分布中各个价值之和除以分布中数据点数得来的。平均数公式如下：

$$u = \frac{\Sigma x}{N}$$

其中，u 代表平均数，Σ 是一数学计算过程，也就是各个数值相加求和，N 代表数列中数据点个数。

请参考图 2.1 所给的样本资料，平均数为 5.4。

数据点数	数据
1	5
2	3
3	7
4	8
5	4
合计	27
数量	5
平均数	5.4

图 2.1　计算平均数。各个数据点相加的总和除以数据点个数得出的值就是一个数列的平均值

衡量收益的差量

一个数列的平均数是很重要的描述统计量，因为它决定该数列的中心倾向。但是，除了知道平均数之外，我们还需要知道其他数据。我们希望知道一个分布中各个数据点的分散程度。各数据点是集中在中心点还是分散得很开。衡量数值离散程度的最常用的方法是方差（Variance）和标准差（Standard Deviation）。

方差是数据点与平均数之差的平方的平均值。公式如下：

$$方差 = \sigma^2 = \frac{\Sigma(x-\mu)^2}{N}$$

方差表示为σ^2，衡量数值距离平均数的分散程度。以上组数据为例，我们计算得出数值的方差为3.4（参见图2.2）。

我们还可以计算2001年标准普尔500指数和纳斯达克100指数周收益率的平均数和方差。标准普尔500的平均数为－0.20%，纳斯达克100的平均数为－0.47%。前者的周收益率方差为0.10，后者为0.48。

数据点	数据	与平均数的差	差的平方
1	5	－0.4	0.16
2	3	－2.4	5.76
3	7	1.6	2.56
4	8	2.6	6.76
5	4	－1.4	1.96
合计	27	合计	17.20
个数	5	个数	5
平均值	5.4	方差	3.44

图2.2　计算方差。方差是数据点与平均数之差的平方的平均值

我们可以看出，纳斯达克100的方差大于标准普尔500。也就是说，纳斯达克100的每周收益率距离平均数的离散程度较大，纳斯达克100每周收益率的波动程度比标准普尔500要大。我们通过绘制标准普尔500和纳斯达克100每周收益率的次数分布图来说明（参见图2.3）。

观察图2.3可以看出，纳斯达克100收益率的分布范围较广，这是因为纳斯达克100成分股多是由科技、通信和医疗等高风险产业组成。标准普尔500的最高月收益率是7.8%，最大月损失率为11.6%，而纳斯达克100的最高月收益率为18.4%，最大月损失率为17.5%。

方差将数值的分散程度数量化了。在实际应用中，我们往往采用标准差而不是方差。取方差的平方根，即得出标准差。标准差的一些优良特性，适合我们进一步分析数据。本章稍后将探讨标准差的这些性质。

$$标准差 = \sigma = \sqrt{方差}$$

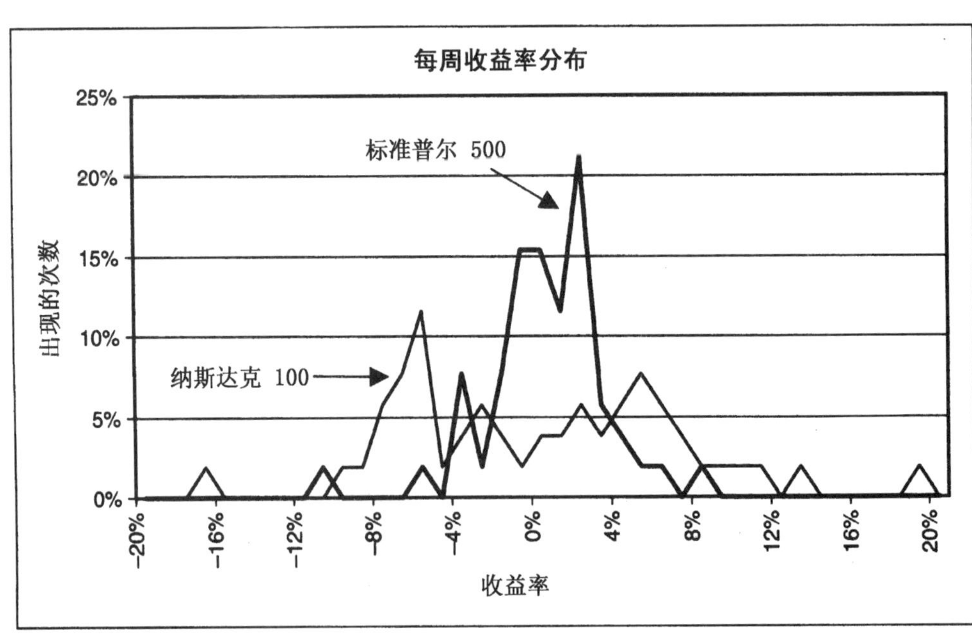

图2.3　每周收益率分布。标准普尔500波动性比纳斯达克100小，因而标准普尔500的收益分布的分散程度也比纳斯达克100小

相　关

相关（Correlation）是另一个重要的描述统计量。用来衡量两个数列之间的相关程度。相关系数介于 -1 ~ +1 之间。-1 代表两个数列之间存在绝对相反的关系，+1 代表两个数列之间存在绝对正向的关系，0 则代表两个数列没有任何关系。两个数列之间的相关系数，是一数列离差乘以另一数列离差，然后求和，除以数据点数，再除以两个数列标准差，公式如下：

$$相关系数\ P = \frac{\frac{1}{N}\Sigma(x-\mu_x)(\gamma-\mu_y)}{\sigma_x\sigma_y}$$

我们通过绘制两个数列的分布图来更好的解释相关的含义。图 2.4 绘制了两个数列值的点数分布情况。

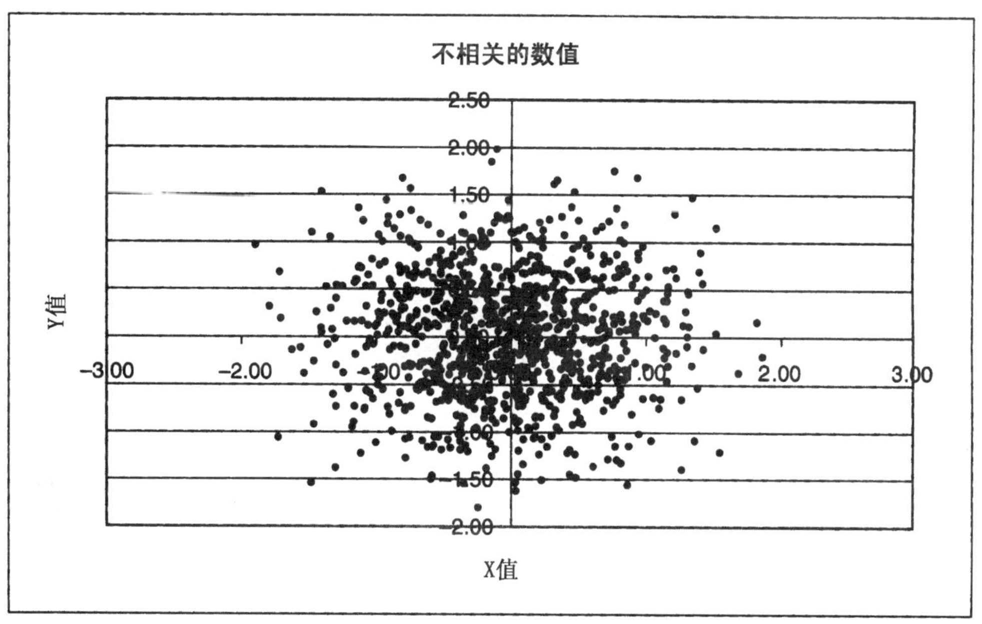

图 2.4　不相关数值。把数据点分别按照 Y 轴和 X 轴描绘出来，我们可以看出两个数列不相关

三个图分别代表三种普通的相关关系。图 2.4 的散布图，表示 X 和 Y 只存在随机的关系，也就是说不相关。图 2.5 的散布图，Y 增加时，X 也增加，也就是说 X 和 Y 正向相关。图 2.6 的散布图，X 增加时，Y 减少，这代表 X 和 Y 负向相关。

相关性也容易被误用。衡量市场数据的相关性时，应分析收益率而不是价格。价格的相关性常常愚弄交易者，使他们误以为两个数列存在显著的相关性，但实际上并不存在。

以标准普尔 500 和天然气价格的关系为例。绘制两组数列的散布图之后，我们发现两者之间存在明显的正相关。价格的相关系数为 0.70（参见图 2.7）。在数据跨越的期间内，如果两个数列同向或反向漂移，两者之间存在显著的线性关系，这是一种“假象”（Artifacts）。“假象”在统计学中，指错误或偏颇的结果。事实上，如果计算周收益率的相关性，我们可以看出相关系数几乎为零。这一系数能更准确的代表天然气价格和标准普尔 500 的关系。有些市场之间的相关性较

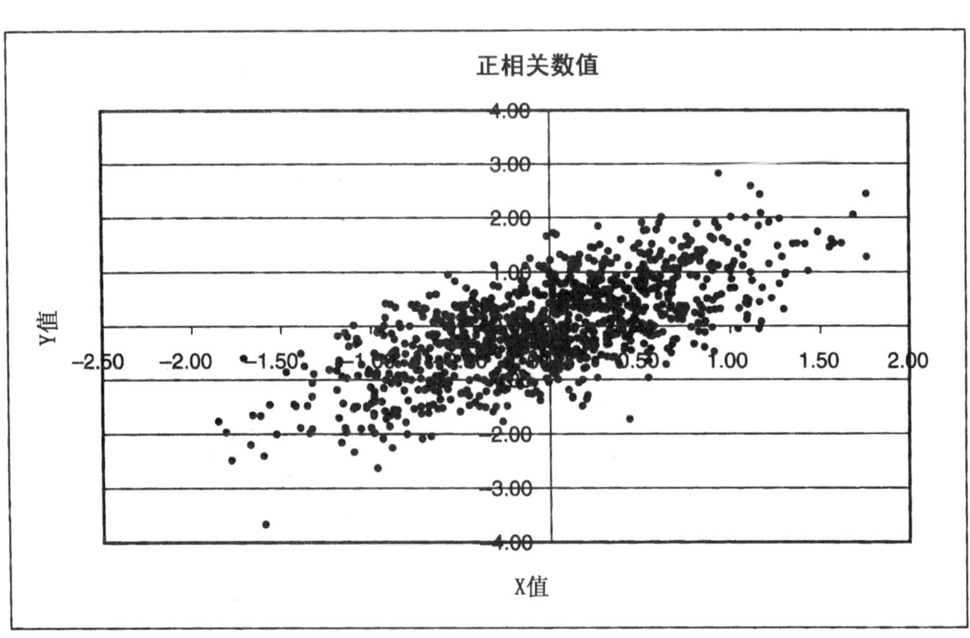

图 2.5 正相关数值。把数据点分别按照 Y 轴和 X 轴描绘出来，我们可以看出两者之间存在正相关关系

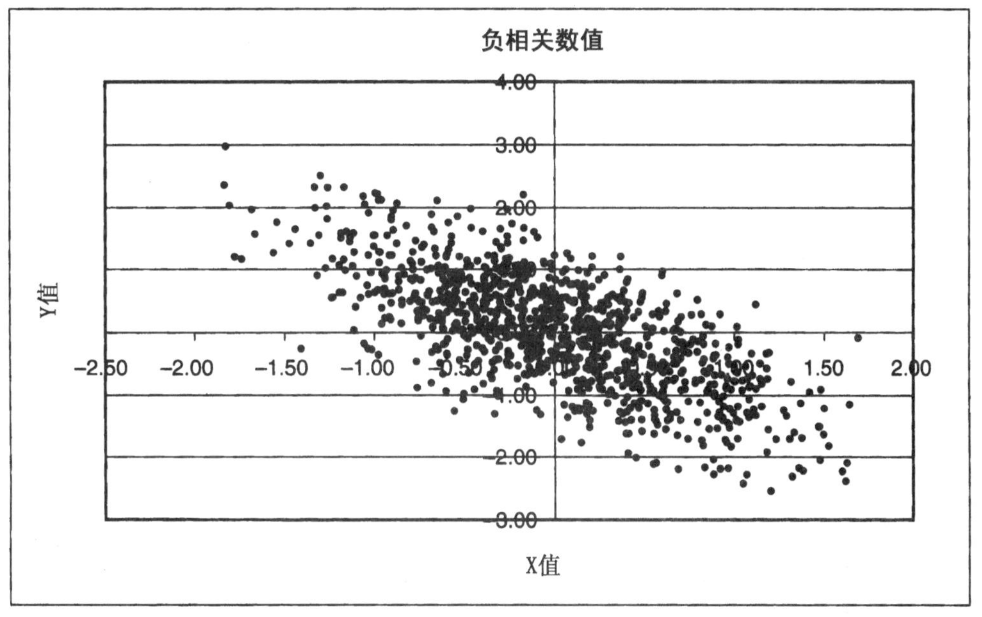

图 2.6　负相关数值。把数据点分别按照 Y 轴和 X 轴描绘出来，我们可以看出两者之间存在负相关关系

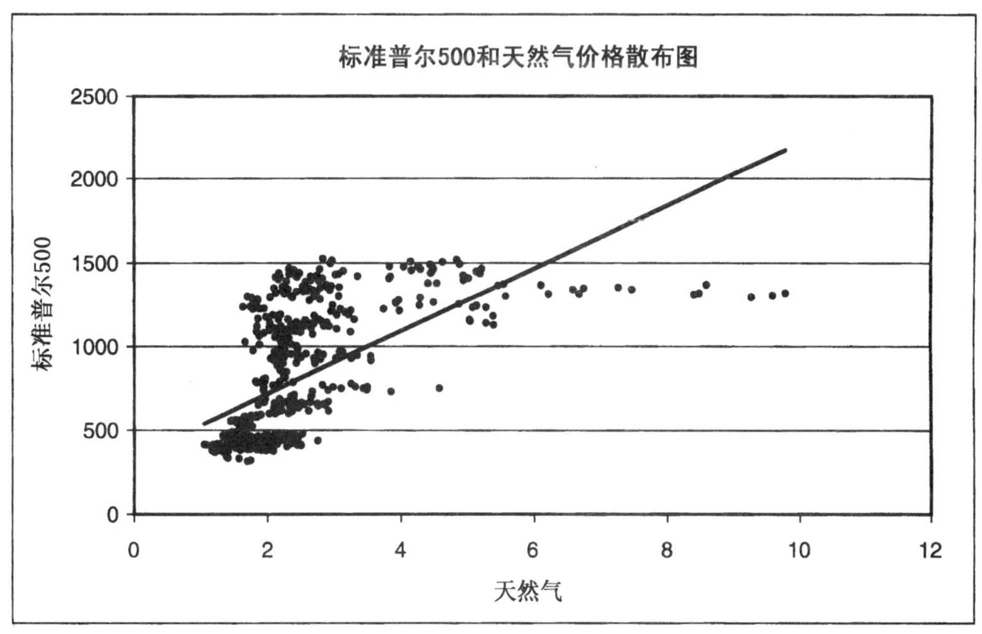

图 2.7　标准普尔 500 和天然气价格散布图。统计分析可能显示两个价格数列之间有显著关系，但这种关系可以无法继续维持

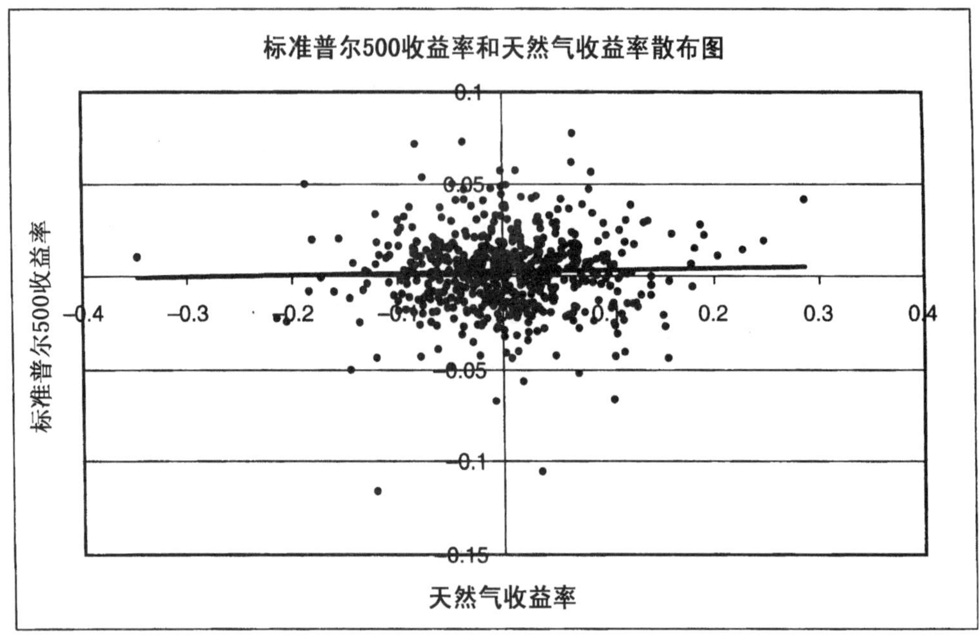

图 2.8　标准普尔 500 收益率和天然气收益率散布图。观察每周价格变动，我们可以看出标准普尔 500 和天然气价格之间几乎不存在线性相关

高，也有些市场之间没有相关性。同一产业内的股票，相关程度相当高。图 2.9 列出了 2001 年 3 组股票的周收益率相关程度。

利率、黄金和股票市场之间的相关性较小。从图 2.10，我们可以看出，石油与 10 年期国库券收益率的相关系数为 -0.20，标准普尔 500 收益率与 10 年期国库券收益率变动的相关系数为 0.17。

股票名称	周收益率相关性
福特/通用汽车	0.73
美林/摩根斯坦利	0.80
默克制药/辉瑞制药	0.65

图 2.9　挑选的两组股票之间的相关性。同行的股票往往存在较高的相关性

	标准普尔 500	黄金	10 年期国库券收益率	石油
标准普尔 500	1.00	0.10	0.17	0.03
黄金	0.10	1.00	-0.17	0.07
10 年期国库券收益率	0.17	-0.17	1.00	-0.20
石油	0.03	0.07	-0.20	1.00

图 2.10　宏观经济变量的相关性。股权、债券和商品之间的相关程度，显然不如股票之间的相关程度高

常态分配的用途

标准差是衡量分散程度的常用统计量，主要是因为标准差在特定情况下的特性决定的，尤其是常态分配。常态分配是有关数值发生概率的描述。对于常态分配来说，发生概率最高的位置在分配中心，然后向边缘扩散。

常态分配，有时根据它的形状（参见图 2.11）也称作“钟状曲线”。常态分配是统计学中最有用，也是人们研究最多的分配。为了纪念德国数学家卡尔·高斯（Karl Freidrich Gauss），又称为“高斯分配”。

常态分配的方程式如下：

$$p(x) = \frac{1}{\sigma\sqrt{2\pi}} e^{\frac{-(x-\mu)^2}{\sigma^2}}$$

我们一旦知道数列按照常态分配，就可以利用平均数和数列标准差，推算出和数值范围相关的大量信息。举例来说，常态分配的数值大约有 68.26% 在平均数 ±1 个标准差范围内，95.44% 在平均数 ±2 个标准差范围内，99.74% 在平均数 ±3 个标准差范围内。

利用微软的 Excel 软件很容易做常态分配运算。键入 = NORM - SINV（RAND（））, 产生 1000 个随机常态分配的数值。然后，计算平均数和标准差。

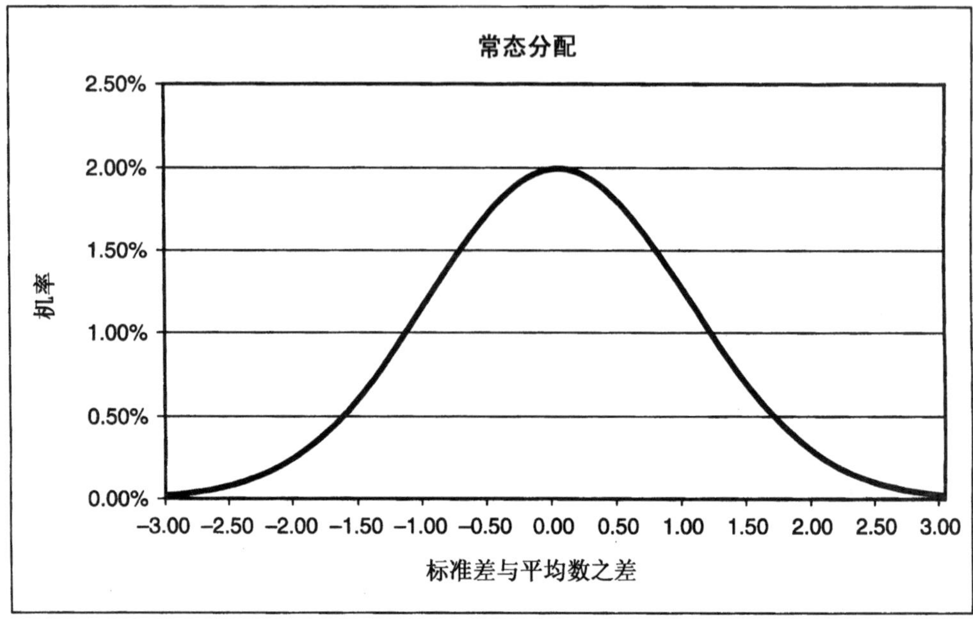

图 2.11 常态分配。常态分配的图形类似钟，因而有“钟形曲线”的别称

我的计算结果显示：平均数为 0.01，标准差为 0.99。根据常态分配的性质，可以得出以下推论：

有 68.26% 的数值在平均数 ±1 个标准差范围内，-0.99 与 +1.00 之间。

有 95.44% 的数值在平均数 ±2 个标准差范围内，-1.98 与 +1.99 之间。

有 99.74% 的数值在平均数 ±3 个标准差范围内，-2.97 与 +2.98 之间。

我将 Excel 产生的数值整理后，发现其分配和常态分配基本吻合，参见图 2.12。

标准差个数区间	预期	实际
-1 ~ +1	68.26%	68.80%
-2 ~ +2	95.44%	95.70%
-3 ~ +3	99.74%	100%

图 2.12 Excel 相关运算。Excel 产生的数值分配，和常态分配基本一致

市场收益率和价格也呈现和常态分配有关的特定趋势。这些趋势和产品无关，无论是股票、期货，还是外汇，趋势的特性都不会改变。短期内，市场收益百分比（今天价格除以昨天价格，然后减 1）大体呈常态分配。图 2. 13 绘制了标准普尔 500 在 1997—2001 年每天收益率分配图。柱状图代表实际收益率分配，平滑曲线表示根据常态分配得出的预期分配。

市场波动率的无规律性

从图 2. 13 可以看出，收益率分配很接近常态分配曲线。与常态分配相比，实际分配的峰位较高，两尾端较厚。这种分配又称为“尖峰态分配”（希腊文 leptos 是窄、小的意思）。短期市场收益率没有呈现常态分配，这曾困扰经济学家相当长的时间。近来有迹象表明，尖峰态分配很可能是因为收益率标准差随着时间变动引起的。

市场波动率不是常数的现象，交易者比经济学家更容易理解。市场迟缓、安

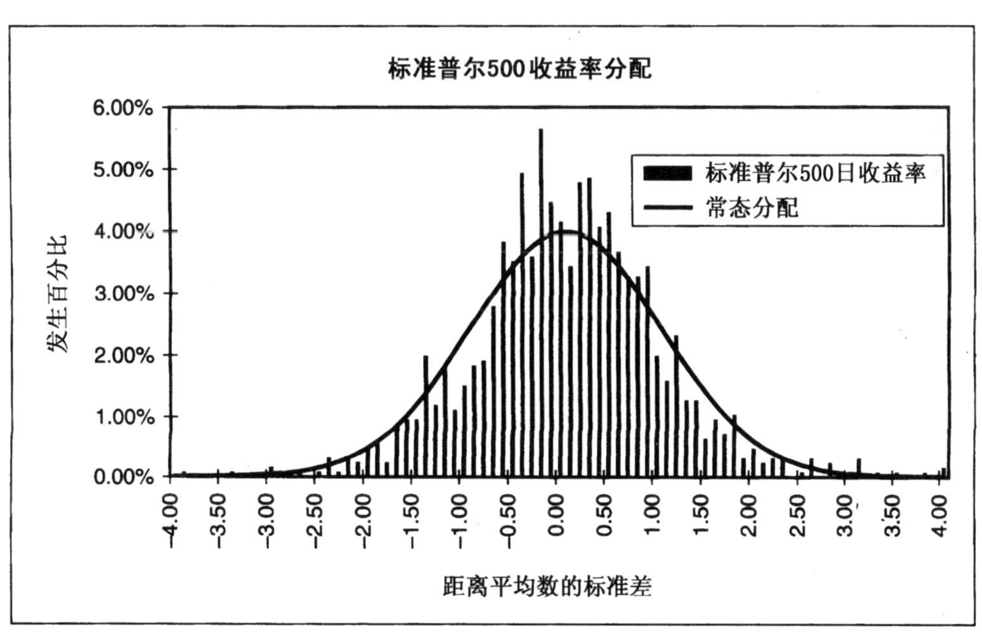

图 2. 13　标准普尔 500 收益率分配。从 1997—2001 年，标准普尔 500 的日收益率分配类似常态分配，只是在平均数中间和尾端的发生概率稍高

静时，如果没有重大新闻发生，市场将保持低波动率状态数日或数周之久。另一方面，当市场波动活跃时，这种高度波动状态也可持续数日或数周，直到有重大新闻或价格变化出现。

经济学家创建了一组新的模型，用来解释价格波动率是如何随着时间的推移而变化的。这类模型通称为“GARCH”（Generalized Auto Regressive Conditional Heteroskedasticity，一般自动回归条件异方差性）。如果价格波动率随着时间变化，在长期平均值附近上下移动，就存在GARCH程序。可以参见图2.14，此图表绘制了标准普尔500一个月的日收益率标准差。我们可以计算短期的波动率，例如，可以计算每天收益率的20天期移动标准差。

首先计算前20天的每天收益率标准差。次日，去掉前述计算过程的第1天的收益率，增加第21天的收益率，重新计算第2天到第21天的20天收益率标准差。同理，去掉第2天的收益率，增加第22天的收益率，重新计算从第3天到第22天的20天期收益率标准差。依此类推。每个标准差与前、后两个标准差，计算过程中采用的收益率都有19个相同的数据点。从这个意义上讲，计算

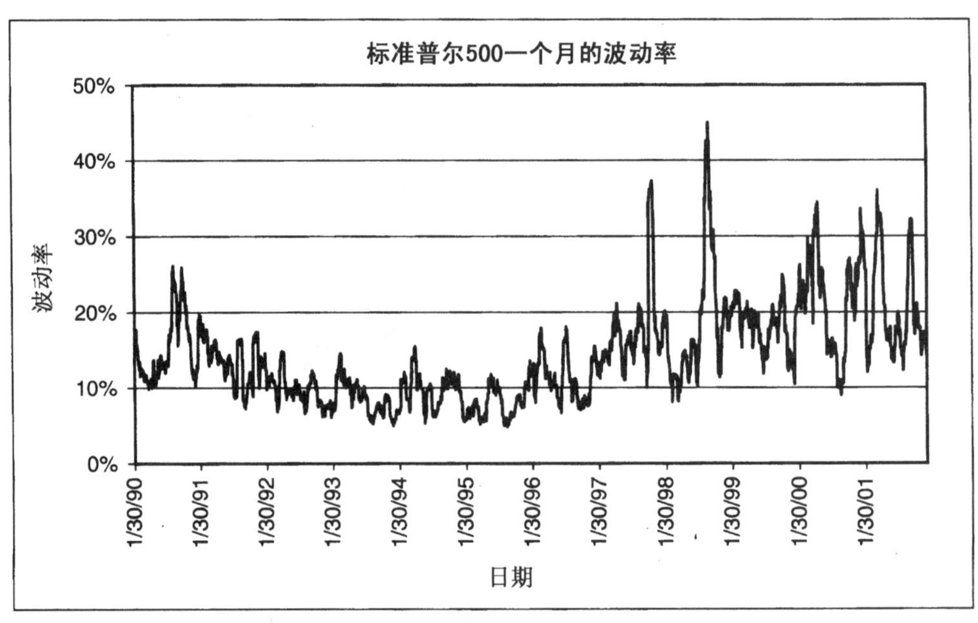

图2.14　标准普尔500一个月的波动率。波动率在10%～20%之间

是每天移动的，因此也称为“移动价格波动率”。

标准差的计算方法有必要作些调整。我们计算的是每日收益率的标准差，而价格波动率通常以年度来衡量。用每日收益率的标准差乘以一年交易天数（股票市场交易日为252天）的平方根，结果就是年度标准差，也就是价格波动率。

从标准普尔500一个月的波动率图表可以看出，波动率在平均数18%上下迂回。很短时间段内，也存在较低或较高波动率，但波动率最终要恢复到长期平均数。标准差平均数回归是GARCH模型的中枢。几乎所有市场价格波动率都具有这一性质。高波动率期间往往接踵而来，然后慢慢降低到正常水平。同理，低波动率期间也往往接踵而来，最后恢复到正常水平。

研究发现，用GARCH模型解释市场的波动率有深远的统计学意义。另外，学术研究还发现，市场收益率经过这种不等价格波动率调整后，分配中间的高峰和两端的厚尾都消减了，结果更接近常态分配。尽管GARCH模型不能预测市场收益率或价格，但是非常数波动率的概念，对产生交易信号以及投资组合风险管理，有着重要价值。

价格波动率的范围

了解市场价格背后的统计量，有助于我们准确分析市场信息。不同市场的一项重要区别是他们的价格波动率变化程度不同。市场不存在常量波动率，它们的波动率是随着时间不断变化的。从上述案例，我们可以看出，标准普尔500年度波动率一般在15%～25%之间，有时也超出此范围。事实上，价格波动率偏高是20世纪90年代后期的趋势之一。

交易者应该感觉到，20世纪90年代后期，以相同金额操作标准普尔500，其风险要比20世纪90年代早期高。通过收益率标准差衡量的标准普尔500的价格波动率在1995—2000年期间呈上升的趋势。通用电气和英特尔的价格波动率趋势同标准普尔500类似（参见图2.15和图2.16）。通用电气和英特尔也出现

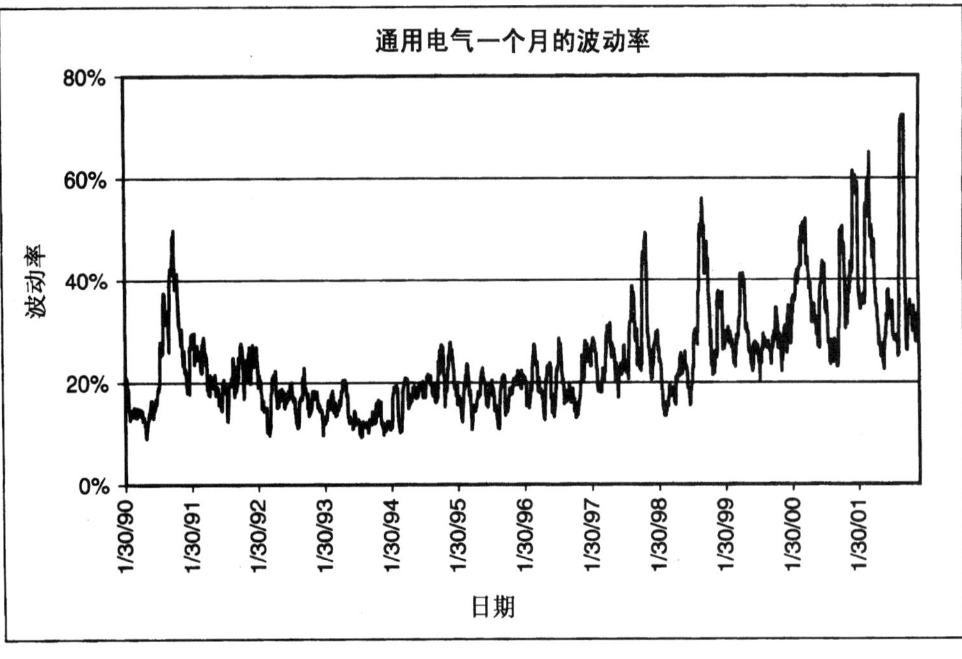

图 2.15　通用电气一个月的波动率。波动率在 20% ~40% 之间

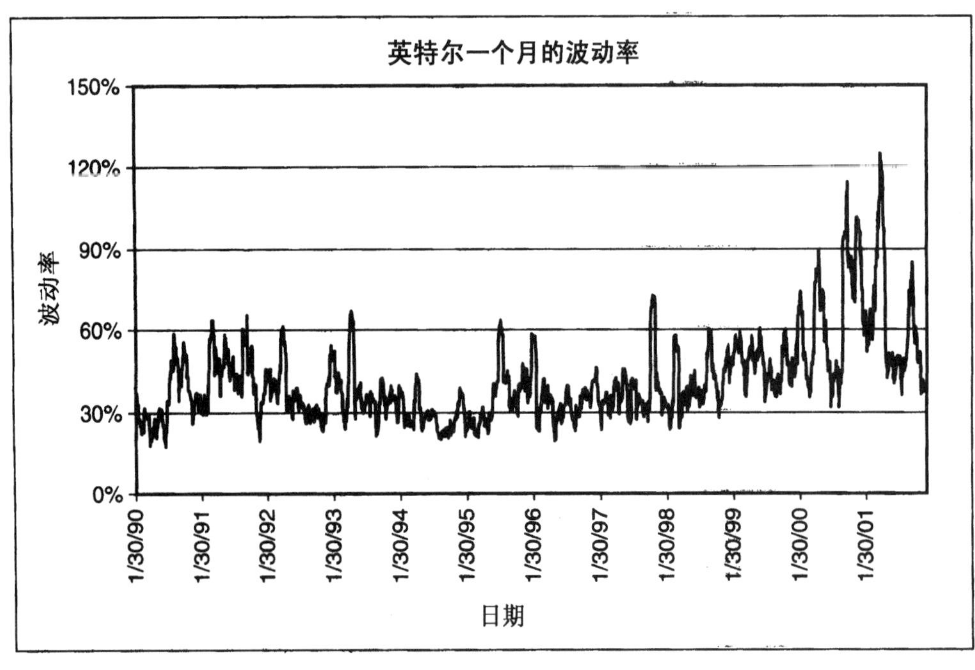

图 2.16　英特尔一个月的波动率。波动率在 30% ~60% 之间

和标准普尔500相似的情况，其日收益率价格波动率在1998—2000年期间也显著上升。

如果知道市场的年度价格波动率，就可以计算多、空部位的日风险。例如，标准普尔500的年度波动率在20%左右，那么，标准普尔500多、空头部位的收益率日标准差就等于投资部位价值乘以年度标准差，然后除以252的平方根：

$$\text{单日标准差} = \frac{\text{投资部位价值} \times \text{年度标准差}}{\sqrt{252}}$$

上述公式中，年度收益率的标准差除以252（一年的交易天数）的平方根，结果才是单日收益的标准差。举例来说，假如投资2 000万美元做多标准普尔500，日标准差为：

$$\text{日标准差} = \frac{20\,000\,000 \times 20\%}{\sqrt{252}} = 252\,000\ \text{美元}$$

就上述例子，我们可以根据日标准差252 000美元创建统计学家所谓的“置信区间”。依据常态分布的性质，这个投资组合，每天有68%的可能性盈亏在±1个标准差（252 000美元）范围内，有95%的可能性盈亏在±2个标准差（504 000美元）范围内。

很多交易者都以为标准普尔500的价格波动剧烈。同大部分期货商品和个股相比较，这一看法并不正确。图2.17绘制了从1997—2001年不同市场的年度价格波动率。从图表可以看出，标准普尔500的年度波动率排在倒数第五。当交易者说标准普尔500期货价格波动大，实际上是指期货合约名目金额大于其他期货合约。写本书时，标准普尔500期货合约的名目金额为：250×400＝200 000美元。原油的名目金额仅为：1 000×30＝30 000美元，而原油价格波动比标准普尔500期货价格波动剧烈得多。

通过日收益率来衡量的价格波动率，不同于通过期货合约日美元收益率来衡量的美元波动率。考虑两者的差别，有助于选择交易的合约数量。

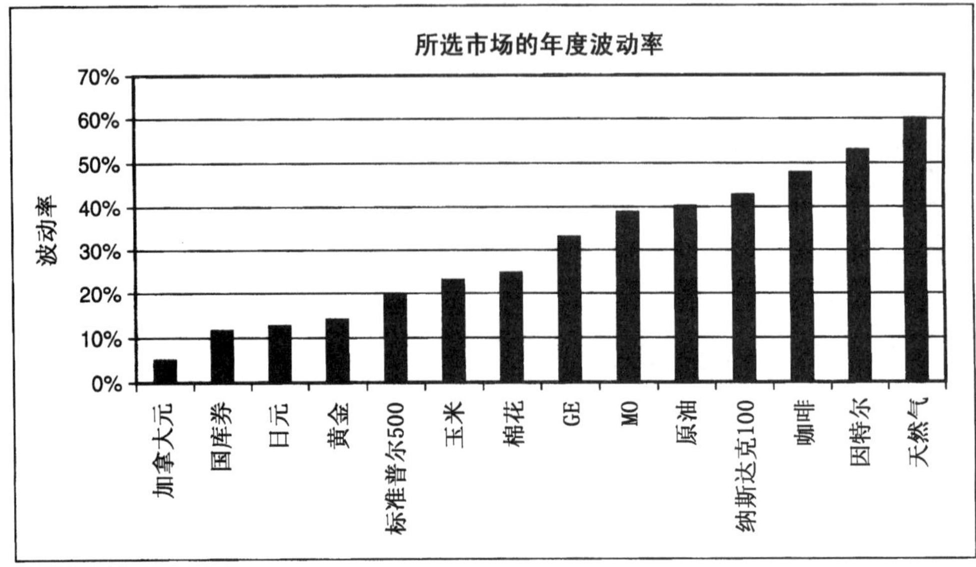

图 2.17　所选市场的年度波动率。期货商品的波动率最小，个股的价格波动率较高

观察 14 种随机选出的商品和市场的年度（2001 年）价格波动率图，可以发现外汇，如加拿大元和日元，波动最不剧烈。科技股，如英特尔和纳斯达克 100，则价格波动剧烈。

市场价格的对数常态分配

短期市场收益率呈常态分配，市场价格则呈对数常态分配。其图形与常态分配图形有些相似，但是分配的左右两端不对称，如图 2.18 所示。分配的右端缓慢向外延伸，左端却迅速下滑到零。价格的对数常态分配应用广泛，这也是布莱克 - 薛里斯选择价格模型的基础。

短期市场收益率呈常态分配，市场价格呈对数常态分配，读者或许想知道两者的关联。让我们用一只 100 美元的股票和两个场景来说明：

1. 第一天获利 50%，第二天获利 50%。
2. 第一天损失 50%，第二天损失 50%。

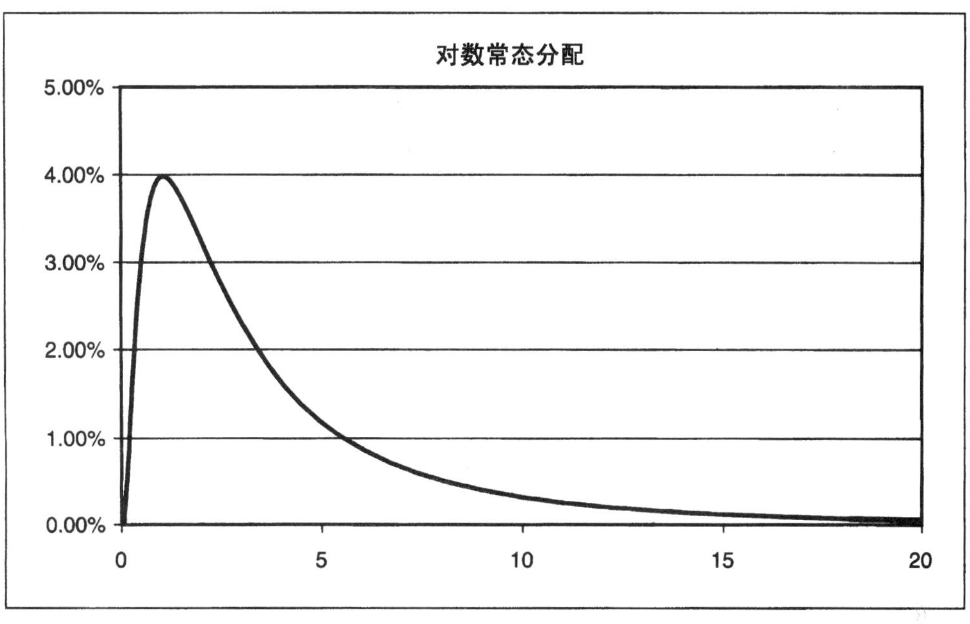

图 2.18　对数常态分配：与常态分配相比，对数常态分配右端尾部很长

两天后，第一种情况股票价格为 225 = 100 × 1.5 × 1.5，第二种情况股票价格为 25 = 100 × 0.5 × 0.5。第一种情况收益为 125 美元，第二种情况亏损 75 美元。虽然两种情况的发生概率相同，都是 25%，但是前者的收益绝对值超过后者的损失绝对值。因而，对数常态分配右端向外延伸的程度超过左段。

这种特点还将出现在本书的其他场合，对于资金管理意义重大。

创建交易策略：交易的组成模块

本章将介绍交易策略的一些基本概念。对有些读者来说，这些概念是老生常谈，缺乏新意，但它们有助于创建较理想可靠的交易系统和策略。

交易系统的三个构建模块为**进场、出场和筛选**。进场是选单建立新部位的信号。出场是指部位的预期值减少到应该结束交易的程度。筛选则是用来过滤最有效的进场信号的机制。

解释价格变动的必要性

我发现华尔街有些奇怪的现象，那就是总试图解释任何价格变动的原因，例如，道琼斯指数为什么下降了 25 点？今天债券价格为什么上涨了？

在某些情况下，如公布收入报告、发布经济新闻或公布作物报告，答案就简单明了。但是，在多数情况下，价格变动并不是由单一的驱动因子引起的。单个信息很难致使大量资金重新分配。通常，信息量经过日积月累，才能使熊市转向牛市，反之亦然。

投资过程需要经过反复确认。以下列情况为例，经济报告预示经济形势一片大好，某共同基金经理人可能因此会考虑买进从经济好转中受惠的股票。他注意到循环产业有两家公司实际收入高于预期值，但是还有些疑惑，于是他拜访了两家公司的总部，还通过供货商和销售商核实两家公司当季的经营状况。最后，确认一家公司的股票有上涨的趋势，于是开始大量购买该公司股票。由于需求量大增，该公司股票当日就上涨了 2 美元。

当天是否有什么消息，导致股票价格剧升？没有，是几周以来信息的累计致使股价上涨的。

很难解释价格每天的变动。交易策略不是用来解释价格每天变动原因的。价格变动随机性太大，或许用随机漫步模式来解释最合适。对每天行情走势的预测有 52% ~55% 的正确即可。一年内，即使预测正确的可能性只有 52%，我们也有 72% 的获利的机会。如果能将预测的准确性提高到 55%，获利的机会就可以达到 94%。重点是，每天行情判断的准确性提高一点点，整年获利的机会就可以大幅度提高。接下来探讨的进场、出场和筛选有助于我们制定交易决策，提高每天行情判断的准确性。

进场交易策略

进场信号是驱动交易系统的发动机。创建新的系统，大部分时间花费在设计进场信号方面。由于可供选择的方法太多，测试可能需要一天 24 小时运转。

现在使用的进场方法有移动平均、通道突破、动能、价格波动率突破、振荡指数和价格模型。这些基本的技巧是创建更复杂的新策略的基础。了解目前使用的基本进场技巧，可以更好地构建系统。

顺势技巧

顺势技巧是在行情上涨时买进。反之，行情下跌时卖出。尽管顺势交易者无法在最低点买进，最高点卖出，但在趋势中途进场，交易通常足以获利。典型的顺势策略，常常采用移动平均、通道突破、动能或价格波动率突破作为进场信号。

移动平均

交易者使用移动平均这一工具已有 50 年之久。本质上讲，移动平均就是时间序列的平均值，但每个交易日都更新，并重新计算。移动平均有各种不同的长度和构建方法。最常用的有三种：简单（Simple）、加权（Weighted）和指数（Exponential）移动平均。

简单移动平均是三者中最基础的，就是每天重新计算的平均值。随着时间的推移，用较新的数值取代旧的数值。结果就是随着时间“移动”的平均值。例如，n 天的简单移动平均就是将最近 n 天的数值（通常是收盘价）相加，然后除以 n。如果 n 很小，则是短期移动平均，它比长期移动平均更能反映当前发生的数值情况。

$$n\text{天期简单移动平均} = \frac{1}{N}\Sigma\text{收盘价}_x$$

移动平均有多种不同的构建方法。一些革新的方法包括加权、平滑公式和计算平均值的整体架构。指数移动平均是仅次于简单移动平均的另一种常用方法。采用今天的价格和昨天的移动平均值来计算指数移动平均。公式中的平滑因子 a，将决定指数移动平均对当前市场价格的反映速度。a 值越大，指数移动平均值越能反映当前市场的价格。

$$\text{指数移动平均} = x_t = (\alpha)\text{收盘价}_t + (1-\alpha)x_{t-1}$$

$$\text{平滑因子 a} = \frac{2}{1+\text{days}}$$

加权移动平均也很常用。简单移动平均对每一价格平等对待，但加权移动平均通常赋予近期数据点较大权重。加权移动平均计算公式如下：

$$\text{加权移动平均} = \frac{1}{(4+3+2+1)}(4\cdot\text{收盘价}_t + 3\cdot\text{收盘价}_{t-1} + 2\cdot\text{收盘价}_{t-2} + 1\cdot\text{收盘价}_{t-3})$$

通常，当价格穿越移动平均时，就代表交易信号。当价格向上穿越移动平均时，意味着价格可能走高，是买进信号。当价格向下穿越移动平均时，则预示市场下滑，应该卖出。一般采用20~100天移动平均，产生买卖信号。越短期的移动平均，越能及时反映当前价格变动，产生的交易信号也越多。

移动平均策略也可采用两条移动平均来产生交易信号。一条是快速移动平均（简单移动平均的n值较小或指数移动平均的a值较大），另一条是慢速移动平均（n值较大或a值较小）。两条移动平均穿越系统一般采用10天均线和40天均线（见图3.1）。

移动平均交易法则

变形1

- 当收盘价向上穿越 x 天移动平均时，买进。

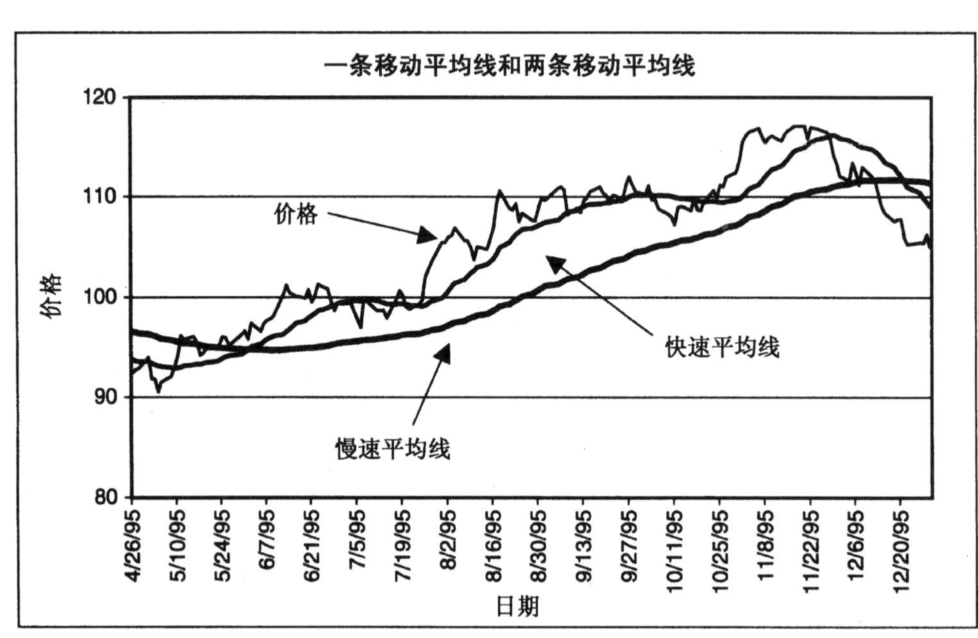

图3.1 一条移动平均线和两条移动平均线。平均线用来提供交易信号

■ 当收盘价向下穿越 x 天移动平均时，卖出。

变形 2

■ 当 x 天移动平均线向上穿越 y 天移动平均线时，买进。

■ 当 x 天移动平均线向下穿越 y 天移动平均线时，卖出。

由于价格经过平滑，移动平均总是落后于当前价格。价格呈上涨趋势时，价格先走高，然后移动平均才随后跟进。以图 3.2 为例来说明，图绘制了某市场 20 天简单移动平均。收盘价先每天上涨一点，然后每天下跌一点，我们发现，无论价格上涨或下跌，移动平均总是落后于价格。

许多交易者诅咒移动平均的滞后性，我却可以利用这一性质。移动平均的滞后性使交易者可以在出现行情时，获取利润。价格背离移动平均线时，交易信号也随之产生。价格顺着行情上升或下跌时，移动平均总是落后于当前价格。行情持续的时间越长，采用移动平均策略获利也越多。如果某市场价格循环摆动，滞后性将是个棘手的问题。通常情况，股市价格并不循环摆动，因而我们可以利用移动平均的滞后性，赶上市场行情的主趋势。

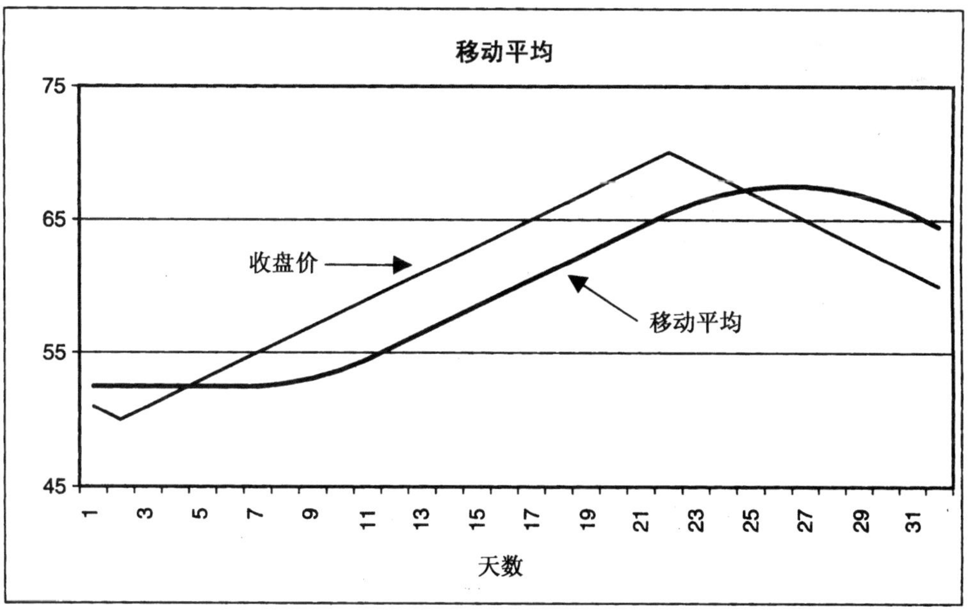

图 3.2　移动平均。移动平均的滞后性，使交易者可以跟随趋势

当市场价格波浪起伏不定时，移动平均策略的缺陷（反复信号，Whipsaws）就突现出来。如果经济形势大好，价格就会向上穿越移动平均线，产生买进信号。不久价格急剧下跌，向下穿越移动平均线，又产生卖出信号。换言之，根据买卖信号，建立起多头部位后不久，系统又发出卖出信号，于是先前的多头部位只好认赔。这种信号迅速变化的现象，称为反复。

图 3. 3 可以说明信号反复可能造成的损失。当市场价格涨涨跌跌，无明显趋势可遵循时，多、空头部位不断交替交易就会蒙受损失。我们第 2 天在 103 点进场建立空头部位，两天后，以 104 点结束空头部位，损失 1 点。然后建立多头部位，又过了两天，因价格下降，结束多头部位，交易又一次赔钱。最后，第 8 天，再次进场建立多头部位。如果市场价格短期内剧烈上下波动，那么移动平均系统就很难发挥作用。采用较长期的移动平均，情况可能好一些。但是，信号反复是移动平均交易系统最大的缺憾。

通道突破

本书第一章简要介绍了系统期货交易的先驱理查德·董全（Richard Donchian）。他在交易中，最先使用了通道突破。这套系统根据特定期间内的最

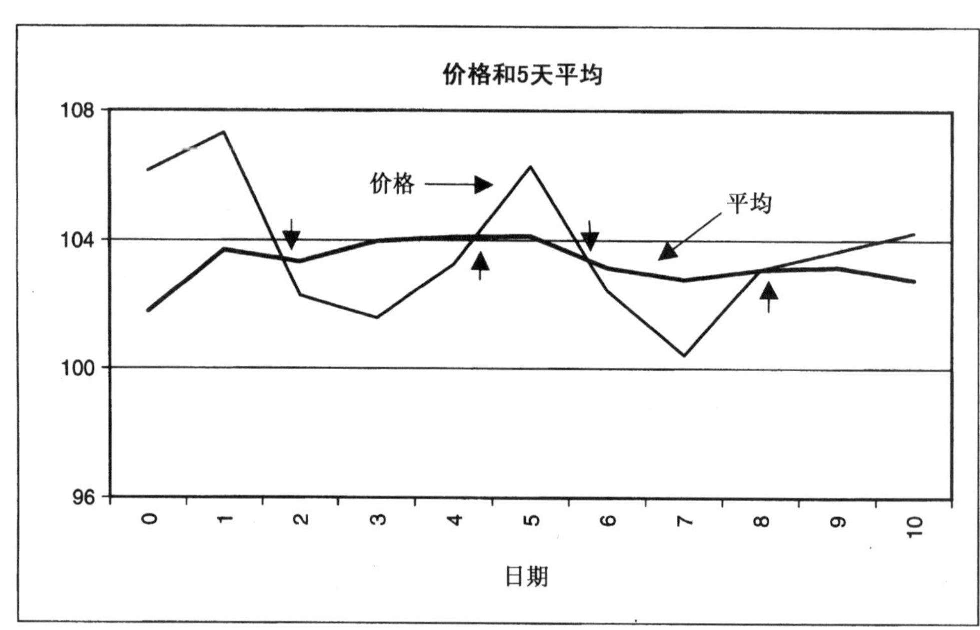

图 3. 3　价格和 5 天平均。当价格频繁地向上或向下穿越移动平均线，反复信号就产生了

高收盘价和最低收盘价，分别设定通道上限和通道下限。举例来说，20 天期的通道突破就是利用这 20 天内的最高收盘价作为上限，最低收盘价作为下限。价格出现新高或新低时，通道也随着升高或下降，也就是根据市场价格波动伸缩（见图 3.4）。

最近几年，通道突破已取代移动平均成为最流行的交易方法。这要归功于交易传奇人物理查德·丹尼斯（Richard Dennis）和他的“海龟”弟子的成功经历。

20 世纪 80 年代初期，理查德·丹尼斯（Richard Dennis）和威廉·艾克哈德（William Eckhardt）就交易策略能否成功教授发生了争论。为解决争执，他们雇佣了一群背景各异的交易新手。两人传授了他们交易系统的基本要素，然后让这群人去实际操作。本质上，他们的交易系统与董全引进的通道突破策略类似。运用这套基础的策略，好多弟子成为著名的公共基金经理人，管理着数 10 亿美元的资金，长期绩效相当优异。

通道可以组成交易策略。价格穿越通道时，产生买卖信号。当今天的收盘价高于最近 x 天的收盘价时买进，当今天的收盘价低于最近 x 天的收盘价时卖出。如果采用 40 天期通道突破策略，每当收盘价格超过最近 40 天的最高收盘价时，

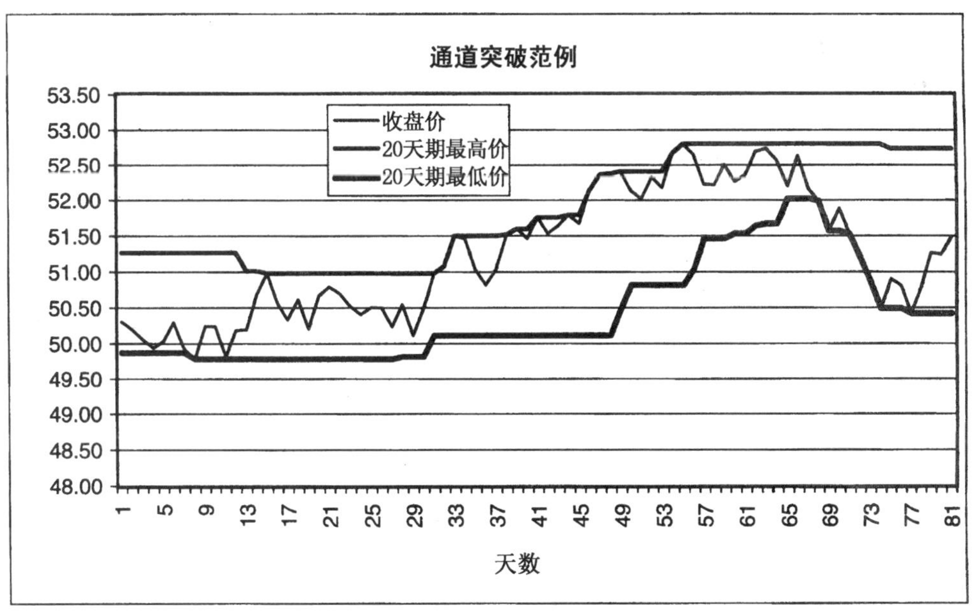

图 3.4　通道突破范例。通过计算特定时间段内的最高收盘价和最低收盘价，创建价格通道

代表买进信号。每当收盘价格低于最近 40 天的最低收盘价时，则代表卖出信号。通道跨越的时间期间越长，产生的交易信号越少。

通道突破法则

- 当今天的收盘价高于最近 x 天的收盘价时，买进。
- 当今天的收盘价低于最近 x 天的收盘价时，卖出。

移动平均和通道突破不仅流行，这两种交易策略还在过去 20 年因顺应行情趋势，产生了相当可观的利润。我们将多花费一些时间来介绍这两种交易策略。评估新的交易策略绩效时，我们总是将其结果和移动平均的两个变形以及通道突破交易方法做比较。第四章交易策略绩效评估，还会再次谈到这一话题。

动能（Momentum）

动能进场策略或许是当今最简单的交易技巧。通过计算两个时间点的价格差，就得出动能。公式如下：

$$动能 = 价格（今天）- 价格（x 天前）$$

图 3.5 是一个典型的价格动能例子。今天收盘价减去 20 天前收盘价，结果就是 20 天收盘价格动能。动能的运用弹性很大，适用于价格、移动平均、振荡指标和其他指标。一般来说，动能为正值时，代表买进信号；动能为负值时，代表卖出信号。

动能交易法则

- 当今天的收盘价高于 x 天前的收盘价时，买进。
- 当今天的收盘价低于 x 天前的收盘价时，卖出。

价格波动率突破

价格波动率突破也是常用的进场策略，常用于标准普尔 500 和国库券期货短线交易。兰瑞·威廉（Larry Willianms）在 20 世纪 70 年代中期提出价格波动率突破。这一策略的根本观点是，短期价格重大变动往往代表随后将出现相同方向的走势。

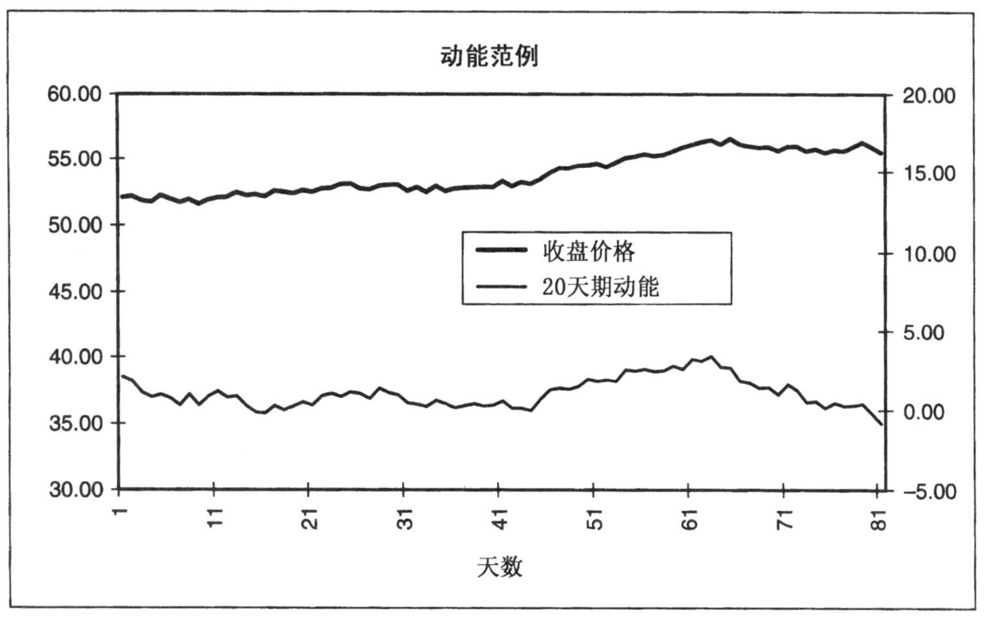

图 3.5　动能。计算特定时间段的价格变化得出动能

短期价格重大变动，为什么预示随后将出现相同方向的大行情呢？原因如下：首先，交易成本不容忽视，尤其是注入大笔资金时。当股市发布利多消息时，大型机构要花不少时间才能作出进场决策。买入或卖出价值 10 亿美元的股票，要支付高昂的交易费用，不仅包括佣金，还包括大笔交易可能造成的滑动价差。任何机构在投入大笔资金前都相当慎重，确认交易决策正确后才下单。否则，改变交易决策的费用也相当高昂。迟疑中，敏锐的计量交易者可能先于大型机构行动。价格波动率突破之所以有效的另一因素是，每位交易者掌握的信息量不同。

山佛·葛罗斯曼（Sanford Grossman）和约瑟夫·史提葛利兹（Joseph Stiglitz）在 1980 年首先提出用信息量不均衡解释不可能存在充分有效率的市场。葛罗斯曼和史提葛利兹假设每次交易，有些投资者获得的资信总比另一些投资者多。我们知道做企业调查需要巨大开支。雇佣分析人员拜访企业、挖掘 SEC 文件，费用高昂。如果投资者花钱做了基础调查，但是他们的业绩并不优于未做调查的投资者，那么他们很快就会终止这方面的调查。结果，市场又会变得缺乏效率，一些投资者又开始做昂贵的调查工作，如此反复。

获得较佳资信的投资人，当他们建立部位时，往往会引起价格的大幅度变动。价格波动率突破策略或许可以跟踪这类行为，辨别极端的价格走势，开发其获利潜能。换言之，价格波动率突破寻找大幅度的单日价格变动，顺势建立部位。

价格波动率突破进场策略有三个组成部分：基准值（Reference Value）、波动率衡量（Volatility Measure）和波动率乘数（Volatility Multiplier）。基准值是价格走势的衡量基准点。波动率衡量估算正常的市场价格波动率，以便从随机的价格波动中区分重大价格走势。波动率乘数决定触发进场信号的价格移动的灵敏度。三个部分组成一个触发点。当收盘价高于上触发点时，买进，当收盘价低于下触发点时，则卖出。

基准值是我们衡量价格走势的基准点。通常用前一天的收盘价、当天的开盘价或短期内收盘价的移动平均值作为基准点。三种常用的价格波动率衡量分别是：价格变动标准差、价格标准差和平均真实区间（ATR）。最合理的价格波动率衡量是计算价格收益率标准差。记住：标准差衡量的是收益率的离散程度，也就是市场价格波动率。通过计算收益率标准差，我们可以从随机价格行为中，有效辨别出市场重大走势。

另一个常用的价格波动率衡量是计算平均真实区间。下列值中最大的就是真实区间：

- 今天的最高价减去今天的最低价。
- 今天的最高价减去昨天的收盘价。
- 昨天的收盘价减去今天的最低价。

取连续数天的真实区间，计算平均值，即得到常用的价格波动率衡量：平均真实区间（ATR）。如果今天价格向上跳空，就应该使用今天的最高价减去昨天的收盘价；如果今天价格向下跳空，则用昨天的收盘价减去今天的最低价。以木材期货市场为例，其价格常常开盘就涨停或跌停，而且停盘往往整天都打不开，这样当天的最高价和最低价的差为零。如果停板走势连续5天，那么按此算法平均真实区间为零，则低估了市场的价格波动率。所以，需要稍作调整，通过使用今天的最高价减去昨天的收盘价计算平均真实区间。

价格波动率的第三种衡量是价格标准差。和收益率标准差不同，这种方法不能用常态分布作严格的解释。但不管怎样，价格标准差仍是衡量价格波动率的有效方法。尽管衡量价格波动率的方法不同，从图 3.6 我们可以看出，每种计算离散程度的方法，结果都很相似。

价格波动率进场点是用波动率乘数乘以波动率衡量，然后加上基准值。

价格波动率突破法则

- 上触发点 = 基准值（可设定为昨日收盘价、今天开盘价或短期移动平均）+ 价格波动率乘数 × 价格波动率衡量（可设定为价格变动标准差、价格标准差或平均真实区间）。当今天收盘价高出上触发点时买进。
- 下触发点 = 基准点（可设定为昨日收盘价、今天开盘价或短期移动平均）- 价格波动率乘数 × 价格波动率衡量（可设定为价格变动标准差、价格标准差或平均真实区间）。当今天收盘价低于上触发点时卖出。

例如，我们可以用昨天收盘价作为基准值，1 作价格波动率乘数，用 10 天

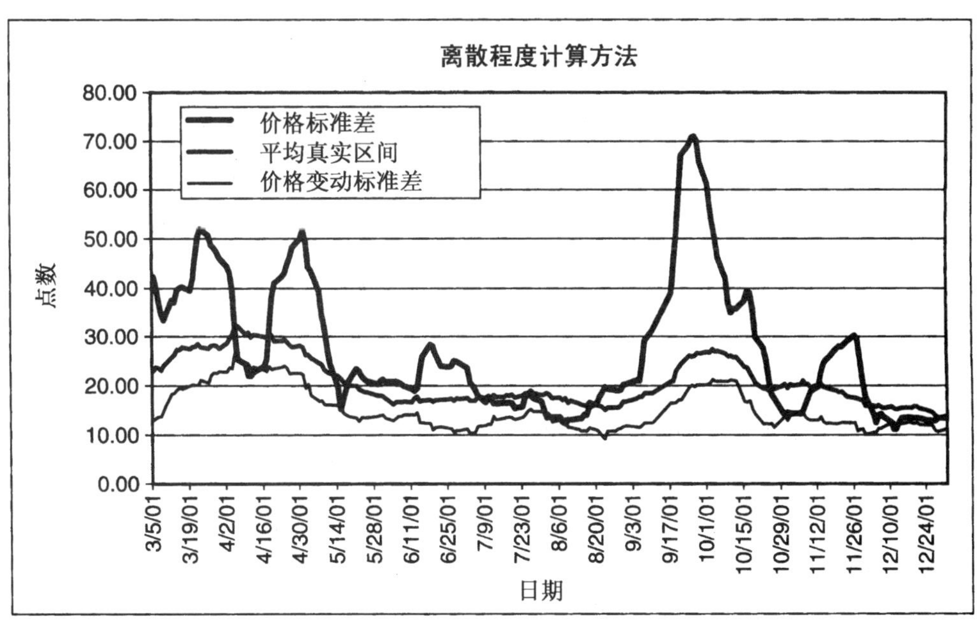

图 3.6 离散程度计算方法。通过计算价格标准差、价格变动标准差和平均真实区间得出的数值很相近

平均真实区间计算价格波动率衡量。依据此价格波动率突破系统，当今天的收盘价 > 昨天收盘价 + 1 × 过去 10 天的平均真实区间时，买进。反之，如果今天的收盘价 < 昨天收盘价 − 1 × 过去 10 天的平均真实区间时，则卖空。

价格振荡指标

除了上述提到的顺势技术外，还有些方法可以用来判断市场是过度扩张，还是即将衰竭。振荡指标就是其中的一种方法。大多数振荡指标使用区间统计量来诠释当前价格在区间内的位置。如果认为价格涨得太高，就发出卖出信号，如果认为价格跌得太低，就发出买进信号。常用的振荡指标包括相对强度指数（Relative Strength Index，简称 RSI）、%K随机指标（%K Stochastics）和移动平均收敛和发散（Moving Average Convergence/Divergence，简称 MACD）。标准振荡指标的前提是，一旦价格偏离平均值太远，就会反转。

相对强度指数

韦尔斯·怀尔德（Welles Wilder）于 1978 年在《技术交易系统新概念》（*New Concepts in Technical Trading System*）一书中首先提出相对强度指数，而今这一指数已成为最常用的指数。

怀尔德认为，行情头部出现在指数 70 以上区间，行情底部则发生在指数 30 以下区间。现在，多数玩家在 RSI 跌破 30 时准备买进，一旦 RSI 回头，向上突破 30 就进场买空。反之，当 RSI 突破 70 时准备卖出，一旦 RSI 向下穿越 70 时，就进场卖空。RSI 比较价格上涨交易日价格变动和价格下跌交易日价格变动的关系（图 3.7 绘制了 RSI 的范例）。

$$\mathrm{RSI} = 100 - \frac{100}{1 + \frac{\mathrm{U}}{\mathrm{D}}}$$

其中，U 代表给定时间段内上涨的收盘价差价的平均值，D 代表给定时间段内下跌的收盘价差价的平均值。

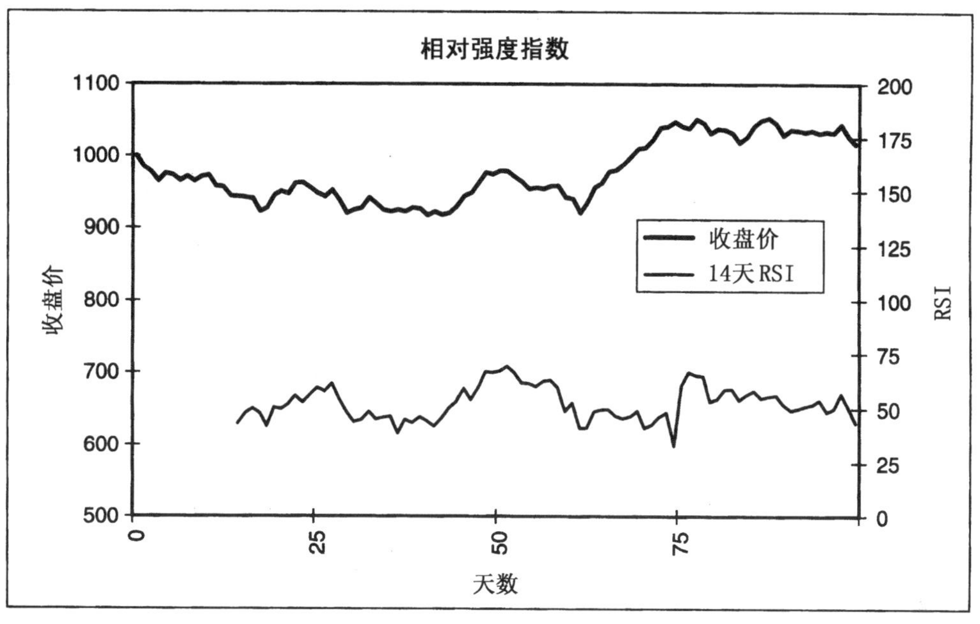

图3.7　相对强度指数，RSI在0~100区间起伏

随机指标（Stochastics）

随机指标也是交易者常用的振荡指标。乔治·雷恩（George Lane）在20世纪70年代末至80年代初将随机指标推广开来。它观察当前价格在特定期间价格区间（最高价减最低价）的位置。

$$原始\%K随机指标=\frac{今天收盘价-期间内最低价}{期间内最高价-期间内最低价}$$

原始随机指标一般采用3天移动平均来平滑，得出快速%K随机指标。再次采用3天移动平均来平滑快速%K随机指标，得出快速%D随机指标。通常当快速%K随机指标上升到30以上，同时向上穿越快速%D随机指标时，建立多头部位。通常当快速%K随机指标下跌到80以下，同时向下穿越快速%D随机指标时，建立空头部位（参见图3.8）。

移动平均收敛和发散指标（Moving Average Convergence/Divergence，MACD）

MACD是吉拉德·艾培（Gerald Appel）在20世纪80年代推广的一种振荡

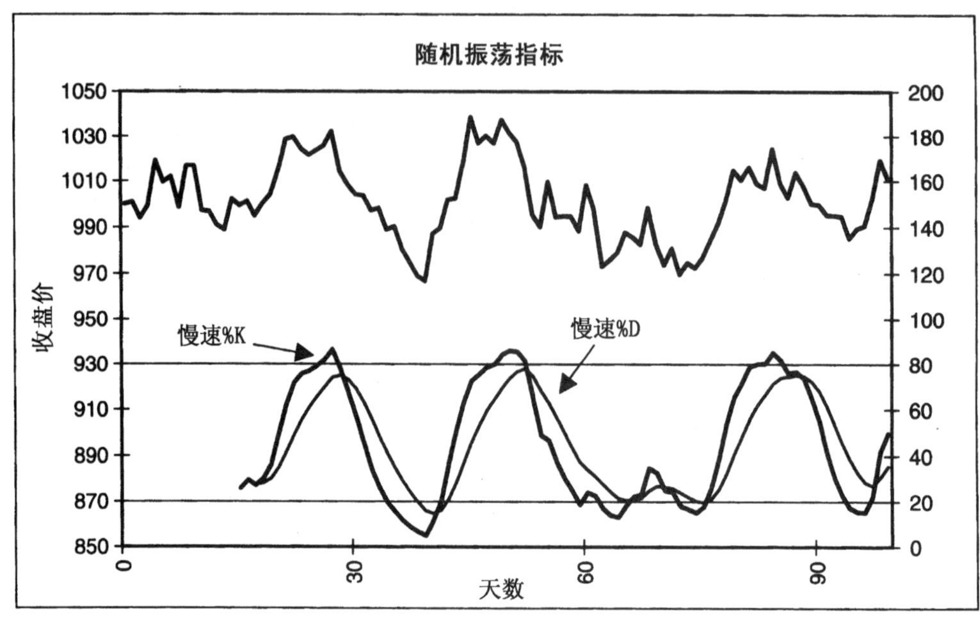

图 3.8　随机振荡指标。随机振荡指标在 0～100 区间起伏

指标（见图 3.9）。计算两个指数移动平均（EMA）之差，即得出 MACD（12 天 EMA，平滑因子 x 为 0.15；26 天 EMA，平滑因子 x 为 0.075）。价格上涨时，12 天的 EMA 上升速度比 26 天的 EMA 快，所以 MACD 线也上升；价格下跌时，12 天的 EMA 下降速度比 26 天的 EMA 快，结果是 MACD 线也下降。

MACD 本身 9 天的指数移动平均，通常称作信号线，当信号线穿越 MACD 线时，产生买卖信号。当 MACD 上升、停顿，然后向下反转穿越信号线，预示价格行情将告一段落，应建立空头部位。反之，如果 MACD 下降，交易平仓，然后反转上扬穿越信号线，代表市场已卖空，应该建立多头部位。

$$\text{MACD} = 12\text{ 天收盘价 EMA} - 26\text{ 天收盘价 EMA}$$

$$\text{MACD 信号} = \text{MACD 9 天 EMA}$$

RSI、随机指标和 MACD 只是众多振荡指标的一部分。它们都是用来判断价格行情是否即将结束的工具。分析师汤姆·德马克（Tom Demark）是振荡指标的支持者。对于如何使用振荡指标判断价格行情的终止点，他提出了一套有趣的理论。德马克假设上涨行情持续到最后一个买家买进，下跌行情持续到最后一个

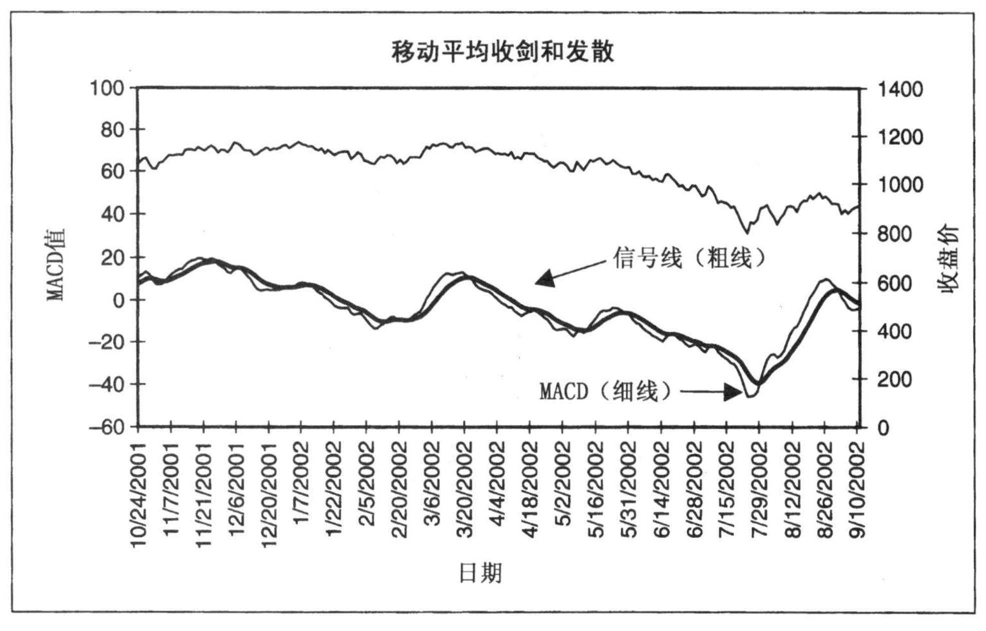

图 3.9　移动平均收签和发散。MACD 和信号线产生交易信号

卖家卖出。在终止点，因为缺少买家或卖家，价格势必反转。振荡指标有助于判断行情趋势的反转点。

德马克采用的产生交易信号的一种方法是，只有当振荡指标短时间停留在超买或超卖区间，才接受买卖信号。如果价格上涨，14 天 RSI 攀升到 65 以上，并且多日停留在超买区间，则意味着价格上升趋势强劲。市场强势时建立空头部位并不明智。另一方面，如果价格上涨，然后下跌。RSI 在 65 以上区间只停留 5 天或更短时间，然后下跌，降到 65 以下，表明行情明显减弱，是建立空头部位的大好时机。

价格形态

价格形态是最难界定的进场策略，因为它涉及太多的因素。有些价格形态是行情继续的信号，另一些价格形态则预示市场将反转。形态可能包含一日或多日的价格行为。

关键反转日（Key Reversal Day）预示行情将反转，是一种常用的形态。如果今天最高价超过昨天最高价或今天收盘价低于昨天收盘价，是卖出信号；如果今天最低价比昨天最低价还低或今天收盘价比昨天收盘价高，则是买入信号(参见图 3.10)。

某些价格形态除了考虑今天开盘价、高价、低价以及收盘价和前一天相应价格的关系，还特别规定今天是星期几。兰瑞·威廉的一种价格形态准确预测了2001 年 4 月 17 日大盘的狂涨。这一形态有两天的准备期，第三天进行交易。

如果想在标准普尔 500 建立多头部位，那么第一天，收盘价要比开盘价高。第二天应是周一、周四或周五，这一天的最高价应低于前一天的最高价，最低价应高于前一天的最低价。如果第三天开盘价低于第一天最高价，当价格上涨到比第一天最高价还高时，买空。这种价格形态较复杂，在创建价格形态时，应充分发挥自己的想象力。

出场交易策略

整套交易系统往往忽略出场策略。就创建获利系统而言，适时出场，可以锁定即得赢利。因此，我们也需要出场信号，以便终止获利或赔钱的交易。

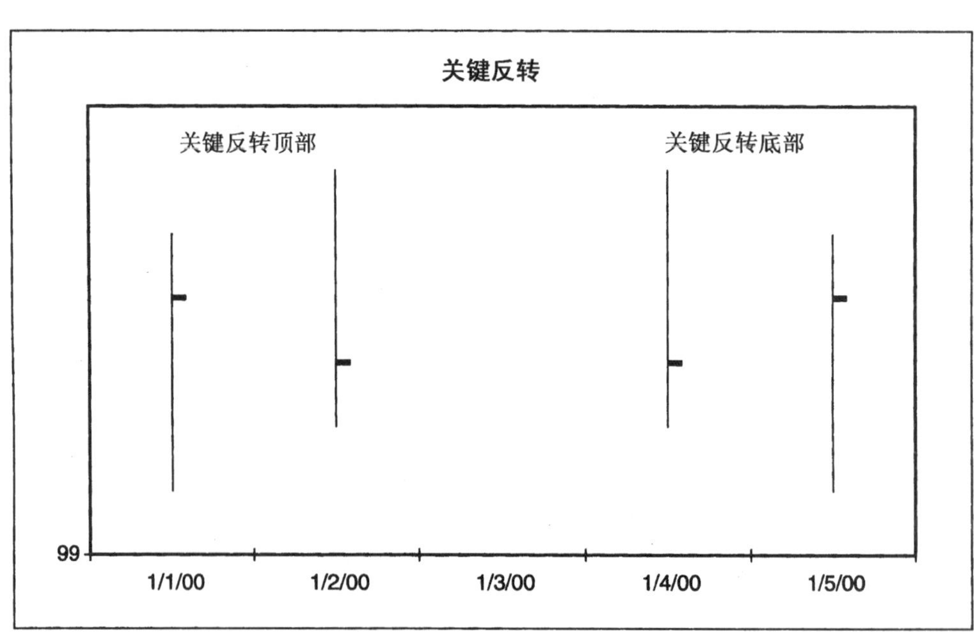

图 3.10　关键反转。关键反转是用来产生交易信号的常用的图表形态

通常，结束获利交易的信号叫“出场”；而结束赔钱交易的信号成为“停止”或“止损”。我将出场和停止归为一类，因为两者的功用相同，都是尽可能增加赢利，尽可能缩小损失。常用的出场策略包括赢利目标、追踪停止和固定值止损。

赢利目标

达到赢利目标就结束获利交易。一般用一些统计量来计算，如价格标准差、收盘价标准差或平均真实区间。举例来说，在 100 美元价位买进 IBM 股票，我们将出场目标设定为进场价格加上过去 20 天平均真实区间的三倍。如果平均真实区间为 2 美元，那么当 IBM = 100 + 3 × 2 = 106（美元）时，我们将卖掉股票。

追踪型出场

如果刚进场就获利，那么行情反转时，产生的有效赢利将存在风险。可能丧失全部赢利，甚至交易会从赢利变为亏损。

当交易开始朝不利方向转头时，追踪停止可以锁定赢利。追踪型出场有许多方法，如当行情连续 5 天走低时，我们应结束多头部位。此方法将通道突破进场策略移用到出场策略中。还有，我们也可以在市场收盘价低于前一个枢纽低点（Pivot Point Low）时，结束多头部位（参见图 3.11）。如果某天的最低价比前一天和后一天的最低价还低，那么该天的最低价就称为枢纽低点。枢纽低点也可采用数天期间。例如，枢纽低点是指当天最低价比前 3 天和后 3 天的最低价还低。

追踪型出场策略也可以设定为追随最佳部位获利。这种情况下，从既有最大获利算起，当市场反转到特定数量，我们就结束交易出场（参见图 3.12）。特定数量可以是一般的区间统计量，如价格标准差、收盘价标准差或平均真实区间。

例如，从最高收盘价算起，如果价格下跌超过最近 20 天平均真实区间的 3 倍，我们就应该结束多头部位。只要价格上涨，追踪停止价位也随之升高。一旦价格反转，追踪停止点的起算位置也就固定（只有真实区间可能变动），如果价格跌幅较大，向下穿越停止点，我们就结束多头部位。

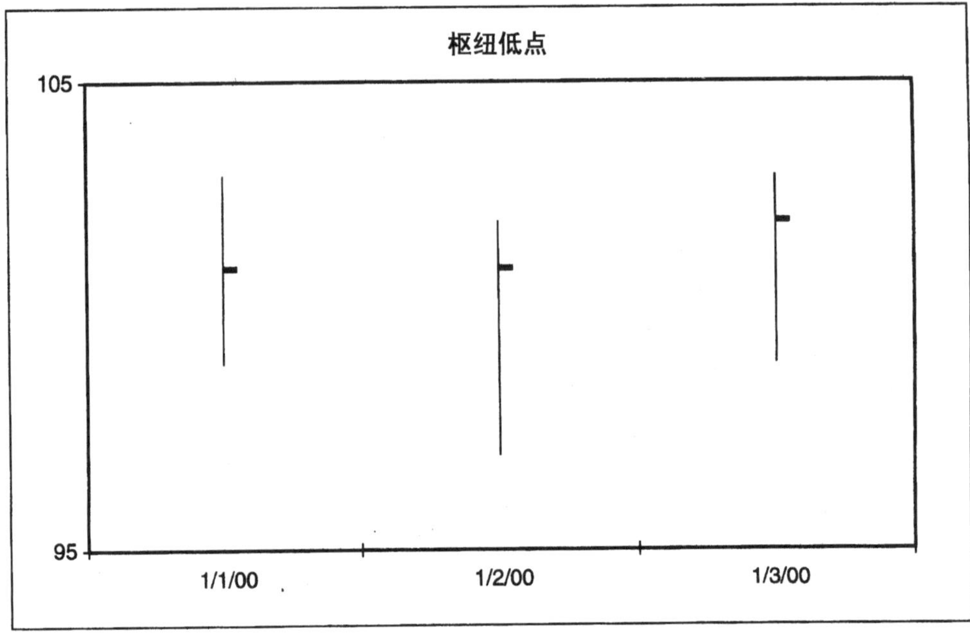

图 3.11 枢纽低点。指某天的最低价比前一天和后一天的最低价都低

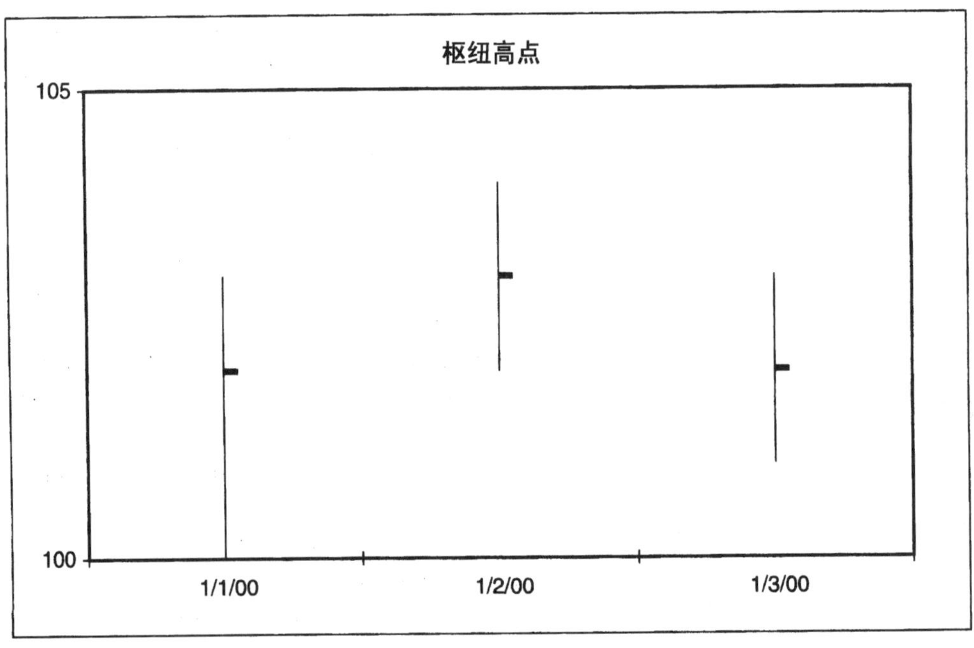

图 3.12 枢纽高点。指某天的最高价比前一天和后一天的最高价还高

出场安全装置

亏损是交易不可避免的结果之一。亏损时，我们无法在获利目标卖掉部位，追踪停止策略也没发挥作用，这时我们就需要借助某种安全装置，结束亏损部位。如果损失达到最近20天平均真实区间的2倍时，我们就认赔结束部位出场。举例来说，在100价位买进IBM，平均真实区间是1.5美元，当IBM股票价格降到97美元（100－2×1.5）以下时，我们就应该卖掉股票，以减少损失。

交易策略的筛选

虽然进出场信号提示我们进出市场，有时我们可以忽略这些信号，等待进出场的更佳时机。这时，我们就需要筛选信号，以判断何时停在场外，忽略进场信号。筛选亮绿灯时，接受交易信号；亮红灯时，则不理会买卖信号。

例如，我们采用趋势筛选以避免在横向市场进行交易。只有当趋势筛选显示市场呈显著趋势时，我们才接受进场信号。常用的趋势筛选有平均定向移动指标（ADX）和垂直水平过滤（VHF）。两者都用来衡量趋势的强度。一般将筛选设定为门槛形式，只有当筛选指标指数超过门槛时，才接受买卖信号。

创建新的交易策略

创建新的交易策略，最好先确立交易观点，然后再把理论发展成切实的交易法则。将理论发展为交易法则一般遵照以下步骤：

- **理论**：市场有新消息发布，导致价格大幅度波动。并不是所有的市场参与者都能立即消化该信息。
- **交易法则**：如果今天价格变动超过最近20天价格变动量标准差的2倍，就买进。

就这个例子，整个程序如下：先建立理论，然后进行实验，最后得出结论。在开发交易策略时，这套科学的方法非常重要。使用逻辑方法创建交易策略，可以避免为了取得结果，硬将数据套到某一模子里，也就是所谓的“曲线拟合”

(Curve－fitting)。

交易者有时不满足于现有的赢利交易系统。他们总觉得有必要不断改进策略，于是便增加复杂的法则来解释价格行情，以便提高获利能力。最终，由于这些形态过于繁琐，往往在实际交易中行不通。本书遵循科学方法，创建、检测和执行新交易策略。

交易系统与交易计划的必要性

上大学时，我和两个朋友合伙做期货交易。我们开了一个 3 500 美元的账户(资金大部分来自助学贷款)，在多个期货市场积极进行交易。我们并没有采用经过检验的交易策略，而是通过观察价格走势图和大盘变化，仅凭直觉盲目的买卖合约。由于没有交易计划，很多地方都受到伤害。我们不仅对自己的交易能否赢利缺乏信心，而且对于日常生活所受到的影响也没有心理准备。

我记得在金融学期末考试那天，我们早上正在做咖啡期货交易。由于考试时间与咖啡市场开盘时间冲突，于是临时让一个室友帮忙，替我们下单，并在一张纸上详细写明指示，内容如下：

1. 9:45 给 1－800－×××－×××打电话。
2. 询问 7 月咖啡的报价。
3. 如果 7 月咖啡价格超过 155，就说：“我在 156 用停止单买进 7 月咖啡，账号 1234。”
4. 如果 7 月咖啡低于 153，就说：“我在 152 用停止单卖出 7 月咖啡，账号 1234。”

当然，我们不应该这样进行交易。请年仅 18 岁的大一新生（前晚还可能宿醉未醒）来做重要交易，是很不合适的。从这次交易作战中，我吸取经验，认识到遵循一套历史绩效完备的交易计划，才能有效进行交易。另外，下订单时，一定要确保自己很清醒。

交易策略绩效评估：如何正确评估绩效

评估策略绩效是个棘手的工作，因为策略绩效常常产生误导。计量交易者需借助适当的工具，衡量绩效。许多交易者并不了解这些工具。本章将探讨有关收益和风险的观念。我们将引入强有效的绩效衡量方法，剖析常用的绩效统计量存在的众多问题。

波普的理论

卡尔·波普（Karl Popper）是20世纪最有名的哲学家之一，影响深远。其哲学思想的实用性广受科学家的称赞，对科学家塑造科学思考过程产生了积极影响。

波普的主要科学理论重视人类知识的增长和新发现所使用的方法。他不认同绝对真理的观念。他认为不管理论有多么科学的法则，都无法证实。相反，理论只能通过实践来虚构，未被驱散的暂时作为最好的解释，直到被推翻，发现更好的理论。

举例来说，多数学者都相信随机漫步学说是对市场价格行为的最好解释。根据波普的观点，我只要举出几个利用某些计量技术交易策略曾经赢利的例子，就可以改进随机漫步学说。但是，我未能证明这一学说有误。如果我证明自己的策略在一些市场或使用一些参数组合可以获利，那么就几乎可以得出一个新理论：市场可以预测。我将按这套理论交易，直到更多资料驳倒了这一理论或有更好的理论来替代它。我能否在实战交易中挣钱，是该理论功效如何的最好证明。

波普的观点对于开发计量技术交易策略非常有用。开发新策略时，我先假设策略不能赢利。如果经过大量历史资料考证，该策略可以赢利，我将推翻自己先前的假设，并详细查看历史资料。同波普的看法相似，我从不想当然地认为一策略将会赢利，而是假设该策略能赢利，直到发现更好的策略或经历史绩效验证，发现问题。

整个过程从理论到假设再到实验，最后到结论，都遵循科学的方法。即使经过历史绩效验证，我也无法确保策略能在以后的日子里继续赢利。检测策略后，屏弃那些有问题的策略，如恶化绩效、逻辑矛盾或策略执行不利。如果经过检测排除上述问题后，策略仍可赢利，那么我就可以推测使用该策略进行交易可以获利。当然，使用该策略可能持续获利，我认为没有永远赢利的策略。市场可能变动，理论可能不再站得住脚，需要用新的更好的策略取代以往赢利的策略。我的交易理论也不是真理。

绩效衡量方法存在的缺点

现在交易者使用多种绩效衡量方法评估交易策略。他们采用的统计量有净利润、获利因子（毛利润除以毛损失）、获利/最大流失金额比率和赢利百分比等。在我看来，每一种衡量方法都存在缺陷。事实上，我从来不用以上提到的方法评估自己的交易策略。让我们来看看这些绩效衡量方法的特征。

净利润

净利润（Net Profits）是最常用的绩效统计量。简单地说，净利润是测试期间赢利或损失的金额。在很多方面，该指标作用重大。毕竟，赢利的策略总比亏损的策略受人欢迎。但是，净利润仅能描述一系统是否赢利，不能清晰地绘制出绩效的全貌。由于不能衡量风险和收益率的连贯性，使用净利润衡量绩效就好比买了辆古董跑车，但是没有开盖检查发动机的状况。

图 4.1 绘制了使用两种交易策略在标准普尔 500 期货操作同一个合约，其周收益率的分布图。

尽管两个策略每周的平均收益都是 500 美元，但是通过收益率标准差衡量，B 策略的风险是 A 策略的 2 倍。有些交易者可能会说："我不在乎风险，只关心收益。"股票和期货市场有杠杆效应，在杠杆作用下收益率系数可高达 10∶1。图 4.2 中，我们再次比较 A、B 两个策略，这次使用 A 策略操作两个合约，使用 B 策略操作一个合约。

显然，A 策略更可取。这次，两个策略的风险相同，但是 A 策略每周的平均收益为 1 000 美元，而 B 策略每周平均收益仅为 500 美元。以上比较告诉我们为什么应该注重风险，如果交易者忽视风险，就会遇到麻烦。无论是交易者还是投资者，都想将单位风险的收益最大化。利用杠杆作用，可以将风险和收益率调整

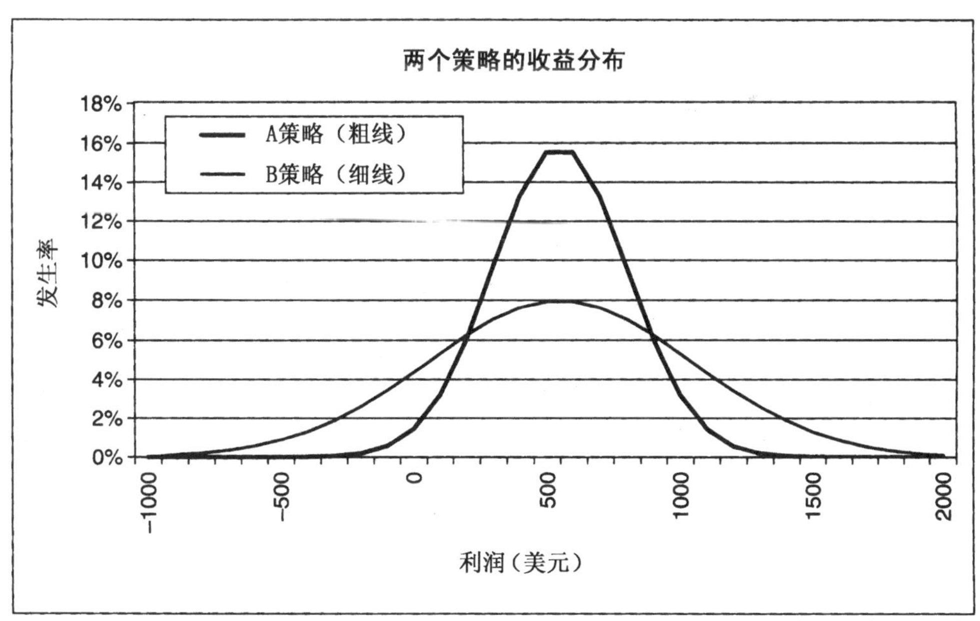

图 4.1　两个策略的收益分布：两个策略每周的平均收益都是 500 美元，但每个策略的波动率不同

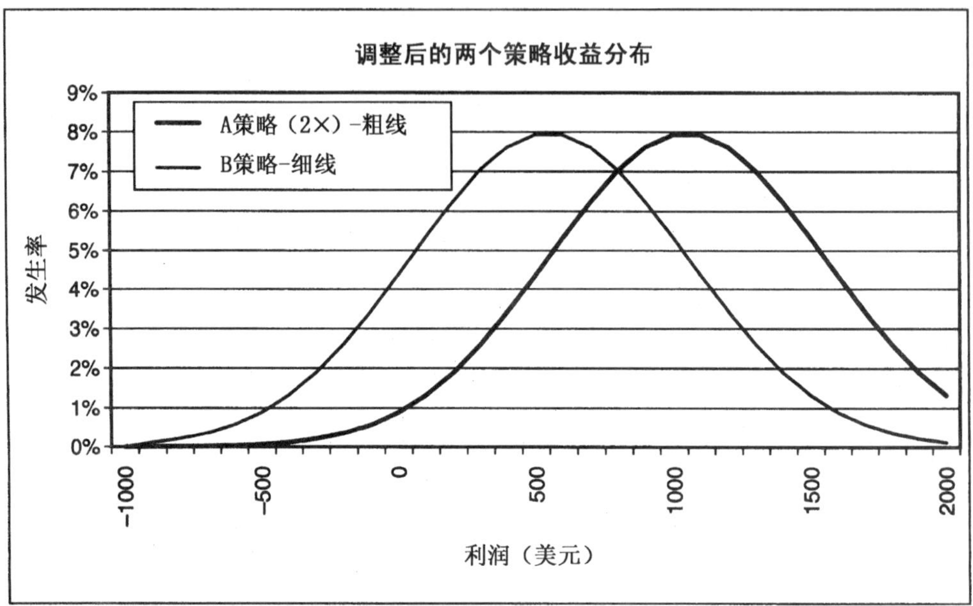

图 4.2　调整后的两个策略收益分布。按 2:1 调整 A 策略的波动率，使之与 B 策略波动率相同，从而可看出，A 策略更可取

到最佳比率。

其他理由也能说明绝对收益率并不重要。例如，使用两个策略在标准普尔 500 进行交易。一策略总是置身在市场中，另一策略则时常平仓，观察市场行情。如果这两个策略产生的净收益相近，后一策略则更可取。因为与前一策略相比，进场操作的时间短，风险也就较小。比较不同期货合约的收益率，可以看出单纯考虑净收益的缺点。采用其中一个策略操作玉米期货合约赚了 50 000 美元，使用另一个策略交易国库券期货合约赚了 100 000 美元，由于玉米期货合约的价格波动率比国库券期货合约低，所以前一策略比后一策略更可取。从图 4.3 可以看出，玉米日均高低价区间为 200 美元，国库券日均高低价区间高达 800 美元。国库券期货合约的价格波动率是玉米的 4 倍，因而考虑到两个合约的不同价格波动率，前一策略的绩效更佳。

获利因子

获利因子因为计算简单，并且一般已经编辑在常用的计算机程序（如 Trade

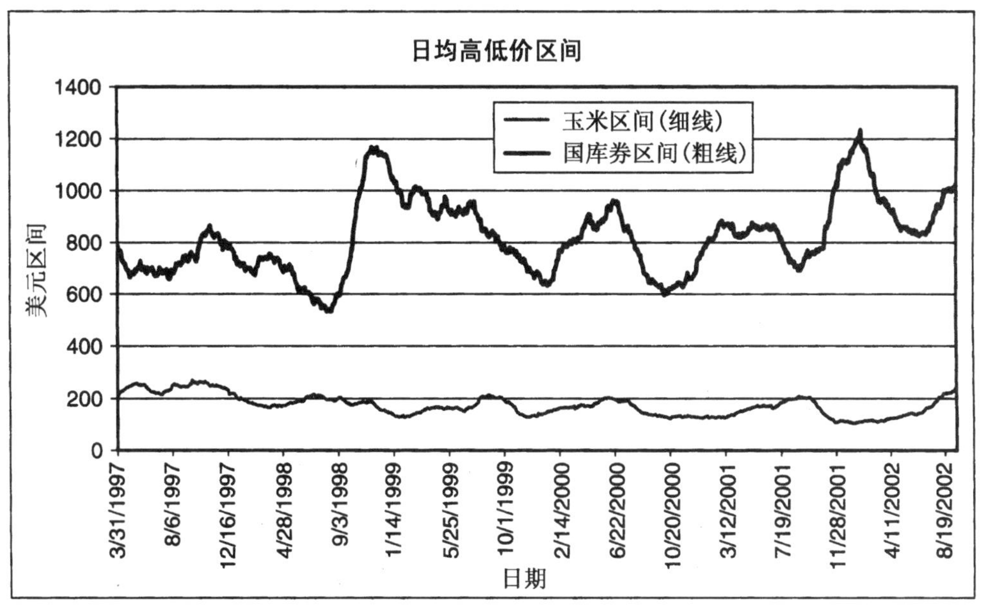

图4.3　日均高低价区间。玉米期货合约的价格波动率与国库券期货合约的价格波动率不同，因而评估结果时，应考虑波动率因素

Station）中，也成为衡量交易策略绩效的常用方法。赚钱交易获取的毛利润除以赔钱交易亏损总额得出获利因子。如果某策略赢利，毛利润就大于毛损失，相应的获利因子就大于1。赔钱策略的获利因子则小于1。图4.4列举了5笔交易的相关数据。

交易序号	利润/亏损
1	+500
2	−750
3	+250
4	+1 000
5	−750
利润	+1 750
毛亏损	−1 500
获利因子	1.17

图4.4　计算获利因子。毛利润/毛亏损

将所有赚钱交易的收益相加，得出总利润为 1 750 美元。所有赔钱交易亏损的金额相加，得到总亏损为 -1 500 美元。这些交易的净收益为 250（=1 750 - 1 500）美元。毛利润除以毛亏损，得出获利因子 =1 750 ÷ 1 500 =1.17。

$$获利因子 = \frac{毛利润}{毛亏损}$$

多年前，我曾使用获利因子绩效统计量衡量了 100 多种交易策略的绩效。按照获利因子统计量将各个系统分类。我重新查看表现最佳的系统，结果却令人失望。所有赢利常常都来自一次成功交易，其他交易则亏损。许多系统能产生大量利润，但是结果很不稳定，我便对每个系统的有效性产生了疑问。于是，开始寻找一种更好的绩效衡量标准。最后，我创建了一套新的绩效衡量方法——K - 比率，本章稍后将探讨该方法。

利润/流失金额比率

净利润和最大流失金额之间的比率也是常用的绩效衡量方法。流失金额是净利润从最高点下降的数量。每个交易日结束后，应重新计算流失金额，并记录过去发生的最大流失金额。

图 4.5 列出了最高净值和每日流失金额。单日最大流失金额将在净值曲线图上标注为最大流失金额。

天数	股票净值	最高净值	流失金额
0	0	0	0
1	-5	0	5
2	-7	0	7
3	-2	0	2
4	5	5	0
5	10	10	0
6	12	12	0
7	5	12	7
8	3	12	9

图 4.5　计算流失金额。任一天的流失金额都是当天的净值与到当日为止最高净值的差额

图 4.6 和图 4.7 详细绘制了这一过程。我们记录每个交易日赚取的最大利润。策略赔钱时，当前利润和最大利润的差额就是流失金额。测试时间段内，我们从交易一开始就连续记录最大流失金额。图 4.6 绘制了在测试时间段的当前利润和最大利润。当前利润下降，产生流失金额。如果流失金额超过以往，那么图 4.7 描绘的最大流失金额将增加。

净利润除以最大流失金额所得数值可以用来衡量收益和风险。风险大的策略，最大流失金额也大，利润—流失金额比率则较小。但是，使用利润—流失金额统计量衡量策略的绩效存在一个无法克服的问题。一致的交易策略，净利润呈线性增长。平均起来，每段时间产生的利润应一样。但是，最大流失金额并不随时间呈线性增加。

我使用蒙特·卡罗（Monte Carlo）模拟器生成 1 000 次随机测试的净值曲线图，每天平均利润为 10 美元，标准差为 1 000 美元。蒙特·卡罗模拟使用随机数发生器以便根据使用者的输入，建立数值，如平均数、标准差和数值分布。

图 4.8 绘制了 1 000 次测试的平均利润和最大流失金额。可以看出，模拟的净利润按照预期呈直线增加。平均来看，每个交易日赚到的钱大体相当。最大流

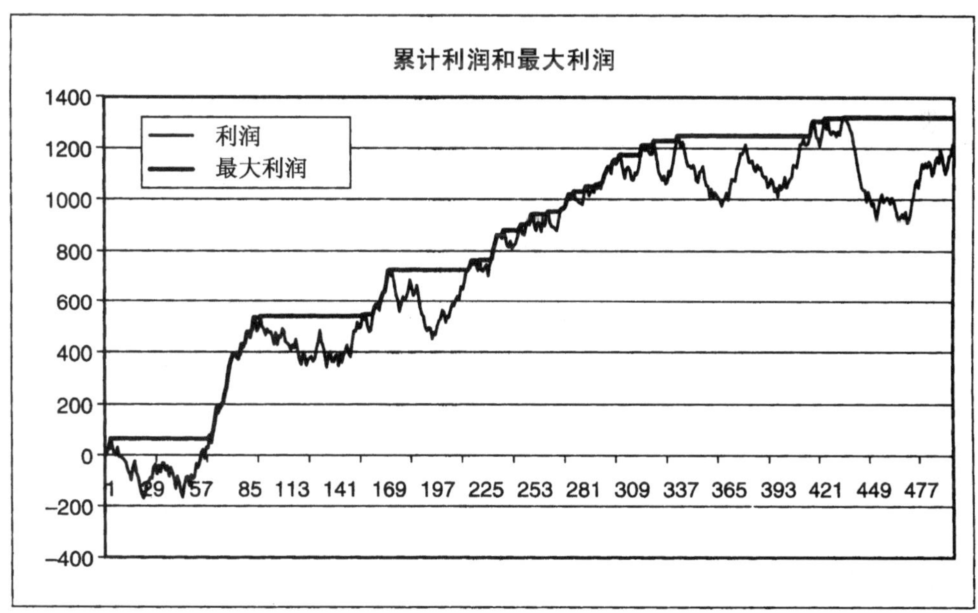

图 4.6　累计利润和最大利润。记录整个测试期间到目前为止的最大利润，只要目前利润不同于最大利润，两者之间的差额即为流失金额

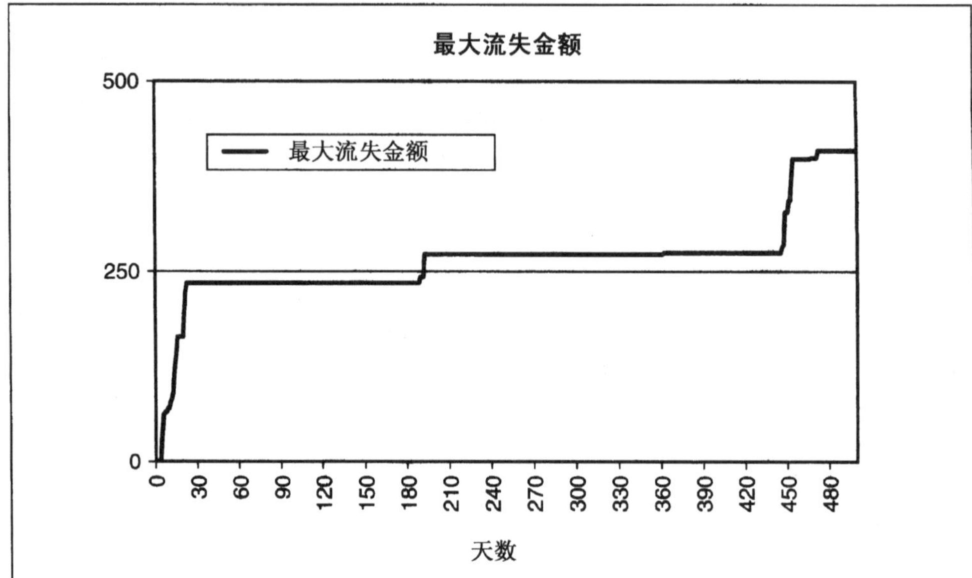

图 4.7　最大流失金额。计算每日最大流失金额，如果今天的流失金额比之前任一天的流失金额都大，那么最大流失金额也增加

失金额不呈直线增加。图 4.9 显示，因测试的天数不同，同一策略产生的利润—流失金额比率也不同。本图详述了利润—流失金额比率的重大缺陷。本质上讲，测试的天数越多，利润—流失金额比率越高，而实际上，一切都未改变。交易者在使用利润—流失金额比率比较绩效检测结果时，应留意此方法的不合理之处。

尽管获利能力未改变，利润—流失金额比率却随测试涵盖的时间长短而变动。这一缺点，使得采用利润—流失金额比较不同策略在测试涵盖不同时间段的绩效，变得毫无意义。测试 5 年的利润—流失金额比率和测试 10 年的利润—流失金额比率，其结果不具备可比性。我对绩效衡量方法的要求是，不受测试时间的限制，可以比较不同策略的好坏。因为利润—流失金额比率不具备此性能，所以不能用来评估交易绩效。

赢利交易百分比

赢利交易百分比是另一个衡量交易成功与否的统计量。用测试期间内赢利的交易数量除以总交易数量即可得出。交易者过度强调赢利交易百分比。我劝大家

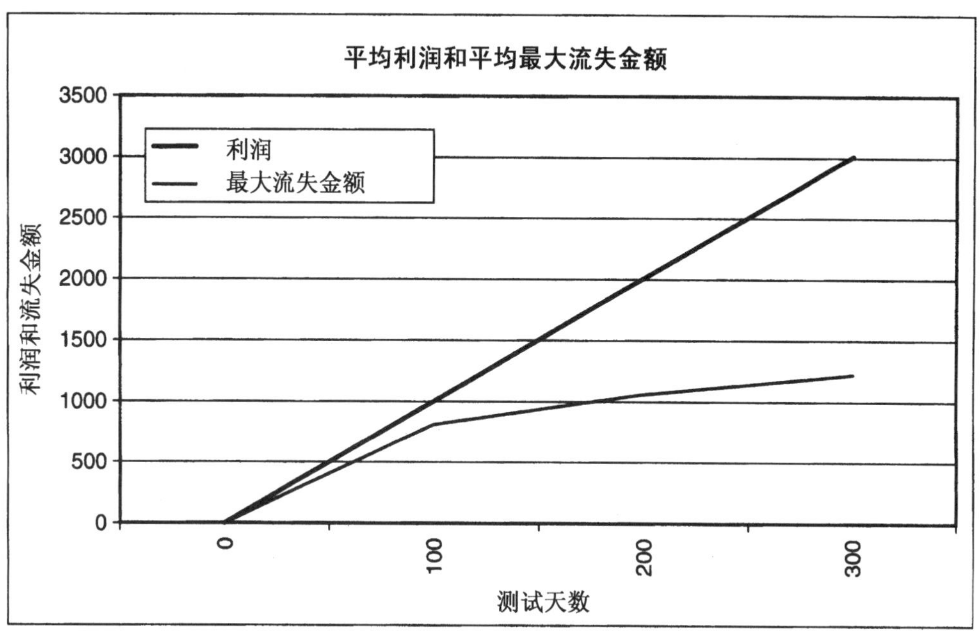

图 4.8　平均利润和最大流失金额。利润随时间呈直线增长，最大流失金额却不然

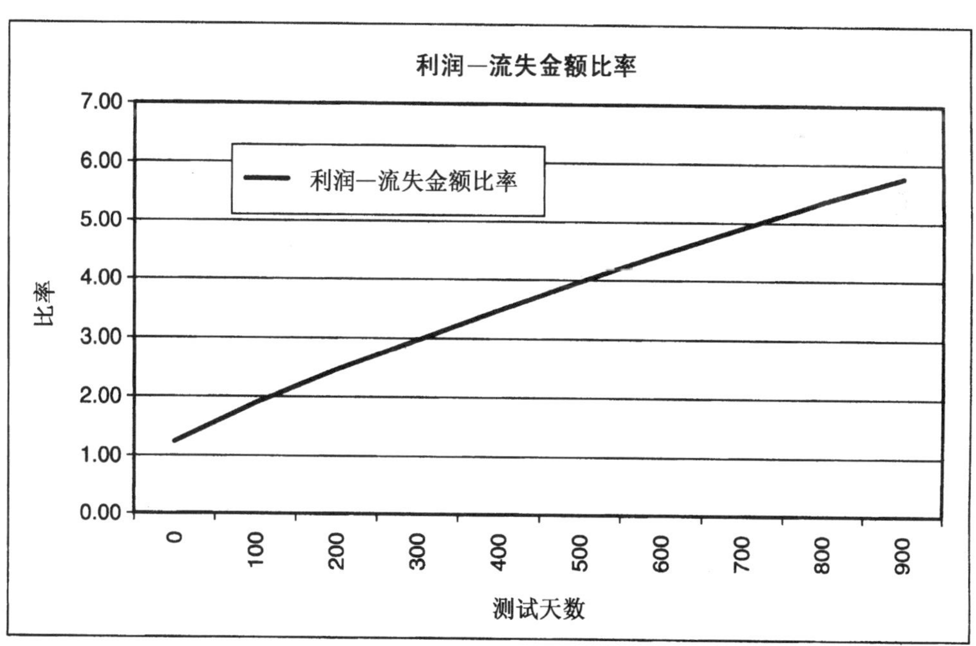

图 4.9　利润—流失金额比率。测试天数越多，利润—流失金额比率越高。所以，只要不同策略的测试期间不同，就不能用利润/流失金额比率比较其绩效

还是放弃将赢利交易百分比最大化的想法。

研究行为金融学，可以发现人们总是偏颇地认为，最好在赢利时结束交易，亏损状态下结束交易则不好。我个人认为，赢利交易百分比无关紧要。对考核我的投资组合或策略绩效用处不大。我适时考虑赢利和亏损，每天查验收益和损失。在某些方面，我的策略标准和起点要高，因为我的目标是每天都赚钱，而不是提高赢利交易的比率。我使用绩效评估工具检测每日的收益和损失。

衡量交易绩效的更佳方法

夏普比率和K－比率是我用来评估交易绩效的两大工具。两种方法在评估交易绩效时都综合考虑收益和风险。下面就分别来看一下两种方法：

夏普比率

诺贝尔奖得主威廉·夏普（William Sharpe）发明的夏普比率是资金管理行业的标准。使用平均数和标准差来计算夏普比率。收益部分也就是日、周或月平均收益率作分子，每一期间的收益应减去无风险工具的收益，如短期国库券。风险部分也就是收益率标准差作分母。

如果收益率分布很分散，该策略的标准差较高，风险也大。如果收益率紧密分布在平均数周围，策略的标准差就较小，风险也就比较低。

$$\text{夏普比率} = \text{平均收益率} \div \text{收益率标准差} \times \text{换算系数}$$

平均收益率与收益率标准差的比值，乘以换算系数（年度期间的平方根）。例如，如果使用日收益率计算夏普比率，原始比率应乘以252（一年交易日的天数）的平方根，得出年度夏普比率。如果使用每月收益率来计算，原始比率则乘以12（一年有12个月）的平方根。因为预期收益率随着时间呈直线增加，标准差与时间的平方根成比例增加，所以有必要使用换算系数。采用换算系数得出的年度夏普比率可以不受交易市场和测试时间段的局限，较客观地衡量策略绩效。交易者在测试策略时，应该首先计算夏普比率。我们将重点放在夏普比率大

于 +1 的策略。

夏普比率也并非完美无缺。批评家（参见 Schwager，1995）指出如果收益率存在自相关，绩效统计量就不能正确描述策略绩效。如果持续产生正收益率或持续产生负收益率，就会出现正自相关。反之，如果正、负收益率交替出现，如正收益率转变为负收益率，或负收益率改变为正收益率，则出现负自相关。

举例来说明以上现象是怎样影响绩效的。例如，两套系统，10 个月份的收益都为 1 000 美元，另 10 个月份的收益都是 -500 美元。第一个系统，前 10 个月的收益为 1 000 美元，后 10 个月的收益为 -500 美元，也就是正自相关。第二个系统，正、负收益交替发生，也就是负自相关。

如果仅使用夏普比率来衡量，两个系统则一样。观察图 4.10，你更愿意选哪个进行交易？显然，第二个系统更可取。第一个系统开始走运，随后碰壁大跌。第二个系统则一直呈现强劲的势头。

K - 比率

几年前，我意识到应发明一种工具来弥补夏普比率的缺陷。于是在 1996 年

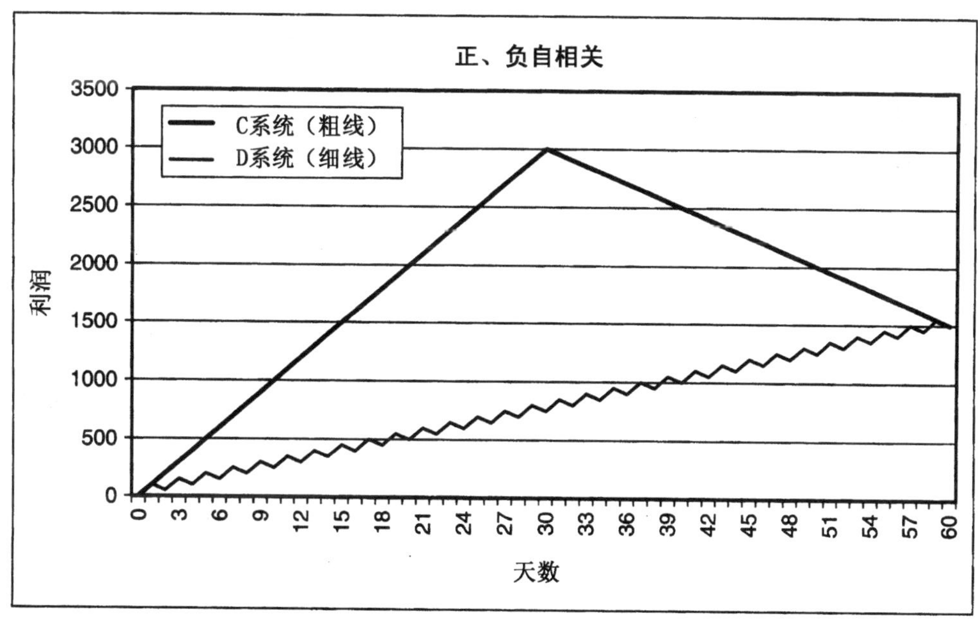

图 4.10　正、负自相关。C 系统存在正自相关，D 系统存在负自相关。C、D 系统的夏普比率一样，在绩效评估时，应考虑收益率的自相关

创建了K-比率。与不考虑收益发生时间，单纯考察收益率不同，K-比率以净值曲线稳定性为基础，计算其绩效。

要计算K-比率，应先创建净值曲线图，也就是累积利润图。净值曲线图应随时间的增加呈直线增长，才能正确计算K-比率。如果使用一定量的合约、股票或美元风险检测策略绩效，我们应将每段时间的收益相加以便创建净值曲线图。

多数交易者都采用此方法进行绩效检测，因而净值曲线图不需要调整。但是，有些交易者以利润再投资检测绩效。将积累的利润通过增加合约或股票，投资到新交易中，因收益的混合性，其净值曲线图随时间呈对数增长。取这种净值曲线的自然对数，得到的是随时间呈线性增长的重新调整的净值曲线图——正好是我们计算K-比率需要的。如果在测试时间段一直存在风险（美元、股票或合约），也不需要调整。

图4.11绘制了线性和指数净值曲线图。

我们先计算净值曲线图线性回归，再计算趋势变量。线性回归可以最大减少预测值和实际值之间的平方根失误。根据绩效检测，趋势变量第一天（第一周

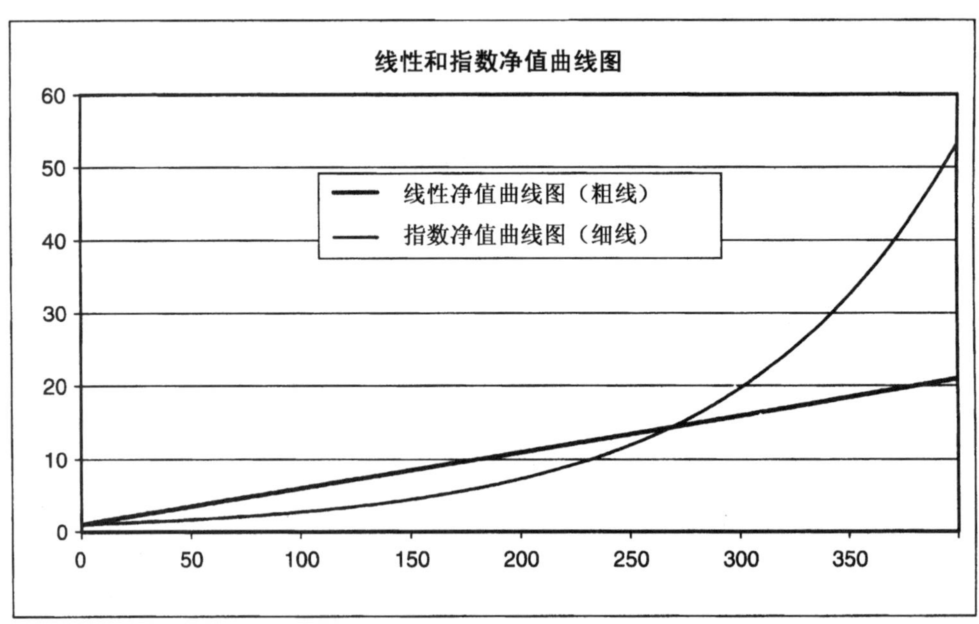

图4.11　线性和指数净值曲线图。线性净值曲线图在单位时间增长速度一样，指数净值曲线图按固定百分比，呈抛物线增长

或第一个月）从0开始，每一天（周或月）增加1。方程式下面的回归线 b_1，在K－比率中代表利润。它可以衡量K－比率随时间增长的速度。自然地，回归线越陡峭，表示赢利越高，回归线越平缓，赢利性越低。

回归方程式如下：

$$净值曲线_i = b_0 + b_1 \cdot 趋势变量_i$$

K－比率通过计算回归系数 b_1 的标准误差，来衡量策略的风险大小。标准误差是衡量 b_1 可靠性的统计量。标准误差大代表净值曲线图的倾斜不协调。标准误差小则表示净值曲线图比较一致。如果一次赚钱交易带来丰厚利润，因收益不稳定，标准误差可能较大。

以下图表，两个策略产生的净利润相近。图4.12的收益一直为正。而图4.13大部分收益是在前10天行情上涨时赚到的。图4.11的回归倾斜为+0.58，图4.12的回归倾斜为+0.55，两者相近。但是，前者的标准误差仅为0.02，远远小于后者的标准误差0.07。标准误差低则表示图4.12的收益风险比图4.13的小。

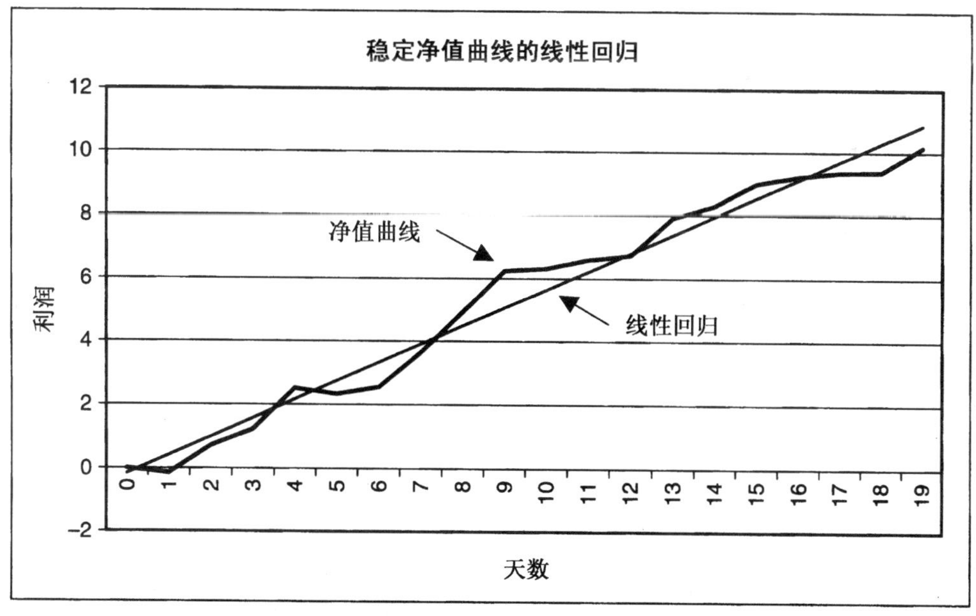

图4.12　稳定净值曲线的线性回归。按净值曲线路线，绘一条最佳线路图，以生成计算K－比率的统计量。上述净值曲线图持续增长

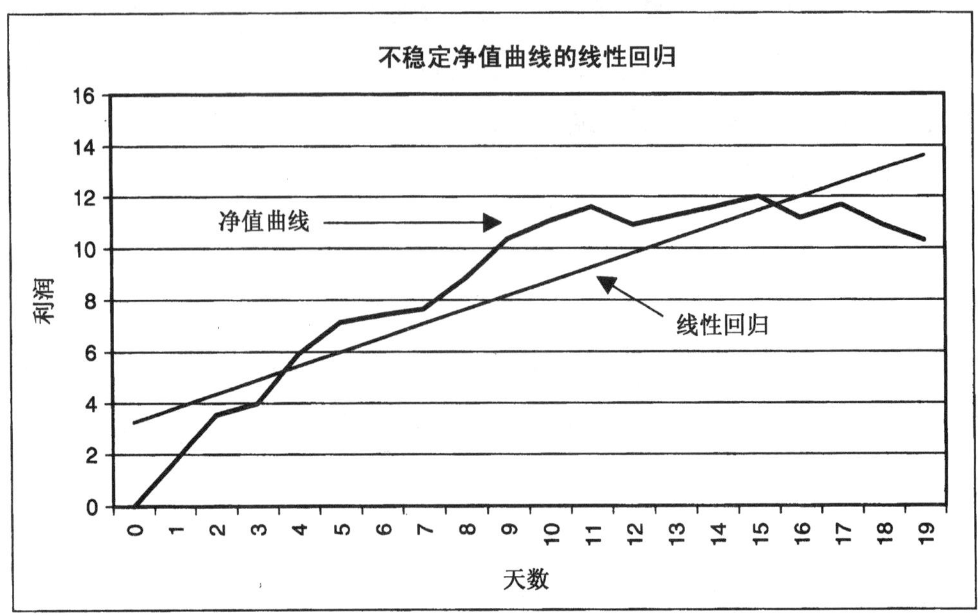

图 4.13　不稳定净值曲线的线性回归。净值曲线图前 10 天表现颇佳，后 10 天表现平平

b_1 除以 b_1 标准误差和测试所涵盖的天数得出 K－比率。通过除以数据点数量，我们将 K－比率规范化，不受时间段的影响。

$$K-比率=\frac{b_1}{\sigma_{b1}Obs}$$

使用策略检测软件，如 Trade Station 或 Microsoft Excel 的电子制表软件即可完成计算过程。图 4.14 详细列出了使用 Microsoft Excel 计算 K－比率的公式。

K－比率可以跨市场和时间段，来衡量策略绩效。可以比较玉米期货周绩效和交易 IBM 股票的绩效。交易者应寻找 K－比率大于＋0.50 的策略。夏普比率和 K－比率是评估交易策略绩效最重要的两个衡量方法。

请注意：我在 1996 年创建 K－比率时，以为自己建立了评估绩效强有力的衡量方法。但是，在 2000 年六七月，交易者鲍勃·富滋（Bob Fuchs）指出 K－比率换算系数稍微存在错误，引起我的重视。我接受了他的批评，在本书更正了错误。2002 年以前的版本，K－比率的计算公式有所不同，以本书更新后的计算公式为准。

天数	系统 1	系统 2
0	0.00	0.00
1	-0.15	1.76
2	0.72	3.55
3	1.23	3.99
4	2.50	5.90
5	2.33	7.13
6	2.54	7.41
7	3.63	7.64
8	4.91	8.84
9	6.25	10.35
10	6.32	11.05
11	6.60	11.59
12	6.75	10.90
13	7.92	11.25
14	8.30	11.60
15	9.00	11.99
16	9.22	11.16
17	9.36	10.67
18	9.37	10.89
19	10.17	10.30
b1	=SLOPE(B2:B21,$A2:$A21)	=SLOPE(C2:C21,$A2:$A21)
s.e.b1	=STEYX(B2:B21,$A2:$A21)/SQRT(DEVSQ($A2:$A21))	=STEYX(C2:C21,$A2:$A21)/SQRT(DEVSQ($A2:$A21))
观察资料：	20	20
K-比率	=B22÷(B23×A24)	=C22÷(C23×A24)
b1	0.58	0.55
s.e.b1	0.02	0.07
K-比率	1.32	0.40

图 4.14　计算 K-比率的 Excel 公式。使用以上公式，可以在 Excel 计算 K-比率

基准策略比较

我们之前介绍了衡量交易策略绩效的两个主要方法：夏普比率和 K－比率。另外，我们还采用一些基准策略来评估新想法。

当今交易者最常用的两大策略是通道突破和移动平均穿越。交易方面的出版刊物和学术期刊都有这两个顺势策略的绩效的文献记载。测试新的观点时，我们总是拿这两个策略的绩效与之比较。在《常用交易策略比较》一书中，我发现多数新策略的绩效实际上都赶不上通道突破和移动平均穿越。

通道突破使用以下法则：

- 如果今天收盘价是最近 40 天最高收盘价，建立多头部位。
- 如果今天收盘价是最近 20 天最低收盘价，出场结束多头部位。
- 如果今天收盘价是最近 40 天最低收盘价，建立空头部位。
- 如果今天收盘价是最近 20 天最高收盘价，出场结束空头部位。

移动平均穿越也使用相似的参数：

- 如果 10－天收盘价简单移动平均向上穿越 40－天收盘价简单移动平均，则进场建立多头部位。
- 如果 10－天收盘价简单移动平均向下穿越 40－天收盘价简单移动平均，则进场建立空头部位。

通道突破和移动平均穿越系统是检验新策略绩效的基准。我们将计算采用通道突破和移动平均穿越系统在不同市场运作的夏普比率和 K－比率，以便与本书第二部分创建的新系统作比较。

绩效评估模板

读者应先熟悉一下本书多次用到的绩效评估模板。本模板使用表格和图形，分两部分来介绍策略绩效。两部分分别是摘要和统计量分析。

摘要部分

最上端列出了所测试策略的名称和简述，以及测试的市场（期货、股票或比较价值）（参见图4.15a）。

接着是每一个体市场的绩效统计量：

净利：测试所涵盖期间的总利润，包括未了结的部位。

K－比率：测试所涵盖期间市场净值曲线图的K－比率。

夏普比率：测试所涵盖期间市场收益率的夏普比率。

最大美元流失金额：测试所涵盖期间特定市场的最大美元流失金额。

#交易次数：测试所涵盖期间买卖交易的次数。

%赢利：测试所涵盖期间赚钱交易次数百分比。

平均合约数：每笔交易执行的合约或股票平均个数。

每个合约平均利润：净利润除以交易数量或平均合约数量或每笔交易股票支数。衡量每一交易/合约/股票的平均利润。

平均获利：赚钱交易的平均美元赢利。

平均亏损：赔钱交易的平均美元亏损。

平均赢利期间：赢利交易平均持续的时间（通常以天数计算）。

平均损失期间：损失交易平均持续的时间（通常以天数计算）。

个别市场统计量下面有一栏，标为“平均”，是将所有市场统计量进行平均。摘要页底部绘制了投资组合净值曲线图。本曲线图总结了所有测试市场个体净值曲线图。曲线图下面还列明了以下统计量：

净利润：所有市场的总利润。

流失金额：测试所涵盖期间投资组合最大美元流失金额。

K－比率：投资组合月净值曲线图的K－比率。

夏普比率：投资组合月收益率的夏普比率。

注意：通常，投资组合的K－比率和夏普比率的绝对数值要比单个市场平均

交易策略评估（期货）

策略名称：随机进场

参数：无

说明：每天投掷骰子，单数进场做多，双数进场做空

测试期间：1990.1.1-2001.12.31

	市场	净利	K-比率	夏普率	最大流失	交易次数	成功%	平均合约	合约平均获利	平均获利	平均亏损	成功线形	失败线形
外汇	AD	101,940	−0.06	0.05	−681,180	362	53	25.57	12	19,564	−21,209	8	9
	BP	−396,413	−0.02	−0.20	−689,638	409	48	18.07	−57	18,419	−18,929	7	7
	CD	1,460,640	0.22	0.66	−397,550	372	52	47.61	82	23,971	−17,979	8	8
	JY	238	−0.09	0.00	−1,044,300	363	48	14.13	5	23,259	−21,748	8	9
	SF	−650,913	−0.08	−0.32	−696,800	360	49	15.91	−110	19,220	−21,600	8	9
利率	ED	1,199,750	0.26	0.54	−310,525	336	57	82.20	43	23,909	−22,964	9	10
	TY	542,750	0.08	0.28	−536,751	362	51	29.67	51	23,720	−21,419	8	8
	US	343,844	0.05	0.16	−770,094	353	53	20.79	47	22,073	−22,772	9	8
股票	SP	−34,750	0.05	−0.02	−801,188	391	52	9.04	−10	18,321	−19,768	7	8
金属	GC	−803,800	−0.06	−0.37	−1,193,520	381	47	45.04	−47	19,463	−21,438	7	8
	HG	−66,513	−0.09	−0.04	−1,086,363	352	49	32.16	−9	19,291	−19,436	8	9
	PL	−114,060	0.03	−0.06	−958,115	354	49	45.92	−7	20,514	−20,272	9	8
	SL	128,830	−0.02	0.07	−718,445	399	54	33.50	8	17,671	−20,094	7	8
能源	CL	−51,990	−0.06	−0.03	−704,830	366	51	29.29	−6	21,256	−22,805	8	8
	HO	−270,875	−0.02	−0.10	−774,068	376	53	23.75	−28	19,690	−23,295	7	9
	HU	1,036,815	0.05	0.39	−676,507	399	54	22.38	118	22,156	−20,388	7	8
谷物	C	99,263	0.04	0.05	−494,763	344	51	74.78	4	21,647	−22,373	9	9
	S	185,275	0.08	0.08	−522,800	367	53	30.44	19	20,690	−21,996	8	8
	W	−244,613	−0.04	−0.12	−772,713	386	52	50.24	−13	19,828	−22,895	7	8
肉类	FC	837,150	0.10	0.37	−492,015	376	54	40.56	58	22,854	−21,733	8	8
	LC	−887,080	−0.13	−0.39	−1,269,816	358	50	49.77	−50	18,940	−23,933	8	9
	LH	240,740	−0.06	0.11	−697,888	354	50	31.83	18	23,162	−22,276	9	8
	PB	−444,432	−0.05	−0.19	−609,864	403	47	21.30	−57	21,297	−21,085	8	7
软性商品	CC	−190,800	0.00	−0.10	−725,990	401	49	50.65	−9	19,033	−19,422	8	7
	CT	−707,720	−0.10	−0.38	−973,485	376	48	24.88	−76	19,238	−21,094	8	8
	JO	137,018	0.04	0.07	−512,348	393	50	36.01	13	19,274	−18,247	8	7
	KC	97,804	0.08	0.04	−802,706	376	48	13.15	13	22,419	−20,052	8	8
	LB	−567,712	−0.11	−0.21	−1,028,712	357	47	34.22	−45	27,743	−27,544	8	9
	SB	160,675	0.03	0.08	−573,854	370	53	54.15	6	18,583	−20,420	8	8
	平均	38,035	0.00	0.01	−717,227	360	49	33.57	−1	20,240	−20,639	8	8

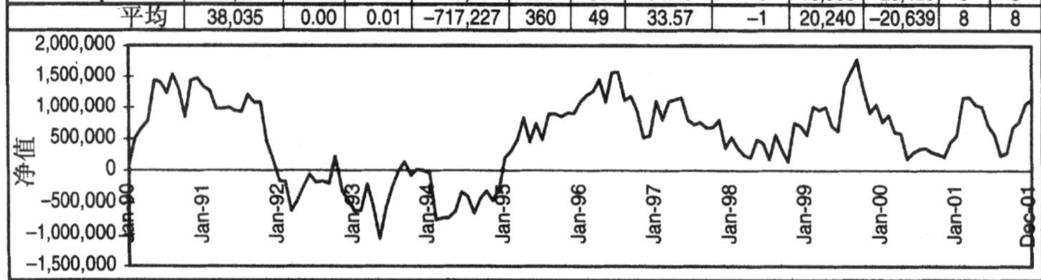

投资组合统计量

净利：	1,141,060	夏普率：	0.09
最大流失金额：	−2,609,091	突破相关：	−0.11
K-比率：	0.02	均线相关：	−0.12

图 4.15a 绩效评估样本。后文将继续采用这种格式

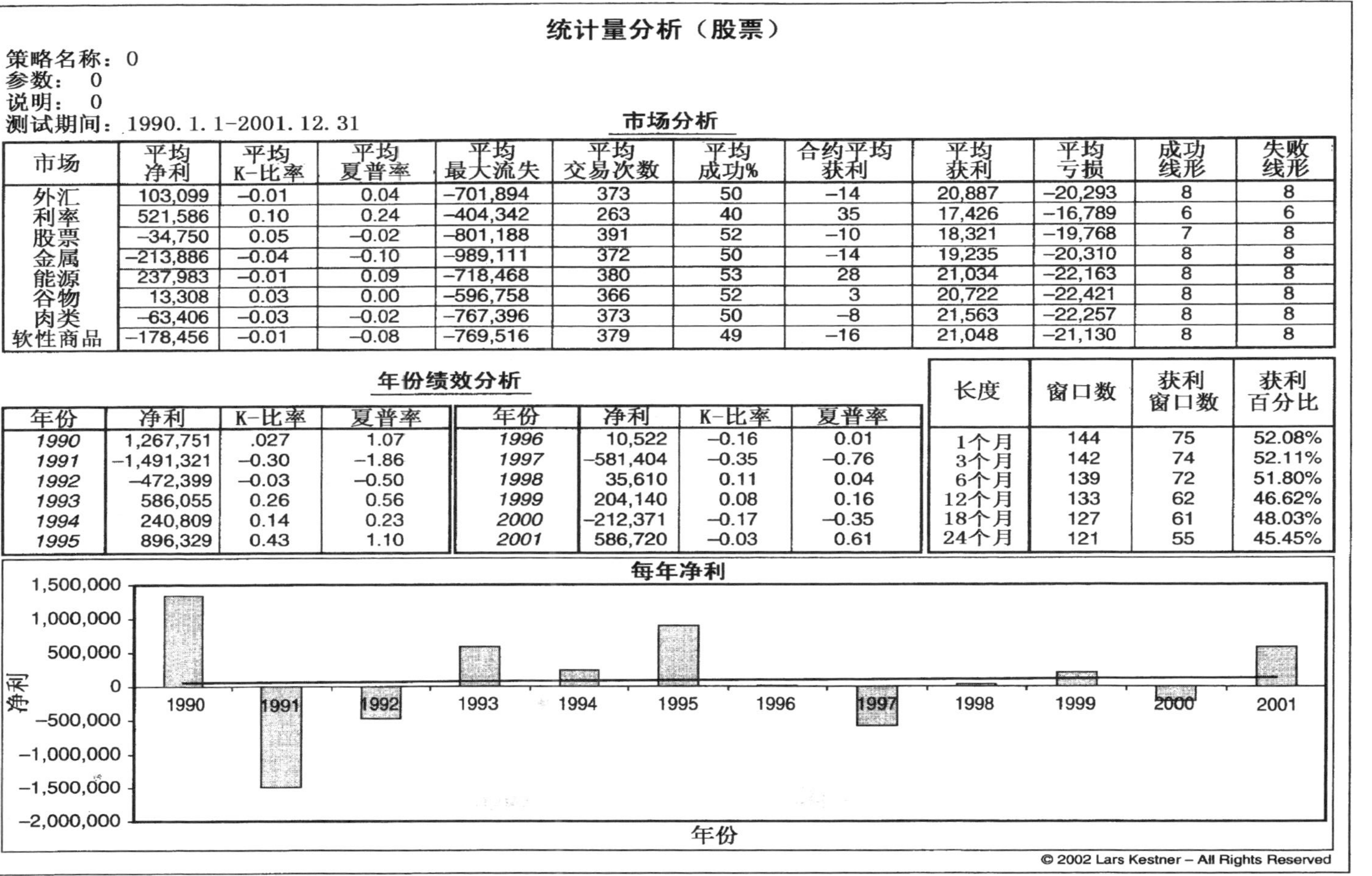

统计量分析（股票）

策略名称：0
参数： 0
说明： 0
测试期间：1990. 1. 1–2001. 12. 31

市场分析

市场	平均净利	平均K–比率	平均夏普率	平均最大流失	平均交易次数	平均成功%	合约平均获利	平均获利	平均亏损	成功线形	失败线形
外汇	103,099	–0.01	0.04	–701,894	373	50	–14	20,887	–20,293	8	8
利率	521,586	0.10	0.24	–404,342	263	40	35	17,426	–16,789	6	6
股票	–34,750	0.05	–0.02	–801,188	391	52	–10	18,321	–19,768	7	8
金属	–213,886	–0.04	–0.10	–989,111	372	50	–14	19,235	–20,310	8	8
能源	237,983	–0.01	0.09	–718,468	380	53	28	21,034	–22,163	8	8
谷物	13,308	0.03	0.00	–596,758	366	52	3	20,722	–22,421	8	8
肉类	–63,406	–0.03	–0.02	–767,396	373	50	–8	21,563	–22,257	8	8
软性商品	–178,456	–0.01	–0.08	–769,516	379	49	–16	21,048	–21,130	8	8

年份绩效分析

年份	净利	K–比率	夏普率
1990	1,267,751	.027	1.07
1991	–1,491,321	–0.30	–1.86
1992	–472,399	–0.03	–0.50
1993	586,055	0.26	0.56
1994	240,809	0.14	0.23
1995	896,329	0.43	1.10

年份	净利	K–比率	夏普率
1996	10,522	–0.16	0.01
1997	–581,404	–0.35	–0.76
1998	35,610	0.11	0.04
1999	204,140	0.08	0.16
2000	–212,371	–0.17	–0.35
2001	586,720	–0.03	0.61

长度	窗口数	获利窗口数	获利百分比
1个月	144	75	52.08%
3个月	142	74	52.11%
6个月	139	72	51.80%
12个月	133	62	46.62%
18个月	127	61	48.03%
24个月	121	55	45.45%

图4–15b 绩效评估样本。后文将继续采用这种格式

的 K－比率和夏普比率高。这是投资多样化的结果，下一章我们还会详细探讨。

突破相关：比较系统月收益率和 40 天/20 天通道突破的月收益率，计算收益率相关性。

均线相关：比较所测试系统的月收益率和 10 天/40 天移动平均穿越的相关性。

统计量分析

统计量分析根据市场主题将绩效分组。

不同行业的突破：根据商品类型或股票行业划分市场，取其平均绩效统计量。通过划分不同行业，分析起来方便快捷。

年度绩效突破：此表格单独罗列了投资组合每年的净利润、K－比率和夏普比率。可根据其结果评判某策略的持续性。

赢利窗口：我们通常以历年作为时间间隔单位，考察年度收益率。为什么使用 1 月～12 月的收益率而不采用 7 月到下年 6 月的收益率呢？或者，为什么用 12 个月份而不是 6 个月份呢？赢利窗口可以衡量紧凑的时间间隔内的策略绩效。例如，3 个月赢利窗口，将第 1 月、第 2 月和第 3 月的收益率相加。窗口每月向前滑动，随后记录第 2 月、第 3 月和第 4 月的净收益之和。依次类推，直至测试时间结束。用赢利统计量百分比来衡量获利窗口百分比。窗口按月份长短分 1 个月、3 个月、6 个月、12 个月、18 个月和 24 个月。

统计量分析最重要的信息就是年净利润图。我们可以由此考察系统年度绩效情况。从图中能够看出策略的获利能力是否逐年减少。

策略绩效的“半衰期”

有些交易者可能会问：“某策略能否无限制地发挥作用？或者一旦很多交易者开始利用特定的缺乏效率时，所有的交易策略都将遭遇滑铁卢？”我猜测所有交易策略都将随时间而退化，如同核粒子随时间呈指数衰退。

“半衰期”是从化学和物理学借来的词。指原子核衰退过程中，一半的放射性元素转变为非放射性物质所需要的时间。我认为，交易策略绩效和放射性元素一样，也会随时间而衰退。鉴于调查投入大量资源和人力，相信迟早有人能发现圣杯。其他人也会发现你的方法，某种方法使用的人一旦够多，群体效应将影响绩效。

顺势系统一直是交易者使用多年的主要交易策略。“顺势交易”是交易的至理名言。尽管历史资料显示顺势系统可以赢利，但是其赢利性能否持续呢？在《常用交易系统比较》第二版，我曾预测顺势交易者今后可能会遇到麻烦。事实果真如此。巴克莱系统性交易者指数（Barclays Systematic Traders Index）在1999年和2001年是业绩最差的年份（参见图4.16）。

我如何知道顺势系统的回报将低于预期水平呢？请看图4.17和图4.18所显示的通道突破和移动平均线穿越系统各年的净利润。尽管1990—1998年间每年获利，但是利润逐年下降。实际上，如果根据这种趋势往后推测，净利润在1999—2000年将接近零。实际上，1998—2000年的表现确实低于平均水平。

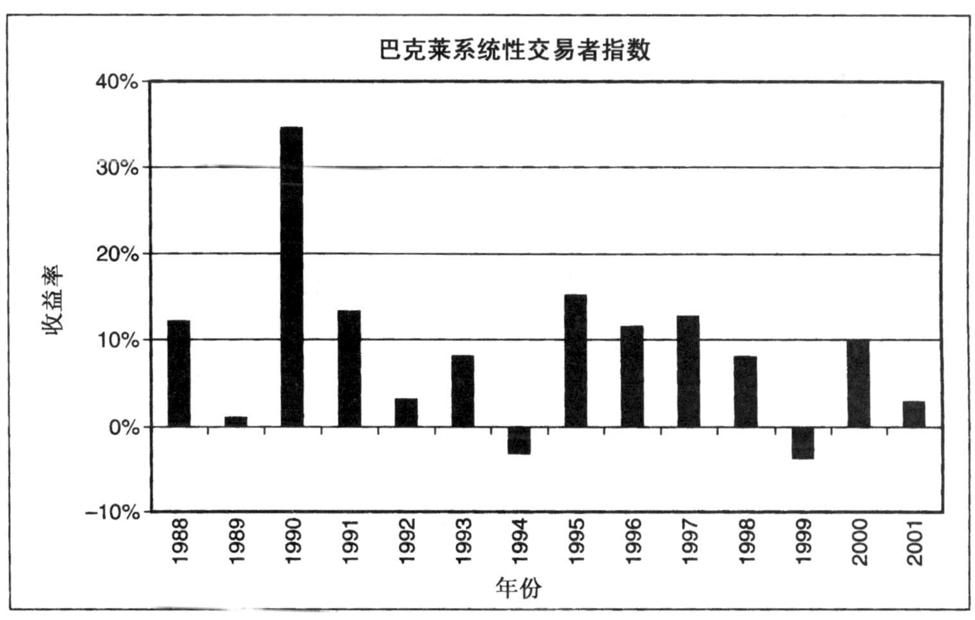

图4.16　巴克莱系统性交易者指数。系统性交易者在1999年和2001年低于平均收益

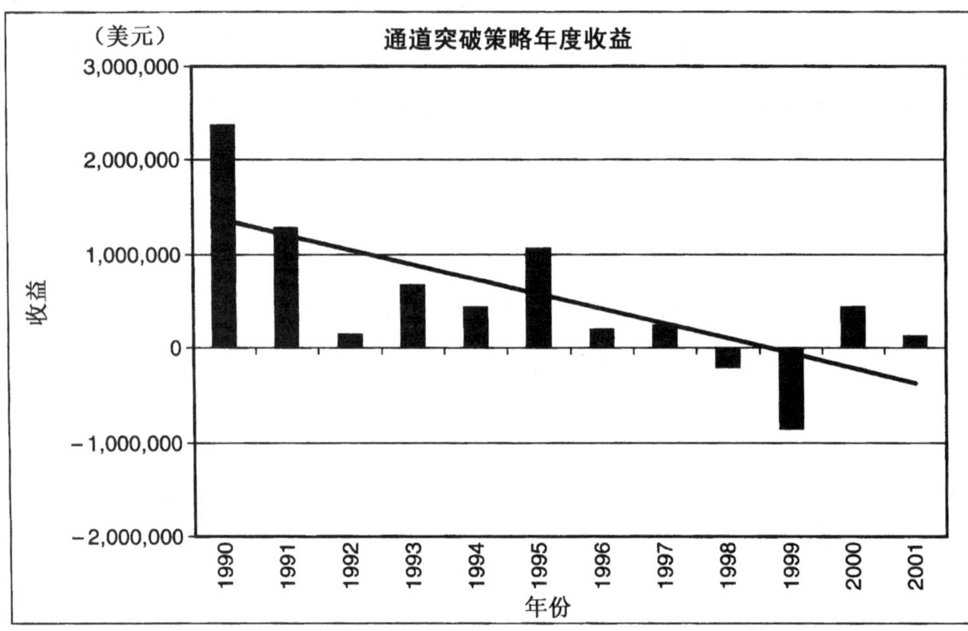

图 4.17　通道突破策略年度收益。整个 20 世纪 90 年代，40 天进场/20 天出场通道突破策略的年度收益呈衰退趋势

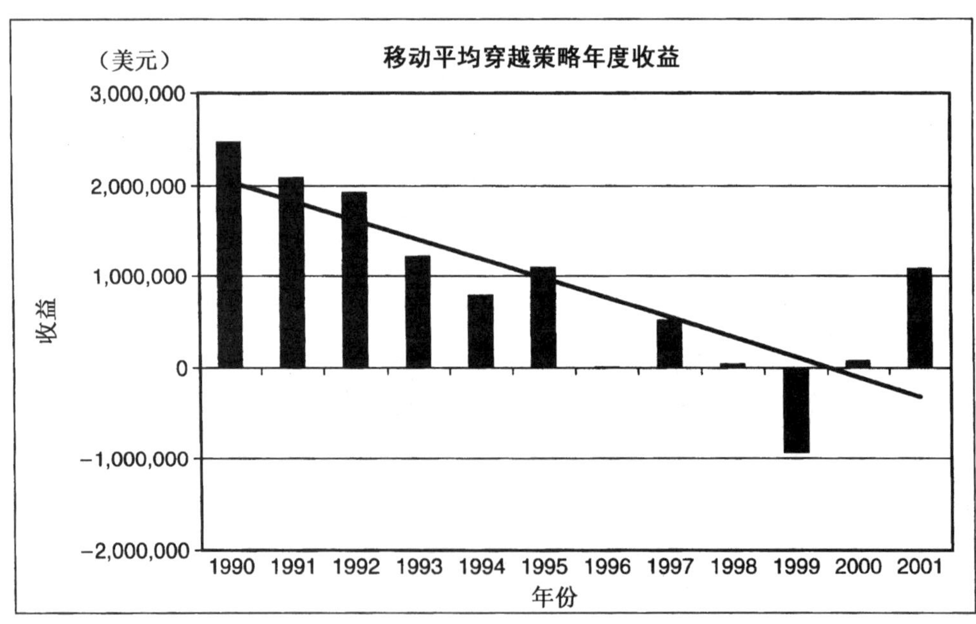

图 4.18　移动平均穿越策略年度收益。整个 20 世纪 90 年代，10 天/40 天移动平均穿越策略年度收益呈衰退趋势

为什么顺势系统绩效会遇到麻烦？可能是采用顺势策略交易的资金过多。也可能在信息时代，商业循环和价格循环已缩短，因此，行情只持续数周，而非数月。可能是运气不佳，所以绩效不好。无论何种原因，我们研究绩效，成功预测顺势系统的苦日子来临了。

策略绩效退化时的对策

策略绩效退化，并不意味着策略一无是处。在多数情况下，我们继续使用该策略进行交易，只不过应密切注意绩效是否退化。

什么时候停止使用某策略呢？

我采用的方法如下：计算净值曲线图线性回归，在预测装置上下各绘制两个标准误差的带状区间（参见图 4.19）。回归标准误差是衡量模型吻合度的统计量，我在此处创建两条带状区间。当净值曲线图向下突破底部通道时，就应停止使用策略，交易者应考虑是废止该策略还是调整该策略，以减轻其绩效退化。

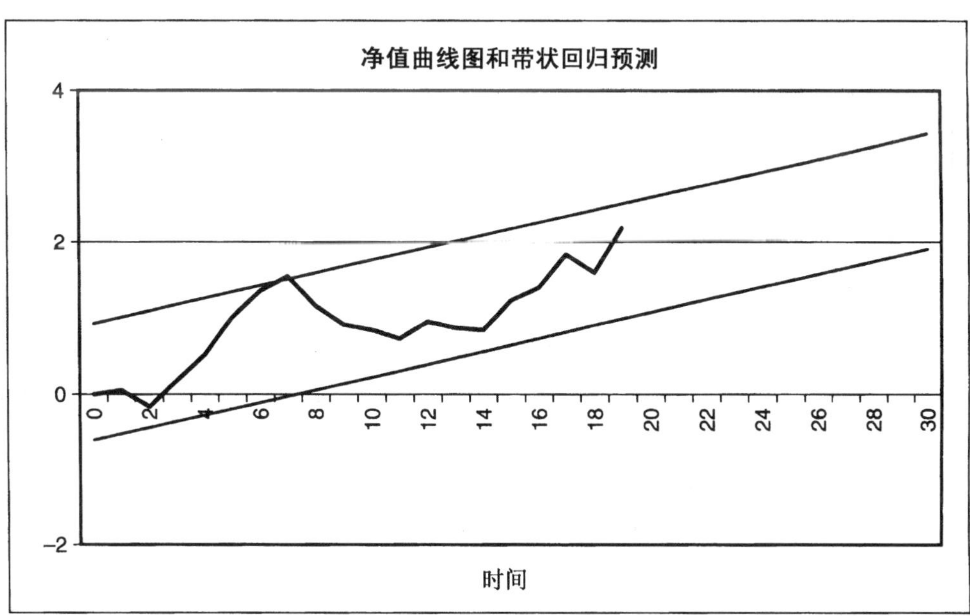

图 4.19　净值曲线图和带状回归预测。我们可以使用历史资料预测股票增长。如果净值曲线图将到底部带以下，我们必须重新评估策略的潜能

绩效不佳的策略也存在宝藏

测试过程中，如果发现某策略的绩效非常糟糕，我总会相当兴奋。任何表现欠佳、导致交易亏损的策略总会反转获利。要实现赢利，只需在系统发出卖出信号时，买进；当系统发出买进信号时，卖出即可。这也是我在检测策略绩效时，不扣除佣金和滑移价差的一个原因。我希望先观察某策略的真实绩效，在接下来的检测中，再考虑交易费用因素。

其他检测方法

在特定情况，我偶尔也使用其他方法检测策略绩效。有些交易策略只有在行情总体上涨或下跌时，才能获利。例如，许多方法交易标准普尔 500 都可能获利，因为该市场正向漂移，而不是系统能够发现市场的缺乏效率现象。

仅过去几年，标准普尔 500 的年均收益率为 8% ~12%。通过抽样调查，比较某策略的绩效是否优于标准普尔 500 多头部位的固有收益率，我将策略收益率换算为标准普尔 500 收益率和其平方收益率。杰克·崔纳（Jack Treynor）和凯·马祖伊（Kay Mazuy）在 1956 年首先提出此计算方法，可以不管行情的总体漂移衡量策略的获利能力。

$$收益率_{策略} = b_o + b_1收益率_{市场} + b_2收益率_{市场}{}^2 + \epsilon$$

通过观察 b_2 系数 t－统计量的显著性，来判断系统的有效性。如果 t－统计量小于 1，行情上涨或下跌时，策略绩效往往不佳。如果 t－统计量大于 1，策略将不受行情波动的影响，可以一直发挥作用。

魔力想法的谬误

心理学家斯金纳（B. F. Skinner）在 1948 年进行了一系列实验，他注意到所谓“魔力想法”的现象。斯金纳按照固定的15秒间隔喂鸽子，并观察鸽子行为的变化。他发现每个鸽子都开始重复特定行为（头颤动，转圈），推断此行为是接受食物的条件反射。尽管按固定时间间隔喂食，鸽子将食物和它们第一次啄食的随机行为联系起来。于是便重复此行为。鸽子认为他们的“魔力”行为能带来食物，实际上，这一过程是由实验者控制的。

同样交易者也存在“魔力想法”。许多交易者未评估策略的历史绩效就应用到交易中。交易者想当然地认为，策略曾经发挥过一两次作用，就一定有效。因方法不具备预期的效果，难免造成巨大损失。计量交易者谨慎评估他所使用的交易方法，可以避免类似的损失。

5 投资组合绩效：减少风险，维持收益率

通过多个市场、多种策略和同一策略的多个参数进行多样性投资，可以降低交易的整体风险。赌场使用多样化法则已有几百年的历史，金融界在最近50年才开始使用此工具。

赌场的启示

尽管我赌瘾不大，一年还是会光顾几次拉斯维加斯或亚特兰大市。虽然知道赢钱的可能性不大，我仍喜欢玩21点。我知道，如果出牌正确，一晚上仅会输掉全部赌注的0.5%。下赌注后，哪方实际可以获胜仍然靠赌运。

思考一下：如果赌桌上的输赢全靠运气，如果我轻易取胜，叠码仔（赌场雇佣的统计赌客下注情况的男、女服务员）该忧心忡忡了。毕竟，我要是赢了，他们的老板就该赔钱了。

实际上，叠码仔对我的输赢漠不关心。因为多样化原理，单个顾客是否赢钱对赌场无关紧要。单个赌注对于赌场的利润和损失影响甚微。因为各个赌注的不相关性，好运气和坏运气相互抵消，剩下就是赌场掌握的优势了。

分散的效益

来做个简单的游戏，抛掷铜板决定输赢。将铜板抛起，如果落下时，正面朝上你给我 1.00 美元，如果反面朝上，我付你 1.00 美元。

如果我要掌握胜算，就需要一个魔力铜板。举例说明，假设我发明了一种铜板，正面朝上的概率为 55%，反面朝上的概率为 45%。

首先，计算一下我在这场赌局中的预期获利。因为抛掷铜板只有正、反两种结果，正面出现概率（胜率）乘以彩金，然后加上反面出现概率（负率）乘以输掉的彩金，结果就是获利。

$$获利 = 胜率 \times 彩金 + 负率 \times 彩金$$

以上赌局，正面出现概率为 55%，彩金为 1.00 美元，反面出现概率为 45%，彩金为 -1.00 美元，所以：

$$获利 = 0.55 \times 1 + 0.45 \times -1 = 0.10$$

这个游戏的预期获利也就是 0.10。也就是说，每玩一次游戏，我可以赚 0.10 美元。但是，每一次投掷，我都不知道是赢还是输。现在考虑以下三种情况：

1. 共玩 10 次，每次赌金为 1.00 美元。
2. 共玩 100 次，每次赌金为 0.10 美元。
3. 共玩 1 000 次，每次赌金为 0.01 美元。

我们记录三种情况的输赢结果，结算赌金。根据统计数据，三种情况的获利一样。

- 游戏 1，单次期望获利 = 0.55 ×（ +1.00）+0.45 ×（ −1.00）= 0.10，乘以总次数 10，得出总期望获利为：1.00。
- 游戏 2，单次期望获利 = 0.55 ×（ +0.10）+0.45 ×（ −0.10）= 0.01，乘以总次数 100，得出总期望获利为：1.00。
- 游戏 3，单次期望获利 = 0.55 ×（ +0.01）+0.45 ×（ −0.01）= 0.001，乘以总次数 1 000，得出总期望获利为：1.00。

三个策略的预期获利一样，但是风险却不一样。计算所有的输赢结果之后，我在第一种情况，赚钱的概率为 50%；第二种情况，赚钱的概率为 82%；第三种情况，赚钱的概率为 99.9%。每种情况风险的大小程度不同，也就是风险分散程度不同。

第一种情况，我可能连输 10 次，输掉 10 美元。发生的概率为 0.45^{10}，也就是 0.03%。第二种情况，我也可能输掉 10 美元，这需要连输 100 次，发生的概率为 0.45^{100}，数值非常小，要用科学符号来表示。第三种情况，必须连输 1 000 次，才会输掉 10 美元，概率为 0.45^{1000}，由于数值太小，大部分个人电脑都无法正确计算。从图 5.1 可以看出，抛掷的次数越多，输掉 10 美元的可能性越小。

投掷铜板的次数越多，赌金越少，就越不可能输掉 10 美元，当然，赢 10 美元的概率也就越小。图 5.2 列出了三种情况的输赢概率。随着抛掷次数的增加，和每次赌金减少，利润分布就越集中，最后收敛为 1 美元。赌场每天都在模拟这个例子。尽管单一赌注很大程度上是随机现象，但是只要下注的次数足够多，赌场的预期获利就很明确。

如果以上三种情况的预期收益一样，我们将会选择风险最小的一种情况进行操作。我们发现缩小赌注，分散下注，风险也会下降。我在赌场玩 21 点时，每次下的赌注，对于赌场来说几乎无关痛痒。即使我运气好，也会有运气差的人抵消我的影响。实际上，赌场最怕只玩几把，且下赌注很大的玩家。因为他们打破了小额下注，分散风险的效益。交易场上也是如此。

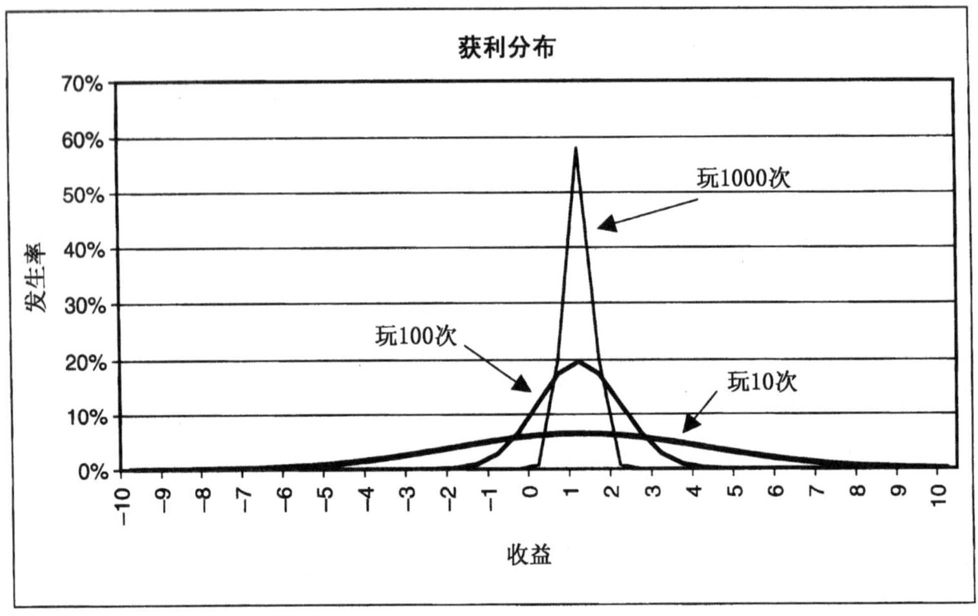

图 5.1　获利分布。抛掷铜板的次数决定获利分布

结果	抛 10 次	抛 100 次	抛 1 000 次
-10 ~ -8	0.4502%	0.0000%	0.0000%
-8 ~ -6	2.2890%	0.0000%	0.0000%
-6 ~ -4	7.4603%	0.0000%	0.0000%
-4 ~ -2	15.9568%	0.1820%	0.0000%
-2 ~ 0	23.4033%	18.0908%	0.0847%
0 ~ +2	23.8367%	68.3018%	99.8518%
+2 ~ +4	16.6478%	13.3494%	0.0635%
+4 ~ +6	7.6303%	0.0760%	0.0000%
+6 ~ +8	2.0724%	0.0000%	0.0000%
+8 ~ +10	0.2533%	0.0000%	0.0000%

图 5.2　获利分布表。投掷次数越多，获利分布越集中

不要把鸡蛋装在一个篮子里

尽管赌场采用分散风险的做法已经有上千年的历史，但是分散风险的观念在金融界还很新颖。20 世纪初，凡是营运展望存有风险的股票或资信不佳的债券，因风险高，交易者都尽量避免从事此类交易。芝加哥大学研究生哈利·马可维茨（Harry Markowitz）在20世纪50年代开始通过完整的计量框架思考这个问题。他的相关研究为他赢得了“当代金融之父”的美誉，并获得1990年诺贝尔经济学奖。

如果A股票的年均收益率为10%，年度标准差为20%，B股票的年均收益率也为10%，年度标准差为20%，那么，有A、B股票各占50%组成的投资组合的收益和风险怎样呢?

由两支股票各占50%的投资组合的预期收益率还是10%，如果A、B股票不相关，投资组合的标准差只有14%，低于单个股票的标准差20%。

马可维茨的研究使人开始重新思考风险资产的价值。如果我们将风险较高的股票整合成投资组合，就可能降低个别股票带来的风险。结果是，投资组合的风险比组合中任一股票的风险低。基本上，这也就是赌场所奉行的风险分散原则。

$$\text{投资组合的方差} = \sum_{i=1}^{n}\sum_{i=1}^{n} \omega_i\omega_j\sigma_i\sigma_j\rho_{ij}$$

其中，W_i 是资产 i 权数百分比，W_j 是资产 j 权数百分比；σ_i 代表资产 i 标准差，σ_j 代表资产 j 标准差，ρ_{ij}是资产 i 和资产 j 收益率的相关性。

分散效益很大程度上取决于资产之间的相关性。再回到赌场的例了，如果我玩21点赢钱时，其他赌客也赢钱，那么赌场的日子就很难过了。如果我的表现和其他赌客的表现完全独立，风险分散就可以实现最佳效益。

图5.3说明了分散的作用。分析由1种到1 000种股票组成的投资组合，每只股票的年度标准差都是20%。股票之间的相关性从0到1。

我们可以看出：当股票间的相关性等于或低于0.25时，只要增加10只成分股，就可以明显降低组合的整体波动率。但是，当相关性等于或高于0.75时，分散风险的收益就很有限了。本章剩余部分将探讨如何运用有止预期收益的不相关策略，最大限度地降低投资组合风险。

股票数	股票之间的相关性				
	1.00	0.75	0.50	0.25	0.00
1	20%	20%	20%	20%	20%
5	20%	18%	15%	13%	9%
10	20%	18%	15%	11%	6%
50	20%	17%	14%	10%	3%
100	20%	17%	14%	10%	2%
500	20%	17%	14%	10%	1%
1 000	20%	17%	14%	10%	1%

图5.3 投资组合的波动率。投资组合的成分股增加，组合的波动率减少。股票间的相关性减少，组合的波动率也减少

最佳分散方法：不同市场

哈利·马可维茨运用到股票上的逻辑和数学方法，同样可以用到股票或期货市场的计量策略上。举个例子，观察移动平均穿越策略在测试的9种期货市场中的绩效。这9种期货分别为：日元（JY）、瑞士法郎（SF）、欧元（ED）、国库券（US）、原油（CL）、玉米（C）、棉花（CT）、咖啡（KC）和糖（SB）。如果今天的10天简单移动平均向上穿越今天的40天简单移动平均，产生买进信号。如果今天的10天简单移动平均向下穿越今天的40天简单移动平均，则产生卖出信号。图5.4列出了个别市场和投资组合的绩效统计量。

组合产生的回报—风险绩效统计量优于任何个别市场。组合净值曲线的K-比率（0.31）仅低于日元。组合净值曲线的夏普比率（1.30），比任何个别市场都高。

这些数据显示，尽管我们事先知道哪个市场表现最理想，我们还是会选择投资组合。因为通过分散风险，可以将风险—回报统计量最大化。无需预测哪一个市场将来表现最佳，即可实现投资组合的收益。如同这个例子显示的，增加不相关市场，可以降低风险。9种市场的月收益率平均相关性小于+0.01，也就意味着投资组合实现了分散带来的收益。

市场	净利润（美元）	K－比率	夏普比率
JY	1 582 763	0.52	0.77
SF	673 875	0.13	0.35
ED	2 865 075	0.17	1.00
US	619 531	0.12	0.30
CL	968 880	0.10	0.42
C	741 025	0.16	0.30
CT	629 190	0.06	0.30
KC	1 033 564	0.15	0.34
SB	360 606	0.04	0.19
平均	1 052 723	0.16	0.44
组合	9 474 509	0.31	1.30

图 5.4　多个市场的绩效。组合绩效优于任何个别市场绩效

图 5.5 列出了通道突破策略在 9 个市场月收益率的相关性。一般来说，同一类市场收益率相关性可能很高，不同类市场之间的相关性很小或甚至不相关。投资组合正是利用收益率的不相关，进行分散操作，降低风险的。

相关	JY	SF	ED	US	CL	C	CT	KC	SB
JY	1.00								
SF	0.14	1.00							
ED	-0.01	0.13	1.00						
US	-0.13	0.11	0.22	1.00					
CL	0.12	-0.06	-0.25	-0.03	1.00				
C	-0.07	0.00	-0.06	0.09	0.06	1.00			
CT	0.07	0.01	0.11	-0.10	0.04	0.03	1.00		
KC	0.05	0.12	-0.03	-0.04	0.21	-0.03	0.05	1.00	
SB	-0.14	-0.03	0.07	-0.03	0.01	-0.06	-0.13	0.08	1.00

图 5.5　多个市场收益率的相关性。多个市场收益率相关性几乎为零，分散操作可以降低风险，收益率不受影响

较佳分散：使用不相关策略

理想状态下，我们应该在尽可能多的市场进行交易，以减少策略的风险。通过增加市场——假设每个市场的预期获利相近——我们在不影响预期收益的同时，降低了风险。不应该仅局限于增加市场个数？我们通过增加其他不相关的收益率流量，来扩大分散。除了使用一种策略，还可在多个市场使用多种策略进行操作。可以创建两个或更多不相关的赢利策略。其中一个策略顺应主要市场行情，另一个策略则根据特定价格形态产生交易信号。

我们来看一下策略组合能否改进收益—风险的特性。除了使用 10 天/40 天移动平均穿越，我们还将采用另一策略操作 9 个市场组合。将移动平均穿越策略绩效和 40 天进场/20 天出场通道突破策略绩效结合使用。图 5.6 列出了每种策略单独使用和两策略结合使用时的 K－比率和夏普比率。

观察图可以看出，使用移动平均穿越和通道突破两策略组合并不能改善绩效。前述例子中，多个市场组成的投资组合的绩效要优于任何单个市场的绩效，但是两个顺势策略组合并未产生相同的效应。

移动平均穿越	
K－比率	0.31
夏普比率	1.30
通道突破	
K－比率	0.41
夏普比率	1.22
穿越和突破组合	
K－比率	0.36
夏普比率	1.31

图 5.6　不同策略绩效比较。使用多个策略交易可以提升投资组合的收益和风险统计量

究其原因有二。首先，我们仅结合了两个策略。交易程序有多种策略，我们可以再次挑选，组成策略组合。其次，也是主要原因，移动平均穿越和通道突破两策略之间的相关性很高。月收益率相关高达 +0.85。记住：只有采用不相关的收益率组合，分散操作才会发挥作用。所以这个例子中，两个策略收益率高度相关导致策略组合未产生好的收益。因而，我们应重点开发彼此间相关性小的策略。

在多个市场使用多个策略进行交易，可以发挥分散操作的效应。许多专业资金经理人在他们组织内使用 10～15 种不相关的策略操作，以求达到平滑利润降低风险的目的。

一般分散：同一策略使用不同参数

如果一个策略可以使用多组不同参数值操作，为什么还要停留在增加投资组合的策略上呢？上述的通道突破的例子中，当创 40 天新高或新低时，进场；创 20 天新高或新低时，出场。我们不使用 40 天和 20 天参数，而是采用两组新参数：20 天进场和 10 天出场，80 天进场和 40 天出场。如果每个策略的获利能力相同，彼此的收益率不相关，那么我们就可以保证预期收益，并通过使用 4 组参数降低风险。

实际上，不同参数的收益是高度相关的。这也就致使通过使用不同参数组合扩展系统，达不到预期收益。我们使用 3 组参数在 9 个市场组合进行测试，比较单个测试的收益—风险统计量和 3 组参数组合的统计量，结果详见图 5.7。

与移动平均穿越和通道突破两策略组合的结果相似，使用 3 组参数的通道突破策略并没改善收益—风险统计量。这也是由同一策略不同参数的高度相关性导致的。因为 20 天进场/10 天出场的实际进出场和 80 天进场/40 天出场相似，利润和损失数也高度相关。使用三组参数月收益率相关性从 +0.63～+0.88，因数值太高，无法实现分散收益。

20 天进场/10 天出场	
K－比率	0.35
夏普比率	0.85
40 天进场/20 天出场	
K－比率	0.41
夏普比率	1.22
80 天进场/40 天出场	
K－比率	0.41
夏普比率	1.42
三组参数组合	
K－比率	0.41
夏普比率	1.28

图 5.7　不同参数的绩效。一策略采用多组参数不能明显改善收益—风险统计量

交易者的“圣杯”

交易者喜欢谈到“圣杯”。在计量交易界，圣杯往往指收益稳定，从不赔钱的交易。

我本人认为不存在圣杯交易策略。我从事理论研究长达半世纪，根据个人经验，策略获利能力会随时间而衰退，直到零。尽管没有圣杯交易策略，计量交易者可以将分散收益看作“圣杯”的一种形式，分享由此带来的好处。操作多个市场、多种策略、多组参数、提高收益—风险可能是交易者可享用的唯一免费午餐。以数学原理为依据的分散，其优点毋庸置疑。

6 参数最佳化程序和筛选交易信号：改进基本策略

在计量交易领域，最佳化程序是最受争议，引起讨论最多的话题。对于有些交易者，最佳化程序可以根据行情涨落，微调策略。对于另一些交易者，最佳化程序是导致交易策略表现不符合预期的根源。后者认为，小心翼翼地将过去数据套到策略中，只会使测试结果变得不切合实际。哪种看法正确呢？本章我们将使用实际结果分析最佳化程序的优缺点。

优化交易信号，提升获利能力

当我们找到一种不错的程序时，总希望调整其参数，以提高其获利能力。交易系统的参数是可以变动的设定。例如，移动平均的长度、波动率突破的乘数或振荡指标的回顾期。

举例来说明，我们将买进信号设定为：当价格向上突破40天通道，且当天的10天移动平均高于40天移动平均，这个交易系统就有3个参数：通道天数（40天）、短线移动平均的长度（10天）和长线移动平均的长度（40天）。如果前述交易系统增加ADX进一步过滤，当14天ADX大于20时才买进，这样我们又增加了2个参数：ADX的长度（14天）和建立部位的门槛（ADX20）。此系统已有5个参数，我们还需要考虑出场策略。空头部位进场使用5个参数，多头部位进场采用的参数又有所不同。可以看出一套原本很简单的策略，通过增加新法则可以变得相当复杂。

测试交易策略的过程中，交易者可能会调整每个参数的可能数值。这一过程通常称为“最佳化”。以通道突破策略为例，进场采用x天的高低价，出场采用y天的高低价。我们可以将x、y值最佳化。将x设定在11~80之间，y设定在11~30之间，每次测试分别调整x、y值（每次在原数值基础上加1），记录测试结果。测试需要做1 400次，因为x有70个可能数值，y有20个可能数值。

随着个人计算机运算速度的提高，1 400次测试当然可能在一个晚上完成。但是，如果参数种类增加，将策略复杂化后，再进行最佳化，就可能失去控制。例如，在前述系统再加上通道突破策略，a天期ADX值要大于b，a设定在11~30，b设定在21~40，那么整个测试次数就激增为56万次。当今运算最快的计算机也需要很长时间才能算完。

调整每次测试参数值变动的单位就可以将整个过程简化。例如，参数值每次增加5而不是仅增加1，整个测试就可由56万次，降为1875次。虽然现在个人电脑有能力处理此类问题，但是，测试结果有用吗？

最佳化程序与曲线符合

一般来说，最佳化程序是将交易策略预期收益最大化的重要技巧。大部分人认为以前表现最好的参数值，以后也会表现最好。不论这一观点是否正确，如果最佳化程序走得太远，就如同把数据套入到曲线。

还是考虑上述例子，假如经过56万次测试，以下参数组合表现最好：54天高低价时进场，24天高低价时出场，当19天ADX高于18（也就是x=54，y=24，a=19，b=18）时，才接受买卖信号。此组参数组合的夏普比率为5.0。56

万次测试的平均夏普比率为1.5。

我们能否期望此参数组合未来的收益是其他参数组合平均数的3倍呢？几乎不可能。任何参数组合的表现都会出现回归均值的趋势。整个测试，大约有半数组合的表现高于平均水平，另一半的表现则比平均水平差。少数几组参数组合有杰出表现，也有少数几组参数组合表现极差。所有参数组合的夏普比率分布基本上呈常态钟形分布（参见图6.1）。各组参数组合收益、损失离散程度很大程度上靠运气。

参数组合（x=54，y=24，a=19，b=18）在56万次测试中表现最佳，主要是运气好。今后重复发生的可能性很小。这并不意味着整套系统就不具备获利能力。盲目挑选参数组合进行测试，往往会高估策略的获利能力。

举例来说明最佳化程序是怎么误导的。将100个铜板分发给100个人，每人抛掷5次铜板，记录铜板正面朝上的次数。凭靠运气，有人可能连续5次抛掷都正面朝上。但是，并不是那人发现了魔力铜板，他仅仅是运气好而已。

交易系统最佳化程序也会犯同样的错误。交易者进行复杂的交易模拟，挑选表现最好的参数组合，但却没有顾及其他因素。实际操作时，策略达不到模拟时的获利能力，令交易者非常失望。交易者可能会说“行情发生了变化，我的系

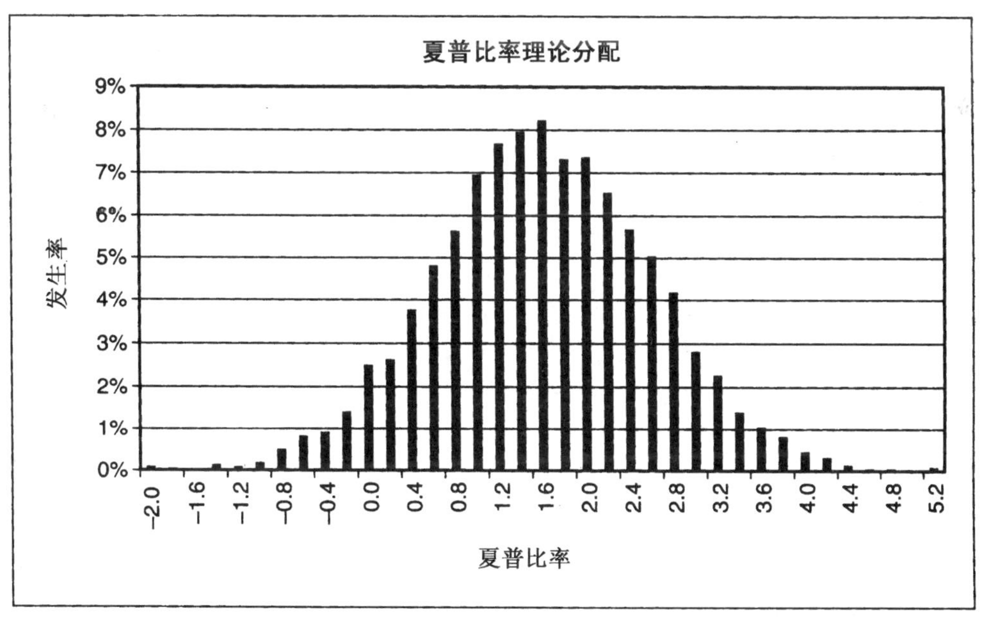

图6.1　夏普比率理论分配。测试1000组参数组合，它们的夏普比率呈常态分布

统崩溃了”。但真实原因并非如此，而是交易者的策略表现回归到参数组合的平均水平。

衡量最佳化程序的价值

某些读者可能认为我给最佳化程序浇冷水了。虽然我认为最佳化程序实际用处不大，但仍然可以通过研究测试其价值。

使用通道突破策略，模拟期货和股票市场1990—2001年的交易。我们测试8组参数，将进场参数设定为10～80天，10天为一个单位。出场参数取进场参数值的一半。每年年末，按照年度净利润排列参数组合，然后比较每年与后一年的绩效排名。例如，如果40天期进场策略绩效在1990年排名第三，在1991年排名第八，就在散布图（3，8）坐标点标注出其位置（参见图6.2a和图6.2b）。在散布图标注完所有年份的参数组合的排列后，我们就可以判断出今年表现与下一年表现是否存在关联。

结果显示，今年表现好的参数组合，下一年也有继续表现好的趋势。注意：

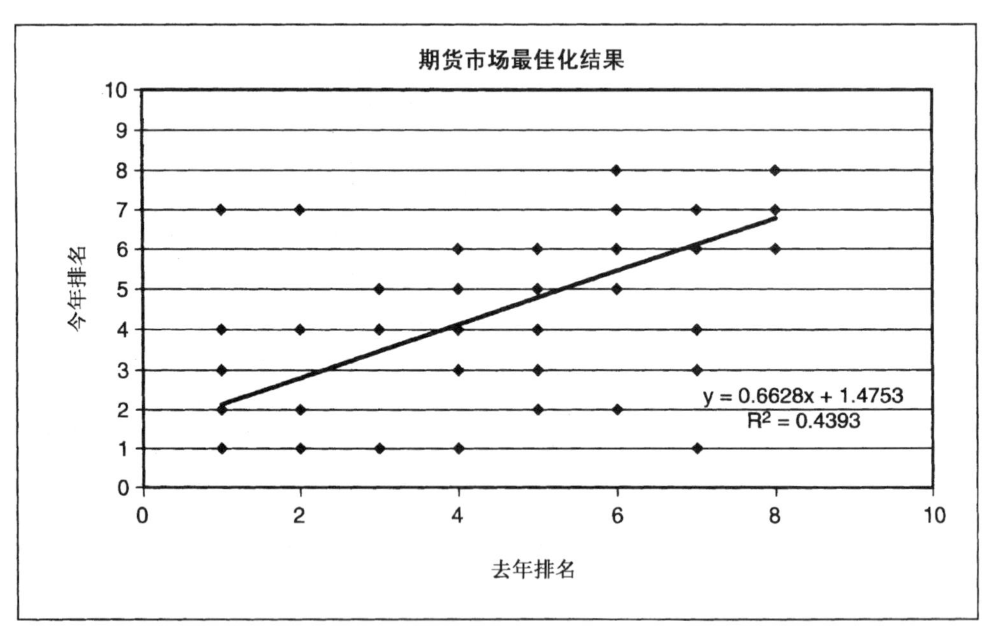

图6.2a　期货市场最佳化结果。8组参数组合的净利润排名。在坐标上用点表示今年与去年的绩效排名对比

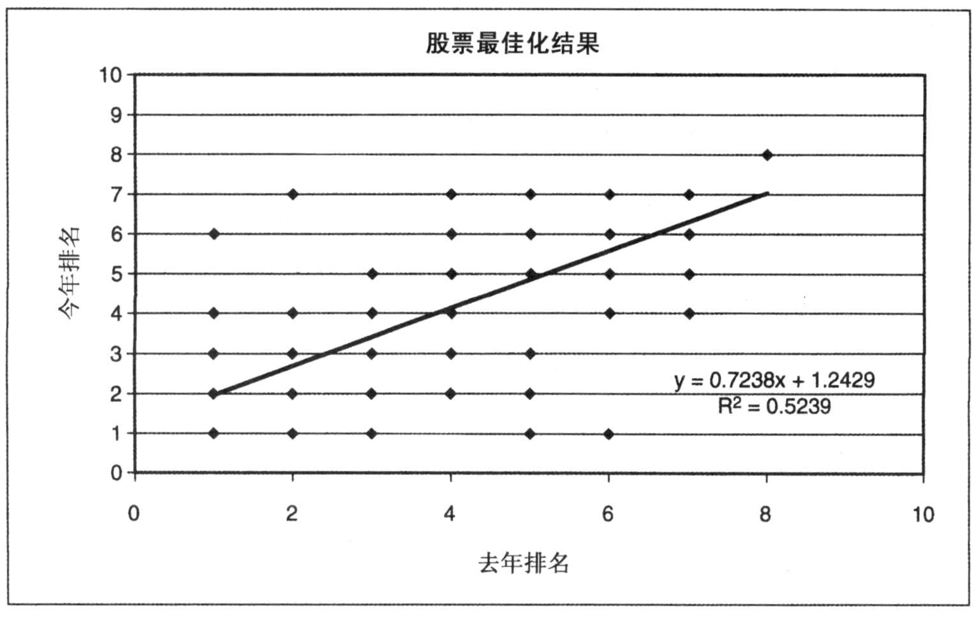

图 6.2b　股票最佳化结果。8 组参数组合的净利润排名。在坐标上用点表示今年与去年的绩效排名对比

最适合趋势线向上倾斜，意味着今年表现好的参数组合，下一年也可能表现好。在期货和股票市场，测试通道突破策略存在这一现象。就此而言，我们应该采用绩效最佳的参数组合，因为每年的绩效不是随机现象。

同时，前述现象也可能是其他性质在发挥作用。此处，我们讨论的是通道突破策略 8 组参数的绩效数据。在整个测试期间，某些参数组合的表现可能始终优于其他参数组合。

图 6.3a 和图 6.3b，稍微调整了年度排名方法。我们不比较年度净利润，而是比较经过常态化的年度利润，以整个测试期间的平均年度利润为基准。例如，10 天进场/5 天出场通道突破策略在所测试的 12 年，每年平均利润为 100 000 美元，那么每年利润减去 100 000 美元，结果就是常态化年度净利。

常态化过程带来另一个最佳化问题。创建新的分布图后，我们就可以看出今年的绩效是高于还是低于平均水平，明年的绩效将会怎么样。

图 6.3a 所示经过平均数常态化的期货市场最佳化结果，年度之间的绩效稍有偏离。正向倾斜的趋势线表示任何一组参数组合今年的绩效都高于平均数，下一年的绩效也可能高于平均数。倾斜和最适合趋势线的相关性很小，在统计学上

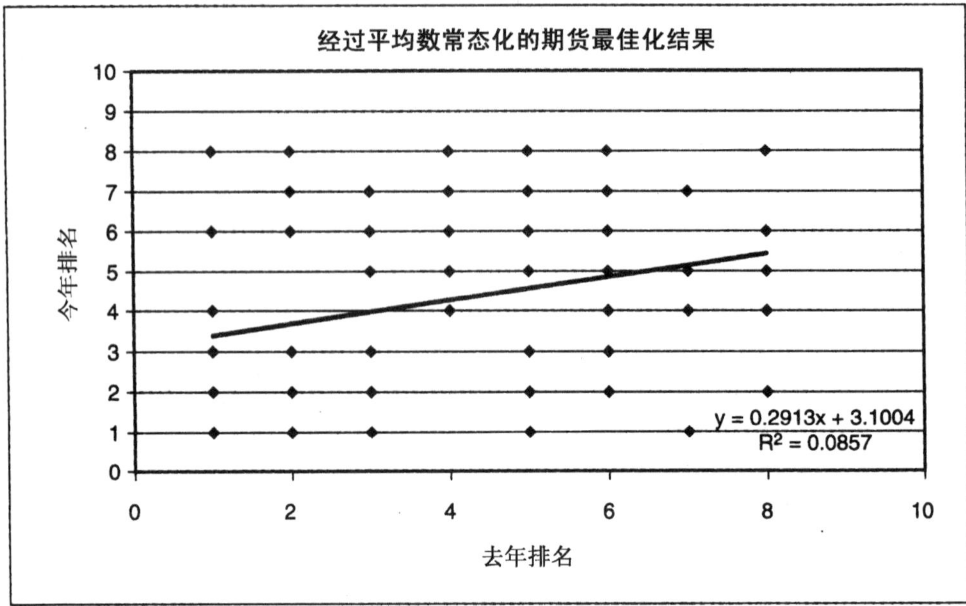

图 6.3a 经过平均数常态化的期货最佳化结果。标示 8 组参数经常态化的年度净利润。所谓常态化年度利润，就是实际年度净利润减去该参数组合在整个测试期间的平均年度利润

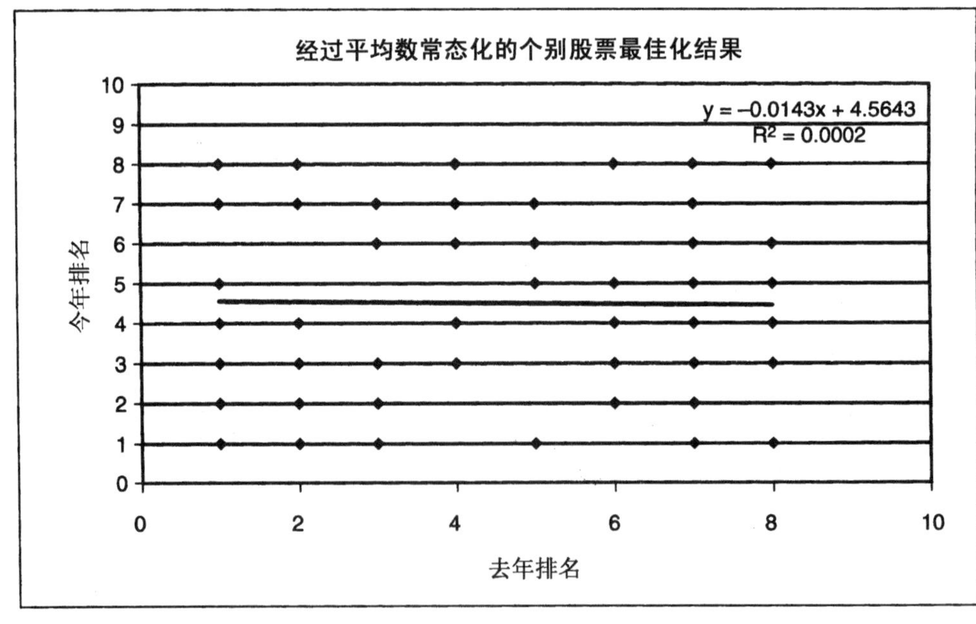

图 6.3b 经过平均数常态化的期货最佳化结果。标示 8 组参数经常态化的年度净利润。所谓常态化年度利润，就是实际年度净利润减去该参数组合在整个测试期间的平均年度利润

有重要意义。期货市场绩效数据结果表明最佳化参数可以提升绩效。

期货市场绩效增强了对最佳化程序的信任，但是图 6.3b 股票绩效数据则不然。股票绩效排名榜趋势线稍微向下倾斜，表明今年表现优于平均水平的参数组合，下一年表现可能低于平均水平。相关性是如此之小，以至于可以忽略不计。也就是说今年绩效和下一年绩效不存在关系。

上述测试是以整个投资组合为考察对象。类似的分析也可应用到单个市场。下面我们就以通用电气为例，测试最佳化程序的价值（参见图 6.4a 和图 6.4b）。

有趣的是测试结果有所不同。把每年净利排名，看不出明显的线性关系。回归直线虽然稍微向右上倾斜，但倾斜幅度完全不能同期货投资组合或股票投资组合相提并论。考虑常态化绩效时，结果则类似。回归直线稍微向右下倾斜，预示当今年绩效表现优于平均水准时，下一年表现则低于平均水准。通用电气的两组检测结果都不具备显著的统计学意义。虽然这一研究并不能平息相关的争论，但至少可以显示最佳化程序的效益。

里奥·扎门斯基（Leo Zamansky）和詹姆士·戈肯普（James Goldcamp）在 2001 年合写了一篇有关最佳化程序效益潜能的文章。他们检测了通道突破策略，参数最佳化程序采用过去 60 天和 120 天的绩效资料，共进行了两组测试。第一

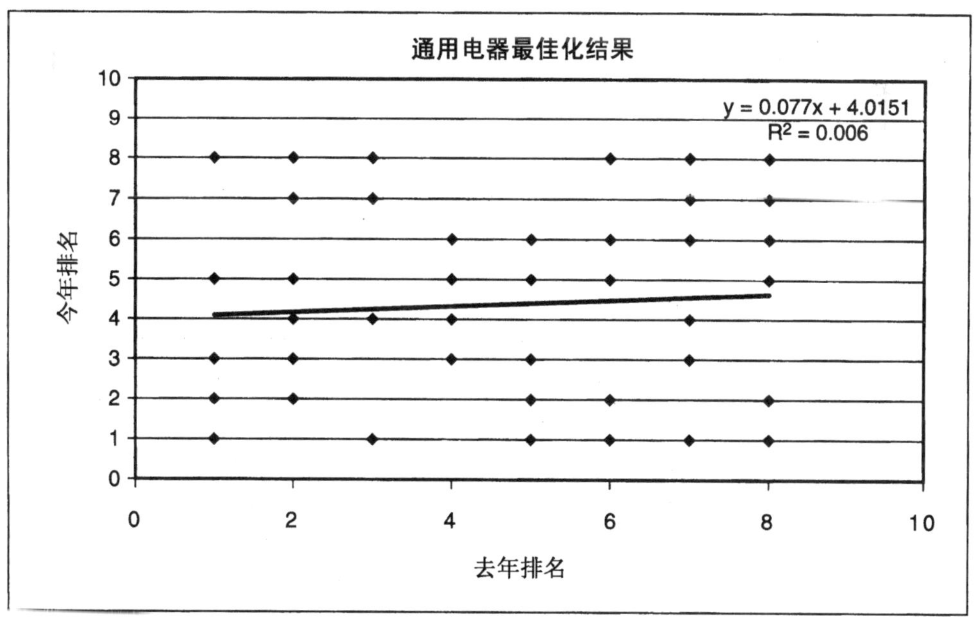

图 6.4a　通用电气最佳化结果。标示 8 组参数年度净利润排名

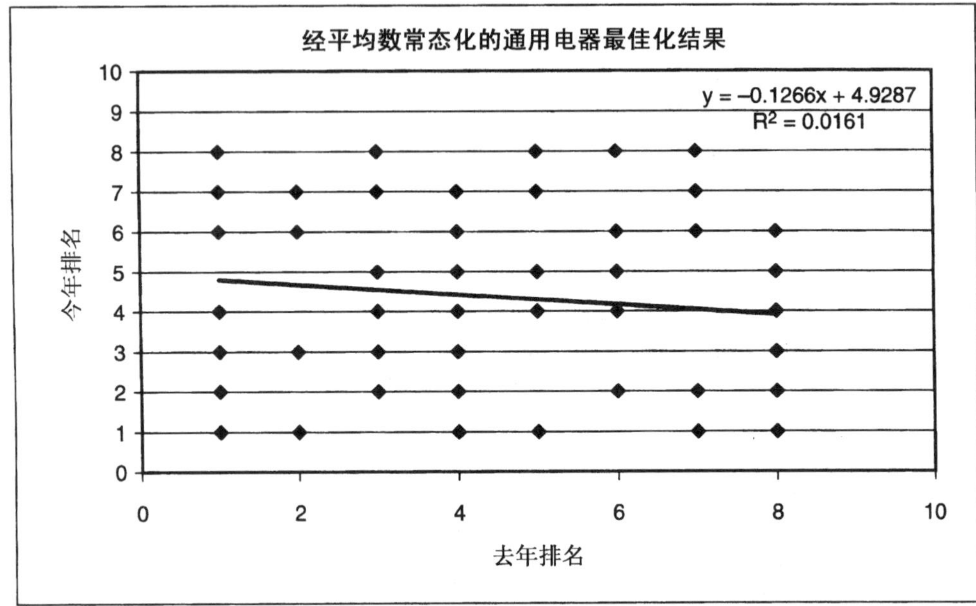

图 6.4b　经平均数常态化的通用电气最佳化结果。标示 8 组参数组合的常态化年度净利。所谓常态化年度利润，就是实际年度净利润减去该参数组合在整个测试期间的平均年度利润

组，当前采用前一期表现最好的参数值，这一策略的构想是过去表现好的参数组合，将来也会有类似表现。作为交易者我们都希望采用绩效最佳的参数组合。第二组测试，当前采用前一期表现最差的参数值。此策略的构想是基于绩效有回归均值的趋势。也就是说，过去表现差的参数组合，将反转，将来能有最佳表现。

虽然相关的测试没有明确结论，扎门斯基和戈肯普的研究确实提供了一些有趣的信息。采用较长的绩效回顾期间（120 天），前期表现最佳的参数组合，当期表现也优于平均水平。这与本章前面研究的结果类似。但是，采用较短的绩效回顾期间（60 天），当期使用前期表现最差的参数组合，反而可以提高绩效。

有关最佳化程序的争论，短期内不可能结束。有些交易者认为最佳化程序很有必要，另一些交易者则认为应该避免此麻烦。虽然我赞成检测参数绩效的稳定性，如同上文所示，这一问题没有明确的结论。在整个测试期间，某些参数组合的表现确实优于其他参数组合。但是，如果频繁更换“最佳化参数组合”，还不如始终采用长期以来表现最佳的参数组合。

筛选以提高获利能力

如同我们在第三章讨论的，筛选也就是判断何时应该忽略交易信号。筛选大多安置在顺势系统中。如当 ADX 之类的筛选指数处于上升状态，且超过某一固定门槛时，才接受交易信号。一般认为：当 ADX 之类的趋势筛选在上升时，顺势系统的表现较好。虽然经常听到有关顺势筛选的争论，但还从未见到可以证明筛选可以提高绩效的证据。我们将验证使用筛选能否真正提高交易策略绩效。

趋势筛选的类似性：ADX 和 VHF

虽然有很多方法可以衡量市场是否存在某趋势，但是这些方法都大体类似。图 6.5 显示的是随机价格走势图和两个常用的趋势筛选：14 天 ADX 和 30 天垂直水平筛选（VHF）。请注意：两个筛选指标的走势非常相似，有时甚至难以区分。

当趋势明朗化时，这些筛选指标有很高的辨别能力。但是能否辨别趋势是否

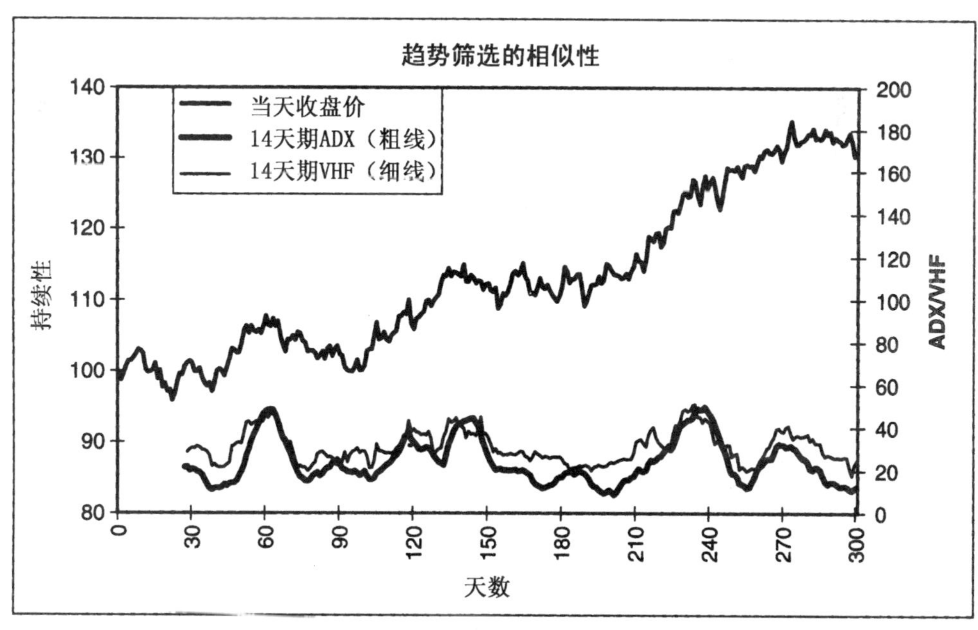

图 6.5　趋势筛选的相似性。ADX 和 VHF 的波动相似

持续呢？要回答这个问题，我们就需要通过一个顺势系统来测试趋势筛选的有效性。

衡量筛选的价值

我们回到通道突破策略来检测筛选的效力。检测从1990—2001年股票和期货40天进场/20天出场通道突破策略。只有当14天ADX在x到x+5（x范围在15～30，以5为单位递增）之间时，我们接受信号进场。另外，我们又增加筛选设定，14天ADX在x到x+5之间，且14天ADX指数持续上升时，才接受交易信号。图6.6到图6.9绘制了两种情况的结果。

市场不同，测试的结果也不同。就期货市场来说，当14天ADX小于20时，忽略交易信号，可以提高通道突破的绩效。筛选下来的信号产生的夏普比率，当ADX高于20时，进场交易的夏普比率低。测试结果与ADX是否持续上升无关。

股票市场的情况却与之相反。14天ADX小于20时，进场交易产生的夏普比率，比当ADX高于20时，进场交易的夏普比率高。原则上，从测试数据可以

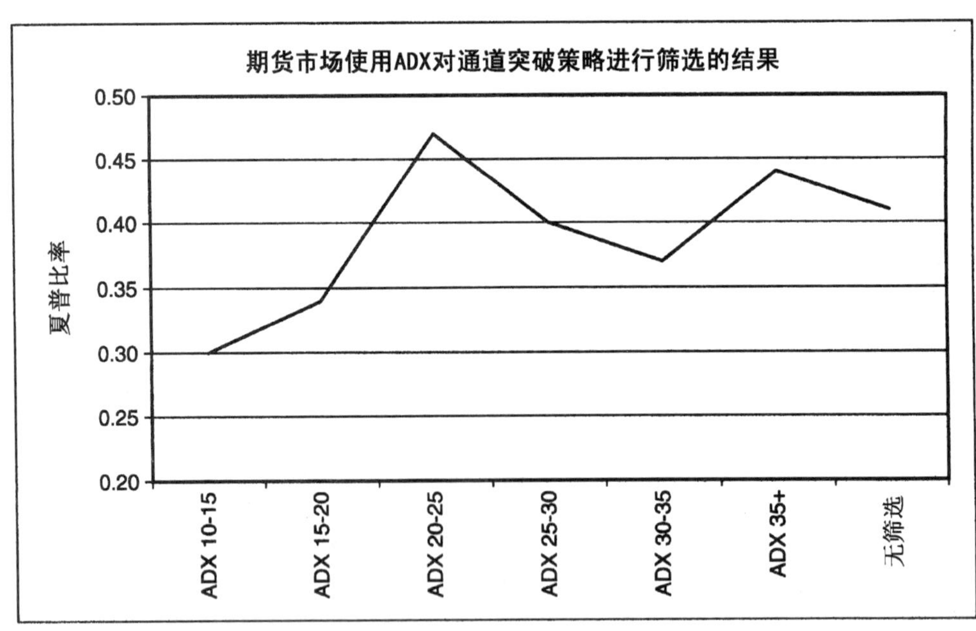

图6.6　期货市场使用ADX对通道突破策略进行筛选的结果。使用14天ADX，对40天进场/20天出场突破策略进行筛选得出的夏普比率

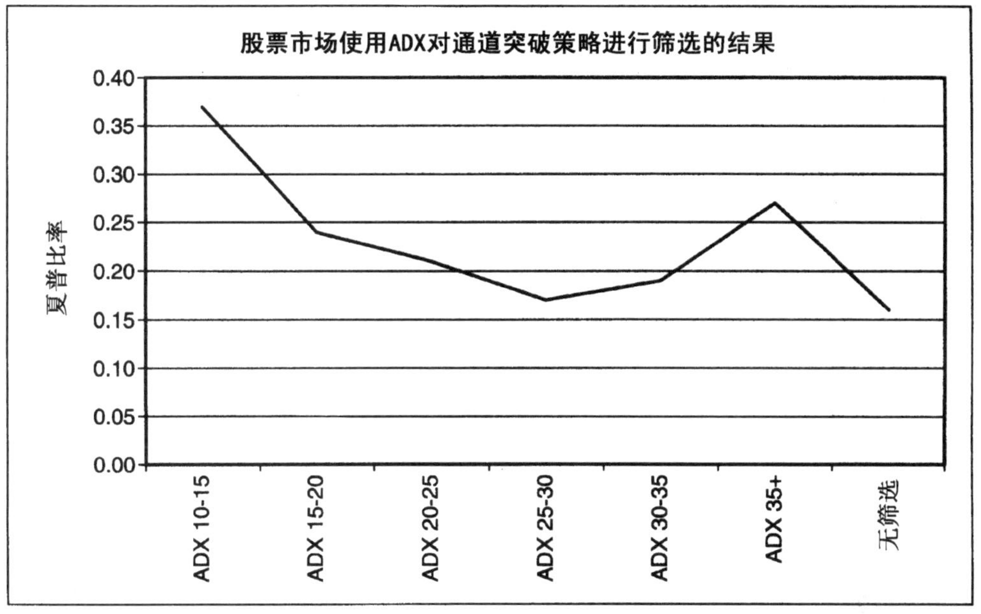

图 6.7　股票市场使用 ADX 对通道突破策略筛选的结果。使用 14 天 ADX，对 40 天进场/20 天出场突破策略进行筛选得出的夏普比率

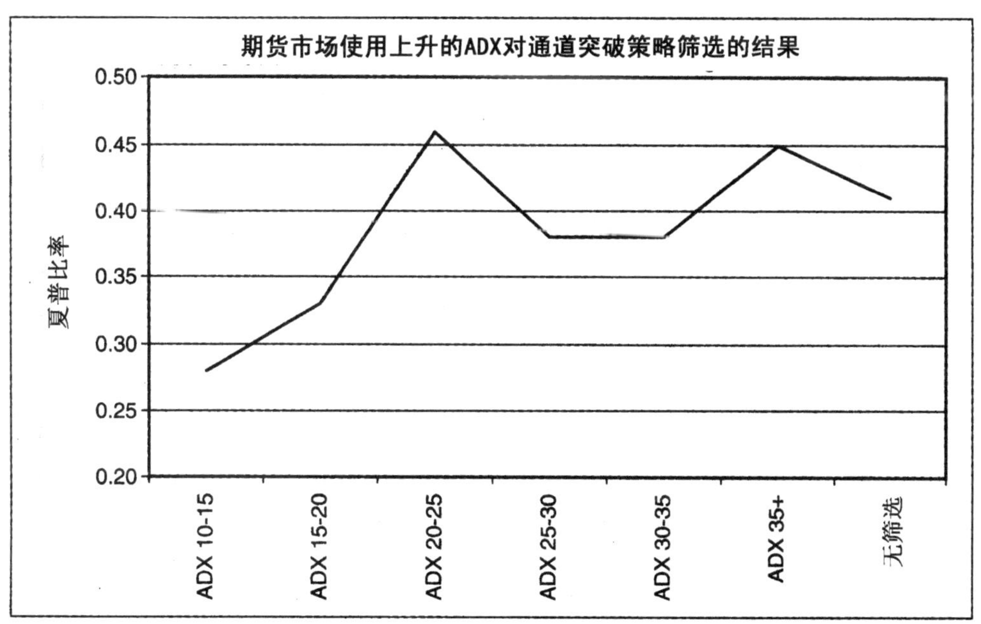

图 6.8　期货市场使用上升的 ADX 对通道突破策略筛选的结果。使用 14 天 ADX，对 40 天进场/20 天出场突破策略进行筛选得出的夏普比率

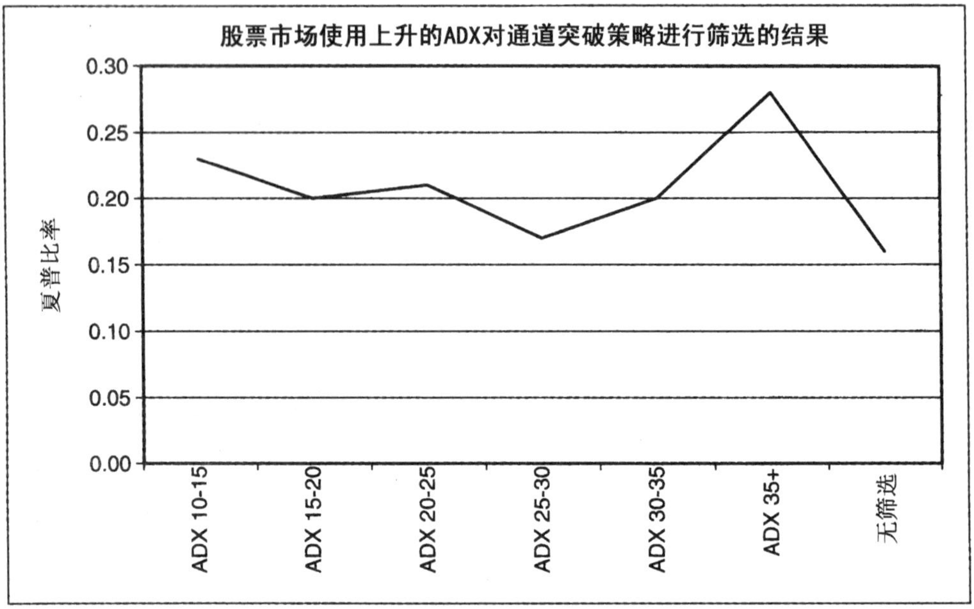

图 6.9 股票市场使用上升的 ADX 对通道突破策略进行筛选的结果。使用 14 天 ADX，对 40 天进场/20 天出场突破策略进行筛选得出的夏普比率

得出，进行期货交易时，我们应避免顺势信号；进行股票交易时，应配合顺势信号。

根据市场行情调整策略

我们可以使用趋势筛选，选择适合当前市场行情的策略。我们先根据趋势筛选，判断市场状态，然后采用合适的策略（参见图 6.10）。

市况	趋势	策略
ADX < 15	价格回归均值	RSI 振荡指标逆势系统
15 < ADX < 25	随机漫步，没有趋势，价格没有回归均值的倾向	空手
ADX > 25	价格呈现趋势	40 天/20 天通道突破策略

图 6.10 根据市场行情调整策略。基于 14 天 ADX 值，我们或使用通道突破策略，或使用 RSI 策略

我们针对一种期货（国库券，参见图6.11）和一种股票（美林 Merrill Lynch，参见图6.12），采用历史数据测试两个交易系统。一个是40天/20天通道突破系统，另一个是标准14天RSI系统（当RSI向上穿越65时，空头；当RSI向下穿越65时，多头）。在测试期间，我们记录两策略每天的收益或损失，以及两者的14天ADX值。如果今天ADX值为23，就把通道突破系统的ADX指数调整到20~25区间。RSI策略也使用相同方法处理。测试结束后，计算每个ADX指数区间每天的平均利润或损失。

期货市场（国库券）和个别股票（美林股票）都存在明显的盈亏特征。当14天ADX指数很低或很高（ADX指数小于20，或大于30）时，通道突破策略表现最佳。当14天ADX指数在20~30区间时，RSI策略表现最好。根据这些事实，我们调整策略的法则（参见图6.13）。

利用市场当前状况，结合通道突破和RSI两策略，我们可以创建一个更有效的策略。

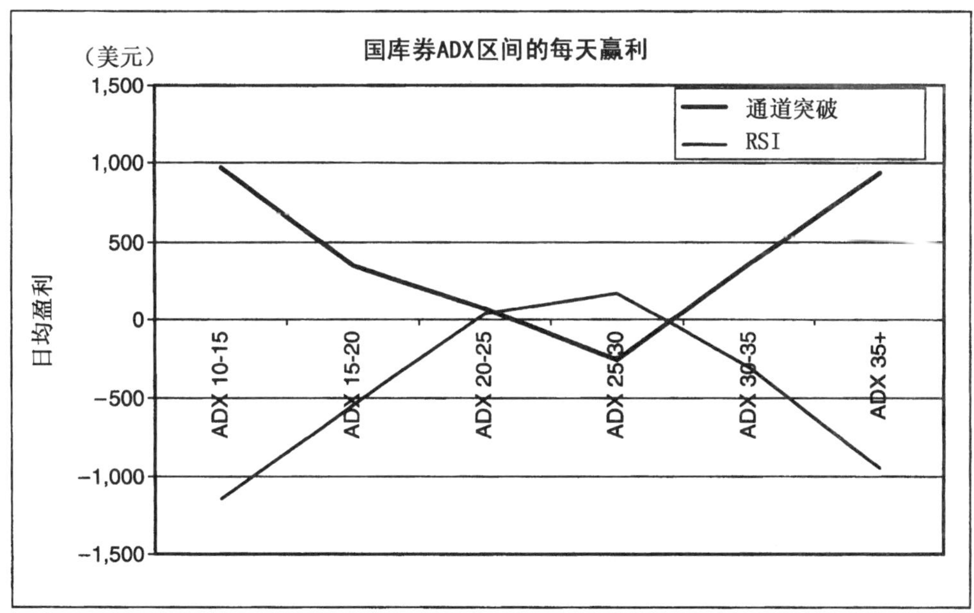

图6.11　国库券ADX区间的每天赢利。通道突破和RSI策略都存在明显的形态。14天ADX处于极端时，通道突破策略表现最好；14天ADX在中间值时，RSI策略表现最好

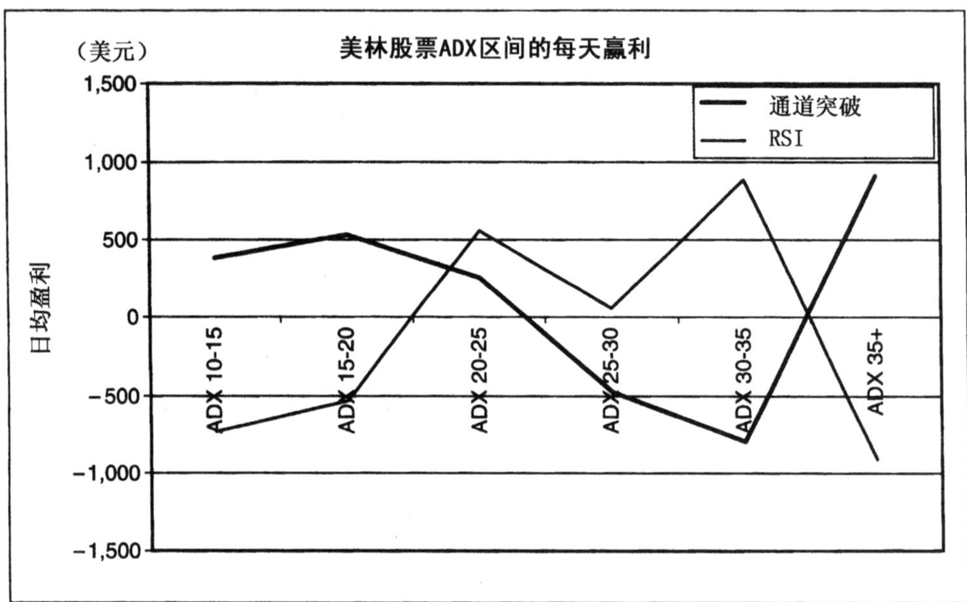

图 6.12　美林股票 ADX 区间的每天赢利。两策略也存在类似国库券的形态，尽管不如前者明显

市况	趋势	策略
ADX < 20	趋势很快出现	40 天/20 天通道突破策略
20 < ADX < 30	价格回归均值	14 天 RSI 策略
ADX > 30	价格呈现趋势	40 天/20 天通道突破策略

图 6.13　根据市场行情调整策略。根据上述结果，我们稍微调整交易策略

运用最近交易获利能力进行筛选

上述测试使用价格数据判断市场是否存在趋势，然后再根据行情选择合适的策略。我们也可以使用和价格无关的数据来决定是否合适进行交易。

有一个常用的筛选方法，其历史可以追溯到 20 世纪 80 年代中期，涉及最近一次交易的概念。一些交易者认为，获利交易之后，往往出现亏损交易，反之亦然。本质上，这种观点和回归均值是一致的。另一些交易者认为交易就像打麻将一样，手气好时，财源滚滚而来。所以当最近一次交易获利时，我们应一鼓作气，乘胜继续交易。我们可以使用历史资料，检测两种观点的绩效。

使用40天/20天通道突破策略，当最近一次交易成功或失败时，才接受交易信号。

检测结果（参见图6.14）显示：当最近一次交易成功时，接受交易信号进场，通道突破策略则发生亏损。但是，标准通道突破策略能够获利。如果只接受成功交易之后的交易信号，那么，无论是期货还是股票市场都亏损。另一方面，如果只接受失败交易之后的交易信号，那么通道突破策略的绩效稍有改善。对于期货市场，只接受失败交易之后的信号，产生的利润仅是全部交易信号的一半，只是收益—风险衡量稍有下降。对于股票市场，只接受失败交易之后的信号，产生的利润稍低于接受全部信号的结果，但是收益—风险衡量却明显上升。

交易净值曲线

策略迂回可能存在自身相关。在第二章中，我们讨论了自相关的概念，那就

期货市场			
	利润	K－比率	夏普比率
全部交易信号	5 971 279 美元	0.12	0.41
成功交易之后的交易信号	－1 959 837 美元	－0.18	－0.39
失败交易之后的交易信号	2 971 124 美元	0.06	0.37
股票市场			
	利润	K－比率	夏普比率
全部交易信号	3 511 542 美元	0.06	0.16
成功交易之后的交易信号	5 752 819 美元	－0.30	－0.77
失败交易之后的交易信号	3 373 470 美元	0.17	0.27

图6.14　依据最近一次交易结果设定的筛选的绩效。接受失败交易之后的交易信号绩效要优于接受成功交易之后的交易信号的结果

是一阶段数值在下一阶段的可预见性。自相关有正、负两种形式。如果当前阶段的值高于平均值，下一阶段的值也高于平均值，则存在正自相关。如果当前阶段的值高于平均值，下一阶段的值却低于平均值，则存在负自相关。如果策略迂回存在自相关，我们可以使用近期绩效数据来筛选信号。依据历史绩效筛选交易信号的过程称为“交易净值曲线”。

使用历史绩效筛选交易信号是计量交易研究的新领域。交易者是用该策略以决定何时忽略交易信号，何时接受交易信号。我今后几年也将重点研究这一领域。

市场趋势发生的概率

我常听到有关市场趋势仅占 25% 的言论。很难将市场趋势出现的频率进行量化，因为每个人对趋势的设定不同。如果我将趋势设定为连续 10 天涨停或跌停，多数市场多年才会出现一次这样的趋势。同样，如果我将趋势设定为连续两天涨停或跌停，那么市场约有 50% 的时间都呈现此趋势。显然，个人对趋势的设定对趋势出现的概率影响很大。

根据随机漫步或有效市场假说，采用顺势交易策略，我们可以预期能有 50% 的交易日可以获利。50% 也就是我们假说的基准。在股票和期货市场，采用 40 天/20 天通道突破策略进行检验。我们计算赢利交易总天数和赔钱交易总天数，将两者比较，以便衡量趋势的趋向。也就是说，如一个交易从进场到出场历时 25 天，如果交易赢利，25 就记到总赢利天数里，如果交易赔钱或不赚不赔，25 则记到赔钱天数里。

从图 6. 15 和图 6. 16 显示的结果可以看出：赢利天数百分比明显高于我们假设的 50% 。对于期货市场，各个期货平均赢利天数百分比为 63% 。对于股票而言，是 61% 。可以预见：在通道突破策略和移动平均策略模拟中表现最好的市场，赢利天数百分比最高。

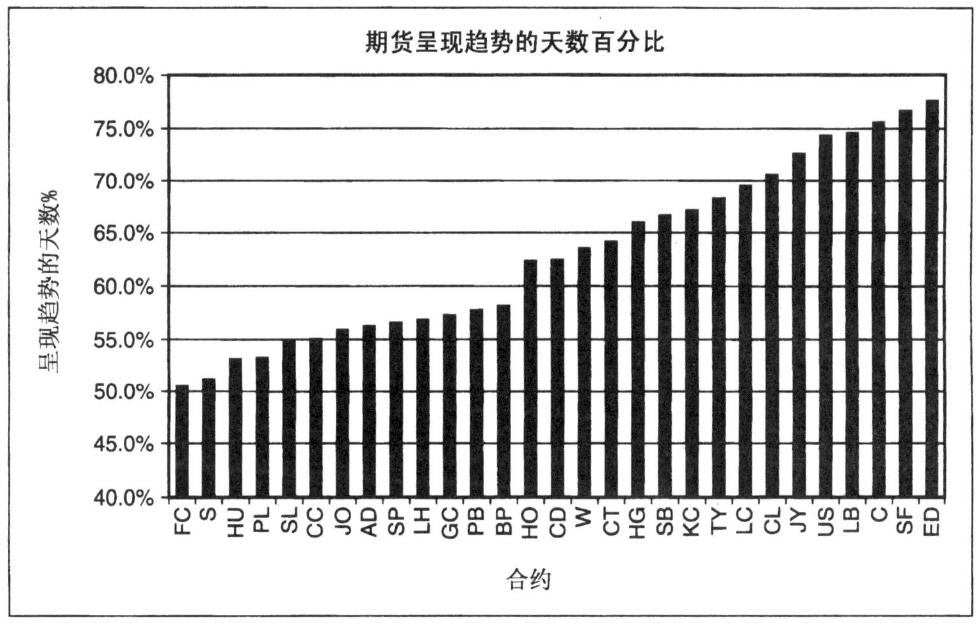

图 6.15　期货呈现趋势的天数百分比。欧元、瑞士法郎、玉米等趋势最强，饲料牛、大豆和无铅汽油趋势最弱

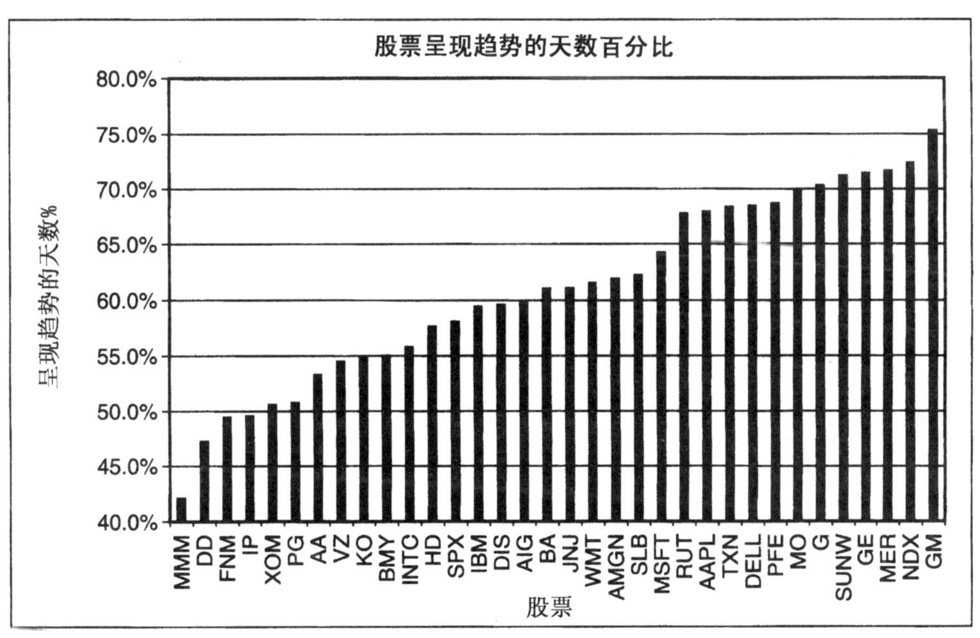

图 6.16　股票呈现趋势的天数百分比。通用汽车、纳斯达克 100 和美林趋势最强，而 MMM、杜邦和房利美趋势最弱

基于以上结果，我认为市场趋势出现的概率为 60%。平均值大于 50% 这一事实说明，市场存在趋势。我们可以使用顺势策略开发利用市场的缺乏效率。

第二部分

利用计量技巧构建交易程序

本书第二部分将向读者介绍一些新的方法和市场。在过去 15 年的交易中，我设计了许多新的进场和出场方法，我也鼓励读者在自己的交易中探索这些技巧的可行性。

除了股票和期货外，我将介绍许多适合运用计量技巧的新市场。在本部分，我们将讨论固定收益证券的相对价值套利、商品相对价值交易、股票配对交易、隐含价格波动率交易和股指相对价值套利。然后，我们将讨论标准普尔 500 指数（S&P 500）的一些简单交易策略，他们非常简单以至于不使用计算机软件就可以应用。我也会介绍一些新的工具来决定我们交易组合中的最佳杠杆系数。最后，我们将本书介绍的所有新观念整合在一起，构建出一套期货交易系统。

分析现有策略：哪些有效？哪些无效

本章中我们将运用已介绍的各种技巧去测试和评估股票和期货的交易策略。我认为本章的特色之一是进行“苹果对苹果”的逐项对比。随着股票期货的引入，股票和期货之间的界限已经越来越模糊了。

测试股票和期货市场

每个策略都会针对29个期货市场和34家美国挂牌股票（或股指期货）进行测试，绩效评估则讨论第一章所讨论的方法。

期货市场（参考图7.1）包括的范围很广，有外汇、利率产品、股指期货、工业金属、贵金属、能源、谷物、肉类和软性商品。股票（参考图7.2）则根据标准普尔公司的方法分类，个股则是从能源、原料、工业、消费者服务、消费者产品、医疗保险、金融、资讯科技、电信等九大类股中选出。除了个股外，还测试了三个常用的股价指数。所有策略的测试期间都是1990年1月1日至2001年12月31日。

类别	代码	市场
外汇	AD	澳大利亚元
	BP	英镑
	CD	加拿大元
	JY	日元
	SF	瑞士法郎
	ED	欧洲美元
利率	TY	10 年期国债
	US	30 年期国债
股价指数	SP	标准普尔 500 股价指数
金属	GC	黄金
	HG	铜
	PL	白金
	SI	银
能源	CL	原油
	HO	热燃油
	HU	无铅汽油
谷物	C	玉米
	S	黄豆
	W	小麦
肉类	FC	饲料牛
	LC	活牛
	LH	活猪
	PB	猪腩
软性商品	CC	可乐
	CT	棉花
	JO	橙汁
	KC	咖啡
	LB	木材
	SB	糖

图 7.1　进行测试的期货市场。针对 29 个期货市场归纳绩效评估

类别	代码	市场
能源	SLB	史兰伯杰
	XOM	埃克森美孚
基本原料	AA	美国铝业
	DD	杜邦
	IP	国际纸业
工业	BA	波音
	GE	通用电气
消费服务	DIS	迪斯尼
	GM	通用汽车
	HD	家具客栈
	WMT	沃尔玛
消费产品	G	吉列
	KO	可口可乐
	MO	菲利浦斯·莫里斯
	PG	宝洁
医疗服务	AMGN	安进
	BMY	必安托
	JNJ	美强生
	PFE	辉瑞
金融	AIG	美国国际集团
	FNM	房利美
	MER	美林
资讯科技	AAPL	苹果电脑
	DELL	戴尔电脑
	IBM	IBM
	INTC	英特尔
	MSFT	微软
	SUNW	Sun
	TXN	德州仪器
电信	VZ	威力状
股价指数	SPX	标准普尔 500
	NDX	纳斯达克 100
	PUT	罗素 2000

图 7.2　进行测试的股票。针对 34 只股票进行测试从而归纳绩效评估

构建连续期货合约

期货合约是在未来特定的日期以特定的价格买进或卖出某资产的协议。如果我买进一张3月份玉米合约而持有至到期日，就必须进行交割，支付价款并接受已于3月份储存于仓库的5 000蒲式耳玉米。

实务中很少出现交割的情况。几乎没有期货合约会持有至到期日。绝大部分的合约会展期到下一个交割月份，或是在到期之前进行平仓。市场上存在的未平仓合约数量被称为“未平仓量”，在通常情况下，这个数量在合约到期之前的2～4周达到最大。

在我们的计量交易中，我们必须建立一种将期货合约和其有限存续期接合起来的方法。我们将构建一个未平仓量最大合约的连续价格资料。因为期货合约的存续期有限，所以在期货合约到期之前，合约必须展期。虽然有多种方法可以达到合约展期的目的，但是我采用回溯调整的方法建立前后一贯的期货价格。

合约到期前，当月的合约需要延期为下一个月的合约，通常延期时会遇到价格缺口（请参考图7.3）。如果只考虑当月合约的价格，我们会发现两个期间的价格存在缺口。对于这种缺口，我们不可能辨别出哪些是属于展期的结果，哪些是交易造成的价格缺口。

让我们以10月棉花合约为例来说明回溯调整法。当10月合约即将到期，我们希望将10月合约展期为12月合约（参考图7.4）。由于展期时10月份合约与12月份合约的价格不同，因此价格资料会发生问题。通常来说，由于持有成本和储存成本的原因，12月份合约的价格会高于10月份的合约。在10月份合约转换成12月份合约时，我们需要调整价格数据来解决价格不一致的问题。回溯调整法将计算两种合约之间的价差，然后调整先前所有的价格资料以弥补两者之间的价格缺口。

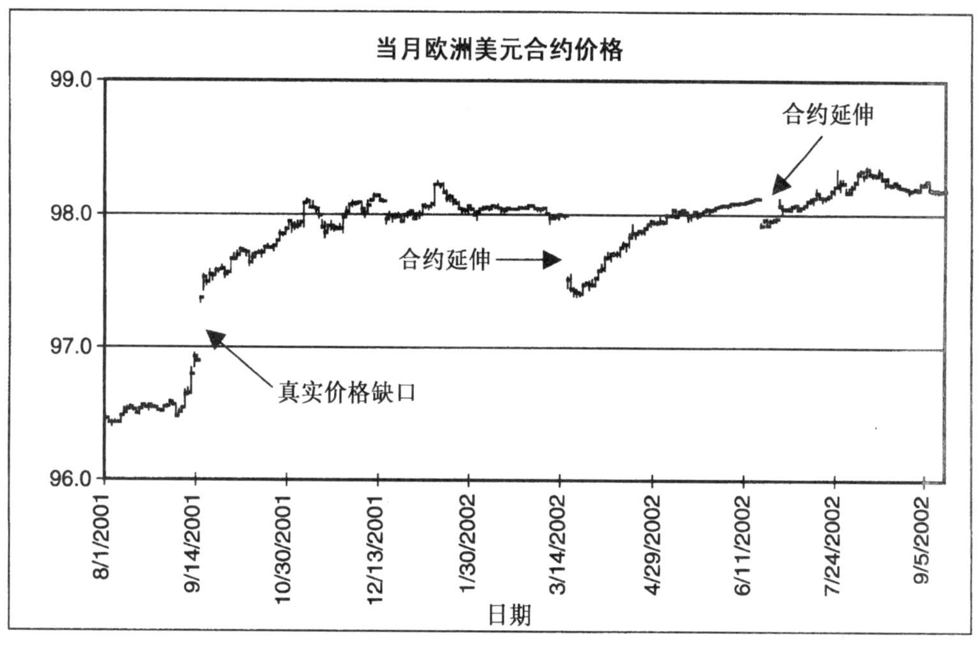

图 7.3　当月欧洲美元合约价格。如果只考虑当月合约价格，在合约到期时，我们将遭遇价格缺口

9 月 30 日，10 月份合约的收盘价为 51.0，而 12 月份合约收盘价为 51.5。我们假设这是 10 月合约未平仓量超过 12 月份合约的最后一天。从 10 月 1 日开始，我们将用 12 月份合约价格作为交易或研究对象。我们把过去所有的价格资料都加上 0.5，以此弥补展期当天收盘价的差异。将来只要合约展期就继续引用这种调整。结果，我们将会得到一组连续的价格资料，而且这组资料随时都代表最活跃合约的价格。

棉花虚构数据：9 月 30 日						
到期月份	开盘	最高	最低	收盘	成交量	未平仓量
10 月	51.5	51.7	50.8	51	8 000	20 000
12 月	52.1	52.3	51.4	51.5	8 000	19 500

图 7.4　棉花虚构数据。通过调整 10 月份与 12 月合约的结算价格，我们可以建立回溯调整的连续契约

利用回溯调整法去调整期货数据并不是没有瑕疵。持续调整合约价格缺口的结果是我们的数据并不能准确地代表实际的交易价格。例如，如果我们连续10次延展棉花合约，合约的平均价格缺口为0.5，那么第一批棉花调整后的价格将比当时的实际交易价格高5.0。事实上，在一些市场上，我们的调整会造成负数价格，这在现实生活中显然不能发生。虽然我们的回溯调整法有时会与实际价格有显著不同，但是相对价格活动不受影响。

因为我们是针对相对价格运动运用的策略，所以调整程序在逻辑上是成立的。如果相关策略是建立在绝对价格基准上的，就无法采用回溯调整法的数据。尽管这看起来像是个严重的缺陷，但是，很少有交易策略采用实际价格作为交易信号。例如，不论价格如何调整，40天的高价仍是40天的高价。

股票和期货波动率常态化

接下来，我们需要决定用于交易的期货张数和股票股数，从而使每个交易信号相等。如第二章所述，一份标准普尔500合约的美元价格波动率远高于一份玉米合约的波动率。一股交易价为60美元的通用电气股票其价值波动率将有可能高于或低于一股价格为30美元的英特尔股票。更有甚者，价值100美元的思科股票其波动率将高于100美元价值的默克制药的股票。因此，我们需要设计出能平衡所有市场——无论是股票市场或期货市场——波动率的方法。

为了取得有意义的绩效评估结果，我必须强调这个概念的重要性。很多策略在期货市场采用一份标准普尔、玉米、小麦和棉花的合约进行测试。测试结果显示：任何系统通过这种方式进行测试基本没有意义。相对于其他三种交易品种，标准普尔由于其价值大、波动率高，其变动就决定了组合的结果。

为了阐明风险不等的观念，我们来检验两个投资组合：一个是股票的，一个是期货的。股票投资组合包括两家公司：雅虎（YHOO）和菲利普斯·莫里斯（MO）。雅虎是一只网络股，最近几年波动率非常大。菲利普斯·莫里斯是个大型食品和烟草的生产商和销售者。我们的投资组合开始于1998年1月1日，各投资 50 美元买入这两只股票。图 7.5 显示了投资组合和这两只股票的价格走势。

当把投资组合的走势和其成分股进行对比，我们发现投资组合的走势基本上由雅虎（YHOO）的表现决定，而与菲利普斯·莫里斯（MO）的表现似乎没有任何关系。只要股票的波动率差别很大就会出现这种现象。在此投资组合所涵盖的期间里，如果将收益波动率作为衡量标准，那么雅虎（YHOO）的价格波动率将是菲利普斯·莫里斯（MO）的 3 倍。为了使这些股票在投资组合中具有相同的比重，我们就需要根据波动率来调整投资组合内成份股的数量。

仅在投资组合形成时调整投资于每个股票的金额是无法达到我们预期的结果。目前完全平衡的投资组合，明天可能就失去了平衡，因为成份股的表现时好时坏。就雅虎和菲利普斯·莫里斯的例子而言，我们假设一开始我们投资 25 美元在雅虎，75 美元在菲利普斯·莫里斯。因为雅虎的波动率是菲利普斯·莫里斯的 3 倍，所以两只股票对于投资组合的风险影响是相同的。但是，如果雅虎的股价翻倍而菲利普斯·莫里斯的股价下跌 33%，那么雅虎在组合中的价值是 50

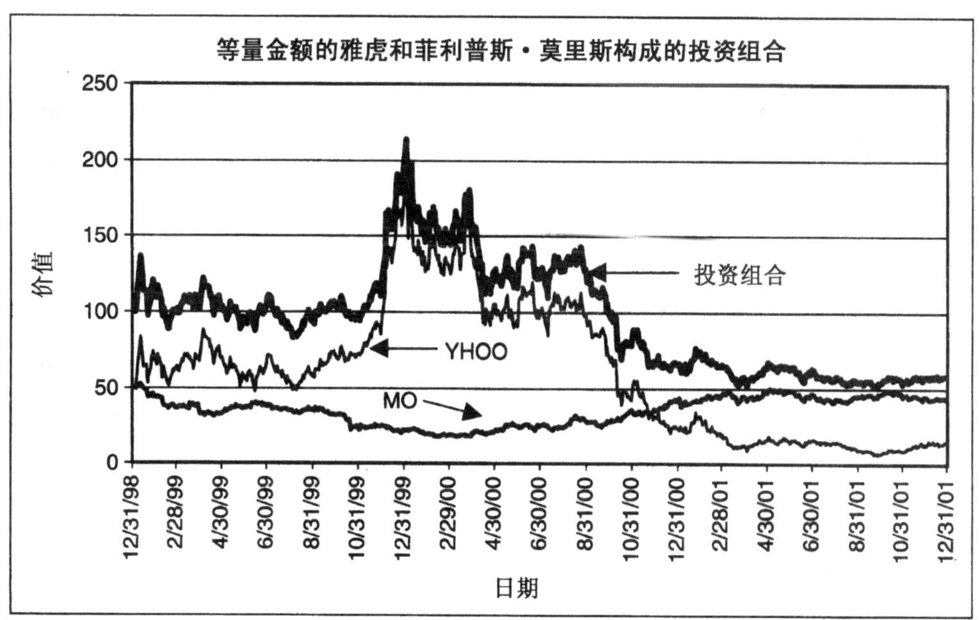

图 7.5　等量金额的雅虎和菲利普斯·莫里斯构成的投资组合。由于雅虎的股价波动率远高于菲利普斯·莫里斯，因此，投资组合的表现基本由雅虎股价的变动主导

美元，菲利普斯·莫里斯的价值也是50美元。虽然我们的投资组合总价值没有变化仍然是100美元，但是其风险结构已发生变化。因为雅虎的价格波动率是菲利普斯·莫里斯的3倍，所以雅虎对于投资组合的影响也是菲利普斯·莫里斯的3倍。如果我们想让这两只股票对于投资组合的风险影响大致相等，那么我们必须将卖出部分雅虎的股票而买入菲利普斯·莫里斯的股票。这正是我们处理计量投资组合所采用的调整方法。

如果我们进行单份合约的期货交易，同样的问题也会产生。例如，我们用1份标准普尔500合约和1份玉米构建多头部位的投资组合。图7.6显示这两种合约自1998年1月1日以来的盈亏情况。结果显示，投资组合的表现基本是取决于所持的标准普尔。也就是说，投资组合和标准普尔500的盈亏表现基本上没有区别。而棉花部位的盈亏对于投资组合几乎没有任何影响。在我们的交易系统中，每个市场都受到同等重视。为了使所交易的不同合约对投资组合风险的影响大致相同，我们会依据不同市场的波动率来调整合约的份数。

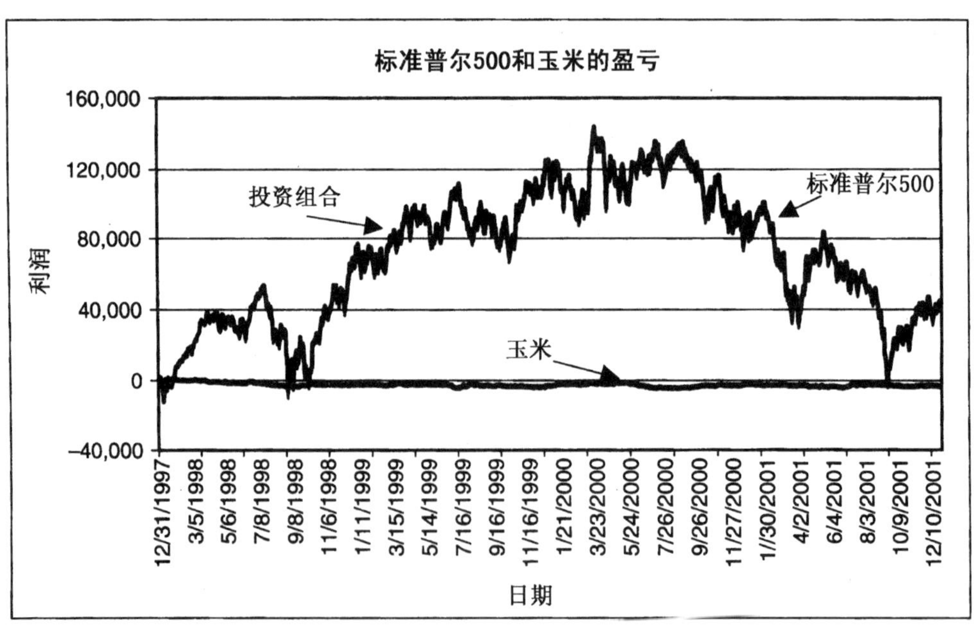

图7.6　标准普尔500和玉米的盈亏。投资组合由一份标准普尔500合约和一份玉米合约构成，由于标准普尔500的波动率远大于玉米，所以同样会造成不平衡

本书的相关测试不会出现上面所举例子的问题。无论是股票、期货或其他市场，我们会根据最近的波动率来动态调整投资组合内每个市场的权数。以期货市场为例，合约的数量通过以下公式计算：

$$交易合约数 = \frac{10\ 000\ 美元}{100\ 天价格变动合约乘数}$$

对于每个进场信号的合约交易数量，是由10 000美元除以最近100天的价格变动率标准差，再除以期货合约乘数。这个公式使用最近市场的波动率来决定任何一天的交易合约数。如果价格波动率（由价格变动率的标准差度量）增大，交易的合约数就减少。反之，价格的波动率下降，则合约数增加。对于计算公式中的合约乘数，则是每个合约单位价格变化造成的合约价值变动量（参考图7.7）。每个期货市场的合约乘数大多不相同。大多数谷物期货合约的乘数是50美元，也就是说，1美分的价格变化，代表50美元合约价值的变化。对于标准普尔500，其期货合约的乘数是250美元。对于长期公债其期货合约的乘数是1 000美元。我们举一个明确的例子，假设标准普尔500最近100天的价格报酬率

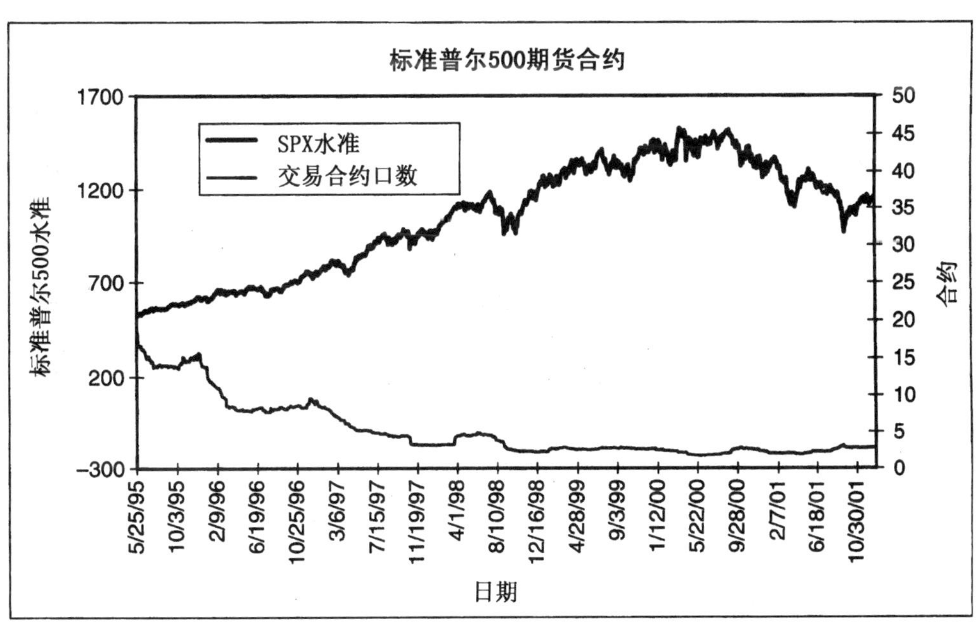

图7.7　标准普尔500。随着价格水平和价格波动率上升，对期货合约进行动态调整以持续减少交易张数

的标准差是8点，我们的系统将交易5张合约：

$$交易的合约张数=\frac{10\,000\ 美元}{8\ 点\times 250\ 美元每张合约}=5\ 张$$

如图7.7所示，随着价格的上升和波动率的增加，标准普尔500交易的合约数不断减少。

这种动态调整合约数的方式解决了期货市场波动率不匹配的问题。这种方法的好处是每笔交易的期望波动率相同，无论是价格水平的高低和合约数目的多少。根据上面的公式调整合约的数量，则不同市场间的差异最小。在图7.8中，我们可以看到持有1张标准普尔500合约与一张玉米合约的盈亏情况，但经过调整，两种合约的盈亏波动率基本一致。

在股票市场，我们也通过类似的计算选择交易股数。与标准普尔500期货相同，随着股票价格和波动率的上升，交易的股数就需要减少。我们选择波动率而

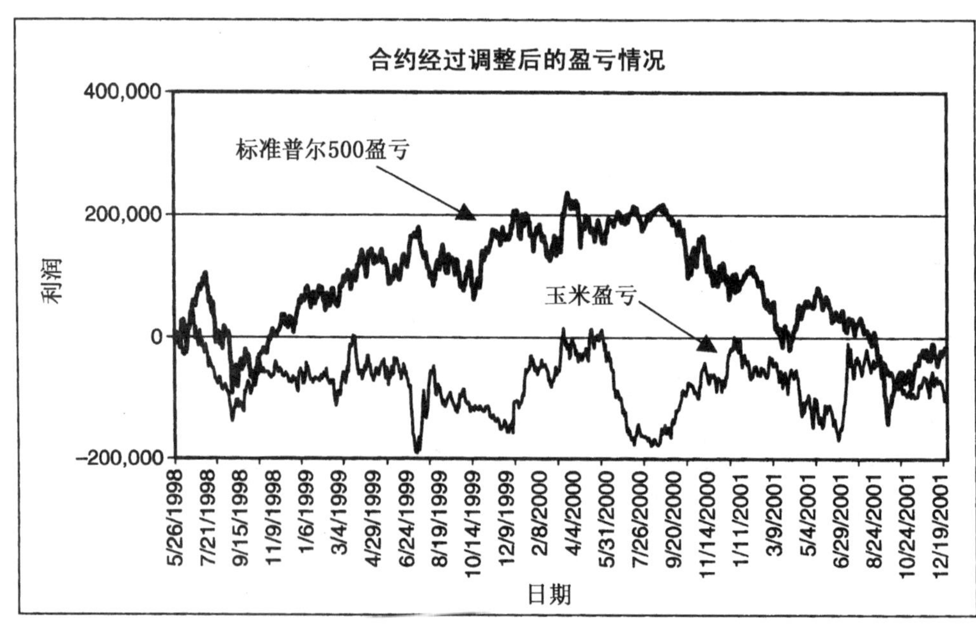

图7.8　合约经过调整后的盈亏情况。经过动态调整合约数量后，两种合约的盈亏波动率基本相同

非股价本身调整股票的数量与不同种类股票的波动率不同有关。

像雅虎这些前景不明并且现金流不稳定的技术类公司，比麦当劳（MCD）这些已建立成熟商业模式的和稳定现金流的公司有更高的波动率。类似于前面的期货投资组合，用1万美元购买雅虎、麦当劳、通用电气、默克制药，每个股票对于组合风险的影响非常不同。组合的表现大部分由雅虎决定。通过测量每个股票的波动率，我们可以让每个股票对于组合风险的影响相同。

$$用于交易的股数=\frac{10\,000\text{ 美元}}{100\text{ 天价格报酬率}}$$

如图7.9所示，我们来检验一下每次交易通用电气股票是如何变化的。我们发现，在1991—2001年间，随着股票价格的上涨，交易的股数在不断的减少。

处理佣金和滑移价差

我的绩效评估方法中，最引起争议的地方也许是所有的交易没有扣除佣金和

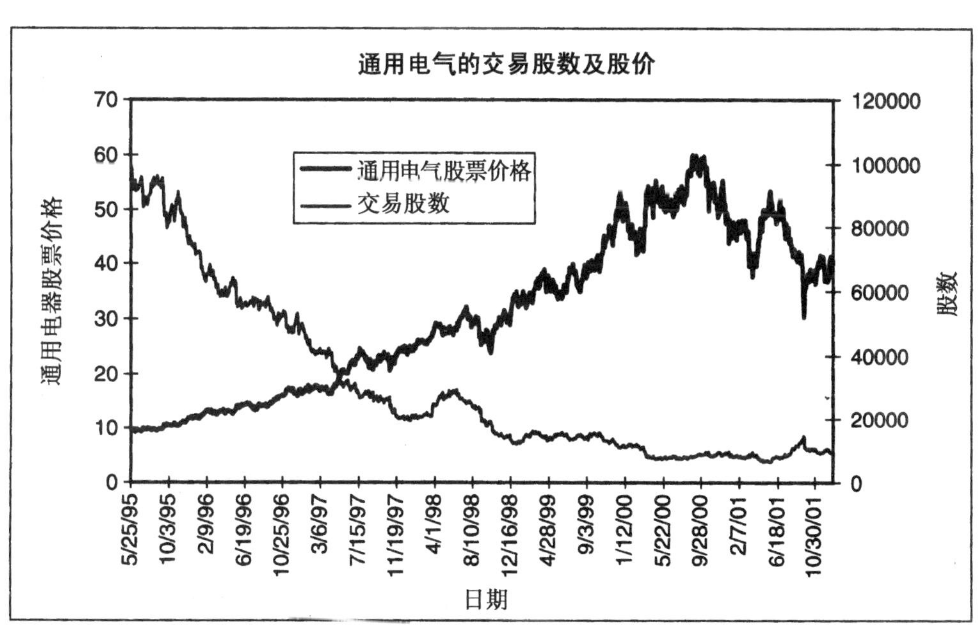

图7.9　通用电气的交易股数及股价。随着股价的上升，经过调整之后，交易股数将减少

滑移价差等交易成本。

佣金是交易者进行交易需支付给经纪人的固定成本。一般情况下，期货交易来回一趟的佣金在10~20美元，股票交易的佣金在0.02~0.03美元之间。滑移价差是显示器上的价格和实际完成交易价格的差距。滑移价差在期货交易中有可能超过佣金支出而达到50~150美元，具体的多少取决于合约的大小和流动性，股票交易的佣金可能在0.05~0.15美元之间。我选择不考虑这些交易成本，主要是为了将重点集中在每种战略的纯获利能力上。

尽管我的测试没有包括交易成本，但是除非将佣金和滑移价差考虑进去，否则我不会感到很兴奋。如果一个交易策略虽然赢利，但是交易费用侵蚀了大部分利润，那么我将把此策略纳入另一系统。我不扣除交易成本，另一个原因是如果一个交易系统表现得非常差，我将会反向操作，来建立一个能获利策略。你可能无法想象通过对不成功策略的反向操作，我创造了多少有价值的交易系统。

常用策略的绩效表现

让我们来检验一下一些流行的交易策略，看看他们在股票和期货市场是如何表现的。我们将观察下列方法：

- 通道突破（Channel Breakout）
- 两条平均移动穿越系统（Dual Moving Average Crossover）
- 动能（Momentum）
- 价格波动率突破（Volatility Breakout）
- 随机指标（Stochastics）
- 相对强度指标（Relative Strength Index）
- 移动平均收敛/发散指标 MACD（Moving Average Convergence/Divergence）

如同前面提到的，每种策略都针对29种期货品种和34只股票在1990年1

月至2001年12月的表现。信号都产生在每个交易日闭市时，然后在下一个交易日进行交易。

通道突破

第一个策略是通道突破，如果创40天新高，则进场买进；如果创40天新低，则进场卖空。如果当天的收盘价是20天最低的，则多头结束，如果当天的收盘价是20天最高的，则空头结束。

在图7.10中，描述了将通道理论运用于美国国际集团（AIG）的例子。上下两实线分别代表40天的最高价和最低价。当价格超过通道上边，则进场买进；价格跌破下线，则卖空。

通道突破理论之所以深受欢迎自然有其道理。在图7.11a～图7.12b中我们将看到相关的绩效数据，在过去的12年中它具有很强的获利能力。在测试的12年中有10年在期货市场上获利，有6年在股票市场上获利。在某些期货市场上的表现特别好，如现货、利率、石油和软性产品。在股票市场，通道突破非常适用于技术股和一些股指期货。

需要关注的是通道突破系统最近的表现持续恶化。如果我们就通道突破理论

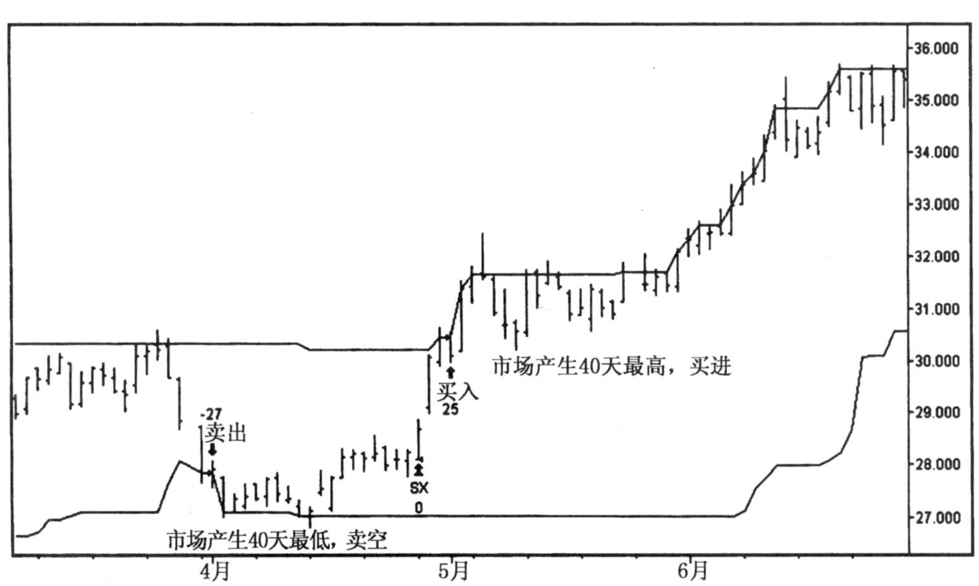

图7.10　通道策略运用于美国国际集团（AIG）

交易策略评估（期货）

策略名称：40天进场/20天出场通道突破

参数：40天极端价进场，20天进场极端价出场

说明：出现40天极端收盘价进场，出现20天极端收盘价出场

测试期间：1990.1.1-2001.12.31

	市场	净利	K-比率	夏普率	最大流失	交易次数	成功%	平均合约	合约平均获利	平均获利	平均亏损	成功线形	失败线形
外汇	AD	–272,840	–0.12	–0.18	–483,650	72	36	25.14	–151	47,395	–32,720	48	20
	BP	37,388	–0.04	0.02	–517,463	67	31	17.28	32	59,261	–26,241	52	22
	CD	–113,320	–0.03	–0.06	–479,190	70	34	46.63	–35	61,018	–34,299	47	19
	JY	1,269,550	0.29	0.67	–179,038	60	40	13.98	1,389	86,159	–25,074	62	20
	SF	852,838	0.29	0.51	–139,288	63	48	15.47	901	58,208	–26,317	54	19
利率	ED	2,563,050	0.29	1.13	–168,925	55	53	89.82	519	115,653	–30,419	64	18
	TY	864,594	0.21	0.42	–173,953	63	43	29.41	457	71,770	–30,326	58	18
	US	456,844	0.10	0.26	–293,500	64	44	20.26	341	57,934	–32,771	56	18
股票	SP	–525,075	–0.09	–0.32	–785,188	76	36	9.01	–767	44,358	–35,158	45	19
金属	GC	56,740	–0.01	0.03	–468,870	68	35	46.00	18	62,783	–32,956	54	20
	HG	–297,838	–0.01	–0.18	–687,413	73	37	32.16	–127	43,378	–31,936	48	17
	PL	–1,080,215	–0.25	–0.66	–1,302,355	76	26	49.39	–300	44,647	–36,083	50	18
	SL	–629,135	–0.23	–0.40	–760,910	73	34	34.62	–267	32,762	–31,111	45	19
能源	CL	888,760	0.17	0.42	–277,090	64	45	27.78	500	62,883	–26,710	49	21
	HO	486,003	0.12	0.21	–247,771	67	37	23.63	307	72,454	–31,556	51	22
	HU	–172,965	–0.02	–0.08	–491,480	79	38	22.21	–99	50,636	–34,531	44	19
谷物	C	925,163	0.19	0.45	–206,975	66	47	77.24	181	68,253	–34,019	51	19
	S	–92,275	–0.06	–0.05	–577,663	70	41	32.28	–48	38,934	–30,171	46	23
	W	162,725	0.07	0.08	–383,525	72	38	51.88	45	65,889	–35,773	52	19
肉类	FC	50,590	0.00	0.03	–438,020	67	39	40.01	17	48,903	–29,908	49	21
	LC	–154,676	–0.03	–0.09	–410,484	71	31	50.01	–44	53,697	–27,265	53	22
	LH	–134,704	0.03	–0.08	–360,008	71	30	31.44	–60	62,486	–28,938	56	21
	PB	–213,340	–0.07	–0.12	–565,640	68	37	20.49	–164	53,159	–36,233	51	20
软性商品	CC	–465,190	–0.15	–0.27	–829,330	70	23	50.06	–152	62,602	–28,417	60	22
	CT	235,830	–0.01	0.13	–488,225	70	33	24.89	135	77,555	–32,935	58	19
	JO	–828,480	–0.14	–0.38	–1,264,553	73	25	35.88	–316	61,604	–35,225	52	21
	KC	1,022,948	0.12	0.32	–338,738	66	41	12.10	1,291	79,143	–28,350	53	19
	LB	1,398,328	0.13	0.49	–295,208	58	52	33.73	710	84,842	–41,297	53	19
	SB	–320,018	–0.11	–0.18	–622,171	72	31	53.41	–83	57,164	–31,553	50	20
	平均	199,043	0.02	0.07	–474,554	66	36	33.87	141	59,518	–30,610	50	19

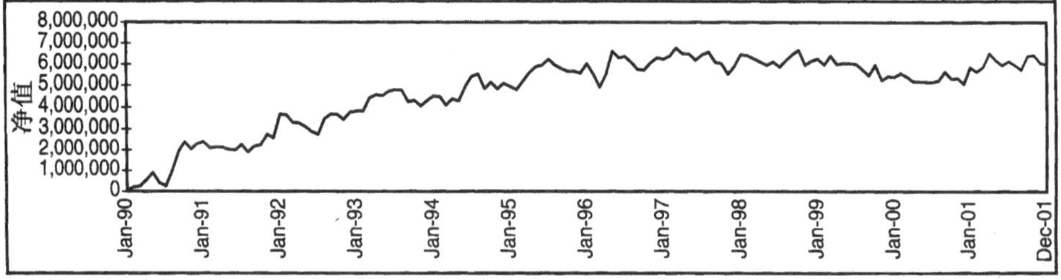

投资组合统计量

净利：	5,971,279	夏普率：	0.41
最大流失金额：	–1,710,956	突破相关：	1.00
K-比率：	0.12	均线相关：	0.90

图7.11a　通道突破策略运用于期货市场的结果

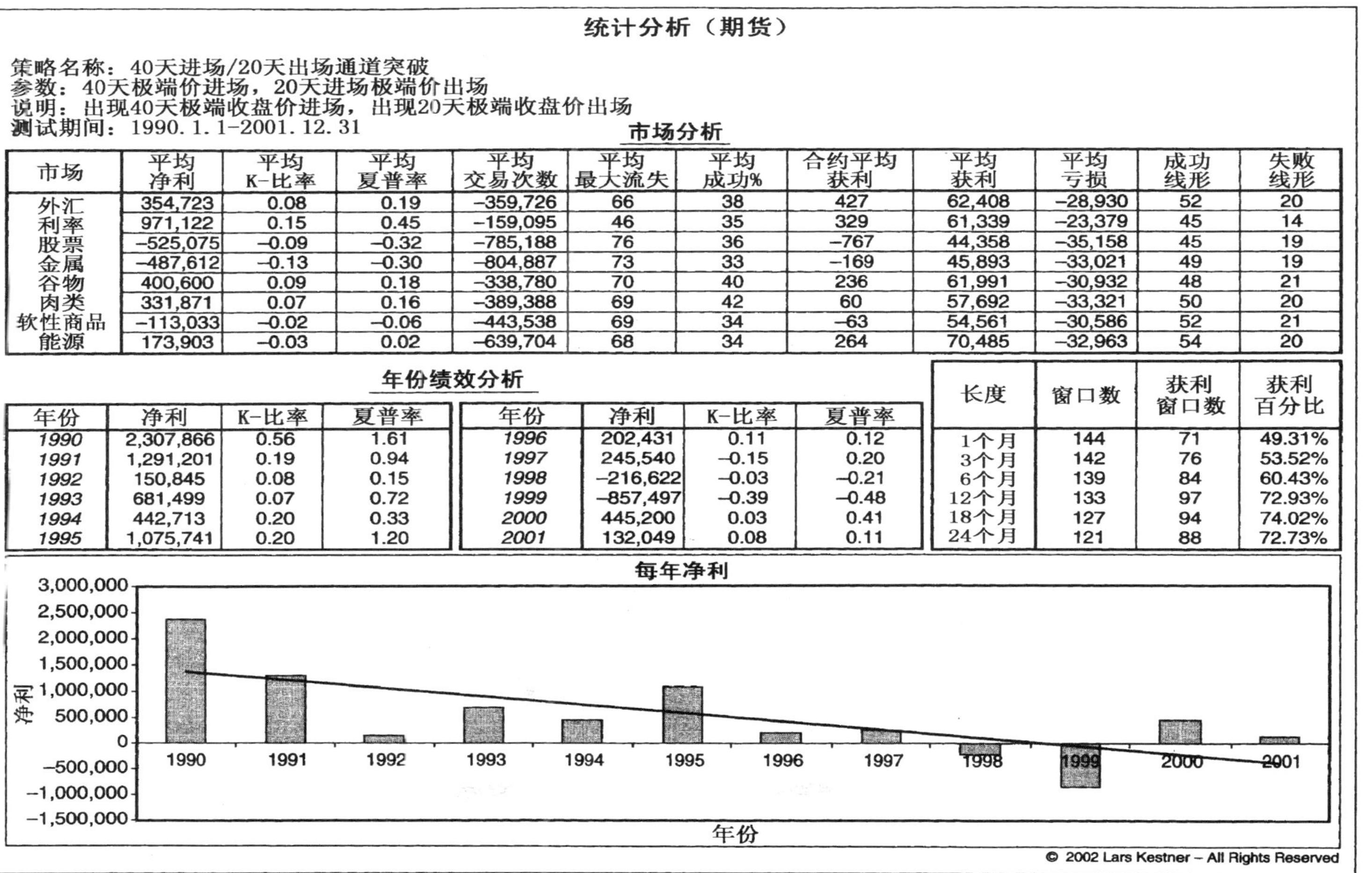

统计分析（期货）

策略名称：40天进场/20天出场通道突破
参数：40天极端价进场，20天进场极端价出场
说明：出现40天极端收盘价进场，出现20天极端收盘价出场
测试期间：1990.1.1-2001.12.31

市场分析

市场	平均净利	平均K-比率	平均夏普率	平均交易次数	平均最大流失	平均成功%	合约平均获利	平均获利	平均亏损	成功线形	失败线形
外汇	354,723	0.08	0.19	–359,726	66	38	427	62,408	–28,930	52	20
利率	971,122	0.15	0.45	–159,095	46	35	329	61,339	–23,379	45	14
股票	–525,075	–0.09	–0.32	–785,188	76	36	–767	44,358	–35,158	45	19
金属	–487,612	–0.13	–0.30	–804,887	73	33	–169	45,893	–33,021	49	19
谷物	400,600	0.09	0.18	–338,780	70	40	236	61,991	–30,932	48	21
肉类	331,871	0.07	0.16	–389,388	69	42	60	57,692	–33,321	50	20
软性商品	–113,033	–0.02	–0.06	–443,538	69	34	–63	54,561	–30,586	52	21
能源	173,903	–0.03	0.02	–639,704	68	34	264	70,485	–32,963	54	20

年份绩效分析

年份	净利	K-比率	夏普率
1990	2,307,866	0.56	1.61
1991	1,291,201	0.19	0.94
1992	150,845	0.08	0.15
1993	681,499	0.07	0.72
1994	442,713	0.20	0.33
1995	1,075,741	0.20	1.20

年份	净利	K-比率	夏普率
1996	202,431	0.11	0.12
1997	245,540	–0.15	0.20
1998	–216,622	–0.03	–0.21
1999	–857,497	–0.39	–0.48
2000	445,200	0.03	0.41
2001	132,049	0.08	0.11

长度	窗口数	获利窗口数	获利百分比
1个月	144	71	49.31%
3个月	142	76	53.52%
6个月	139	84	60.43%
12个月	133	97	72.93%
18个月	127	94	74.02%
24个月	121	88	72.73%

图7.11b 通道突破系统运用于期货的结果

交易策略评估（股票）

策略名称：40天进场/20天出场通道突破

参数：40天极端价进场，20天进场极端价出场

说明：出现40天极端收盘价进场，出现20天极端收盘价出场

测试期间：1990.1.1-2001.12.31

	市场	净利	K-比率	夏普率	最大流失	交易次数	成功%	平均合约	合约平均获利	平均获利	平均亏损	成功线形	失败线形
能源	SLB	-922,740	-0.30	-0.57	-983,769	80	34	16.46	-712	35,353	-35,704	45	18
	XOM	-364,634	-0.05	-0.23	-505,044	70	31	40.45	-129	51,130	-31,031	59	18
基本原料	AA	-728,358	-0.14	-0.43	-762,548	79	35	48.67	-189	35,906	-33,995	46	20
	DD	-806,479	-0.14	-0.51	-879,719	80	26	21.69	-465	53,332	-32,652	51	18
	IP	-1,041,149	-0.34	-0.66	-1,053,199	79	23	17.01	-775	46,377	-30,753	48	21
工业	BA	-72,046	-0.10	-0.05	-457,223	70	30	21.17	-51	61,956	-28,085	55	20
	GE	177,069	0.03	0.12	-396,528	68	37	78.67	33	59,094	-30,239	49	21
	MMM	-798,566	-0.22	-0.55	-943,261	75	27	13.49	-828	37,935	-29,015	49	20
消费服务	DIS	-253,275	-0.16	-0.15	-573,813	72	31	38.10	-94	63,088	-32,890	49	20
	GM	464,197	0.06	0.27	-260,562	62	50	13.56	534	45,227	-30,739	50	19
	HD	264,242	-0.03	0.15	-717,144	68	37	60.38	53	66,271	-33,503	57	21
	WMT	46,683	-0.02	0.03	-430,631	69	38	40.19	17	53,549	-31,300	52	22
消费产品	G	-141,907	0.02	-0.09	-331,005	70	39	36.65	-68	45,501	-32,627	48	20
	KO	-424,481	-0.11	-0.21	-612,652	79	35	25.60	-210	52,890	-37,361	46	17
	MO	745,751	0.22	0.43	-206,970	64	41	24.83	464	69,274	-28,001	56	20
	PG	-313,617	-0.12	-0.17	-502,606	76	37	20.64	-195	44,133	-32,124	44	19
医疗保健	AMGN	904,624	0.10	0.40	-325,872	69	39	53.44	247	86,209	-33,712	55	20
	BMY	-416,829	-0.01	-0.23	-560,163	70	37	33.96	-182	43,951	-35,792	54	20
	JNJ	-520,943	-0.07	-0.31	-999,882	77	36	37.37	-181	40,257	-33,635	45	20
	PFE	171,365	0.08	0.11	-365,067	71	39	78.65	29	48,683	-27,957	47	19
金融	AIG	-420,340	-0.14	-0.26	-639,357	76	34	42.16	-131	46,534	-32,605	53	18
	FNM	-349,812	-0.09	-0.22	-614,446	69	30	23.76	-197	59,341	-32,687	51	19
	MER	341,289	0.11	0.20	-303,739	66	42	54.27	95	63,189	-37,582	51	17
资讯科技	AAPL	543,640	0.12	0.35	-164,887	65	52	17.83	438	45,060	-33,049	45	21
	DELL	1,154,846	0.15	0.51	-428,065	65	48	603.92	29	76,570	-36,360	50	18
	IBM	740,490	0.14	0.42	-404,549	69	39	19.59	491	74,016	-31,795	51	19
	INTC	1,215,281	0.24	0.54	-331,883	69	33	119.06	143	117,076	-32,966	58	18
	MSFT	480,007	0.06	0.22	-374,414	71	34	66.17	97	93,991	-38,284	59	16
	SUNW	880,922	0.11	0.48	-212,837	65	45	224.85	60	64,741	-27,683	54	20
	TXN	122,822	0.10	0.07	-302,312	71	38	85.22	21	59,623	-33,641	52	18
电信	VZ	-406,576	-0.16	-0.30	-475,919	71	35	22.40	-266	33,682	-27,517	48	22
股价指数	SPX	-193,000	0.01	-0.12	-529,246	71	34	2325.43	-1	59,236	-34,355	53	19
	NDX	745,397	0.16	0.39	-319,911	68	38	1807.68	6	83,190	-34,341	56	18
	RUT	2,687,669	0.37	1.05	-157,388	59	54	5319.25	8	110,446	-33,623	55	20
		103,281	0.00	0.02	-503,724	71	37	336.84	-56	59,612	-32,577	51	19

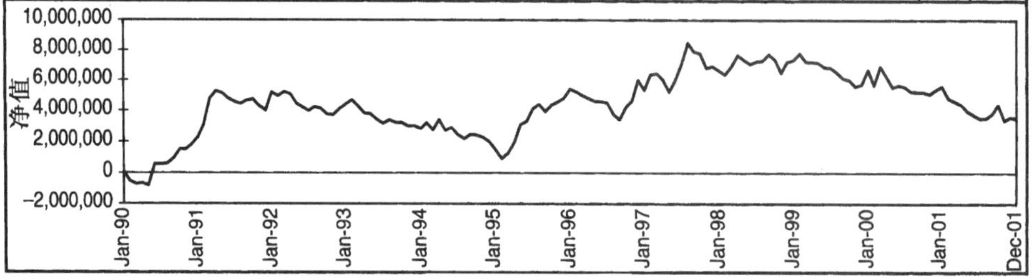

净值

10,000,000
8,000,000
6,000,000
4,000,000
2,000,000
0
-2,000,000

Jan-90 Jan-91 Jan-92 Jan-93 Jan-94 Jan-95 Jan-96 Jan-97 Jan-98 Jan-99 Jan-00 Jan-01 Dec-01

投资组合统计量

净利：	3,511,542	夏普率：	0.16
最大流失金额：	-5,100,466	突破相关：	1.00
K-比率：	0.06	均线相关：	0.90

图 7.12a 通道突破策略运用于股票市场的结果

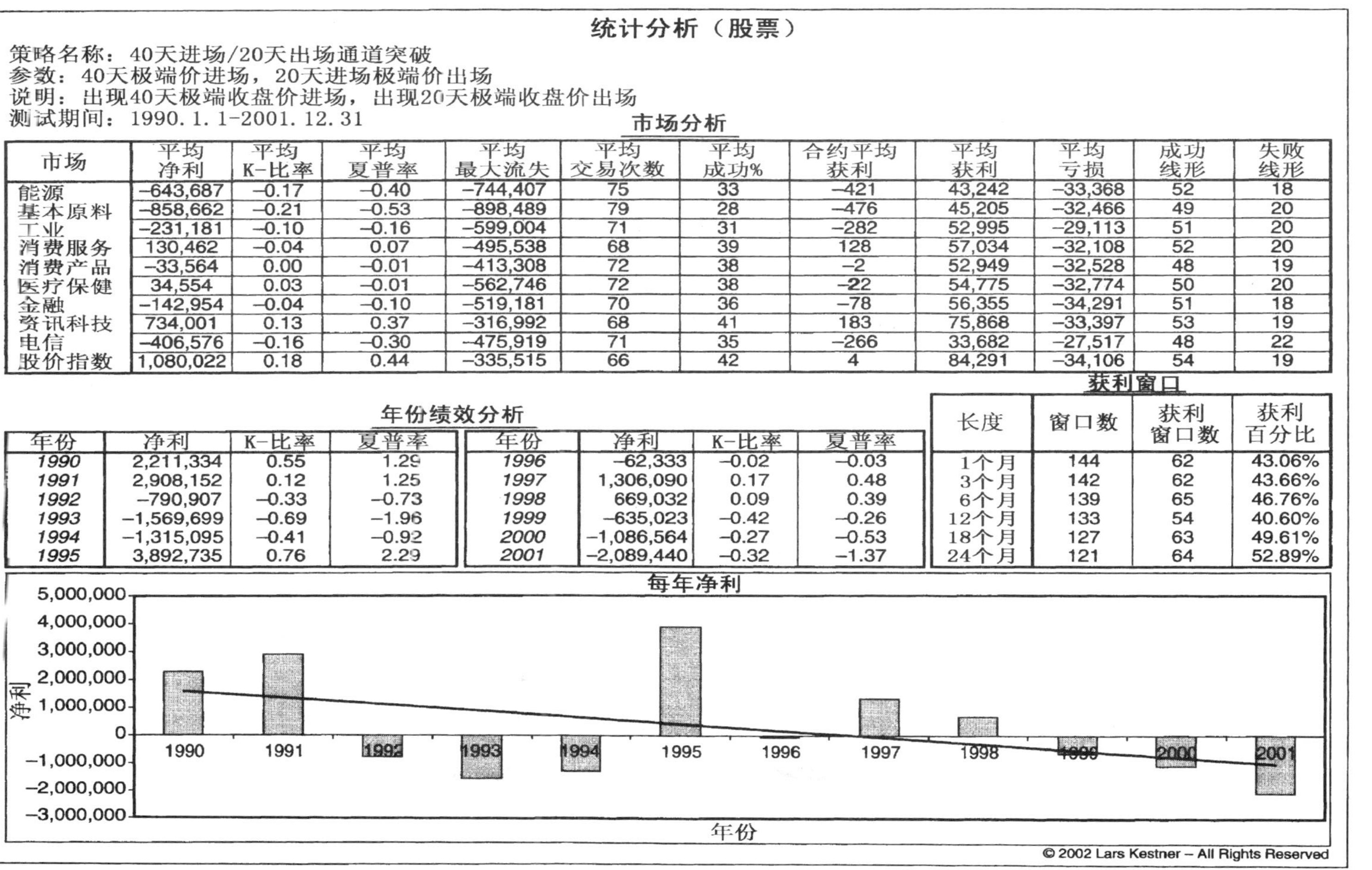

统计分析（股票）

策略名称：40天进场/20天出场通道突破
参数：40天极端价进场，20天进场极端价出场
说明：出现40天极端收盘价进场，出现20天极端收盘价出场
测试期间：1990.1.1-2001.12.31

市场分析

市场	平均净利	平均K-比率	平均夏普率	平均最大流失	平均交易次数	平均成功%	合约平均获利	平均获利	平均亏损	成功线形	失败线形
能源	−643,687	−0.17	−0.40	−744,407	75	33	−421	43,242	−33,368	52	18
基本原料	−858,662	−0.21	−0.53	−898,489	79	28	−476	45,205	−32,466	49	20
工业	−231,181	−0.10	−0.16	−599,004	71	31	−282	52,995	−29,113	51	20
消费服务	130,462	−0.04	0.07	−495,538	68	39	128	57,034	−32,108	52	20
消费产品	−33,564	0.00	−0.01	−413,308	72	38	−2	52,949	−32,528	48	19
医疗保健	34,554	0.03	−0.01	−562,746	72	38	−22	54,775	−32,774	50	20
金融	−142,954	−0.04	−0.10	−519,181	70	36	−78	56,355	−34,291	51	18
资讯科技	734,001	0.13	0.37	−316,992	68	41	183	75,868	−33,397	53	19
电信	−406,576	−0.16	−0.30	−475,919	71	35	−266	33,682	−27,517	48	22
股价指数	1,080,022	0.18	0.44	−335,515	66	42	4	84,291	−34,106	54	19

年份绩效分析

年份	净利	K-比率	夏普率	年份	净利	K-比率	夏普率
1990	2,211,334	0.55	1.29	1996	−62,333	−0.02	−0.03
1991	2,908,152	0.12	1.25	1997	1,306,090	0.17	0.48
1992	−790,907	−0.33	−0.73	1998	669,032	0.09	0.39
1993	−1,569,699	−0.69	−1.96	1999	−635,023	−0.42	−0.26
1994	−1,315,095	−0.41	−0.92	2000	−1,086,564	−0.27	−0.53
1995	3,892,735	0.76	2.29	2001	−2,089,440	−0.32	−1.37

获利窗口

长度	窗口数	获利窗口数	获利百分比
1个月	144	62	43.06%
3个月	142	62	43.66%
6个月	139	65	46.76%
12个月	133	54	40.60%
18个月	127	63	49.61%
24个月	121	64	52.89%

图7.12b 通道突破系统运用于股票市场的结果

查看股票和期货市场的统计数据，会发现其表现大不如从前。这些数据显示该策略的绩效已明显减弱。

两条移动平均线穿越

我们运用两条移动平均线之间的穿越作为交易信号。每天计算 10 天和 40 天平均线。如果 10 天均线向上穿越 40 天均线则建立多头部位；如果 10 天均线向下穿越 40 天均线则建立空头部位。在进场建立某个部位时注意结束反向的部位。

图 7.13 显示两条移动平均线穿越方法运用于戴尔电脑（DELL）的操作情况。在 1 月中旬，10 天移动平均线向下跌穿 40 天移动平均线。这个穿越产生了建立空头部位的信号。稍后的 3 月初，由于价格暴涨，10 天移动平均线向上穿越 40 天移动平均线。这种穿越是我们结束空头部位而建立多头部位的信号。

两条移动平均线穿越系统也在多个市场表现出良好的绩效（如图 7.14a ~ 图 7.15b）。在测试的 12 年中，期货市场有 11 年获利，而在股票市场有 6 年获利。两条移动平均线穿越系统的表现优于前面介绍的通道突破系统，无论在期货市场还是在股票市场，夏普率和K－比率都较高。不过，两条移动平均线穿越系统和

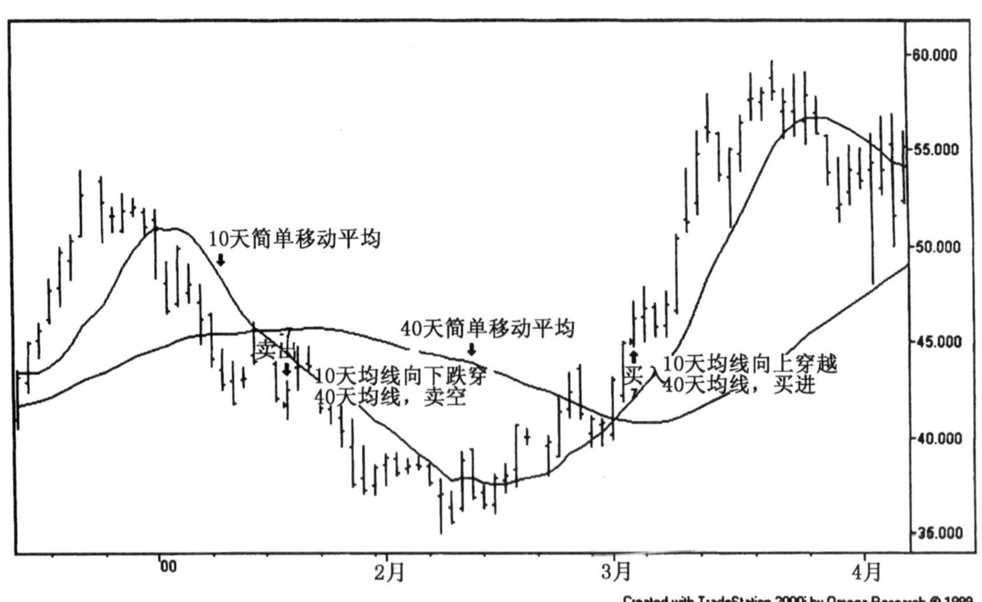

图 7.13　移动平均线穿越系统运用于戴尔电脑

交易策略评估（期货）

策略名称：10天/40天移动平均线穿越

参数：10天平均线，40天平均线

说明：10天平均线向上穿越40天均线，则买入；向下穿越，卖出

测试期间：1990.1.1-2001.12.31

	市场	净利	K-比率	夏普率	最大流失	交易次数	成功%	平均合约	合约平均获利	平均获利	平均亏损	成功线形	失败线形
外汇	AD	−283,740	−0.07	−0.14	−563,400	98	34	25.53	−112	47,453	−28,387	57	17
	BP	−492,850	−0.10	−0.25	−946,238	109	37	18.22	−248	33,859	−26,768	42	19
	CD	253,360	0.05	0.11	−343,540	95	38	46.00	66	58,778	−31,006	52	19
	JY	1,582,763	0.52	0.77	−167,675	71	44	13.53	1,500	79,090	−25,274	71	19
	SF	673,875	0.13	0.35	−324,263	90	39	16.05	479	66,374	−29,649	59	17
利率	ED	2,865,075	0.17	1.00	−265,000	72	44	92.00	431	132,438	−34,577	70	18
	TY	1,265,172	0.15	0.61	−259,078	76	42	29.01	572	75,016	−25,915	68	19
	US	619,531	0.12	0.30	−395,844	84	38	20.04	360	67,624	−29,978	64	18
股票	SP	31,975	0.03	0.02	−399,138	101	34	8.89	−15	49,615	−25,376	52	18
金属	GC	660,400	0.21	0.29	−275,570	83	47	45.14	174	52,407	−31,615	56	19
	HG	19,000	0.04	0.01	−661,713	80	36	31.31	30	61,266	−33,386	66	21
	PL	−736,150	−0.26	−0.41	−1,086,165	98	29	48.67	−166	43,622	−28,725	54	21
	SL	−465,810	−0.05	−0.25	−621,785	96	31	33.74	−160	41,634	−26,782	53	21
能源	CL	968,880	0.10	0.42	−338,970	88	38	29.06	364	77,225	−29,409	58	18
	HO	713,210	0.06	0.30	−398,538	84	39	23.79	330	69,215	−31,861	56	21
	HU	381,461	0.04	0.16	−395,531	95	39	22.46	187	60,454	−31,675	50	19
谷物	C	741,025	0.16	0.30	−321,963	77	45	76.29	122	68,696	−40,115	65	17
	S	−24,400	−0.05	−0.01	−630,050	93	46	31.82	−17	38,131	−33,785	48	18
	W	942,138	0.19	0.41	−351,463	70	39	50.77	268	91,598	−35,393	76	22
肉类	FC	59,550	0.04	0.03	−444,240	99	33	40.96	13	56,167	−27,262	53	19
	LC	−99,276	−0.05	−0.05	−556,128	89	33	49.80	−21	58,156	−29,652	66	18
	LH	−400,416	−0.04	−0.20	−508,260	87	30	31.81	−144	59,571	−31,913	64	22
	PB	−9,104	−0.06	0,00	−554,184	86	34	21.38	−31	60,091	−31,571	63	20
软性商品	CC	−507,570	−0.12	−0.26	962,120	92	35	49.99	−125	41,825	−31,894	52	22
	CT	629,190	0.06	0.30	−498,685	76	33	24.56	339	89,745	−31,571	73	22
	JO	−830,895	−0.13	−0.36	−1,224,758	102	25	36.25	−227	58,811	−30,004	54	21
	KC	1,033,564	0.15	0.34	−442,819	88	39	12.20	974	78,211	−29,883	59	17
	LB	483,976	0.02	0.16	−805,632	105	34	30.30	147	77,692	−33,767	51	16
	SB	360,606	0.04	0.19	−380,475	99	36	52.76	71	58,429	−27,482	54	17
	平均	347,818	0.04	0.14	−504,107	86	36	33.74	172	61,773	−29,489	57	18

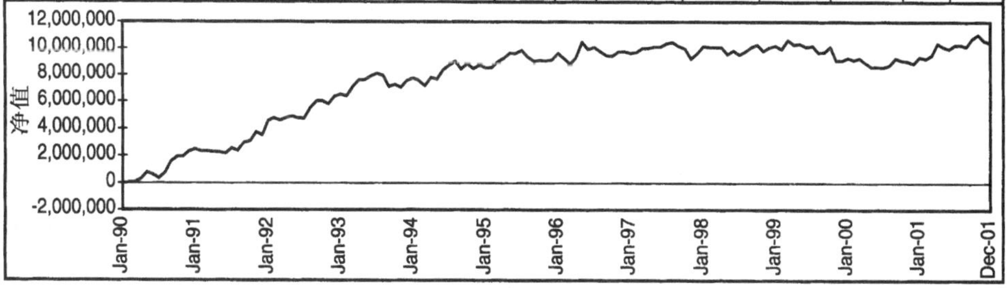

净值
12,000,000
10,000,000
8,000,000
6,000,000
4,000,000
2,000,000
0
-2,000,000
Jan-90 Jan-91 Jan-92 Jan-93 Jan-94 Jan-95 Jan-96 Jan-97 Jan-98 Jan-99 Jan-00 Jan-01 Dec-01

投资组合统计量

净利：	10,434,539	夏普率：	0.68
最大流失金额：	−2,069,680	突破相关：	0.90
K-比率：	0.13	均线相关：	1.00

图7.14a　移动平均线穿越系统运用于期货的结果

统计分析（期货）

策略名称：10天/40天移动平均线穿越
参数：10天平均线，40天平均线
说明：10天平均线向上穿越40天均线，则买入；向下穿越，卖出
测试期间：1990.1.1-2001.12.31

市场分析

市场	平均净利	平均K-比率	平均夏普率	平均最大流失	平均交易次数	平均成功%	合约平均获利	平均获利	平均亏损	成功线形	失败线形
外汇	346,682	0.10	0.17	−469,023	93	38	337	57,111	−28,217	56	18
利率	1,187,445	0.11	0.48	−229,980	58	31	341	68,769	−22,618	50	14
股票	31,975	0.03	0.02	−399,138	101	34	−15	49,615	−25,376	52	18
金属	−130,640	−0.01	−0.09	−661,308	89	36	−30	49,732	−30,127	57	20
能源	687,850	0.07	0.29	−377,680	89	39	294	68,964	−30,981	55	19
谷物	552,921	0.10	0.23	−434,492	80	43	124	66,142	−36,431	63	19
肉类	−112,312	−0.03	−0.06	−515,703	90	32	−46	58,496	−30,100	61	20
软性商品	194,812	0.00	0.06	−719,081	94	34	196	67,452	−30,767	57	19

年份绩效分析

年份	净利	K-比率	夏普率	年份	净利	K-比率	夏普率
1990	2,509,780	0.77	2.36	*1996*	15,802	0.06	0.01
1991	2,097,781	0.38	1.49	*1997*	514,921	−0.01	0.42
1992	1,932,274	0.60	1.77	*1998*	47,906	0.01	0.05
1993	1,223,970	0.13	0.86	*1999*	−940,824	−0.32	−0.40
1994	794,525	0.32	0.54	*2000*	82,997	0.01	0.09
1995	1,100,609	0.12	1.07	*2001*	1,086,424	0.38	0.79

长度	窗口数	获利窗口数	获利百分比
1个月	144	81	56.25%
3个月	142	96	67.61%
6个月	139	99	71.22%
12个月	133	106	79.70%
18个月	127	99	77.95%
24个月	121	95	78.51%

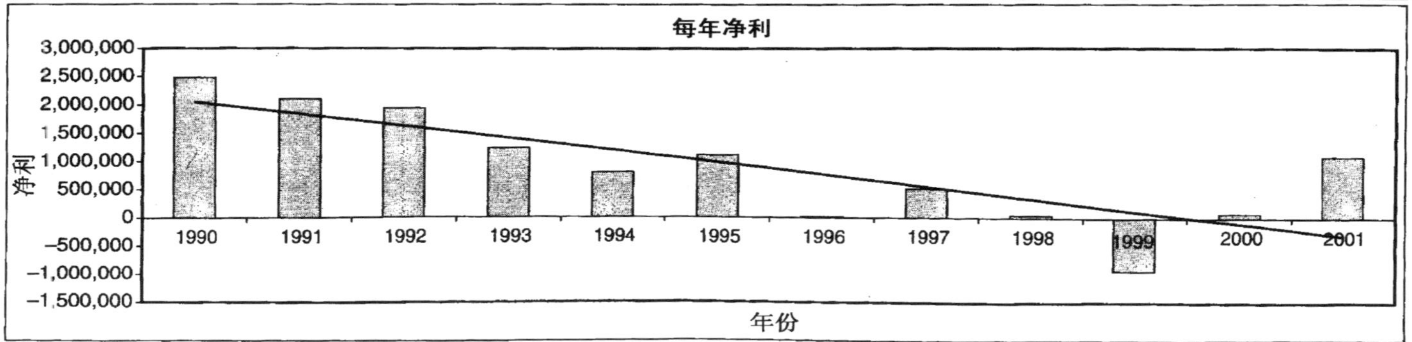

每年净利

图7.14b 移动平均线穿越系统运用于期货市场的结果

交易策略评估（股票）

策略名称：10天/40天移动平均线穿越

参数：10天平均线，40天平均线

说明：10天平均线向上穿越40天均线，则买入；向下穿越，卖出

测试期间：1990. 1. 1-2001. 12. 31

	市场	净利	K-比率	夏普率	最大流失	交易次数	成功%	平均合约	合约平均获利	平均获利	平均亏损	成功线形	失败线形
能源	SLB	−284,844	0.02	−0.15	−390,227	109	37	16.49	−171	41,112	−28,281	47	16
	XOM	−439,248	−0.15	−0.24	−504,830	107	31	39.87	−101	40,761	−23,995	53	17
基本原料	AA	−577,814	−0.09	−0.29	−713,171	92	33	52.11	−118	46,954	−31,842	55	22
	DD	−662,924	−0.10	−0.33	−773,994	104	30	20.21	−320	48,803	−29,932	52	19
	IP	−1,194,395	−0.30	−0.60	−1,263,945	101	28	16.84	−727	40,458	−32,462	54	20
工业	BA	56,652	−0.06	0.03	−503,573	89	37	21.07	17	52,984	−30,666	56	21
	GE	−85,068	−0.06	−0.05	−674,921	97	36	80.03	−10	56,299	−33,086	56	17
	MMM	−328,838	−0.03	−0.19	−687,914	103	34	13.22	−282	36,150	−24,244	47	19
消费服务	DIS	−162,899	−0.06	−0.08	−573,375	104	31	35.00	−52	63,734	−30,947	52	18
	GM	502,895	0.05	0.27	−360,650	90	41	13.44	387	56,528	−30,621	55	18
	HD	844,883	0.04	0.37	−505,348	88	39	53.76	157	70,356	−30,537	60	18
	WMT	18,203	−0.03	0.01	−666,593	93	39	38.67	−9	47,965	−30,876	52	19
消费产品	G	43,989	0.03	0.02	−500,314	95	35	36.49	3	53,330	−28,201	59	17
	KO	−151,106	−0.05	−0.07	−670,359	96	32	26.47	−58	59,928	−30,857	57	19
	MO	1,152,980	0.29	0.60	−183,387	77	45	23.81	610	67,631	−29,745	62	18
	PG	14,164	0.04	0.01	−441,002	95	32	19.82	−8	58,549	−27,266	59	19
医疗保健	AMGN	1,153,918	0.11	0.47	−326,436	79	42	48.76	298	80,335	−32,717	60	22
	BMY	14,156	0.05	0.01	−548,689	92	36	31.23	−6	49,563	−27,990	58	18
	JNJ	548,217	0.06	0.31	−450,045	86	38	37.38	185	63,989	−28,596	61	19
	PFE	−142,199	−0.03	−0.07	−672,086	95	37	72.84	−21	56,356	−35,284	55	18
金融	AIG	328,648	0.09	0.18	−310,033	85	41	42.19	91	55,218	−32,157	59	18
	FNM	−235,686	−0.01	−0.12	−571,975	111	24	24.87	−83	64,596	−23,503	62	15
	MER	386,924	0.12	0.20	−363,040	92	35	52.58	72	65,436	−29,113	62	17
资讯科技	AAPL	589,362	0.12	0.31	−368,285	90	48	18.34	326	47,740	−32,233	49	17
	DELL	952,580	0.13	0.35	−501,650	93	32	527.06	19	97,600	−31,985	64	16
	IBM	885,558	0.21	0.42	−308,223	80	40	21.10	473	71,291	−30,910	62	20
	INTC	1,217,243	0.23	0.49	−355,752	92	35	106.37	117	91,010	−29,399	58	18
	MSFT	766,595	0.12	0.32	−373,071	88	35	64.13	128	84,315	−33,157	60	20
	SUNW	908,137	0.04	0.41	−626,068	82	45	228.60	49	67,874	−35,411	58	19
	TXN	630,703	0.17	0.31	−399,909	84	38	87.32	87	73,192	−32,759	61	20
电信	VZ	−23,135	−0.01	−0.01	−330,631	94	33	21.52	−28	45,252	−23,175	60	18
股价指数	SPX	316,159	0.09	0.17	−444,865	97	30	2321.68	1	69,209	−25,468	59	19
	NDX	1,121,338	0.23	0.53	−257,408	90	36	1827.65	6	86,380	−29,241	60	18
	RUT	2,036,199	0.20	0.70	−453,815	72	50	5366.79	5	98,176	−43,847	62	21
	平均	300,040	0.04	0.13	−502,223	92	36	335.52	30	62,032	−30,309	57	19

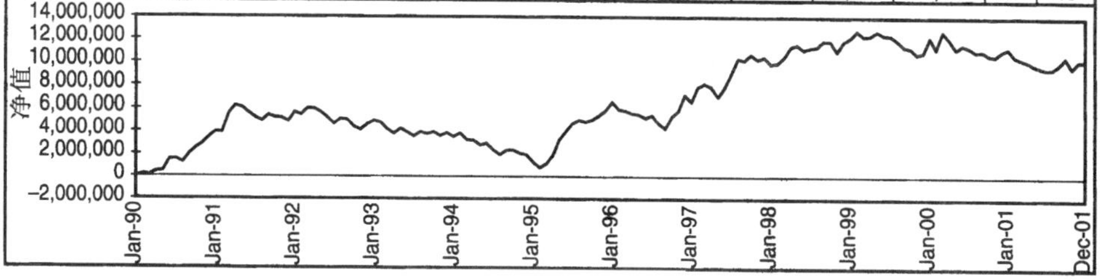

投资组合统计量

净利：	10,201,347	夏普率：	0.44
最大流失金额：	−5,408,733	突破相关：	0.90
K-比率：	0.13	均线相关：	1.00

图 7. 15a　移动平均线穿越系统运用于股票市场的结果

统计分析（股票）

策略名称：10天/40天移动平均线穿越
参数：10天平均线，40天平均线
说明：10天平均线向上穿越40天均线，则买入；向下穿越，卖出
测试期间：1990. 1. 1–2001. 12. 31

市场分析

市场	平均净利	平均K-比率	平均夏普率	平均最大流失	平均交易次数	平均成功%	合约平均获利	平均获利	平均亏损	成功线形	失败线形
能源	–362,046	–0.06	–0,20	–447,529	108	34	–136	40,937	–26,138	50	17
基本原料	–811,711	–0.16	–0.41	–917,037	99	30	–388	45,405	–31,412	54	20
工业	–119,085	–0.05	–0.07	–622,136	96	36	–92	48,478	–29,332	53	19
消费服务	300,771	0.00	0.14	–526,492	94	37	121	59,645	–30,745	55	18
消费产品	265,007	0.08	0.14	–448,766	91	36	137	59,860	–29,017	59	18
医疗保健	393,523	0.05	0.18	–499,314	88	38	114	62,561	–31,147	58	19
金融	159,962	0.07	0.09	–415,016	96	33	26	61,750	–28,258	61	17
资讯科技	850,025	0.15	0.37	–418,994	87	39	171	76,146	–32,265	59	19
电信	–23,135	–0.01	–0.01	–330,631	94	33	–28	45,252	–23,175	60	18
股价指数	1,157,899	0.17	0.47	–385,363	86	38	4	84,588	–32,852	60	19

年份绩效分析

年份	净利	K-比率	夏普率	年份	净利	K-比率	夏普率
1990	3,973,593	1.03	3.00	*1996*	–8,458	0.02	0.00
1991	1,708,961	0.07	0.77	*1997*	3,292,301	0.45	1.26
1992	–739,200	–0.34	–0.51	*1998*	2,316,182	0.35	1.29
1993	–1,405,681	–0.32	–1.17	*1999*	4,560	–0.25	0.00
1994	–2,191,573	–0.71	–1.79	*2000*	–938,830	–0.25	–0.39
1995	5,294,085	0.88	3.17	*2001*	–1,074,375	–0.12	–0.67

获利窗口

长度	窗口数	获利窗口数	获利百分比
1个月	144	70	48.61%
3个月	142	72	50.70%
6个月	139	74	53.24%
12个月	133	68	51.13%
18个月	127	70	55.12%
24个月	121	75	61.98%

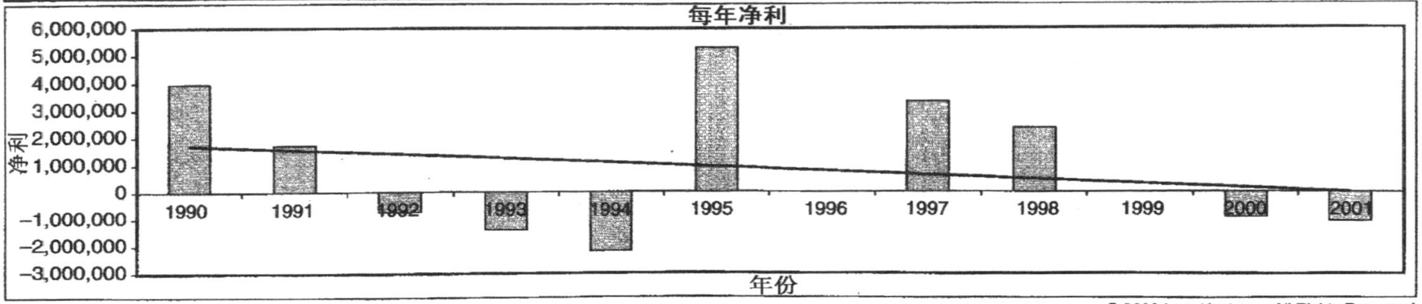

每年净利

净利
6,000,000
5,000,000
4,000,000
3,000,000
2,000,000
1,000,000
0
–1,000,000
–2,000,000
–3,000,000

1990 1991 1992 1993 1994 1995 1996 1997 1998 1999 2000 2001

年份

图7.15b 移动平均线穿越系统运用于股票市场的结果

通道突破系统在收益率上具有极高的相关性。股票和期货的相关系数都达到0.90。两条移动平均线穿越系统的绩效也是由通道突破系统相同的因素决定的。

动　能

也许本章中最简单的方法就是利用价格的动能提供买卖信号。我们来测试两个参数：短期的20天动能和长期的80天动能。

对于20天动能，如果今天的收盘价高于20天前的收盘价，就发出买进信号。如果今天的收盘价低于20天前的收盘价，就发出卖出信号。对于80天动能，如果今天的收盘价高于80天前的收盘价，就发出买进信号。如果今天的收盘价低于80天前的收盘价，就发出卖出信号。

图7.16是20天动能系统运用于燃油市场的例子。位于图标下方的指标是20天动能。当价格在9月初开始上涨时，20天动能向上穿越零线而发出买入信号。在随后的10月，价格下跌，20天动能向下越零线而发出卖出信号。

20天动能系统在期货市场取得了良好的表现，但是在股票市场上却不稳定。(如图7.17a～图7.18b)。在进行测试的12年中，期货市场有11年获利，而股

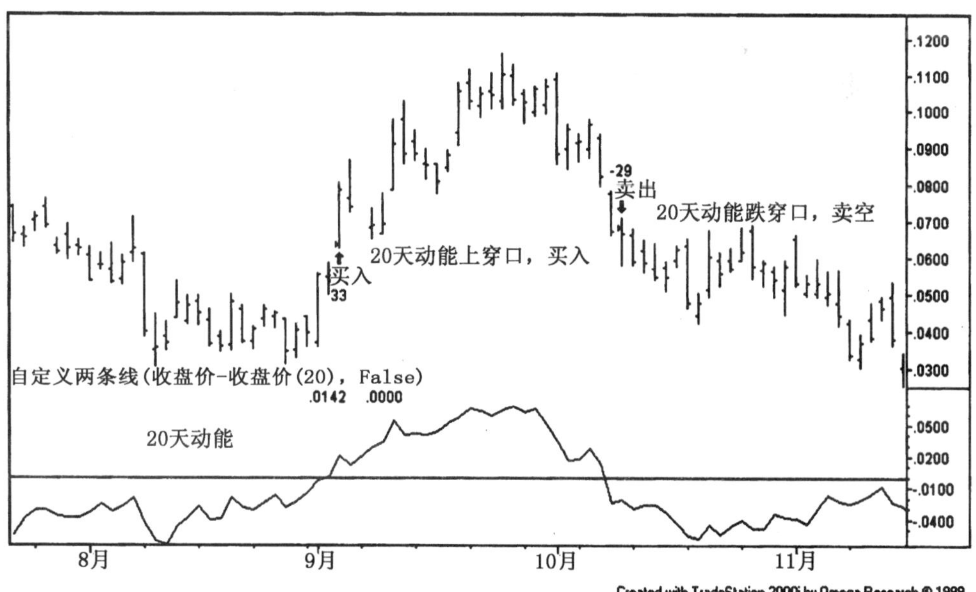

图7.16　动能系统运用于热燃油市场

交易策略评估（期货）

策略名称：20天动能

参数：20天动能提供买进卖出信号

说明：今天的收盘价高于20天前，买入；今天的收盘价低于20天前，卖出

测试期间：1990. 1. 1-2001. 12. 31

	市场	净利	K-比率	夏普率	最大流失	交易次数	成功%	平均合约	合约平均获利	平均获利	平均亏损	成功线形	失败线形
外汇	AD	−240,110	−0.11	−0.13	−657,880	277	34	25.59	−36	27,399	−15,721	20	6
	BP	272,363	0.04	0.14	−345,500	304	37	18.21	47	24,007	−12,835	16	6
	CD	−16,550	0.01	−0.01	−537,360	259	36	45.72	0	30,982	−17,050	21	6
	JY	1,208,800	0.27	0.56	−225,625	288	41	13.33	282	29,137	−13,608	17	6
	SF	840,975	0.16	0.40	−230,538	279	40	15.53	200	29,526	−14,617	19	5
利率	ED	2,237,200	0.29	0.91	−340,725	211	41	85.21	125	52,017	−17,868	26	6
	TY	1,056,375	0.25	0.50	−252,438	246	38	29.53	140	36,936	−15,792	23	6
	US	690,281	0.22	0.33	−196,125	270	37	20.24	115	30,719	−14,365	21	5
股票	SP	−339,700	−0.07	−0.17	−660,300	314	34	9.37	−115	25,473	−14,603	18	6
金属	GC	301,520	0.16	0.14	−393,510	261	39	46.48	25	27,116	−15,763	20	6
	HG	-3,175	−0.05	0.00	−534,525	290	31	31.13	−3	29,372	−13,545	21	6
	PL	60,715	0.01	0.03	−399,160	301	41	45.86	−1	20,719	14,375	16	6
	SL	−549,855	−0.23	−0.30	−712,590	341	33	33.75	−55	18,669	−12,155	16	5
能源	CL	1,604,530	0.32	0.69	−201,190	244	39	28.37	232	39,177	−14,575	23	6
	HO	1,009,915	0.17	0.41	−357,504	286	36	21.66	166	33,865	−13,709	19	6
	HU	657,989	0.09	0.26	−585,220	252	40	22.86	113	31,992	−16,773	20	6
谷物	C	985,675	0.20	0.43	−447,763	283	41	77.82	44	31,830	−16,371	19	5
	S	22,400	0.02	0.01	−561,575	308	36	30.86	−1	24,921	−14,099	18	5
	W	356,750	0.10	0.16	−515,825	250	37	52.97	28	32,099	−16,689	23	6
肉类	FC	−71,725	0.03	−0.04	−617,485	282	37	41.82	−6	27,201	−16,062	19	6
	LC	−452,296	−0.05	−0.22	−663,588	336	36	50.51	−26	23,855	−15,316	16	5
	LH	482,992	0.08	0.25	−386,912	245	36	31.94	61	32,863	−15,094	25	6
	PB	−213,316	−0.04	−0.10	−575,804	299	34	20.11	−44	29,489	−16,605	18	6
软性商品	CC	−1,078,630	−0.21	−0.49	−1,290,390	307	27	50.20	−78	25,108	−14,500	21	6
	CT	−37,475	−0.07	−0.02	−566,855	298	32	25.31	−5	31,714	−14,799	20	6
	JO	−644,798	−0.17	−0.27	−1,096,418	283	31	36.15	−67	26,734	−15,372	19	7
	KC	794,805	0.17	0.31	−316,538	263	39	12.83	230	30,870	−14,726	20	6
	LB	142,136	−0.02	0.04	−1,185,224	250	32	31.25	16	46,316	−21,045	24	6
	SB	−486,697	−0.13	−0.24	−797,127	328	31	53.28	−26	27,319	−14,544	18	5
	平均	286,370	0.05	0.12	−521,723	272	35	33.60	45	29,248	−14,753	19	6

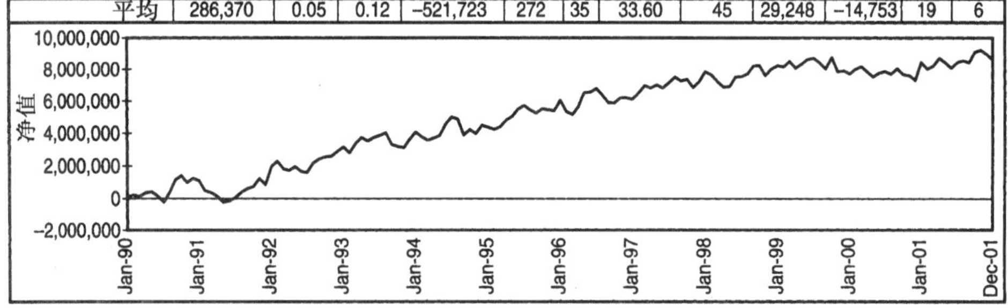

投资组合统计量

净利：	8,591,095	夏普率：	0.53
最大流失金额：	−1,631,559	突破相关：	0.86
K-比率：	0.32	均线相关：	0.80

图 7. 17a　20 天动能系统运用于期货的结果

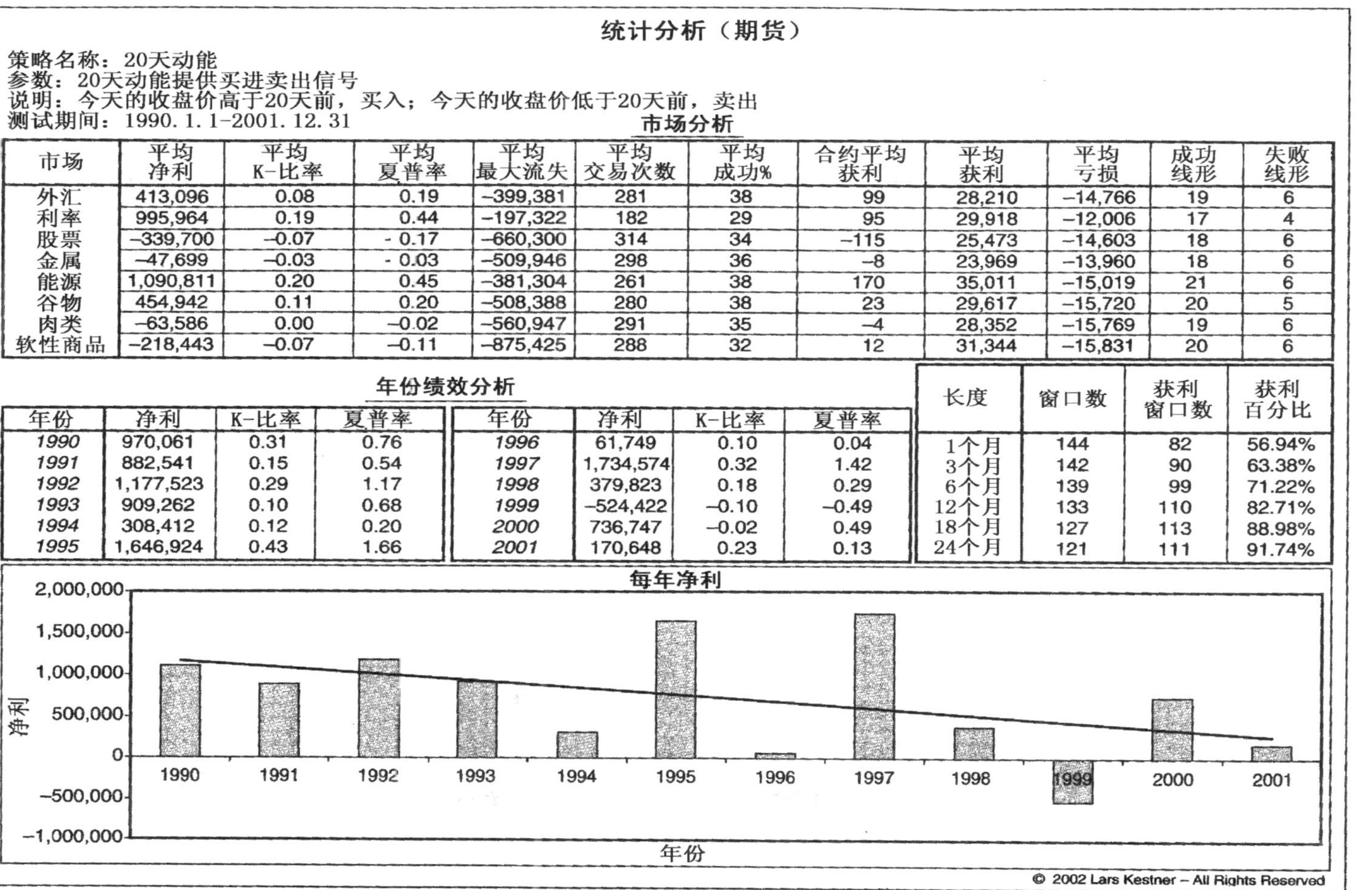

统计分析（期货）

策略名称：20天动能
参数：20天动能提供买进卖出信号
说明：今天的收盘价高于20天前，买入；今天的收盘价低于20天前，卖出
测试期间：1990. 1. 1-2001. 12. 31

市场分析

市场	平均净利	平均K-比率	平均夏普率	平均最大流失	平均交易次数	平均成功%	合约平均获利	平均获利	平均亏损	成功线形	失败线形
外汇	413,096	0.08	0.19	–399,381	281	38	99	28,210	–14,766	19	6
利率	995,964	0.19	0.44	–197,322	182	29	95	29,918	–12,006	17	4
股票	–339,700	–0.07	- 0.17	–660,300	314	34	–115	25,473	–14,603	18	6
金属	–47,699	–0.03	- 0.03	–509,946	298	36	–8	23,969	–13,960	18	6
能源	1,090,811	0.20	0.45	–381,304	261	38	170	35,011	–15,019	21	6
谷物	454,942	0.11	0.20	–508,388	280	38	23	29,617	–15,720	20	5
肉类	–63,586	0.00	–0.02	–560,947	291	35	–4	28,352	–15,769	19	6
软性商品	–218,443	–0.07	–0.11	–875,425	288	32	12	31,344	–15,831	20	6

年份绩效分析

年份	净利	K-比率	夏普率	年份	净利	K-比率	夏普率
1990	970,061	0.31	0.76	1996	61,749	0.10	0.04
1991	882,541	0.15	0.54	1997	1,734,574	0.32	1.42
1992	1,177,523	0.29	1.17	1998	379,823	0.18	0.29
1993	909,262	0.10	0.68	1999	–524,422	–0.10	–0.49
1994	308,412	0.12	0.20	2000	736,747	–0.02	0.49
1995	1,646,924	0.43	1.66	2001	170,648	0.23	0.13

长度	窗口数	获利窗口数	获利百分比
1个月	144	82	56.94%
3个月	142	90	63.38%
6个月	139	99	71.22%
12个月	133	110	82.71%
18个月	127	113	88.98%
24个月	121	111	91.74%

图7.17b　20天动能系统运用于期货的结果

交易策略评估（股票）

策略名称：20天动能

参数：20天动能提供买进卖出信号

说明：今天的收盘价高于20天前，买入；今天的收盘价低于20天前，卖出

测试期间：1990.1.1-2001.12.31

	市场	净利	K-比率	夏普率	最大流失	交易次数	成功%	平均合约	合约平均获利	平均获利	平均亏损	成功线形	失败线形
能源	SLB	-955,125	-0.30	-0.46	-997,275	324	34	15.31	-200	21,433	-15,833	16	6
	XOM	-1,359,121	-0.25	-0.76	-1,435,131	360	33	42.29	-91	16,705	-13,863	16	5
基本原料	AA	-294,627	-0.04	-0.16	-486,388	62	35	51.37	-89	48,930	-33,972	56	25
	DD	-299,668	-0.09	-0.16	-504,303	285	35	19.95	-53	24,129	-14,469	19	6
	IP	-599,662	-0.13	-0.34	-750,473	310	35	15.64	-123	22,255	-15,033	17	6
工业	BA	-417,500	-0.15	-0.21	-1,029,025	289	37	20.55	-75	23,302	-16,351	18	6
	GE	-379,773	-0.14	-0.21	-655,041	346	35	76.68	-14	22,737	-14,048	16	5
	MMM	-722,739	-0.23	-0.39	-1,169,792	362	36	12.75	-170	18,099	-13,669	14	5
消费服务	DIS	2,565	-0.06	0.00	-829,661	283	33	34.93	1	29,713	-14,277	19	7
	GM	-344,289	-0.16	-0.17	-672,231	321	35	13.01	-83	25,014	-14,875	17	5
	HD	-63,952	-0.05	-0.03	-640,216	303	36	59.54	-8	28,098	-16,550	18	5
	WMT	47,186	0.02	0.02	-375,945	280	39	38.91	3	25,740	-15,993	18	6
消费产品	G	-1,169,342	-0.27	-0.58	-1,248,970	313	29	36.55	-106	26,412	-16,471	18	6
	KO	-221,768	-0.08	-0.10	-657,747	296	34	27.85	-25	27,554	-15,121	19	6
	MO	748,299	0.29	0.39	-208,049	302	40	23.14	107	25,937	-13,218	18	5
	PG	-1,252,387	-0.32	-0.58	-1,514,795	338	31	21.62	-170	22,422	-15,611	17	5
医疗保健	AMGN	532,002	0.04	0.22	-594,800	316	32	56.59	29	35,220	-13,884	20	5
	BMY	-688,343	-0.03	-0.36	-823,276	329	36	36.23	-59	20,605	-15,027	16	5
	JNJ	-865,251	-0.15	-0.41	-1,243,533	312	36	37.99	-72	22,709	-17,183	17	6
	PFE	322,112	0.12	0.17	-281,875	286	38	80.46	13	25,068	-13,960	19	6
金融	AIG	632,361	0.19	0.35	-330,226	278	40	37.11	61	27,213	-14,577	18	6
	FNM	-928,974	-0.24	-0.49	-933,024	317	32	24.48	-119	23,351	-15,179	18	6
	MER	443,794	0.11	0.22	-323,894	253	35	48.54	36	34,065	-15,464	23	6
资讯科技	AAPL	1,000,862	0.18	0.54	-289,070	285	39	17.92	195	28,675	-12,336	19	5
	DELL	1,278,125	0.22	0.53	-367,356	250	39	540.00	9	39,541	-17,505	21	6
	IBM	1,485,401	0.27	0.70	-445,355	241	39	18.39	305	37,257	-14,277	23	6
	INTC	1,970,394	0.36	0.82	-259,640	250	41	112.51	70	41,264	-15,177	21	6
	MSFT	643,405	0.08	0.28	-346,784	285	33	66.20	31	35,008	-14,382	20	6
	SUNW	227,258	0.01	0.10	-439,377	283	36	201.46	4	31,610	-16,834	21	5
	TXN	222,272	0.11	0.10	-437,504	260	37	79.31	9	32,991	-17,835	21	6
电信	VZ	-1,452,631	-0.38	-0.76	-1,607,757	318	31	20.17	-225	20,695	-15,944	18	6
股价指数	SPX	178,843	0.05	0.09	-541,793	298	31	2366.38	0	32,051	-13,195	20	6
	NDX	1,089,513	0.21	0.53	-272,123	319	37	1686.54	2	31,797	-13,421	18	5
	RUT	3,354,420	0.43	1.34	-228,710	199	39	4852.00	3	67,372	-16,443	28	6
	平均	63,637	-0.01	0.01	-674,739	290	36	317.42	-24	29,264	-15,646	20	6

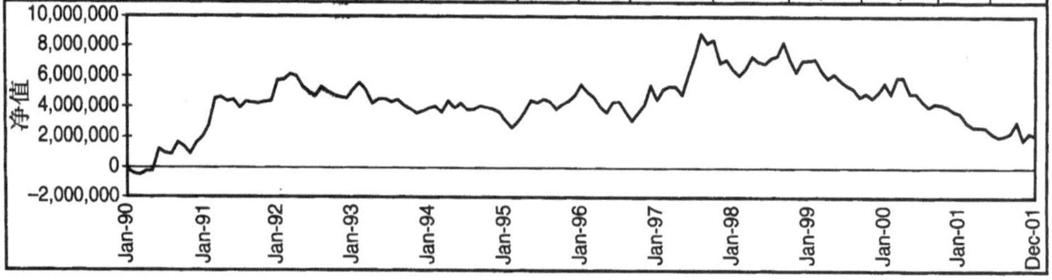

投资组合统计量

净利：	2,163,659	夏普率：	0.10
最大流失金额：	-6,983,168	突破相关：	0.87
K-比率：	0.03	均线相关：	0.79

图7.18a　20天动能系统运用于股票的结果

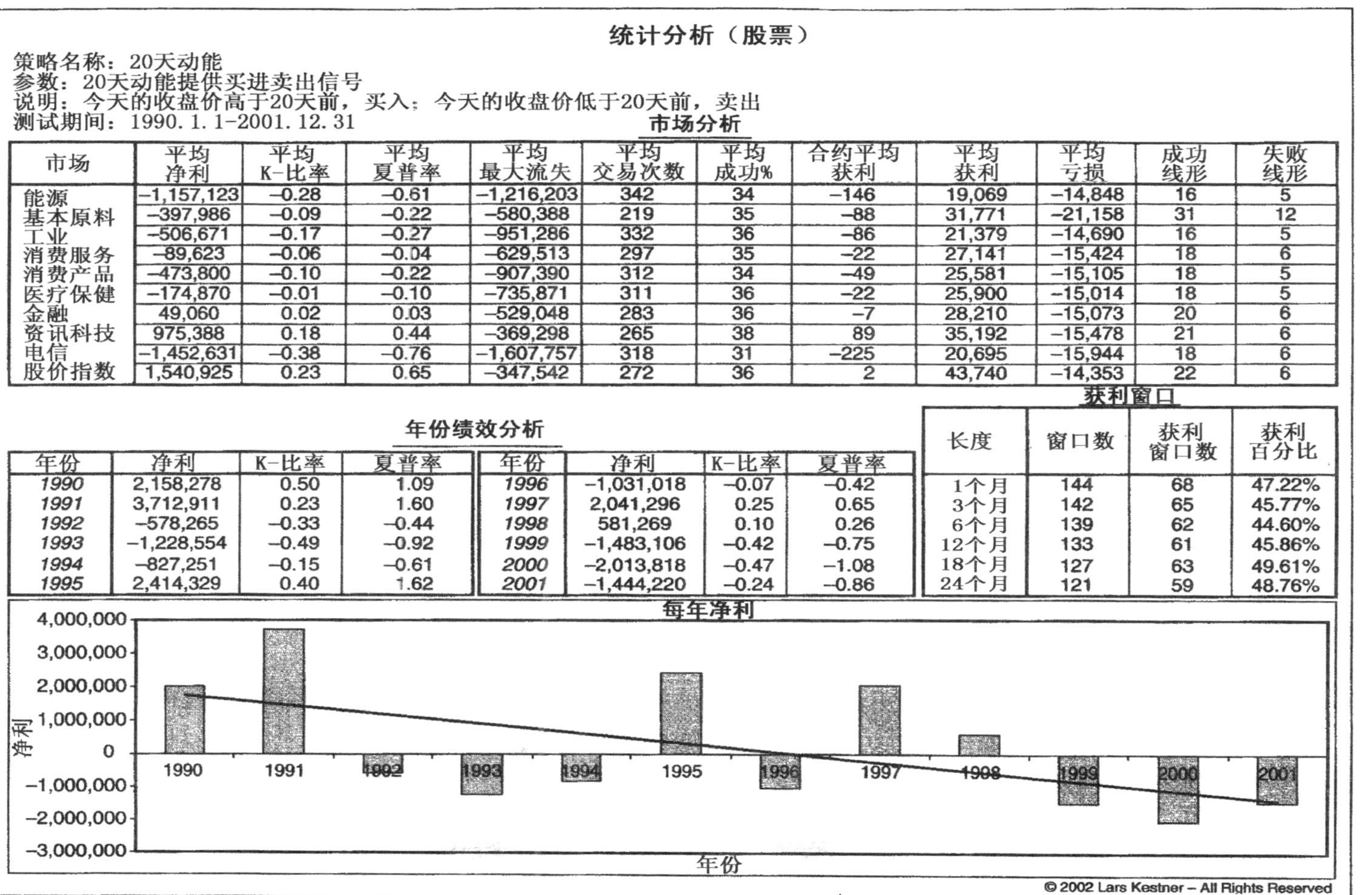

统计分析（股票）

策略名称：20天动能
参数：20天动能提供买进卖出信号
说明：今天的收盘价高于20天前，买入；今天的收盘价低于20天前，卖出
测试期间：1990.1.1-2001.12.31

市场分析

市场	平均净利	平均K-比率	平均夏普率	平均最大流失	平均交易次数	平均成功%	合约平均获利	平均获利	平均亏损	成功线形	失败线形
能源	–1,157,123	–0.28	–0.61	–1,216,203	342	34	–146	19,069	–14,848	16	5
基本原料	–397,986	–0.09	–0.22	–580,388	219	35	–88	31,771	–21,158	31	12
工业	–506,671	–0.17	–0.27	–951,286	332	36	–86	21,379	–14,690	16	5
消费服务	–89,623	–0.06	–0.04	–629,513	297	35	–22	27,141	–15,424	18	6
消费产品	–473,800	–0.10	–0.22	–907,390	312	34	–49	25,581	–15,105	18	5
医疗保健	–174,870	–0.01	–0.10	–735,871	311	36	–22	25,900	–15,014	18	5
金融	49,060	0.02	0.03	–529,048	283	36	–7	28,210	–15,073	20	6
资讯科技	975,388	0.18	0.44	–369,298	265	38	89	35,192	–15,478	21	6
电信	–1,452,631	–0.38	–0.76	–1,607,757	318	31	–225	20,695	–15,944	18	6
股价指数	1,540,925	0.23	0.65	–347,542	272	36	2	43,740	–14,353	22	6

年份绩效分析

年份	净利	K-比率	夏普率	年份	净利	K-比率	夏普率
1990	2,158,278	0.50	1.09	*1996*	–1,031,018	–0.07	–0.42
1991	3,712,911	0.23	1.60	*1997*	2,041,296	0.25	0.65
1992	–578,265	–0.33	–0.44	*1998*	581,269	0.10	0.26
1993	–1,228,554	–0.49	–0.92	*1999*	–1,483,106	–0.42	–0.75
1994	–827,251	–0.15	–0.61	*2000*	–2,013,818	–0.47	–1.08
1995	2,414,329	0.40	1.62	*2001*	–1,444,220	–0.24	–0.86

获利窗口

长度	窗口数	获利窗口数	获利百分比
1个月	144	68	47.22%
3个月	142	65	45.77%
6个月	139	62	44.60%
12个月	133	61	45.86%
18个月	127	63	49.61%
24个月	121	59	48.76%

图7.18b 20天动能系统运用于股票的结果

票市场只有 5 年。20 天动能策略的收益与 40 天进场/20 天出场通道突破系统、10 天/40 天移动平均穿越系统有很高的相关性。

股票市场的表现可以一分为二。在科技股和股票指数上表现极佳，每个市场都能获利。而在能源、原材料和工业股上，所有的八个市场都出现亏损。如此巨大的差别使我相信某些股比其他类股有更明显的趋势。

除了 20 天动能，我们也测试了 80 天动能（如图 7. 19a ~ 图 7. 20b）。在期货市场和股票市场 80 天动能策略都产生了更高的夏普率和K - 比率。这种良好的表现，在期货市场得益于石油和软性商品的获利提升，在股票方面是由于医疗保健和消费服务类的股票表现较好。

价格波动率突破

我们也测试了价格波动率突破策略。在这种方法下，如果今天的价格变动量是过去 100 天价格波动量标准差的 2 倍，则进场买入；如果今天的价格变动量是过去 100 天价格波动量标准差的负 2 倍，则建立空头部位。建立某个方向的部位，就结束另一个方向已有的部位。

图 7. 21 是价格波动率突破策略运用于 Fannie Mae（FNM）的情况。在 3 月底的上升是本例中唯一能够产生交易信号的情况。价格上涨强劲，隔天开盘买进。

价格波动率突破系统的测试结果，与之前讨论的其他系统的表现似乎不同（图 7. 22a ~ 图 7. 23b）。在对 12 年市场表现的测试中，在股票市场的获利能力很强，而在期货市场仅能勉强获利。该系统与通道突破和移动平均线系统的相关系数为 0. 50，这预示着如果我们将价格波动率突破系统纳入交易程序能够分散风险。

随机指标

本章也将测试随机指标。首先采用 14 天慢速%K 随机指标建立多、空部位。（有关慢速%K、RSI 与 MACD 等随机指标的讲解，见第 3 章）。如果今天 14 天慢速%K 跌破 20 然后重新回到 20 以上，则建立多头部位。如果今天 14 天慢速%K 上升超过 80 而又跌破 80，则建立空头部位。建立某个方向的部位，就结

交易策略评估（期货）

策略名称：80天动能

参数：80天动能提供买进卖出信号

说明：今天的收盘价高于80天前，买入；今天的收盘价低于80天前，卖出

测试期间：1990.1.1-2001.12.31

	市场	净利	K-比率	夏普率	最大流失	交易次数	成功%	平均合约	合约平均获利	平均获利	平均亏损	成功线形	失败线形
外汇	AD	-53,390	0.05	-0.03	-369,570	165	34	25.72	-15	28,760	-15,343	36	9
	BP	-207,750	-0.11	-0.10	-890,925	182	36	17.72	-80	24,698	-16,272	29	10
	CD	108,550	0.06	0.05	-320,690	135	37	46.51	6	32,743	-18,846	43	9
	JY	1,480,200	0.34	0.73	-215,013	93	53	13.03	1,139	46,165	-20,042	52	10
	SF	382,513	0.06	0.20	-215,963	107	34	14.97	254	45,470	-17,316	57	13
利率	ED	2,171,300	0.15	0.90	-306,575	88	32	79.91	140	71,313	-16,813	79	8
	TY	731,469	0.27	0.32	-230,719	135	37	28.10	197	41,759	-15,770	50	6
	US	887,375	0.28	0.44	-380,125	111	42	21.25	376	42,355	-17,252	53	8
股票	SP	-218,825	0.01	-0.11	-698,850	153	30	8.95	-154	38,173	-18,377	46	8
金属	GC	109,890	0.05	0.05	-515,420	124	33	44.60	19	34,419	-15,718	52	11
	HG	567,225	0.10	0.30	-398,325	120	32	33.68	135	49,671	-16,355	54	11
	PL	178,875	-0.02	0.08	-877,635	154	29	50.75	19	47,832	-18,420	39	11
	SL	-645,880	-0.18	-0.31	-956,165	193	27	30.75	-117	25,455	-14,298	37	8
能源	CL	2,266,660	0.31	0.88	-184,980	97	41	29.73	725	75,627	-16,391	57	12
	HO	1,767,402	0.21	0.60	-276,864	133	32	25.51	462	66,900	-14,531	49	9
	HU	1,673,839	0.29	0.61	-263,802	113	40	21.93	627	56,174	-14,330	48	12
谷物	C	1,547,663	0.16	0.45	-469,350	129	40	75.38	157	58,349	-19,588	43	10
	S	-322,500	-0.07	-0.16	-470,413	152	36	30.22	-76	25,199	-17,871	31	13
	W	840,038	0.15	0.39	-197,363	102	36	51.89	156	56,656	-19,537	63	10
肉类	FC	-167,295	-0.02	-0.08	-832,785	165	29	39.87	-30	40,651	-18,353	36	10
	LC	74,576	-0.03	0.04	-494,868	165	28	47.04	-9	36,125	-14,964	43	8
	LH	477,696	0.10	0.22	-449,308	107	37	32.99	132	43,936	-19,257	59	9
	PB	-161,740	0.00	-0.07	-525,592	147	31	20.36	-55	35,759	-17,382	39	12
软性商品	CC	174,230	-0.02	0.00	-672,420	113	31	48.18	6	40,789	-17,860	62	10
	CT	797,555	0.08	0.40	-469,535	130	30	24.08	106	47,246	-16,597	50	9
	JO	-139,043	-0.01	-0.06	-439,710	166	35	36.65	-23	26,068	-15,319	36	8
	KC	1,453,515	0.19	0.45	-275,794	136	34	10.86	843	54,439	-13,981	37	11
	LB	1,193,984	0.19	0.37	-318,136	119	33	36.19	257	62,003	-16,389	61	7
	SB	157,236	0.04	0.08	-373,173	131	29	53.93	23	41,171	-15,049	61	7
	平均	570,846	0.09	0.22	-436,336	129	33	33.36	174	43,197	-16,274	47	9

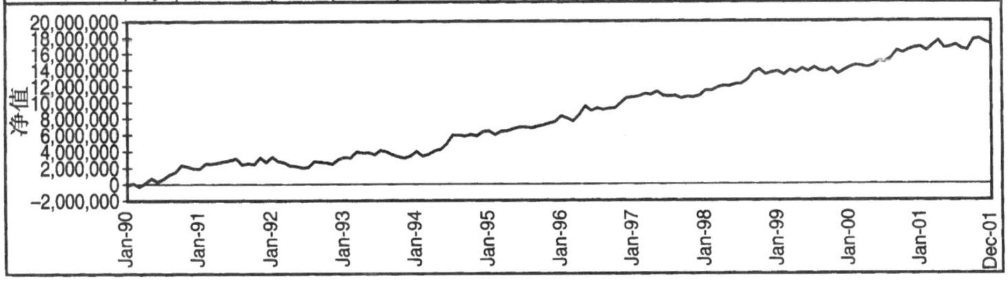

投资组合统计量

净利：	17,125,366	夏普率：	1.01
最大流失金额：	-1,302,645	突破相关：	0.71
K-比率：	0.53	均线相关：	0.65

图 7.19a　80 天动能系统运用于期货的结果

统计分析（期货）

策略名称：80天动能
参数：80天动能提供买进卖出信号
说明：今天的收盘价高于80天前，买入；今天的收盘价低于80天前，卖出
测试期间：1990. 1. 1-2001. 12. 31

市场分析

市场	平均净利	平均K-比率	平均夏普率	平均最大流失	平均交易次数	平均成功%	合约平均获利	平均获利	平均亏损	成功线形	失败线形
外汇	342,025	0.08	0.17	-402,432	136	39	261	35,567	-17,564	43	10
利率	947,536	0.18	0.41	-229,355	84	28	178	38,857	-12,459	45	5
股票	-218,825	0.01	-0.11	-698,850	153	30	-154	38,173	-18,377	46	8
金属	52,528	-0.01	0.03	-686,886	148	30	14	39,344	-16,198	46	10
能源	1,902,633	0.27	0.70	-241,882	114	38	605	66,234	-15,084	51	11
谷物	688,400	0.08	0.23	-379,042	128	38	79	46,735	-18,998	46	11
肉类	55,809	0.01	0.03	-575,638	146	31	10	39,118	-17,489	44	10
软性商品	606,246	0.08	0.22	-424,795	133	32	202	45,286	-15,866	51	9

年份绩效分析

年份	净利	K-比率	夏普率	年份	净利	K-比率	夏普率
1990	1,944,570	0.64	1.39	*1996*	2,312,252	0.53	1.33
1991	1,421,135	0.19	0.89	*1997*	828,593	0.02	0.78
1992	-53,122	0.04	-0.04	*1998*	2,331,234	0.71	1.81
1993	697,802	0.01	0.56	*1999*	508,325	0.09	0.20
1994	2,479,142	0.65	1.67	*2000*	2,546,629	0.81	2.10
1995	1,815,731	0.61	1.93	*2001*	346,263	0.13	0.16

长度	窗口数	获利窗口数	获利百分比
1个月	144	86	59.72%
3个月	142	102	71.83%
6个月	139	118	84.89%
12个月	133	126	94.74%
18个月	127	124	97.64%
24个月	121	120	99.17%

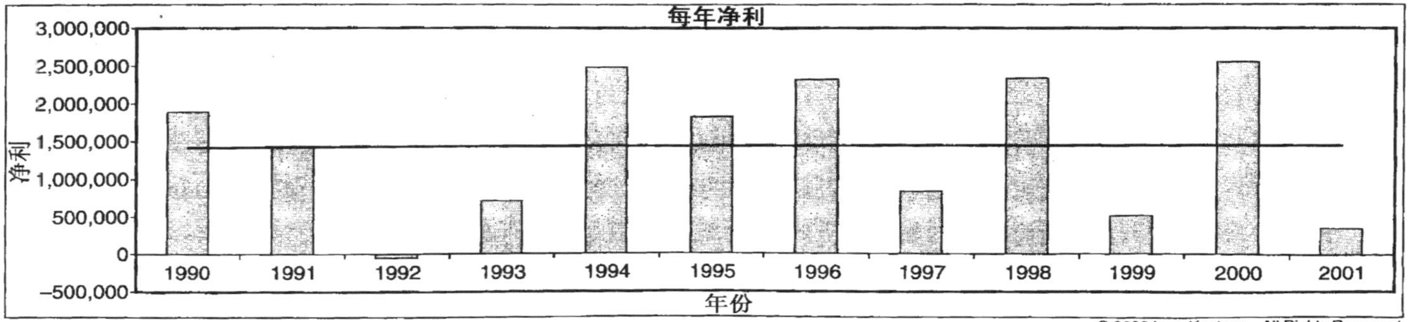

图7.19b　80天动能系统运用于期货的结果

交易策略评估（股票）

策略名称：80天动能

参数：80天动能提供买进卖出信号

说明：今天的收盘价高于80天前，买入；今天的收盘价低于80天前，卖出

测试期间：1990.1.1-2001.12.31

	市场	净利	K-比率	夏普率	最大流失	交易次数	成功%	平均合约	合约平均获利	平均获利	平均亏损	成功线形	失败线形
能源	SLB	−30,736	0.02	−0.02	−354,552	146	34	16.80	−21	32,477	−17,450	44	9
	XOM	−1,024,557	−0.05	−0.53	−1,082,357	217	30	43.01	−113	22,284	−16,694	25	8
基本原料	AA	−764,729	−0.15	−0.37	−900,286	86	40	49.41	−184	39,657	−40,944	52	22
	DD	−219,943	0.06	−0.11	−413,265	160	38	21.81	−55	26,927	−18,522	33	10
	IP	−1,554,915	−0.36	−0.74	−1,649,070	226	30	16.92	−405	16,515	−16,919	20	11
工业	BA	−189,983	−0.02	−0.09	−880,414	163	33	22.85	−94	31,454	−18,353	35	10
	GE	643,085	0.13	0.33	−327,676	128	39	73.09	69	40,808	−17,854	45	10
	MMM	−970,735	−0.25	−0.53	−1,024,748	170	31	13.26	−436	21,969	−18,354	34	10
消费服务	DIS	412,540	0.15	0.19	−203,136	138	36	37.55	61	34,691	−16,142	44	8
	GM	351,283	0.14	0.18	−244,393	104	38	12.26	229	33,725	−16,517	51	14
	HD	421,311	0.04	0.19	−607,569	138	34	55.79	54	44,719	−18,520	42	11
	WMT	170,012	0.04	0.09	−327,881	178	40	32.51	25	24,487	−14,904	32	7
消费产品	G	877,930	0.27	0.45	−188,131	110	39	35.08	204	43,661	−16,297	57	7
	KO	−126,352	0.05	−0.05	−752,323	149	28	29.31	−29	51,725	−20,820	41	12
	MO	−22,793	0.03	−0.01	−539,510	154	29	23.65	−7	44,735	−18,122	44	10
	PG	226,024	0.09	0.11	−440,222	158	37	24.81	31	29,430	−16,295	33	10
医疗保健	AMGN	1,520,016	0.11	0.44	−414,043	141	28	58.88	184	84,739	−17,428	50	10
	BMY	827,772	0.14	0.39	−427,874	121	36	33.25	200	50,738	−18,547	51	10
	JNJ	742,542	0.15	0.35	−270,865	120	37	38.36	154	45,520	−17,020	47	13
	PFE	1,730,162	0.19	0.66	−395,705	132	38	42.20	313	60,087	−15,404	43	11
金融	AIG	119,142	0.08	0.06	−598,254	134	31	34.76	28	48,415	−19,946	49	11
	FNM	−897,868	−0.06	−0.45	−1,142,998	181	24	18.09	−274	35,599	−17,592	41	9
	MER	1,265,591	0.18	0.51	−292,122	133	32	38.01	252	65,632	−16,320	55	8
资讯科技	AAPL	306,954	0.12	0.13	−270,102	113	35	17.76	139	42,442	−18,585	48	15
	DELL	1,888,562	0.14	0.41	−476,532	149	30	510.64	25	82,175	−16,331	47	9
	IBM	−181,561	0.03	−0.08	−396,583	147	34	20.66	−82	33,730	−19,939	37	12
	INTC	1,189,528	0.21	0.48	−279,454	140	43	87.16	97	41,789	−16,608	39	8
	MSFT	1,338,833	0.21	0.51	−275,901	112	37	57.73	209	61,747	−16,653	55	10
	SUNW	896,733	0.08	0.36	−846,298	137	33	184.04	34	56,258	−18,213	46	9
	TXN	2,645,652	0.24	0.86	−208,528	100	42	78.93	332	84,957	−16,320	57	11
电信	VZ	−601,494	−0.04	−0.32	−696,524	153	29	20.00	−216	24,073	−16,138	39	11
股价指数	SPX	308,504	0.09	0.14	−525,137	149	31	2355.89	1	45,725	−17,336	47	8
	NDX	741,280	0.16	0.30	−346,319	133	32	1486.19	4	50,723	−15,936	54	8
	RUT	1,249,671	0.12	0.40	−395,379	103	35	4134.13	3	71,590	−19,920	60	13
	平均	390,808	0.07	0.12	−535,122	142	34	286.02	22	44,859	−18,145	44	10

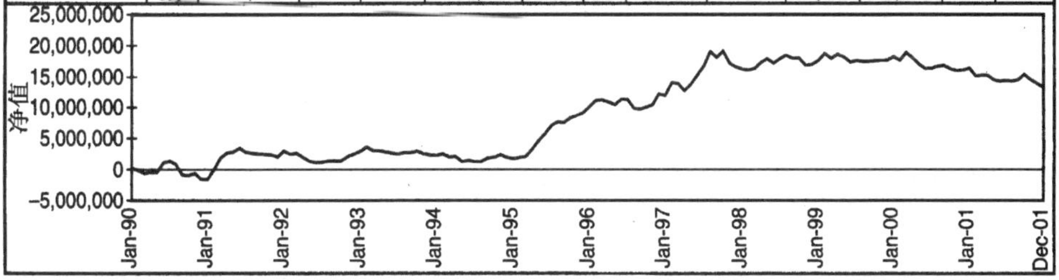

净值
25,000,000
20,000,000
15,000,000
10,000,000
5,000,000
0
−5,000,000
Jan-90 Jan-91 Jan-92 Jan-93 Jan-94 Jan-95 Jan-96 Jan-97 Jan-98 Jan-99 Jan-00 Jan-01 Dec-01

投资组合统计量

净利：	13,287,461	夏普率：	0.43
最大流失金额：	−5,863,550	突破相关：	0.72
K-比率：	0.18	均线相关：	0.61

图7.20a　80天动能系统运用于股票的结果

统计分析（股票）

策略名称：80天动能
参数：80天动能提供买进卖出信号
说明：今天的收盘价高于80天前，买入；今天的收盘价低于80天前，卖出
测试期间：1990.1.1-2001.12.31

市场分析

市场	平均净利	平均K-比率	平均夏普率	平均最大流失	平均交易次数	平均成功%	合约平均获利	平均获利	平均亏损	成功线形	失败线形
能源	−527,647	−0.01	−0.27	−718,455	182	32	−67	27,380	−17,072	35	9
基本原料	−846,529	−0.15	−0.40	−987,540	157	36	−215	27,700	−25,462	35	14
工业	−172,544	−0.05	−0.10	−744,279	154	34	−154	31,410	−18,187	38	10
	338,787	0.09	0.16	−345,745	140	37	92	34,405	−16,521	42	10
	238,702	0.11	0.13	−480,047	143	33	50	42,388	−17,883	44	10
医疗保健	1,205,123	0.15	0.46	−377,122	129	35	213	60,271	−17,100	48	11
金融	162,288	0.07	0.04	−677,791	149	29	2	49,882	−17,953	49	9
资讯科技	1,154,957	0.15	0.38	−393,343	128	36	108	57,585	−17,521	47	11
电信	−601,494	−0.04	−0.32	−696,524	153	29	−216	24,073	−16,138	39	11
股价指数	766,485	0.12	0.28	−422,279	128	33	3	56,013	−17,731	53	10

年份绩效分析

年份	净利	K-比率	夏普率	年份	净利	K-比率	夏普率
1990	−1,889,995	−0.14	−0.68	*1996*	1,770,088	0.06	0.64
1991	4,643,077	0.19	1.69	*1997*	4,296,308	0.30	0.90
1992	−88,700	−0.04	−0.06	*1998*	1,393,734	0.15	0.62
1993	−625,273	−0.30	−0.56	*1999*	610,535	−0.09	0.13
1994	−524,972	−0.05	−0.39	*2000*	−1,843,270	−0.38	−0.84
1995	8,422,657	1.31	4.97	*2001*	−3,119,418	−0.29	−1.58

获利窗口

长度	窗口数	获利窗口数	获利百分比
1个月	144	76	52.78%
3个月	142	75	52.82%
6个月	139	71	51.08%
12个月	133	77	57.89%
18个月	127	86	67.72%
24个月	121	86	71.07%

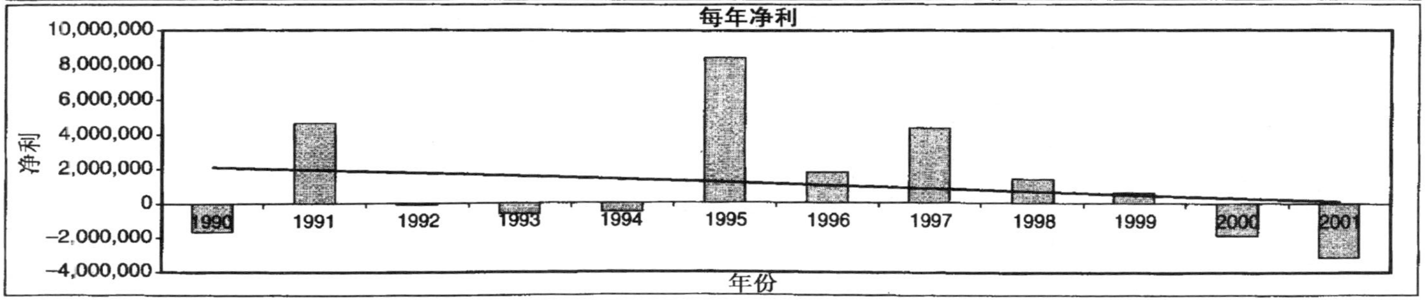

每年净利

图7.20b　80天动能系统运用于股票的结果

图7.21　价格波动率突破策略运用于 Fannie Mae

束另一个方向已有的部位。

该系统运用于家居货栈（HD）的例子，参见图 7.24。如果价格呈现回归的走势，则随机指标系统能够准确地预测头部和底部。10 月初，由于炒买，随机指标超过 80。当 14 天慢速% K 跌破 80，则进场建立空头部位。10 月底，当随机指标跌破 20，然后又超过 20，则建立多头部位。

14 天慢速% K 的测试结果难以令人满意（见图 7.25a ~ 图 7.26b）。期货的绩效很差，在 12 年的测试中，只有 2 年赢利。股票方面稍好，但 12 年中也只有 5 年赢利。在期货方面，凡是不适合标准趋势理论的市场（金属、肉类和可可），随机指标策略都有良好的表现。

随机指标策略与通道突破策略和移动平均线交叉策略负相关。这并不令人惊讶，因为随机指标策略是在下跌时买入，而在价格上涨后卖出，这正与另外两种顺势而为的策略相反。

有一点值得留意：虽然随机指标策略在期货和股票上的赢利能力不容乐观，但是期货上的获利年份和股票上 5 年中有两年的获利年份都集中在最近 3 年。这似乎意味着近年来行情趋势不明显，将来的市场可能更适合采用随机指标或 RSI 来产生交易信号。

交易策略评估（期货）

策略名称：价格波动率突破

参数：1天报酬率，过去100天价格报酬率的2西格玛

说明：今天的价格报酬率高于100天西格玛的2倍，则买进；相反，则卖出

测试期间：1990. 1. 1-2001. 12. 31

	市场	净利	K-比率	夏普率	最大流失	交易次数	成功%	平均合约	合约平均获利	平均获利	平均亏损	成功线形	失败线形
外汇	AD	–374,390	–0.06	–0.21	–996,300	85	29	26.14	–173	62,710	–32,553	52	27
	BP	–312,888	–0.05	–0.14	–865,825	100	39	17.94	–170	49,506	–36,652	40	23
	CD	428,410	0.03	0.19	–752,590	72	49	47.66	126	63,784	–48,609	49	35
	JY	468,563	0.02	0.24	–412,688	86	44	13.80	264	54,336	–36,477	42	28
	SF	–631,538	–0.12	–0.33	–943,825	92	36	16.15	–417	55,508	–41,552	49	24
利率	ED	1,832,900	0.19	0.88	–398,875	74	49	84.12	301	94,512	–40,198	61	22
	TY	–482,313	–0.06	–0.24	–717,188	90	40	30.56	–176	55,945	–46,250	44	26
	US	–172,125	0.04	–0.08	–519,281	80	40	21.46	–167	57,770	–44,501	44	32
股票	SP	–172,025	–0.12	–0.08	–619,950	97	33	8.29	–344	58,113	–32,858	41	25
金属	GC	572,370	0.13	0.27	–490,410	68	40	49.16	170	81,809	–40,000	66	27
	HG	–321,000	–0.19	–0.17	–834,600	77	38	33.67	–148	47,465	–36,691	44	35
	PL	338,455	0.12	0.19	–312,435	68	47	48.93	118	53,973	–37,046	56	32
	SL	428,675	0.08	0.25	–326,220	75	47	35.42	157	51,235	–34,380	60	19
能源	CL	–221,580	0.02	–0.10	–624,280	90	36	28.12	–83	64,288	–39,108	40	30
	HO	74,907	–0.01	0.04	–430,563	78	40	24.16	49	71,158	–44,979	43	36
	HU	–258,972	–0.10	–0.12	–958,482	86	44	22.41	–128	51,450	–45,874	38	33
谷物	C	378,138	0.01	0.17	–484,100	104	45	82.07	49	58,423	–40,895	47	13
	S	–796,213	–0.17	–0.38	–1,478,475	99	35	30.28	–315	43,760	–38,691	41	22
	W	946,350	0.13	0.48	–507,750	65	45	50.30	293	84,234	–41,217	69	28
肉类	FC	–101,330	–0.06	–0.06	–476,230	81	47	41.32	–61	39,733	–39,840	51	24
	LC	–885,980	–0.18	–0.46	–1,092,340	83	33	50.10	–224	55,677	–43,445	41	33
	LH	–685,152	–0.04	–0.33	–987,076	89	35	32.87	–220	54,893	–40,411	48	26
	PB	–403,588	–0.09	–0.19	–881,188	41	34	25.38	–329	75,357	–51,742	83	42
软性商品	CC	180,870	–0.03	0.10	–613,240	70	43	51.15	20	51,699	–36,993	53	29
	CT	19,270	–0.09	0.01	–756,815	90	32	24.34	17	72,654	–33,935	66	17
	JO	–463,995	–0.15	–0.23	–1,286,288	89	31	36.99	–145	58,975	–34,916	56	23
	KC	777,825	0.18	0.40	–299,869	87	45	14.18	629	63,351	–35,317	50	21
	LB	–45,176	–0.09	–0.02	–734,256	48	50	51.69	–70	73,016	–80,302	46	75
	SB	223,171	–0.01	0.12	–625,823	77	38	56.60	36	65,634	–36,376	63	22
	平均	11,388	–0.02	0.01	–680,899	78	39	35.18	–31	59,032	–39,727	49	28

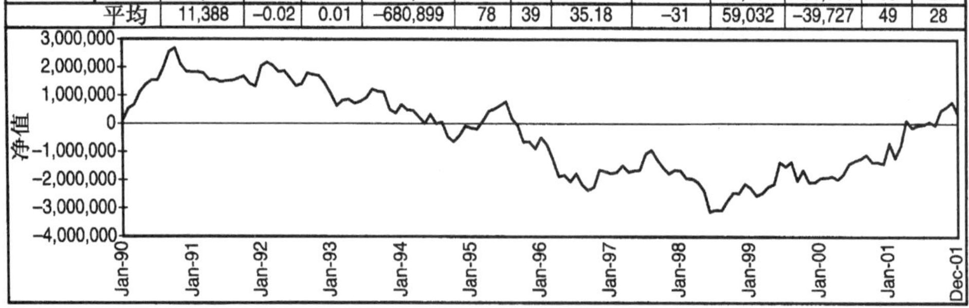

投资组合统计量

净利：	341,640	夏普率：	0.02
最大流失金额：	–5,802,061	突破相关：	0.51
K-比率：	–0.09	均线相关：	0.43

图 7. 22a　价格波动率突破系统运用于期货的结果

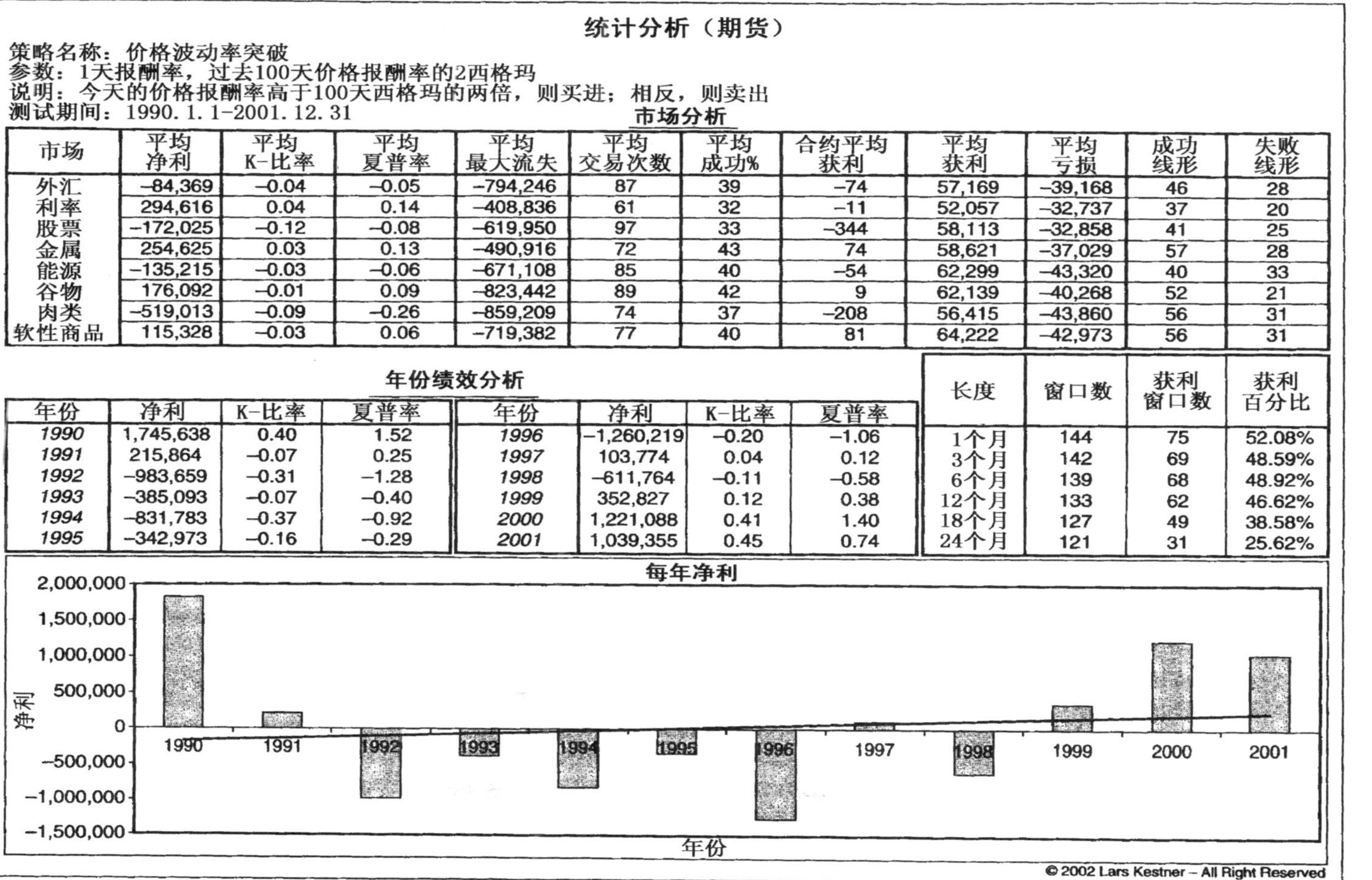

统计分析（期货）

策略名称：价格波动率突破
参数：1天报酬率，过去100天价格报酬率的2西格玛
说明：今天的价格报酬率高于100天西格玛的两倍，则买进；相反，则卖出
测试期间：1990.1.1-2001.12.31

市场分析

市场	平均净利	平均K-比率	平均夏普率	平均最大流失	平均交易次数	平均成功%	合约平均获利	平均获利	平均亏损	成功线形	失败线形
外汇	−84,369	−0.04	−0.05	−794,246	87	39	−74	57,169	−39,168	46	28
利率	294,616	0.04	0.14	−408,836	61	32	−11	52,057	−32,737	37	20
股票	−172,025	−0.12	−0.08	−619,950	97	33	−344	58,113	−32,858	41	25
金属	254,625	0.03	0.13	−490,916	72	43	74	58,621	−37,029	57	28
能源	−135,215	−0.03	−0.06	−671,108	85	40	−54	62,299	−43,320	40	33
谷物	176,092	−0.01	0.09	−823,442	89	42	9	62,139	−40,268	52	21
肉类	−519,013	−0.09	−0.26	−859,209	74	37	−208	56,415	−43,860	56	31
软性商品	115,328	−0.03	0.06	−719,382	77	40	81	64,222	−42,973	56	31

年份绩效分析

年份	净利	K-比率	夏普率
1990	1,745,638	0.40	1.52
1991	215,864	−0.07	0.25
1992	−983,659	−0.31	−1.28
1993	−385,093	−0.07	−0.40
1994	−831,783	−0.37	−0.92
1995	−342,973	−0.16	−0.29
1996	−1,260,219	−0.20	−1.06
1997	103,774	0.04	0.12
1998	−611,764	−0.11	−0.58
1999	352,827	0.12	0.38
2000	1,221,088	0.41	1.40
2001	1,039,355	0.45	0.74

长度	窗口数	获利窗口数	获利百分比
1个月	144	75	52.08%
3个月	142	69	48.59%
6个月	139	68	48.92%
12个月	133	62	46.62%
18个月	127	49	38.58%
24个月	121	31	25.62%

图7.22b　价格波动率突破系统运用于期货的结果

交易策略评估（股票）

策略名称：价格波动率突破

参数：1天报酬率，过去100天价格报酬率的2西格玛

说明：今天的价格报酬率高于100天西格玛的2倍，则买进；相反，则卖出

测试期间：1990. 1. 1-2001. 12. 31

	市场	净利	K-比率	夏普率	最大流失	交易次数	成功%	平均合约	合约平均获利	平均获利	平均亏损	成功线形	失败线形
能源	SLB	54,851	0.08	0.03	–269,450	72	43	16.14	4	43,659	–32,883	56	30
	XOM	–83,287	–0.05	–0.05	–469,181	80	34	46.98	–23	48,323	–26,240	71	20
基本原料	AA	–541,286	–0.11	–0.26	–746,674	154	34	53.29	–68	22,960	–17,163	35	12
	DD	–560,395	–0.11	–0.30	–826,475	77	39	21.08	–397	42,188	–40,652	52	29
	IP	510,746	0.10	0.29	–322,297	69	42	17.24	377	60,071	–32,343	61	30
工业	BA	–267,754	–0.15	–0.15	–997,481	77	39	22.50	–231	45,893	–37,795	45	31
	GE	–59,243	0.04	–0.03	–533,523	96	35	70.13	–16	61,295	–35,354	49	21
	MMM	–501,492	–0.08	–0.25	–1,176,582	88	38	14.07	–515	45,632	–38,971	49	24
消费服务	DIS	417,538	0.12	0.22	–561,880	70	47	34.75	179	56,917	–39,001	57	28
	GM	82,767	–0.01	0.05	–327,119	90	39	13.46	30	51,349	–32,026	45	25
	HD	383,447	–0.01	0.18	–605,375	81	48	67.89	46	56,763	–46,636	47	27
	WMT	–410,707	–0.04	–0.23	–839,676	104	37	40.22	–123	53,231	–38,430	42	21
消费产品	G	–273,257	–0.01	–0.14	–450,525	84	37	40.69	–80	62,102	–41,516	60	22
	KO	467,373	0.08	0.27	–330,283	77	47	25.26	241	56,399	–38,103	51	28
	MO	–615,498	–0.26	0.35	–876,155	89	40	25.48	–264	41,102	–39,233	44	27
	PG	560,796	0.15	0.31	–340,482	75	48	21.50	294	46,391	–30,674	59	21
医疗保健	AMGN	633,602	0.10	0.35	–541,724	99	37	75.39	86	66,579	–29,323	39	25
	BMY	–523,379	–0.03	–0.29	–1,028,792	86	36	31.26	–192	47,877	–36,378	53	25
	JNJ	–25,954	–0.02	–0.01	–744,738	76	39	40.04	–5	57,821	–38,028	62	25
	PFE	998,174	0.34	0.58	–249,525	80	44	92.28	132	66,364	–29,915	60	19
金融	AIG	82,235	–0.03	0.04	–510,249	82	39	36.81	23	61,142	–37,742	56	23
	FNM	–187,520	–0.02	–0.11	–805,581	81	38	22.43	–92	53,070	–36,234	50	27
	MER	–341,500	–0.11	–0.15	–781,212	85	34	49.56	–90	60,613	–38,128	48	26
资讯科技	AAPL	946,047	0.29	0.48	–316,343	74	53	16.77	755	59,242	–39,242	55	25
	DELL	904,757	0.17	0.42	–450,178	100	41	566.97	14	69,890	–34,951	38	23
	IBM	1,815,791	0.34	0.81	–341,736	74	46	22.35	1,017	86,454	–31,449	59	24
	INTC	1,221,140	0.24	0.53	–475,844	70	47	98.06	162	87,613	–48,078	65	22
	MSFT	350,859	0.00	0.15	–1,005,595	108	36	78.31	38	70,159	–34,946	42	19
	SUNW	–839,810	–0.07	–0.43	–1,201,906	104	34	211.17	–38	49,710	–37,179	42	22
	TXN	–60,877	–0.04	–0.03	–538,588	89	40	70.52	–5	56,283	–38,850	50	22
电信	VZ	–901,326	-0.19	–0.47	–949,018	80	39	23.11	–446	38,266	–41,034	49	29
股价指数	SPX	–499,732	–0.06	–0.25	–768,172	89	30	2305.76	–3	67,190	–38,946	44	28
	NDX	78,439	–0.03	0.03	–729,984	91	45	1502.82	1	54,355	–42,345	36	31
	RUT	1,281,815	0.07	0.50	–848,529	77	52	4870.42	3	77,293	–53,012	46	30
		120,511	0.02	0.05	–645,908	86	41	313.08	24	56,594	–36,847	50	25

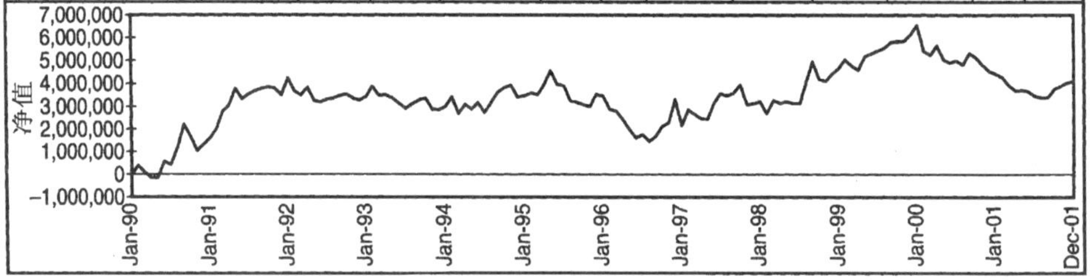

投资组合统计量

净利：	4,097,361	夏普率：	0.24
最大流失金额：	–3,198,651	突破相关：	0.51
K-比率：	0.07	均线相关：	0.45

图 7.23a　价格波动率突破系统运用于期货的结果

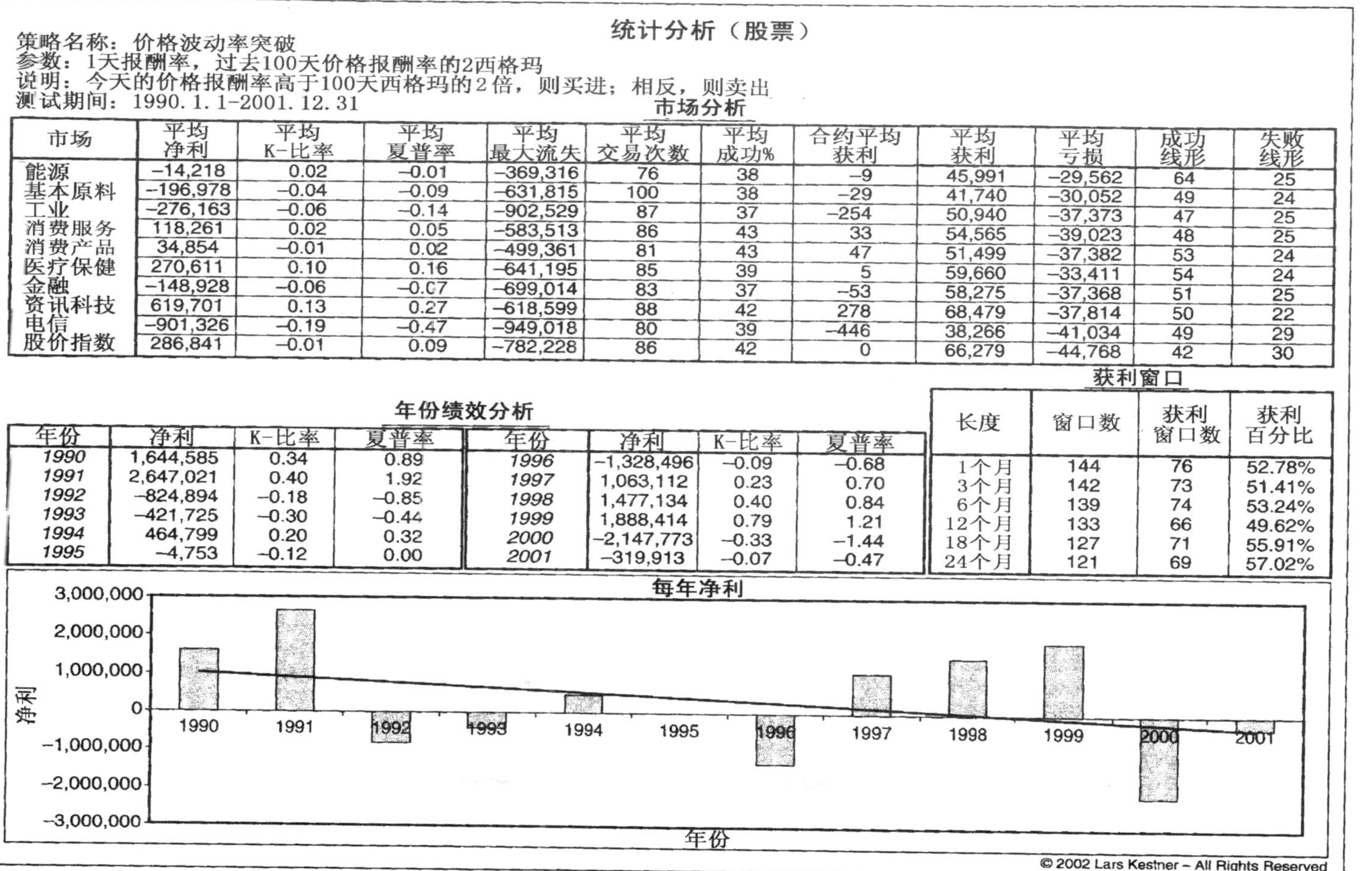

统计分析（股票）

策略名称：价格波动率突破
参数：1天报酬率，过去100天价格报酬率的2西格玛
说明：今天的价格报酬率高于100天西格玛的2倍，则买进；相反，则卖出
测试期间：1990.1.1-2001.12.31

市场分析

市场	平均净利	平均K-比率	平均夏普率	平均最大流失	平均交易次数	平均成功%	合约平均获利	平均获利	平均亏损	成功线形	失败线形
能源	−14,218	0.02	−0.01	−369,316	76	38	−9	45,991	−29,562	64	25
基本原料	−196,978	−0.04	−0.09	−631,815	100	38	−29	41,740	−30,052	49	24
工业	−276,163	−0.06	−0.14	−902,529	87	37	−254	50,940	−37,373	47	25
消费服务	118,261	0.02	0.05	−583,513	86	43	33	54,565	−39,023	48	25
消费产品	34,854	−0.01	0.02	−499,361	81	43	47	51,499	−37,382	53	24
医疗保健	270,611	0.10	0.16	−641,195	85	39	5	59,660	−33,411	54	24
金融	−148,928	−0.06	−0.07	−699,014	83	37	−53	58,275	−37,368	51	25
资讯科技	619,701	0.13	0.27	−618,599	88	42	278	68,479	−37,814	50	22
电信	−901,326	−0.19	−0.47	−949,018	80	39	−446	38,266	−41,034	49	29
股价指数	286,841	−0.01	0.09	−782,228	86	42	0	66,279	−44,768	42	30

年份绩效分析

年份	净利	K-比率	夏普率	年份	净利	K-比率	夏普率
1990	1,644,585	0.34	0.89	1996	−1,328,496	−0.09	−0.68
1991	2,647,021	0.40	1.92	1997	1,063,112	0.23	0.70
1992	−824,894	−0.18	−0.85	1998	1,477,134	0.40	0.84
1993	−421,725	−0.30	−0.44	1999	1,888,414	0.79	1.21
1994	464,799	0.20	0.32	2000	−2,147,773	−0.33	−1.44
1995	−4,753	−0.12	0.00	2001	−319,913	−0.07	−0.47

获利窗口

长度	窗口数	获利窗口数	获利百分比
1个月	144	76	52.78%
3个月	142	73	51.41%
6个月	139	74	53.24%
12个月	133	66	49.62%
18个月	127	71	55.91%
24个月	121	69	57.02%

图7.23b　价格波动率突破系统运用于股票的结果

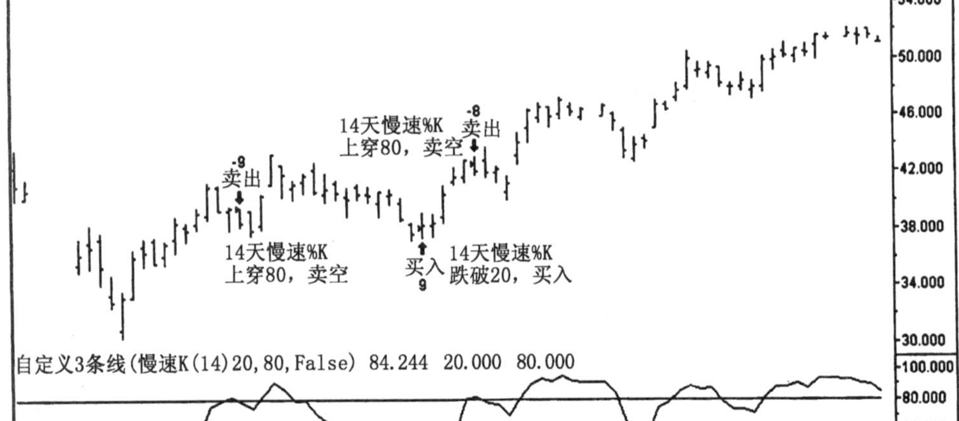

图表 7.24　随机指标策略运用于家居客栈

相对强度指数（RSI）

第二个接受测试的振荡指标是 14 日相对强度指标（RSI）。如果当天的 14 日指标跌破 35 则买进，如果当天的 14 日指标超过 65，则卖出。建立某个方向的部位，就结束另一个方向已有的部位。

相对强度指标提供的信号和其他振荡指标如随机指标类似。图 7.27 显示相对强度指标运用于微软（MSFT）的情况。10 月初，价格从底部上升，使 14 日相对强度指标跌破 35，发出了买入信号。10 月末，经过三周的上升，大量的沽售使十四日相对强度指标超过 65，而发出了卖出信号。建立空头部位的同时，结束多头部位。

14 日相对强度策略在期货市场和股票上的绩效都非常差（图 7.28a ~ 图 7.29b），K – 比率和夏普率都是较大的负数。期货上的试验显示，12 年只有 4 年获利。股票市场上，12 年中有 7 年获利，但是另 5 年的亏损额超过了这 7 年的获利。和随机指标测试结果一样，14 日相对强度指标的汇报与顺势系统呈现负相关。该策略表现最差的市场包括利率、石油期货和科技股。

交易策略评估（期货）

策略名称：14天慢速%k随机指标

参数：14天随机指标计算

说明：%k向上穿越20，则买进；%k向下穿越80，则卖出

测试期间：1990.1.1-2001.12.31

	市场	净利	K-比率	夏普率	最大流失	交易次数	成功%	平均合约	合约平均获利	平均获利	平均亏损	成功线形	失败线形
外汇	AD	898,980	0.14	0.44	−490,760	109	67	25.63	317	35,215	−46,796	17	49
	BP	210,638	0.11	0.11	−423,888	100	61	17.76	132	32,381	−44,619	18	48
	CD	−107,910	−0.07	−0.05	−996,850	101	67	45.85	−25	28,297	−61,872	21	49
	JY	−1,068,175	−0.22	−0.51	−1,291,713	88	59	13.83	−792	30,636	−71,023	19	55
	SF	−518,475	−0.05	−0.26	−850,238	88	60	15.38	−401	30,045	−61,018	19	57
利率	ED	−3,391,050	−0.20	−1.16	−3,740,525	69	58	86.37	−567	28,959	−156,376	21	75
	TY	−582,953	−0.16	−0.26	−871,297	96	61	29.27	−194	31,501	−64,975	18	53
	US	−158,719	−0.06	−0.08	−702,656	106	63	20.29	−55	32,007	−58,010	16	48
股票	SP	297,725	0.03	0.15	−565,013	91	65	8.28	365	33,412	−52,995	19	59
金属	GC	−377,760	−0.08	−0.17	−739,520	89	60	45.54	−93	33,594	−59,951	18	56
	HG	159,200	0.02	0.08	−617,238	97	66	32.60	60	31,795	−55,912	17	58
	PL	249,925	0.06	0.14	−787,975	96	64	45.31	66	30,466	−44,898	22	47
	SL	14,375	0.05	0.01	−394,765	85	62	32.90	28	30,168	−47,531	22	57
能源	CL	−1,145,260	−0.22	−0.47	−1,219,770	97	59	29.89	−364	29,408	−68,275	17	49
	HO	−763,585	−0.21	−0.29	−1,011,104	94	61	22.94	−362	29,920	−67,189	18	53
	HU	−644,423	−0.10	−0.25	−921,278	94	62	23.06	−303	29,234	−65,337	19	52
谷物	C	−734,463	−0.15	−0.33	−975,075	86	63	74.62	−109	31,872	−75,720	19	61
	S	−29,563	0.03	−0.01	−547,513	96	64	30.29	−2	30,539	−53,366	20	51
	W	−420,538	−0.11	−0.17	−1,106,063	92	63	50.97	−90	35,108	−72,240	19	56
肉类	FC	464,740	0.00	0.22	−636,485	111	65	41.29	102	33,305	−49,506	17	46
	LC	1,863,092	0.42	0.88	−338,628	136	79	50.20	272	30,473	−48,291	15	49
	LH	65,868	−0.02	0.03	−584,808	102	65	31.33	23	34,664	−61,475	19	50
	PB	953,960	0.20	0.43	−400,512	112	67	20.95	428	37,991	−49,877	17	45
软性商品	CC	1,288,880	0.20	0.63	−577,440	111	73	49.02	231	33,209	−47,713	17	52
	CT	−324,655	0.03	−0.16	−536,310	90	69	24.74	−150	30,632	−79,763	20	63
	JO	1,203,015	0.29	0.49	−443,640	113	74	35.62	301	31,563	−49,589	19	47
	KC	−937,271	−0.13	−0.34	−1,430,715	97	64	12.07	−800	27,365	−75,243	18	52
	LB	−287,344	−0.01	−0.09	−1,242,616	119	67	32.71	−77	34,847	−79,206	16	44
	SB	68,511	0.00	0.03	−517,910	97	64	51.93	8	31,256	−54,217	18	54
	平均	−125,108	−0.01	−0.03	−832,077	95	62	33.35	−68	30,662	−60,766	18	51

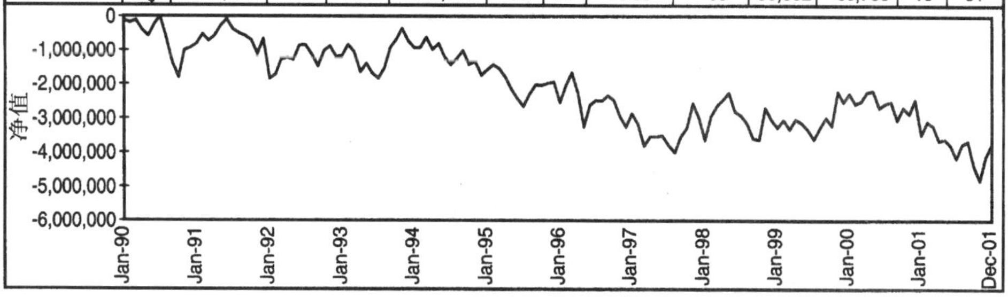

投资组合统计量

净利：	−3,753,234	夏普率：	−0.23
最大流失金额：	−4,817,779	突破相关：	−0.84
K-比率：	−0.15	均线相关：	−0.79

图 7.25a　随机指标策略运用于期货的结果

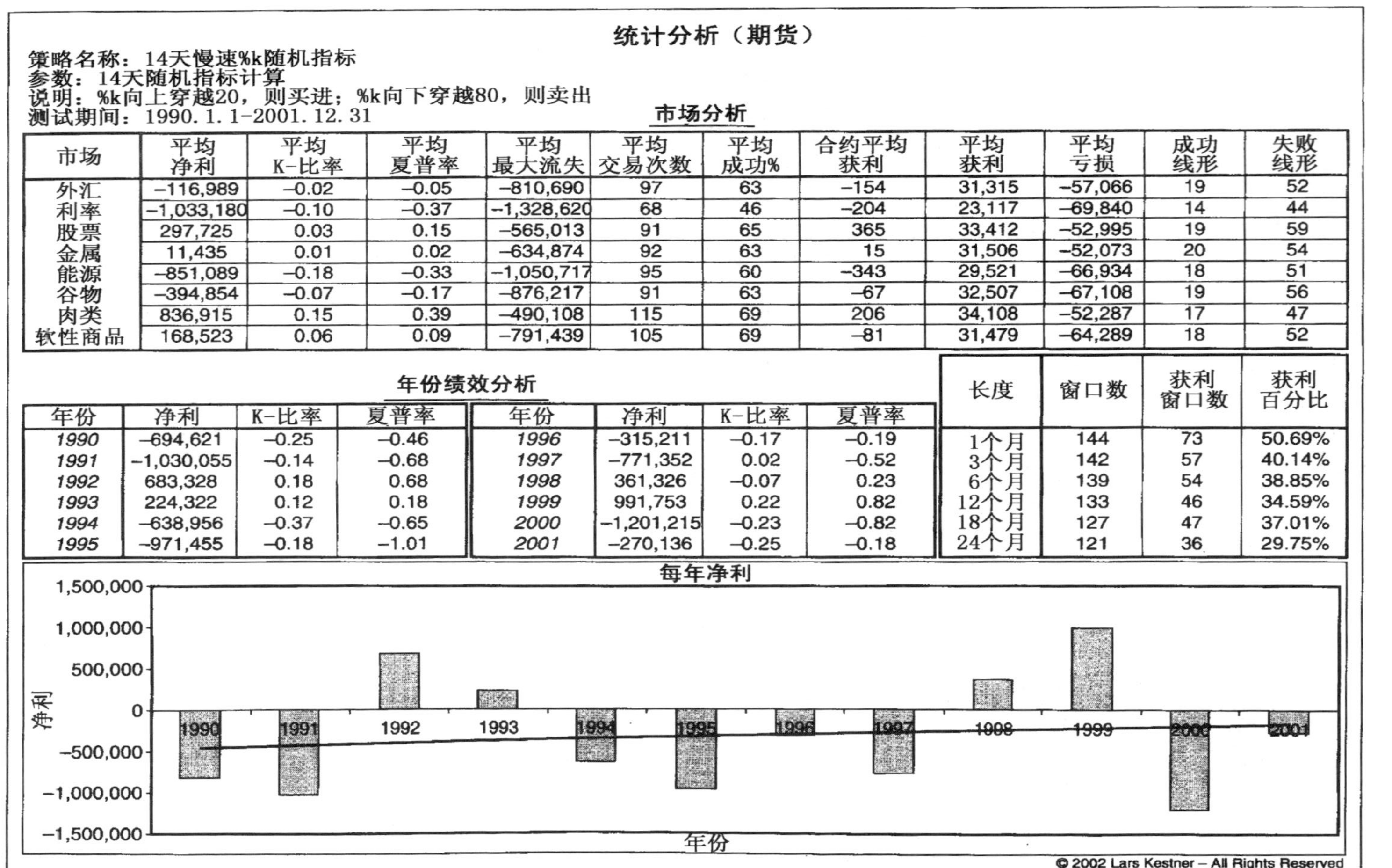

统计分析（期货）

策略名称：14天慢速%k随机指标
参数：14天随机指标计算
说明：%k向上穿越20，则买进；%k向下穿越80，则卖出
测试期间：1990.1.1-2001.12.31

市场分析

市场	平均净利	平均K-比率	平均夏普率	平均最大流失	平均交易次数	平均成功%	合约平均获利	平均获利	平均亏损	成功线形	失败线形
外汇	−116,989	−0.02	−0.05	−810,690	97	63	−154	31,315	−57,066	19	52
利率	−1,033,180	−0.10	−0.37	−1,328,620	68	46	−204	23,117	−69,840	14	44
股票	297,725	0.03	0.15	−565,013	91	65	365	33,412	−52,995	19	59
金属	11,435	0.01	0.02	−634,874	92	63	15	31,506	−52,073	20	54
能源	−851,089	−0.18	−0.33	−1,050,717	95	60	−343	29,521	−66,934	18	51
谷物	−394,854	−0.07	−0.17	−876,217	91	63	−67	32,507	−67,108	19	56
肉类	836,915	0.15	0.39	−490,108	115	69	206	34,108	−52,287	17	47
软性商品	168,523	0.06	0.09	−791,439	105	69	−81	31,479	−64,289	18	52

年份绩效分析

年份	净利	K-比率	夏普率	年份	净利	K-比率	夏普率
1990	−694,621	−0.25	−0.46	*1996*	−315,211	−0.17	−0.19
1991	−1,030,055	−0.14	−0.68	*1997*	−771,352	0.02	−0.52
1992	683,328	0.18	0.68	*1998*	361,326	−0.07	0.23
1993	224,322	0.12	0.18	*1999*	991,753	0.22	0.82
1994	−638,956	−0.37	−0.65	*2000*	−1,201,215	−0.23	−0.82
1995	−971,455	−0.18	−1.01	*2001*	−270,136	−0.25	−0.18

长度	窗口数	获利窗口数	获利百分比
1个月	144	73	50.69%
3个月	142	57	40.14%
6个月	139	54	38.85%
12个月	133	46	34.59%
18个月	127	47	37.01%
24个月	121	36	29.75%

图7.25b　随机指标策略运用于期货的结果

交易策略评估（股票）

策略名称：14天慢速%k随机指标

参数：14天随机指标计算

说明：%k向上穿越20，则买进；%k向下穿越80，则卖出

测试期间：1990.1.1-2001.12.31

	市场	净利	K-比率	夏普率	最大流失	交易次数	成功%	Avg. hrs (000)	合约平均获利	平均获利	平均亏损	成功线形	失败线形
能源	SLB	1,054,815	0.13	0.57	−429,612	123	68	15.66	577	31,162	−38,613	15	44
	XOM	570,319	0.13	0.33	−396,000	99	73	40.79	139	26,321	−49,426	21	57
基本原料	AA	1,054,534	0.21	0.51	−407,396	52	71	53.98	369	50,087	−54,404	41	99
	DD	517,573	0.09	0.29	−522,904	110	69	20.73	222	27,762	−47,182	19	46
	IP	1,197,185	0.26	0.65	−349,334	111	72	16.60	643	30,998	−41,769	20	46
工业	BA	188,488	0.08	0.11	−338,916	94	60	20.44	108	31,993	−41,675	20	49
	GE	226,148	0.06	0.12	−356,487	98	65	77.93	28	34,757	−59,074	19	52
	MMM	705,134	0.08	0.38	−482,366	98	66	14.08	579	32,915	−40,614	20	50
消费服务	DIS	−241,732	−0.01	−0.12	−546,550	98	62	35.27	−70	29,746	−55,562	20	49
	GM	290,940	0.17	0.16	−240,771	98	64	13.54	213	32,045	−49,592	21	49
	HD	13,239	0.05	0.01	−669,100	88	64	61.39	15	41,170	−69,494	19	60
	WMT	−158,387	−0.06	−0.08	−608,085	92	59	40.75	−42	33,549	−51,834	19	52
消费产品	G	235,847	0.00	0.12	−725,839	100	69	35.70	88	30,077	−56,763	18	57
	KO	337,537	0.02	0.16	−671,384	115	67	26.31	103	30,386	−53,332	16	46
	MO	−653,108	−0.10	−0.31	−826,848	86	62	24.91	−296	29,619	−66,761	20	59
	PG	549,375	0.09	0.27	−454,234	114	73	20.96	250	30,574	−62,590	17	52
医疗保健	AMGN	−546,373	−0.02	−0.22	−1,210,098	96	64	48.58	−119	33,587	−74,353	18	55
	BMY	131,075	−0.05	0.07	−590,820	89	66	35.47	57	31,462	−55,840	19	63
	JNJ	31,384	−0.01	0.02	−713,694	106	62	39.50	6	30,782	−50,204	16	48
	PFE	74,622	−0.02	0.04	−753,674	105	67	85.62	9	30,866	−59,303	17	51
金融	AIG	84,283	0.02	0.05	−549,144	100	63	41.25	21	30,703	−49,960	17	52
	FNM	795,628	0.06	0.41	−469,661	108	71	24.71	296	30,854	−51,145	18	52
	MER	−52,301	0.01	−0.03	−544,209	108	62	50.59	0	32,878	−53,778	15	47
资讯科技	AAPL	−311,022	−0.03	−0.16	−703,493	99	62	17.78	−187	30,592	−57,771	17	51
	DELL	−201,635	−0.04	−0.07	−936,353	100	65	527.50	−4	36,085	−72,601	19	52
	IBM	−279,152	−0.10	−0.13	−740,997	102	61	20.73	−78	32,998	−55,259	18	46
	INTC	−1,187,364	−0.21	−0.49	−1,609,738	101	61	116.64	−100	32,307	−81,635	18	49
	MSFT	−816,197	−0.18	−0.35	−984,331	88	60	70.48	−133	32,858	−73,410	20	56
	SUNW	−661,447	−0.14	−0.28	−1,129,208	85	61	222.88	−35	35,650	−76,263	19	62
	TXN	102,388	−0.01	0.05	−763,102	101	64	87.46	14	34,160	−58,346	18	52
电信	VZ	606,523	0.17	0.37	−279,857	101	64	22.89	290	29,901	−35,343	18	49
股价指数	SPX	−271,065	−0.09	−0.13	−1,083,386	90	64	2222.01	−1	33,296	−69,109	18	61
	NDX	−1,057,188	−0.24	−0.50	−1,389,437	89	62	1817.52	−7	31,855	−82,593	18	60
	RUT	−2,289,483	−0.28	−0.80	−2,596,205	102	53	5222.14	−4	36,232	−86,348	13	47
	平均	1,194	0.00	0.03	−737,448	98	65	329.20	87	32,654	−58,292	19	54

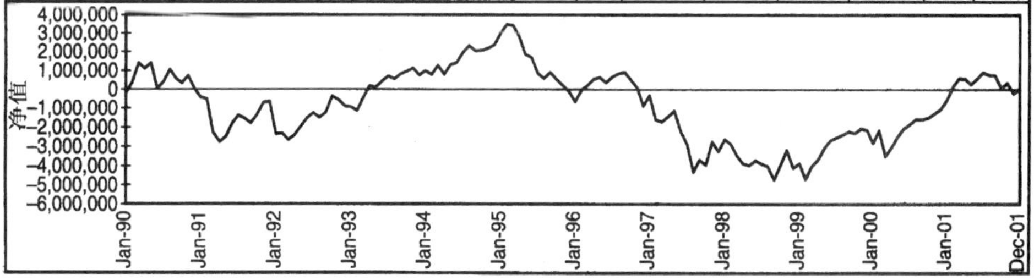

投资组合统计量

净利：	40,583	夏普率：	0.01
最大流失金额：	−8,192,040	突破相关：	−0.86
K-比率：	−0.03	均线相关：	−0.82

图7.26a　随机指标策略运用于股票的结果

统计分析（股票）

策略名称：14天慢速%k随机指标
参数：14天随机指标计算
说明：%k向上穿越20，则买进；%k向下穿越80，则卖出
测试期间：1990.1.1-2001.12.31

市场分析

市场	平均净利	平均K-比率	平均夏普率	平均最大流失	平均交易次数	平均成功%	合约平均获利	平均获利	平均亏损	成功线形	失败线形
能源	812,567	0.13	0.45	−412,806	111	71	358	28,741	−44,019	18	51
基本原料	923,097	0.19	0.48	−426,545	91	71	411	36,282	−47,785	27	64
工业	373,257	0.07	0.20	−392,590	97	64	239	33,222	−47,121	20	51
消费服务	−23,985	0.04	−0.01	−516,127	94	62	29	34,127	−56,620	20	53
消费产品	117,413	0.00	0.06	−669,576	104	68	37	30,164	−59,862	18	53
医疗保健	−77,323	−0.02	−0.02	−817,072	99	65	−12	31,674	−59,925	18	54
金融	275,870	0.03	0.14	−521,005	105	65	106	31,478	−51,628	17	50
资讯科技	−479,204	−0.10	−0.21	−981,032	97	62	−75	33,521	−67,898	18	52
电信	606,523	0.17	0.37	−279,857	101	64	290	29,901	−35,343	18	49
股价指数	−1,205,912	−0.20	−0.48	−1,689,676	94	60	−4	33,794	−79,350	17	56

年份绩效分析

年份	净利	K-比率	夏普率	年份	净利	K-比率	夏普率
1990	−218,783	−0.08	−0.09	*1996*	332,322	−0.02	0.21
1991	−1,943,596	0.00	−0.68	*1997*	−2,297,717	−0.28	−0.79
1992	1,424,585	0.53	1.10	*1998*	−1,270,173	−0.17	−0.68
1993	1,913,059	0.55	1.77	*1999*	1,076,264	0.39	0.30
1994	2,022,781	0.65	1.64	*2000*	2,268,662	0.50	1.23
1995	−3,660,423	−0.93	−2.52	*2001*	585,539	0.00	0.41

获利窗口

长度	窗口数	获利窗口数	获利百分比
1个月	144	79	54.86%
3个月	142	78	54.93%
6个月	139	79	56.83%
12个月	133	75	56.39%
18个月	127	67	52.76%
24个月	121	60	49.59%

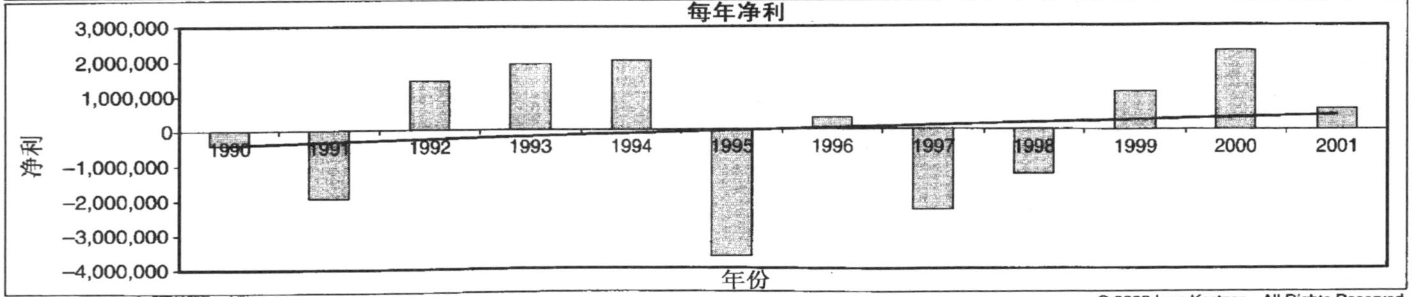

图7.26b 随机指标策略运用于股票的结果

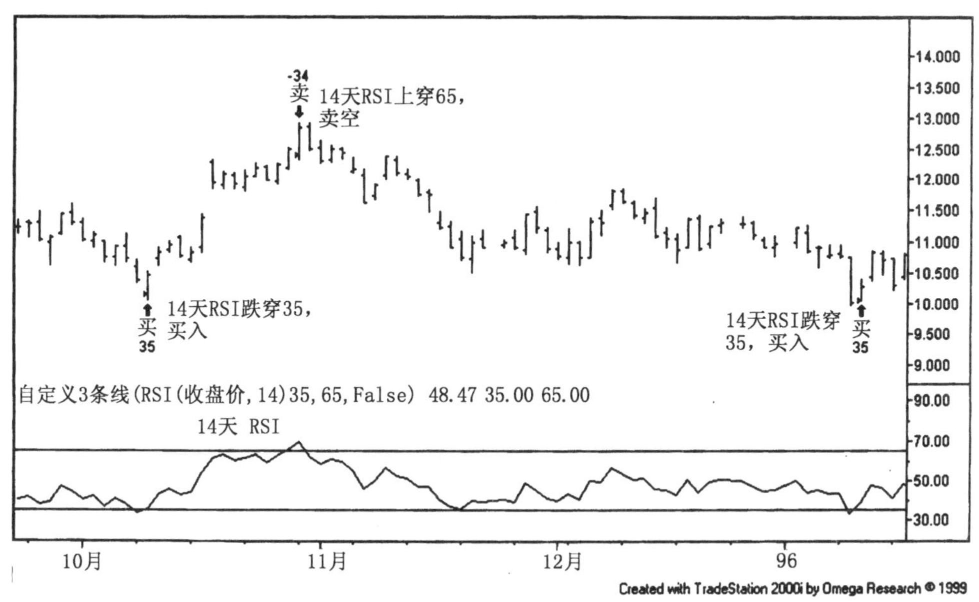

图 7.27　相对强度策略运用于微软股票

移动平均收敛/发散指标（MACD）

本章测试的最后一个策略是流行的移动平均收敛/发散指标（MACD）。该指标计算 12 天和 26 天指数移动平均（EMA）的差值。信号线是计算 MACD 的 9 天指数移动平均（EMA）。当 MACD 上升穿越信号线则买进，当 MACD 跌破信号线则卖出。

图 7.30 显示的是 MACD 运用于通用电气（GE）的例子。在 10 月末，股票下降，MACD 向下穿越信号线发出卖出信号。在 1 月中旬价格开始上升，MACD 向上穿越信号线发出买入信号。建立多头部位的同时，结束空头部位。

MACD 策略的测试显示了非常有趣的结果（图 7.31a ~ 图 7.32b）。MACD 产生的交易信号几乎是一半的顺势策略，一半的振荡指标。其基本原则是在走势由弱变强时买入，在由强变弱时卖出。这种“混合”策略在期货市场上有着良好的表现，12 年的测试中有 9 年获利。在外汇和软性商品上的表现最好。但是，其在股票方面表现很差，在测试的 12 年中全部亏损，尤其是在能源、医疗保健和金融类股上的表现更差。

交易策略评估（期货）

策略名称：14天相对强度指标

参数：采用14天相对强度指标计算

说明：相对强度指标跌破35，则买入；超过65，则卖出

测试期间：1990.1.1-2001.12.31

	市场	净利	K-比率	夏普率	最大流失	交易次数	成功%	平均合约	合约平均获利	平均获利	平均亏损	成功线形	失败线形
外汇	AD	123,340	−0.03	0.07	−514,700	42	69	24.65	99	44,549	−91,481	46	127
	BP	37,375	0.02	0.02	−870,775	42	76	17.72	50	41,875	−130,288	53	132
	CD	782,490	0.10	0.33	−373,980	51	67	48.58	308	54,981	−65,079	43	92
	JY	−1,777,938	−0.53	−0.85	−1,780,538	30	37	14.06	−3,937	47,739	−115,066	32	138
	SF	−851,700	−0.14	−0.45	−1,071,288	36	53	15.78	−1,392	45,363	−97,218	36	131
利率	ED	−1,954,150	−0.15	−0.79	−2,150,825	41	63	87.19	−210	44,528	−127,298	37	112
	TY	−1,112,906	−0.28	−0.52	−1,216,969	34	59	28.94	−1,112	40,666	−136,261	43	151
	US	−1,033,281	−0.18	−0.50	−1,177,938	34	47	20.31	−1,475	45,234	−96,811	37	133
股票	SP	594,263	0.06	0.30	−642,013	40	70	8.24	1,800	58,092	−86,094	42	151
金属	GC	467,280	0.15	0.20	−521,380	42	69	42.00	255	47,802	−72,094	52	114
	HG	−403,213	−0.10	−0.22	−951,700	38	63	34.97	−339	43,403	−106,580	47	131
	PL	572,640	0.13	0.29	−642,530	41	73	48.69	302	50,171	−81,999	54	126
	SL	852,720	0.26	0.42	−396,970	43	72	33.52	616	46,163	−45,233	51	119
能源	CL	−1,415,590	−0.28	−0.55	−1,598,220	37	51	29.08	−1,259	45,643	−123,423	43	118
	HO	−395,560	−0.09	−0.14	−1,115,990	41	61	25.98	−308	60,185	−114,564	44	114
	HU	−49,640	−0.04	−0.02	−563,732	43	58	21.84	−12	54,341	−76,092	41	107
谷物	C	−829,975	−0.13	−0.34	−1,117,675	36	64	75.68	−285	45,504	−140,225	52	135
	S	325,913	−0.01	0.14	−633,738	40	65	29.66	313	51,286	−68,693	47	123
	W	−521,313	−0.11	−0.22	−1,070,925	37	59	50.53	−300	52,377	−114,268	46	131
肉类	FC	−177,885	−0.05	−0.08	−987,890	35	69	40.64	−119	47,614	−119,313	45	167
	LC	−424,944	−0.04	−0.21	−568,600	31	58	48.13	−180	50,319	−90,344	45	163
	LH	152,904	0.04	0.08	−452,392	43	63	30.91	111	49,195	−73,783	41	116
	PB	177,992	0.06	0.09	−399,556	37	73	20.53	255	43,918	−99,207	55	151
软性商品	CC	357,260	0.09	0.17	−441,400	38	63	49.54	248	53,860	−58,956	41	140
	CT	−1,243,350	−0.23	−0.67	−1,349,980	28	54	24.62	−1,825	45,831	−149,676	55	162
	JO	342,458	0.07	0.14	−676,140	42	64	36.70	224	53,708	−73,614	41	123
	KC	−1,227,281	−0.15	−0.41	−2,120,419	35	60	12.22	−2,574	41,313	−140,605	49	118
	LB	−606,544	−0.08	−0.20	−1,416,288	44	68	35.73	−395	52,937	−157,754	36	138
	SB	−335,474	−0.12	−0.16	−801,002	38	55	53.90	−180	47,763	−80,645	49	116
	平均	−319,137	−0.06	−0.14	−920,852	37	60	33.68	−377	46,879	−97,756	43	126

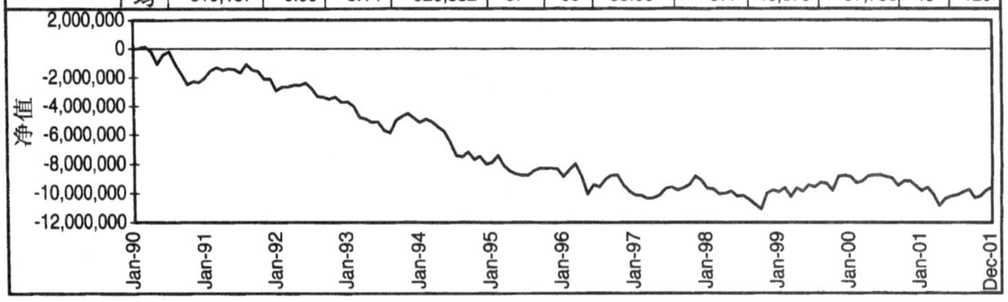

投资组合统计量

净利：	−9,574,109	夏普率：	−0.57
最大流失金额：	−11,206,636	突破相关：	−0.84
K-比率：	−0.17	均线相关：	−0.80

图7.28a　相对强度策略运用于期货的结果

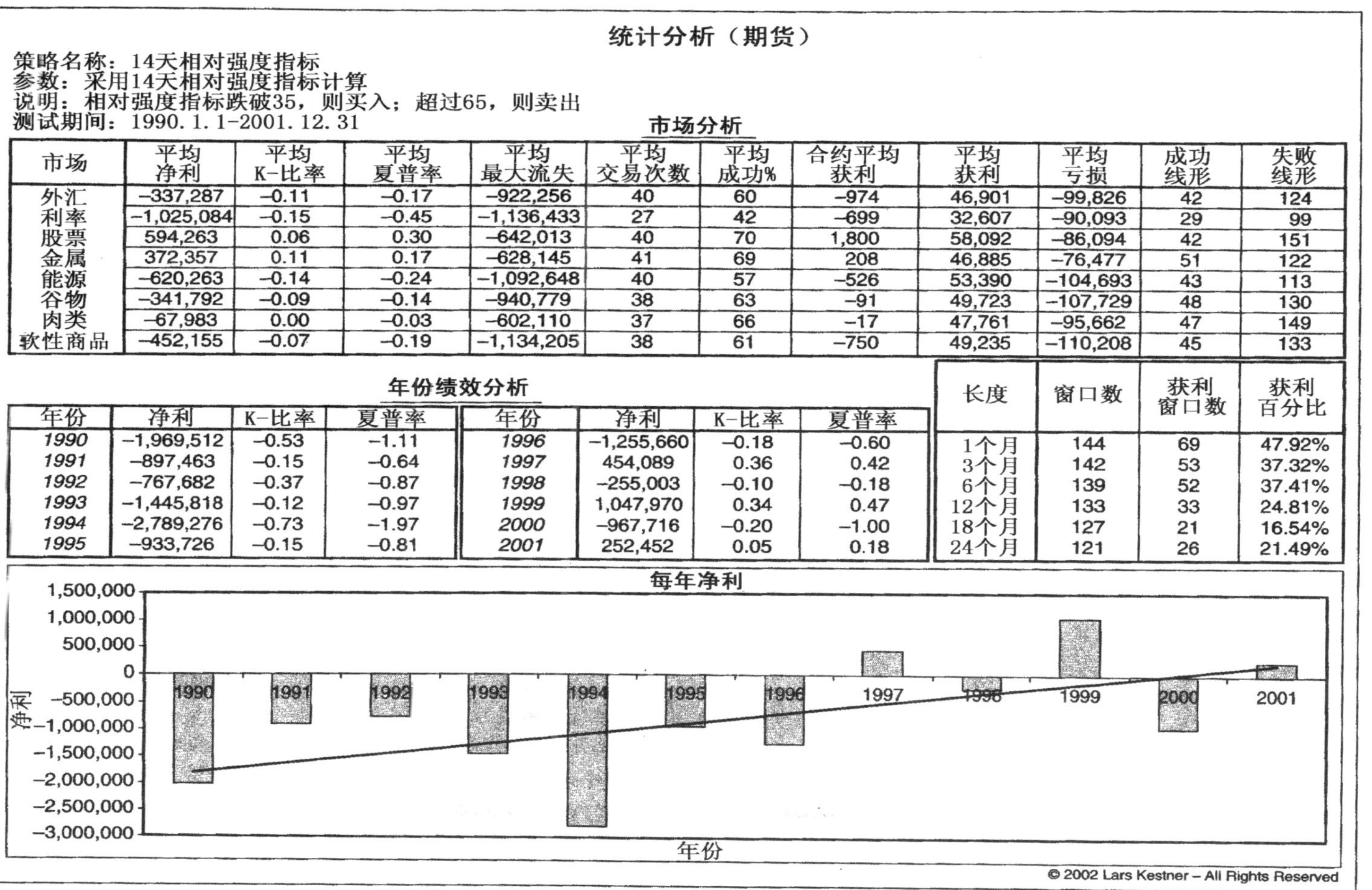

统计分析（期货）

策略名称：14天相对强度指标
参数：采用14天相对强度指标计算
说明：相对强度指标跌破35，则买入；超过65，则卖出
测试期间：1990. 1. 1-2001. 12. 31

市场分析

市场	平均净利	平均K-比率	平均夏普率	平均最大流失	平均交易次数	平均成功%	合约平均获利	平均获利	平均亏损	成功线形	失败线形
外汇	–337,287	–0.11	–0.17	–922,256	40	60	–974	46,901	–99,826	42	124
利率	–1,025,084	–0.15	–0.45	–1,136,433	27	42	–699	32,607	–90,093	29	99
股票	594,263	0.06	0.30	–642,013	40	70	1,800	58,092	–86,094	42	151
金属	372,357	0.11	0.17	–628,145	41	69	208	46,885	–76,477	51	122
能源	–620,263	–0.14	–0.24	–1,092,648	40	57	–526	53,390	–104,693	43	113
谷物	–341,792	–0.09	–0.14	–940,779	38	63	–91	49,723	–107,729	48	130
肉类	–67,983	0.00	–0.03	–602,110	37	66	–17	47,761	–95,662	47	149
软性商品	–452,155	–0.07	–0.19	–1,134,205	38	61	–750	49,235	–110,208	45	133

年份绩效分析

年份	净利	K-比率	夏普率	年份	净利	K-比率	夏普率
1990	–1,969,512	–0.53	–1.11	*1996*	–1,255,660	–0.18	–0.60
1991	–897,463	–0.15	–0.64	*1997*	454,089	0.36	0.42
1992	–767,682	–0.37	–0.87	*1998*	–255,003	–0.10	–0.18
1993	–1,445,818	–0.12	–0.97	*1999*	1,047,970	0.34	0.47
1994	–2,789,276	–0.73	–1.97	*2000*	–967,716	–0.20	–1.00
1995	–933,726	–0.15	–0.81	*2001*	252,452	0.05	0.18

长度	窗口数	获利窗口数	获利百分比
1个月	144	69	47.92%
3个月	142	53	37.32%
6个月	139	52	37.41%
12个月	133	33	24.81%
18个月	127	21	16.54%
24个月	121	26	21.49%

图7.28b 相对强度策略运用于期货的结果

交易策略评估（股票）

策略名称：14天相对强度指标

参数：采用14天相对强度指标计算

说明：相对强度指标跌破35，则买入；超过65，则卖出

测试期间：1990.1.1-2001.12.31

	市场	净利	K-比率	夏普率	最大流失	交易次数	成功%	平均合约	合约平均获利	平均获利	平均亏损	成功线形	失败线形
能源	SLB	–338,453	–0.07	–0.17	–669,830	32	56	18.42	–553	46,952	–83,652	37	161
	XOM	576,238	0.04	0.30	–723,344	29	83	39.50	477	55,814	–158,628	71	243
基本原料	AA	940,140	0.05	0.46	–612,178	121	69	51.89	151	30,288	–41,170	17	41
	DD	940,788	0.11	0.46	–337,832	44	77	20.24	1,076	51,186	–78,152	53	116
	IP	1,455,155	0.38	0.69	–244,463	44	82	18.22	1,817	51,855	–51,211	57	120
工业	BA	–81,798	–0.01	–0.04	–710,955	38	71	21.92	–96	45,156	–118,099	51	146
	GE	–551,274	–0.09	–0.30	–679,624	30	50	78.90	–238	59,853	–97,452	57	144
	MMM	1,256,945	0.23	0.72	–255,750	44	82	13.49	2,145	50,744	–69,209	53	137
消费服务	DIS	172,303	0.02	0.08	–578,416	44	61	39.31	93	49,850	–69,682	36	116
	GM	–304,259	–0.14	–0.16	–711,318	37	51	13.34	–615	44,459	–63,793	44	120
	HD	–983,966	–0.07	–0.43	–1,316,118	32	69	55.70	–528	41,461	–185,386	57	169
	WMT	643,434	0.14	0.31	–498,086	46	72	39.00	388	54,871	–85,774	40	126
消费产品	G	300,226	0.01	0.16	–477,593	40	68	35.78	244	51,192	–79,512	42	141
	KO	438,645	0.03	0.19	–833,272	44	80	23.56	403	52,233	–156,723	44	163
	MO	–651,657	–0.17	–0.31	–939,039	36	61	22.81	–807	43,501	–115,686	49	137
	PG	–58,300	–0.04	–0.03	–907,456	38	66	25.03	–45	49,854	–99,195	44	146
医疗保健	AMGN	–1,232,585	–0.07	–0.40	–1,863,956	34	68	58.09	–628	60,944	–240,130	56	156
	BMY	205,247	–0.01	0.09	–801,860	38	71	32.79	176	51,677	–106,913	49	147
	JNJ	140,269	0.01	0.06	–1,157,350	39	72	41.13	63	56,835	–135,465	42	167
	PFE	–628,071	–0.15	–0.25	–1,205,406	34	59	85.86	–212	53,348	–120,330	49	143
金融	AIG	–424,471	–0.09	–0.19	–782,154	37	59	43.26	–285	48,553	–101,642	40	139
	FNM	411,906	0.04	0.22	–707,419	34	74	24.66	497	62,351	–126,929	57	167
	MER	–583,673	–0.11	–0.23	–1,308,586	37	62	60.50	–261	58,048	–137,047	40	147
资讯科技	AAPL	–94,655	0.01	–0.04	–805,320	43	60	19.55	–102	48,804	–79,674	48	103
	DELL	–2,425,660	–0.20	–0.49	–3,287,845	33	64	719.82	–101	48,595	–284,390	51	157
	IBM	–36,081	–0.02	–0.02	–750,866	42	64	18.12	73	48,849	–84,250	51	104
	INTC	–1,099,569	–0.19	–0.43	–1,334,885	36	61	126.27	–233	43,441	–144,024	46	139
	MSFT	–431,214	–0.07	0.16	–1,234,359	40	70	59.59	–171	56,176	–165,046	37	160
	SUNW	–408,737	–0.01	–0.15	–857,301	42	67	215.23	–45	56,813	–142,506	44	125
	TXN	–1,511,004	–0.17	–0.47	–2,437,998	32	56	104.64	–449	50,028	–171,651	40	158
电信	VZ	–36,979	–0.09	–0.02	–623,148	35	54	23.61	9	42,645	–50,185	51	123
股价指数	SPX	2,845	–0.04	0.00	–850,971	36	69	2344.05	0	54,205	–122,371	49	160
	NDX	–1,212,027	–0.18	–0.51	–1,594,825	33	52	1961.44	–18	59,048	–136,820	39	144
	RUT	–1,422,463	–0.19	–0.48	–1,937,955	53	60	5820.52	–4	46,719	–136,678	33	92
	平均	–206,846	–0.03	–0.05	–1,001,102	41	66	361.07	65	50,775	–118,805	46	140

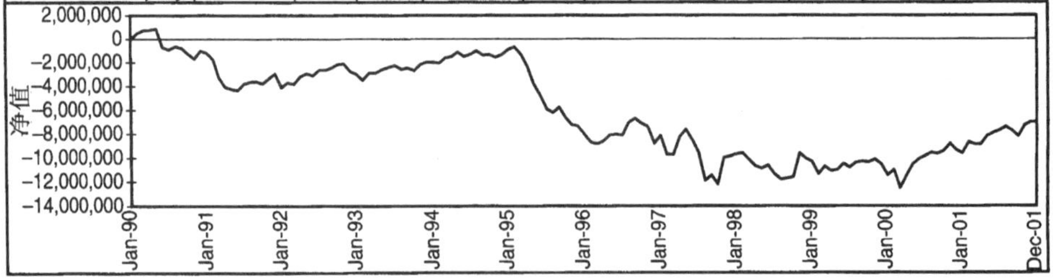

投资组合统计量

净利：	–7,032,755	夏普率：	–0.26
最大流失金额：	–13,381,024	突破相关：	–0.85
K-比率：	–0.13	均线相关：	–0.77

图7.29a　相对强度策略运用于股票的结果

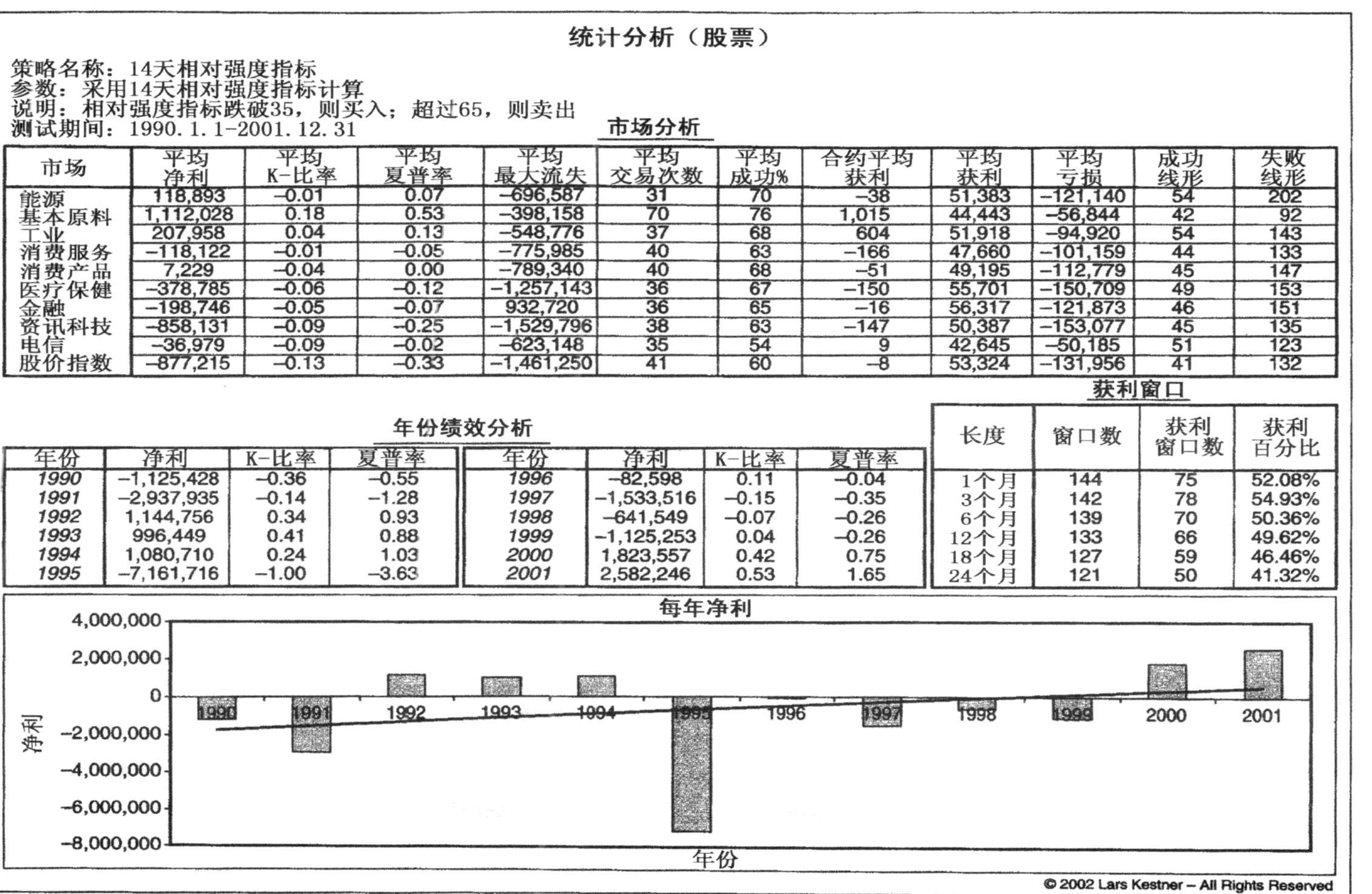

统计分析（股票）

策略名称：14天相对强度指标
参数：采用14天相对强度指标计算
说明：相对强度指标跌破35，则买入；超过65，则卖出
测试期间：1990. 1. 1–2001. 12. 31

市场分析

市场	平均净利	平均K–比率	平均夏普率	平均最大流失	平均交易次数	平均成功%	合约平均获利	平均获利	平均亏损	成功线形	失败线形
能源	118,893	–0.01	0.07	–696,587	31	70	–38	51,383	–121,140	54	202
基本原料	1,112,028	0.18	0.53	–398,158	70	76	1,015	44,443	–56,844	42	92
工业	207,958	0.04	0.13	–548,776	37	68	604	51,918	–94,920	54	143
消费服务	–118,122	–0.01	–0.05	–775,985	40	63	–166	47,660	–101,159	44	133
消费产品	7,229	–0.04	0.00	–789,340	40	68	–51	49,195	–112,779	45	147
医疗保健	–378,785	–0.06	–0.12	–1,257,143	36	67	–150	55,701	–150,709	49	153
金融	–198,746	–0.05	–0.07	932,720	36	65	–16	56,317	–121,873	46	151
资讯科技	–858,131	–0.09	–0.25	–1,529,796	38	63	–147	50,387	–153,077	45	135
电信	–36,979	–0.09	–0.02	–623,148	35	54	9	42,645	–50,185	51	123
股价指数	–877,215	–0.13	–0.33	–1,461,250	41	60	–8	53,324	–131,956	41	132

年份绩效分析

年份	净利	K–比率	夏普率	年份	净利	K–比率	夏普率
1990	–1,125,428	–0.36	–0.55	*1996*	–82,598	0.11	–0.04
1991	–2,937,935	–0.14	–1.28	*1997*	–1,533,516	–0.15	–0.35
1992	1,144,756	0.34	0.93	*1998*	–641,549	–0.07	–0.26
1993	996,449	0.41	0.88	*1999*	–1,125,253	0.04	–0.26
1994	1,080,710	0.24	1.03	*2000*	1,823,557	0.42	0.75
1995	–7,161,716	–1.00	–3.63	*2001*	2,582,246	0.53	1.65

获利窗口

长度	窗口数	获利窗口数	获利百分比
1个月	144	75	52.08%
3个月	142	78	54.93%
6个月	139	70	50.36%
12个月	133	66	49.62%
18个月	127	59	46.46%
24个月	121	50	41.32%

图7.29b　相对强度策略运用于股票的结果

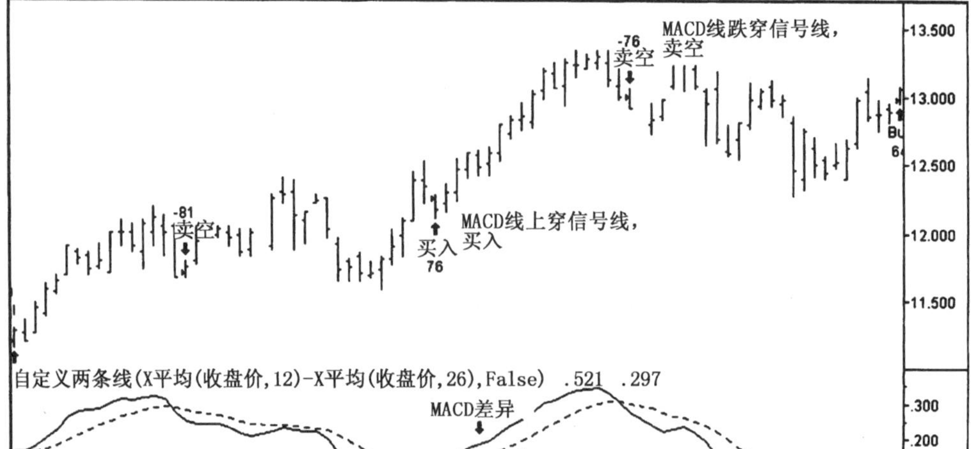

图 7.30 MACD 策略运用于通用电气

期货交易策略的底线

标准的趋势策略很适合运用于期货市场，尤其是外汇、利率、石油和软性商品。

对这些顺势而为的模型最主要的担忧集中在市场的趋势能否继续。尽管在20 世纪 90 年代初的表现非常强劲，但是近些年来，其获利能力已经低于平均水平。这是系统性交易者必须关注的地方。测试的结构显示在未来的 10 ~ 20 年间，逆势交易系统的表现可能会好于顺势系统。

我们发现股票方面的绩效是混合的。顺势系统在技术股和股价指数等类别表现优异，但是整体绩效则相对不理想。如果剔除少数获利的股票，我们发现大多数股票不适合采用顺势系统。如果剔除技术股和股价指数，14 天慢速% K 在剩余的 24 个市场中有 19 个获利。这个现象值得进一步研究。

通过评价当今流行的交易策略，我们建立了比较新的交易策略的底线，这些新策略将在本书稍后部分介绍。整平场地之后，交易者就能够看清自己在交易市场所处的位置。本章所分析的各种策略绩效表现可以使我们更好地了解市场的运作情况。

交易策略评估（期货）

策略名称：MACD

参数：12天EMA减26天EMA，9天EMA作为信号线

说明：MACD向上穿越信号线，则买进；MACD向下穿越信号线，则卖出

测试期间：1990.1.1-2001.12.31

	市场	净利	K-比率	夏普率	最大流失	交易次数	成功%	平均合约	合约平均获利	平均获利	平均亏损	成功线形	失败线形
外汇	AD	499,100	0.05	0.28	-347,580	234	41	25.10	83	32,449	-18,691	21	7
	BP	994,700	0.15	0.59	-376,750	234	42	18.46	220	33,947	-17,849	19	8
	CD	1,217,070	0.32	0.62	-196,410	230	43	46.65	111	37,889	-19,956	20	8
	JY	683,088	0.14	0.35	-365,288	207	41	13.77	203	39,742	-22,946	23	9
	SF	202,963	0.10	0.11	-276,350	229	36	16.10	62	39,256	-20,756	21	9
利率	ED	-60,025	0.00	-0.02	-516,775	230	35	81.71	-3	46,250	-25,480	21	9
	TY	-593,688	-0.07	-0.28	-764,016	253	36	29.36	-80	33,672	-22,584	20	7
	US	-132,250	-0.04	-0.07	-555,156	251	35	20.74	-25	36,660	-20,601	21	7
股票	SP	-464,725	-0.16	-0.25	-670,450	252	36	8.64	-209	30,665	-20,159	21	7
金属	GC	146,450	0.00	0.07	-560,360	238	35	45.18	13	38,750	-20,242	21	8
	HG	733,675	0.23	0.39	-228,488	223	38	32.28	98	38,099	-18,363	20	9
	PL	-978,775	-0.15	-0.49	-1,236,220	229	33	47.57	-90	33,042	-22,851	22	9
	SL	-286,210	-0.03	-0.17	-688,155	246	35	35.40	-42	30,761	-18,830	20	8
能源	CL	39,360	0.10	0.02	-507,140	226	37	27.74	6	39,706	-23,237	22	8
	HO	234,705	0.14	0.11	-417,526	252	33	23.03	39	43,251	-19,902	21	7
	HU	993,350	0.23	0.44	-320,107	224	40	22.55	193	42,116	-21,018	22	7
谷物	C	872,888	0.23	0.43	-287,738	224	38	76.85	49	43,037	-19,804	21	9
	S	313,038	0.01	0.18	-424,700	218	43	31.57	42	31,604	-21,619	21	8
	W	-309,400	0.02	-0.13	-569,363	256	35	51.82	-24	36,157	-21,527	20	7
肉类	FC	-290,030	-0.03	-0.15	-510,045	246	34	41.45	-29	37,891	-21,084	21	8
	LC	-1,176,116	-0.16	-0.58	-1,288,976	266	29	50.55	-90	31,242	-19,367	20	8
	LH	166,792	0.08	0.08	-612,732	231	39	32.41	17	39,172	-24,093	22	7
	PB	100,016	-0.05	0.05	-542,488	246	35	21.08	16	40,168	-21,463	20	8
软性商品	CC	-77,850	0.00	-0.04	-584,930	247	39	51.73	-5	28,137	-18,325	19	8
	CT	-301,615	-0.15	-0.14	-768,190	238	32	24.69	-54	42,303	-21,419	21	9
	JO	53,453	-0.03	0.02	-667,253	221	37	36.32	5	34,447	-20,008	21	9
	KC	1,002,731	0.16	0.43	-372,690	228	41	13.45	329	38,259	-18,879	20	8
	LB	1,436,816	0.19	0.54	-381,496	217	41	34.86	189	49,938	-23,001	21	9
	SB	33,162	-0.03	0.02	-551,287	240	36	53.93	2	33,926	-18,795	21	8
	平均	168,422	0.04	0.08	-519,622	228	36	33.83	34	36,085	-20,095	20	8

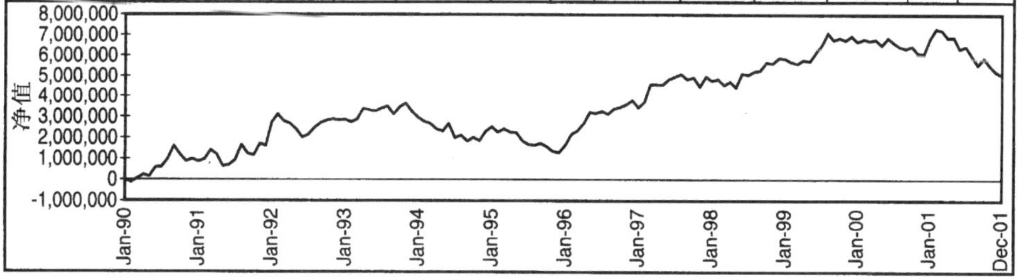

投资组合统计量

净利：	5,052,672	夏普率：	0.39
最大流失金额：	-2,371,700	突破相关：	0.34
K-比率：	0.18	均线相关：	0.29

图7.31a　MACD略运用于期货的结果

统计分析（期货）

策略名称：MACD
参数：12天EMA减26天EMA，9天EMA作为信号线
说明：MACD向上穿越信号线，则买进；MACD向下穿越信号线，则卖出
测试期间：1990. 1. 1-2001. 12. 31

市场分析

市场	平均净利	平均K-比率	平均夏普率	平均最大流失	平均交易次数	平均成功%	合约平均获利	平均获利	平均亏损	成功线形	失败线形
外汇	719,384	0.15	0.39	–312,476	227	41	136	36,657	–20,040	21	8
利率	–196,491	–0.03	–0.09	–458,987	184	27	–22	29,146	–17,166	16	6
股票	–464,725	–0.16	–0.25	–670,450	252	36	–209	30,665	–20,159	21	7
金属	–96,215	0.02	–0.05	–678,306	234	35	–5	35,163	–20,072	21	8
能源	422,472	0.16	0.19	–414,924	234	37	79	41,691	–21,386	22	8
谷物	292,175	0.09	0.16	–427,267	233	39	22	36,932	–20,984	21	8
肉类	–299,835	–0.04	–0.15	–738,560	247	34	–21	37,118	–21,502	21	8
软性商品	357,783	0.02	0.14	–554,308	232	37	78	37,835	–20,071	21	8

年份绩效分析

年份	净利	K-比率	夏普率
1990	854,003	0.37	0.80
1991	1,856,272	0.24	1.11
1992	147,206	0.02	0.17
1993	86,160	0.14	0.09
1994	–446,822	–0.22	–0.42
1995	–850,935	–0.60	–1.20

年份	净利	K-比率	夏普率
1996	1,792,444	0.54	2.04
1997	1,310,569	0.24	1.08
1998	1,094,260	0.54	1.16
1999	823,637	0.43	3.86
2000	155,987	–0.17	0.15
2001	–1,787,280	–0.80	–1.53

长度	窗口数	获利窗口数	获利百分比
1个月	144	73	50.69%
3个月	142	81	57.04%
6个月	139	86	61.87%
12个月	133	90	67.67%
18个月	127	95	74.80%
24个月	121	89	73.55%

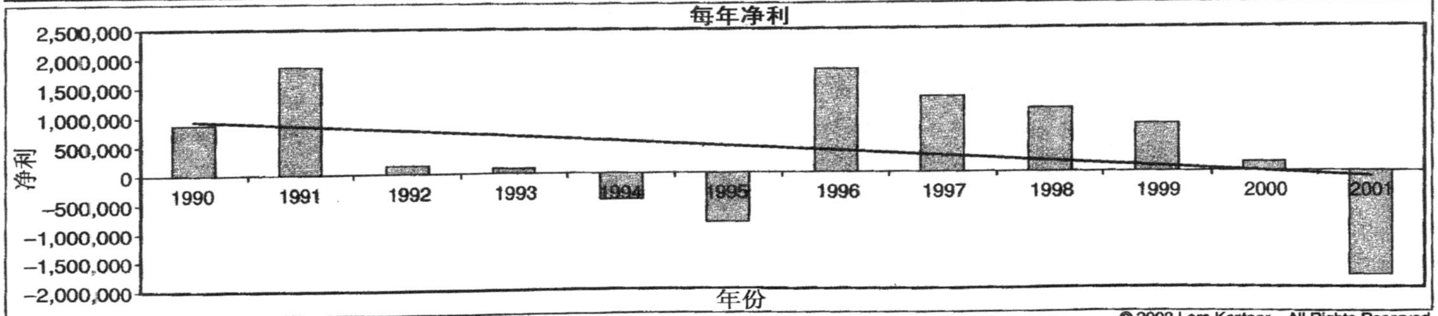

每年净利

净利
2,500,000
2,000,000
1,500,000
1,000,000
500,000
0
–500,000
–1,000,000
–1,500,000
–2,000,000

1990 1991 1992 1993 1994 1995 1996 1997 1998 1999 2000 2001

年份

图7.31b　MACD策略运用于期货的结果

交易策略评估（股票）

策略名称：MACD

参数：12天EMA减26天EMA，9天EMA作为信号线

说明：MACD向上穿越信号线，则买进；MACD向下穿越信号线，则卖出

测试期间：1990.1.1-2001.12.31

	市场	净利	K-比率	夏普率	最大流失	交易次数	成功%	平均合约	合约平均获利	平均获利	平均亏损	成功线形	失败线形
能源	SLB	−1,611,299	−0.38	−0.89	−1,672,655	268	29	15.76	−393	28,385	−20,655	20	8
	XOM	−2,006,097	−0.46	−1.22	−2,068,201	289	28	42.88	−164	20,186	−17,804	18	7
基本原料	AA	−819,035	−0.20	−0.42	−955,868	68	21	53.17	−220	58,673	−29,912	91	24
	DD	75,572	−0.03	0.04	−664,919	236	38	19.16	13	30,775	−18,578	21	8
	IP	−558,913	−0.13	−0.31	−869,163	243	35	16.53	−138	30,540	−19,938	21	8
工业	BA	−66,458	−0.06	−0.03	−727,796	240	35	20.67	−19	38,160	−20,787	21	8
	GE	−480,315	−0.14	−0.25	−778,427	258	34	77.75	−24	33,228	−20,048	20	8
	MMM	−1,071,521	−0.16	−0.54	−1,262,855	278	32	13.48	−283	28,942	−19,234	19	7
消费服务	DIS	−477,546	−0.10	−0.27	−881,630	264	36	35.37	−52	29,310	−19,349	19	7
	GM	−482,876	−0.17	−0.25	−1,287,130	273	32	13.47	−130	35,623	−18,946	21	7
	HD	−1,060,629	−0.18	−0.48	−1,195,162	254	34	67.61	−62	33,712	−23,971	20	8
	WMT	−633,736	−0.15	−0.34	−831,776	260	33	39.34	−63	33,113	−20,085	20	8
消费产品	G	−313,554	−0.06	−0.16	−775,555	247	34	35.50	−36	33,442	−19,182	21	8
	KO	−49,826	−0.02	−0.03	−690,108	246	36	27.25	−7	34,756	−19,663	21	8
	MO	−809,333	−0.17	−0.37	−998,070	246	34	23.66	−139	33,148	−22,170	20	8
	PG	−1,372,431	−0.29	−0.60	−1,522,181	257	32	21.20	−252	30,116	−21,942	21	8
医疗保健	AMGN	−217,951	−0.06	−0.10	−800,364	257	34	66.20	−16	36,834	−20,467	20	8
	BMY	−1,895,602	−0.21	−0.98	−1,935,232	275	27	33.32	−206	31,566	−21,007	20	8
	JNJ	−633,003	−0.08	−0.33	−1,043,705	248	33	38.59	−66	35,954	−21,248	21	8
	PFE	−1,053,309	−0.09	−0.54	−1,196,174	266	29	80.77	−52	33,701	−19,874	21	7
金融	AIG	−1,243,293	−0.32	−0.63	−1,513,658	261	29	42.37	−114	37,443	−21,901	22	7
	FNM	−2,517,708	−0.31	−1.31	−2,722,764	292	27	22.34	−386	26,169	−21,537	19	7
	MER	−642,720	−0.21	−0.33	−931,673	253	33	47.21	−53	35,780	−21,541	20	8
资讯科技	AAPL	623,957	0.22	0.32	−303,324	221	38	17.22	166	40,982	−20,984	23	8
	DELL	347,117	0.08	0.15	−544,477	224	38	641.28	2	42,333	−23,464	21	9
	IBM	2,202,199	0.47	1.26	−168,612	183	46	21.22	565	48,650	−19,100	24	10
	INTC	−395,775	−0.09	−0.18	−1,089,055	249	31	102.16	−16	44,438	−22,707	21	8
	MSFT	−225,754	−0.07	−0.10	−1,023,672	229	33	73.19	−14	44,305	−23,564	23	8
	SUNW	−323,229	−0.09	−0.15	−802,708	253	34	223.35	−6	37,174	−21,575	21	7
	TXN	−612,461	−0.10	−0.29	−894,591	251	31	77.60	−33	42,967	−23,051	22	7
电信	VZ	−1,625,842	−0.25	−0.86	−1,722,823	270	31	22.68	−263	26,470	−20,870	19	7
股价指数	SPX	−941,803	−0.20	−0.48	−1,082,298	260	30	2261.41	−2	37,136	−21,361	21	7
	NDX	−544,664	−0.16	−0.26	−1,055,940	255	31	1611.48	−1	40,748	−21,867	21	8
	RUT	1,890,225	0.28	0.71	−357,993	224	42	5273.80	2	56,588	−25,724	22	8
	平均	−574,930	−0.11	−0.30	−1,069,722	247	33	328.79	−72	36,216	−21,297	23	8

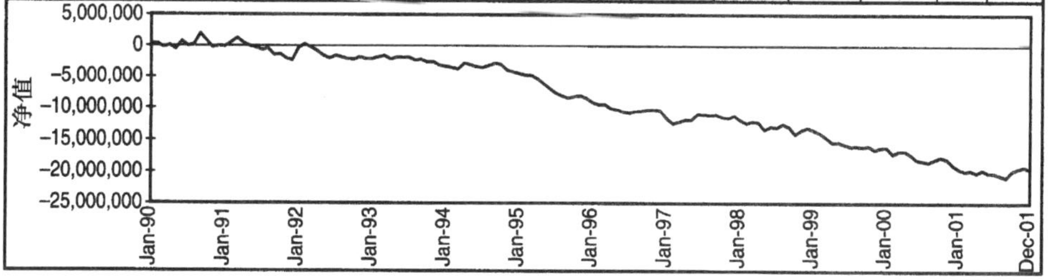

净值
5,000,000
0
−5,000,000
−10,000,000
−15,000,000
−20,000,000
−25,000,000
Jan-90 Jan-91 Jan-92 Jan-93 Jan-94 Jan-95 Jan-96 Jan-97 Jan-98 Jan-99 Jan-00 Jan-01 Dec-01

投资组合统计量

净利：	−19,547,613	夏普率：	−0.90
最大流失金额：	−22,783,630	突破相关：	0.23
K-比率：	−0.45	均线相关：	0.10

图 7.32a　MACD 策略运用于股票的结果

统计分析（股票）

策略名称：MACD
参数：12天EMA减26天EMA，9天EMA作为信号线
说明：MACD向上穿越信号线，则买进；MACD向下穿越信号线，则卖出
测试期间：1990.1.1-2001.12.31

市场分析

市场	平均净利	平均K-比率	平均夏普率	平均最大流失	平均交易次数	平均成功%	合约平均获利	平均获利	平均亏损	成功线形	失败线形
能源	−1,808,698	−0.42	−1.05	−1,870,428	279	29	−279	24,286	−19,230	19	7
基本原料	−434,125	−0.12	−0.23	−829,983	182	31	−115	39,996	−22,809	44	13
工业	−539,431	−0.12	−0.27	−923,026	259	34	−109	33,443	−20,023	20	7
消费服务	−663,697	−0.15	−0.33	−1,048,925	263	34	−77	32,939	−20,588	20	7
消费产品	−636,286	−0.13	−0.29	−996,479	249	34	−108	32,866	−20,739	21	8
医疗保健	−949,966	−0.11	−0.49	−1,243,869	262	31	−85	34,514	−20,649	20	8
金融	−1,467,907	−0.28	−0.76	−1,722,698	269	30	−185	33,131	−21,659	20	7
资讯科技	230,865	0.06	0.14	−689,491	230	36	95	42,978	−22,064	22	8
电信	−1,625,842	−0.25	−0.86	−1,722,823	270	31	−263	26,470	−20,870	19	7
股价指数	134,586	−0.03	−0.01	−832,077	246	34	0	44,824	−22,984	21	8

年份绩效分析

年份	净利	K-比率	夏普率	年份	净利	K-比率	夏普率
1990	−456,863	0.02	−0.15	1996	−2,494,832	−0.33	−1.76
1991	−282,931	−0.32	−0.10	1997	−297,395	0.12	−0.18
1992	−1,696,271	−0.42	−0.12	1998	−1,599,932	−0.29	−0.74
1993	−1,211,538	−0.40	−1.14	1999	−2,700,304	−0.48	−4.47
1994	−1,131,160	−0.13	−0.71	2000	−3,375,565	−0.46	−1.89
1995	−4,602,830	−0.85	−3.79	2001	−33,242	0.03	−0.02

获利窗口

长度	窗口数	获利窗口数	获利百分比
1个月	144	55	38.19%
3个月	142	40	28.17%
6个月	139	27	19.42%
12个月	133	9	6.77%
18个月	127	2	1.57%
24个月	121	0	0.00%

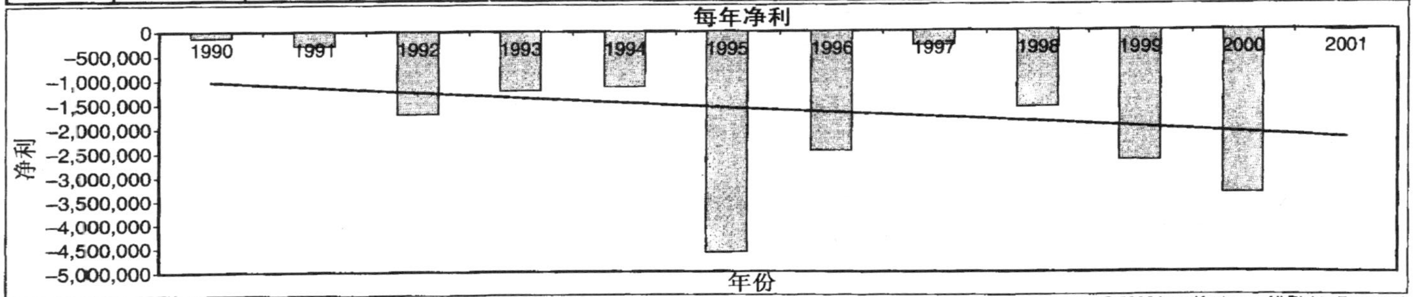

图7.32b MACD策略运用于股票的结果

进场、出场和筛选的新观念：利用最新技巧，提升交易绩效

我将在本章中介绍一些在股市和期货市场上运用的新交易策略。这些观念不是现有策略的改头换面，而是独特的。每种策略都详细的介绍了买入和卖出的信号，并举例说明进出场的情况，及有关股票和期货组合的绩效统计数据。

一只披着羊皮的狼

我交易思想的重点是根据市场条件的变化调整指标。如果市场处于波动中，我想使自己进出场的决定少受价格波动的影响。我们决不采用止损点或其他类似的做法，这些做法没有经受过市场统计数据的检验。每个思想都是建立在逻辑观念上，符合严格的统计原则。

我在《股票和商品技术分析》等杂志上看到过许多售价3 000美元的“划时代”系统。通常，这些方法不过是我们在本书中使用过的通道突破和移动平均线交叉之类的东西。更多时候，这些策略被一些不影响绩效的筛选所包裹，有些筛选甚至不影响买卖信号。例如：

条件1：内侧日（Inside Day）出现在最近10个交易日内。内侧日是指这样一种模式：今天的最高价低于昨天的最高价，而今天的最低价高于昨天的最低价。

条件2：外侧日（Outside Day）出现在最近10个交易日内。外侧日是指这样一种模式：今天的最高价高于昨天的最高价，而今天的最低价低于昨天的最低价。

条件3：今天的收盘价是最近40个交易日最高的。

条件4：今天的收盘价是最近40个交易日最低的。

如果条件1、条件2、条件3成立，则买入。

如果条件1、条件2、条件4成立，则卖出。

你可以看见这种战略被冠以一些奇怪的或其他吸引人的名称。这里的内侧日和外侧日筛选很大程度上与绩效无关。我看不出内侧日和外侧日筛选能够影响通道突破系统的绩效。它是个毫无道理的筛选。尽管条件1、条件2无效，但是整个系统还是能够赢利。因为运用40天通道突破系统本身就能够获利。虽然不采用条件1、条件2，系统绩效会更好，但是这种策略的设计者是不会告诉你这点的。

测量各种策略之间相似性的一种方法是计算收益率的相关系数。请记住，具有较低相关系数的系统可以构建组合来提供分散风险的效益，而具有较高相关系数的系统（比如，上面的例子和40天/20天通道突破系统）构建组合就不会取得什么效益。请关注我绩效模板底部所列举的相关系数统计数据。这些数据可以使你很容易发现各种流行的趋势策略具有很高的相关系数。

歌曲还是一样：振荡指标之间的相似性

很多交易策略都具有很高的相关性。技术指标，尤其是超买/超卖振荡指标，如相对强度指标与%K随机指标由于计算方法的相似，所以它们的指标走势和信号非常接近（如图 8.1），因此，使用何种振荡指标对于交易决策没有太大区别。

11 种新交易技巧

为什么我要指出振荡指标之间的相似性和过于强调细节的交易策略？在下面的内容中，我将介绍 11 种新的策略，它们不是旧理念的简单包装或复制。尽管有些策略是目前方法的变形，但是它们的运用方法截然不同，这些新的方法将产生全新的交易信号。

- 凯斯特纳移动平均系统（Kestner's Moving Average System）
- 二阶突破（Second Order Breakout）
- MACD 柱状图折返（MACD Histogram Replacement）
- 背离指数（Divergence Index）
- 移动平均汇合方法（Moving Average Confluence Method）
- 常态化包络指标（Normalized Envelope Indicator）

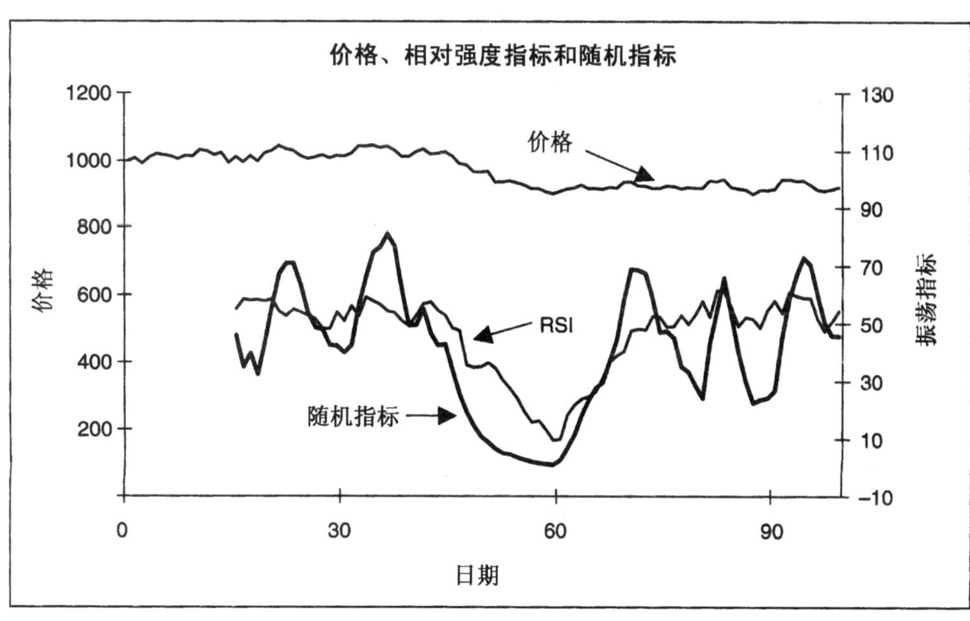

图 8.1　价格、相对强度指标和随机指标。14 日相对强度指标和 14 日随机指标的走势非常相近

- 多种进场振荡指标系统（Multiple Entry Oscillator System）
- 调整型随机指标（Adjusted Stochastic）
- 三连发（Three In A Row）
- 成交量反转策略（Volume Reversal Strategy）
- 宝塔支撑和压力策略（Saitta's Support and Resistance Strategy）

凯斯特纳移动平均系统

我设计的第一套系统在目前流行的移动平均线穿越系统上改进而来。在传统的移动平均线穿越系统，收盘价高于移动平均线产生买入信号，而收盘价低于移动平均线产生卖出信号。简单的移动平均线穿越系统最大的问题是信号反复无常。如第4章所解释的，如果行情在强弱之间来回摆动，而没有明显的趋势，那么典型的移动平均线穿越系统将会产生信号反复的问题。这往往是移动平均线穿越系统绩效不佳的一个主要原因。

一种减少信号反复的方法是用两条独立的均线建立通道。我的计算方法如下：一条采用每日最高价的移动平均，另一条采用每日最低价的移动平均。价格收于移动平均线上轨则买进，价格收于移动平均线下轨则卖出。另外，我还通过下面的方法过滤信号：当天的移动平均数高于 x 天前的，买进；当天的移动平均数低于 x 天前的，卖出。通常，过滤程序中采用的 x 与移动平均的长度相等。

图8.2揭示了凯斯特纳移动平均系统运用于通用电气的例子，移动平均长度采用20天。在6月初，产生了买入信号的两种条件都出现了：价格向上穿越20天每天最高价组成的移动平均，20天的移动平均的当日价高于前一个交易日。在7月末，价格的下跌导致价格低于20天移动平均的低点，20天的移动平均的当日价高于前一个交易日。20天的移动平均的收盘价处于下跌中。因此，我们结束多头部位，建立空头部位。

我通过将两种系统结合在一起而产生交易信号：使用20天移动平均和80天移动平均。当两个系统的信号一致时建立部位。也就是说，如果新的移动平均交易策略采用20天移动平均产生多头信号，采用80天移动平均仍产生多头信号，我们建立多头部位。反之，如果新的移动平均交易策略采用20天移动平均产生

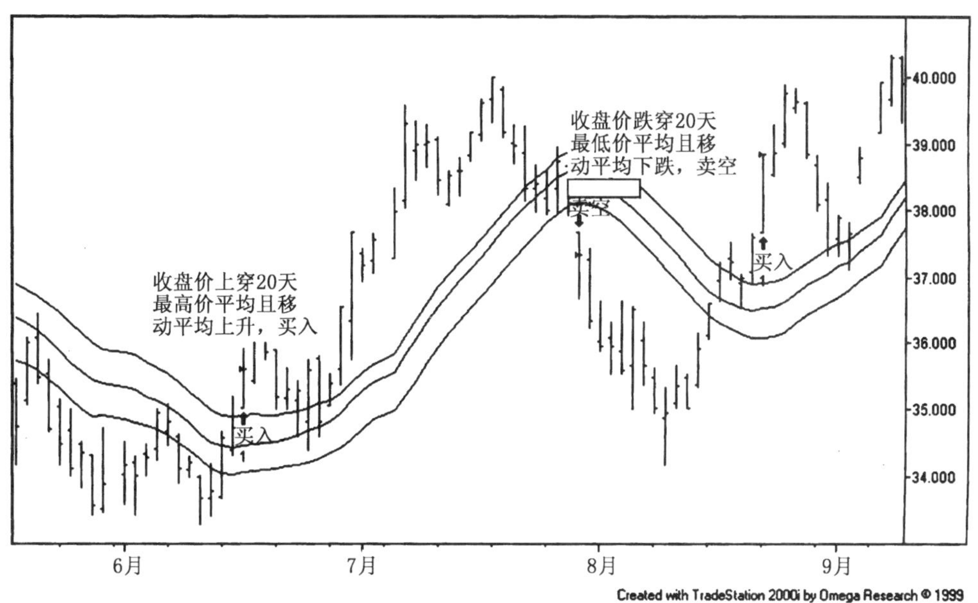

图 8.2　凯斯特纳移动平均系统运用于通用电气

空头信号，采用 80 天移动平均仍产生空头信号，我们建立空头部位。当天收盘价跌破 80 天移动平均下轨，则结束多头部位。当天收盘价高于 80 天移动平均上轨，则结束空头部位。

凯斯特纳移动平均系统在期货市场上的绩效非常好（如图 8.3a 和图 8.3b）。夏普率是 0.95，K－比率是 0.43，是表现最好的情况之一。这个策略在测试的 12 年中有 11 年赢利。但是该策略在股市中的表现不是很优异，但是仍然在 12 年中有 7 年赢利（图 8.4a 和图 8.4b）。这种交易策略与顺势系统在股票市场和期货市场上都有很高的相关性。

二阶突破

这种策略用于区别不同区间长度的通道突破强度。对于一个典型的 20 天通道突破，如果当天的收盘价是 20 天最高，则建立多头部位。根据定义，40 天的最高价也是 20 天的最高价，因为对于长期间的高价也必然是短期间的高价。因此，40 天的高价也被认为是 20 天突破策略的买入信号。也许我们需要区分这两种价格，因为 40 天的最高价比 20 天的最高价更重要。同理，80 天的最高价比

交易策略评估（期货）

策略名称：凯斯特纳移动平均系统

参数：20天均线，80天均线

说明：20天和80天的信号一致则进场，反向穿越20天均线则离场

测试期间：1990. 1. 1-2001. 12. 31

	市场	净利	K-比率	夏普率	最大流失	交易次数	成功%	平均合约	合约平均获利	平均获利	平均亏损	成功线形	失败线形
外汇	AD	–137,730	0.05	–0.08	–271,290	64	27	25.29	–77	70,164	–28,033	91	23
	BP	–333,850	–0.11	–0.18	–1,002,013	75	17	17.75	–257	101,761	–26,849	112	18
	CD	–124,230	0.00	–0.06	–637,370	63	27	48.52	–34	76,660	–30,608	98	20
	JY	1,567,200	0.48	0.80	–119,725	44	45	13.31	2,476	102,410	–24,908	109	20
	SF	759,650	0.16	0.40	–143,275	57	35	15.62	881	82,489	–23,384	96	17
利率	ED	2,585,325	0.24	1.10	–130,200	40	48	87.00	401	101,576	–25,481	95	23
	TY	1,064,641	0.33	0.52	–149,875	52	35	28.60	728	114,679	–28,875	118	14
	US	945,219	0.27	0.51	–143,875	50	36	20.00	944	98,139	–25,690	110	19
股票	SP	–422,300	–0.03	–0.22	–610,013	75	23	8.39	–657	70,799	–27,886	105	16
金属	GC	77,630	0.05	0.04	–328,840	60	28	42.28	39	74,997	–27,341	100	20
	HG	518,363	0.13	0.31	–347,050	53	30	31.85	345	95,070	–25,383	115	21
	PL	–261,735	–0.09	–0.14	–738,325	67	27	49.47	–89	65,387	–30,059	90	20
	SL	–261,965	–0.08	–0.13	–462,110	66	26	31.15	–149	51,990	–24,305	96	21
能源	CL	1,880,420	0.37	0.78	–250,510	45	42	29.09	1,367	131,153	–27,001	110	19
	HO	1,275,162	0.16	0.49	–199,538	48	38	24.37	962	117,928	–33,247	101	28
	HU	915,378	0.17	0.37	–285,298	53	32	23.07	717	114,138	–29,541	111	19
谷物	C	1,149,138	0.20	0.50	–246,025	47	45	78.77	297	89,036	–29,640	94	24
	S	–572,125	–0.10	–0.30	–924,663	71	30	31.63	–276	47,118	–32,184	75	17
	W	512,788	0.11	0.24	–332,363	60	30	50.18	170	99,026	–30,230	101	18
肉类	FC	5,310	0.00	0.00	–644,975	62	18	39.08	2	132,730	–28,524	126	25
	LC	510,124	0.10	0.28	–281,028	54	30	49.89	129	82,301	–25,525	113	19
	LH	265,284	0.11	0.14	–284,236	52	31	32.57	150	80,019	–28,485	96	27
	PB	–501,848	–0.11	–0.23	–710,852	73	18	19.88	–358	93,657	–28,957	107	20
软性商品	CC	–135,320	–0.07	–0.07	–575,000	60	23	49.03	–93	67,894	–26,642	111	23
	CT	780,455	0.10	0.41	–386,230	60	27	24.11	539	116,606	–24,665	109	20
	JO	–505,253	–0.10	–0.22	–848,558	70	23	37.52	–194	70,970	–30,448	95	19
	KC	1,534,935	0.18	0.51	–255,056	51	33	11.62	2,315	130,088	–24,708	106	23
	LB	1,199,056	0.14	0.40	–265,664	50	38	32.12	747	114,297	–31,374	105	20
	SB	369,197	0.12	0.21	–274,154	57	35	53.02	122	68,584	–27,094	94	20
	平均	488,631	0.09	0.21	–394,937	56	30	33.51	372	88,722	–26,902	100	20

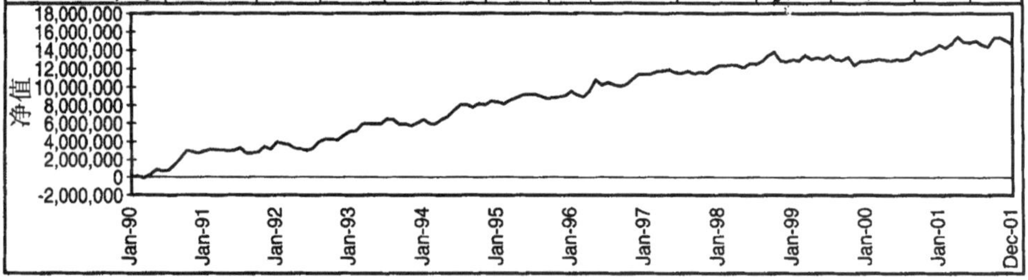

净值
18,000,000
16,000,000
14,000,000
12,000,000
10,000,000
8,000,000
6,000,000
4,000,000
2,000,000
0
-2,000,000
Jan-90 Jan-91 Jan-92 Jan-93 Jan-94 Jan-95 Jan-96 Jan-97 Jan-98 Jan-99 Jan-00 Jan-01 Dec-01

投资组合统计量

净利：	14, 658,917	夏普率：	0.95
最大流失金额：	–1,440,842	突破相关：	0.85
K-比率：	0.43	均线相关：	0.81

图 8. 3a 凯斯特纳移动平均系统运用于期货的结果

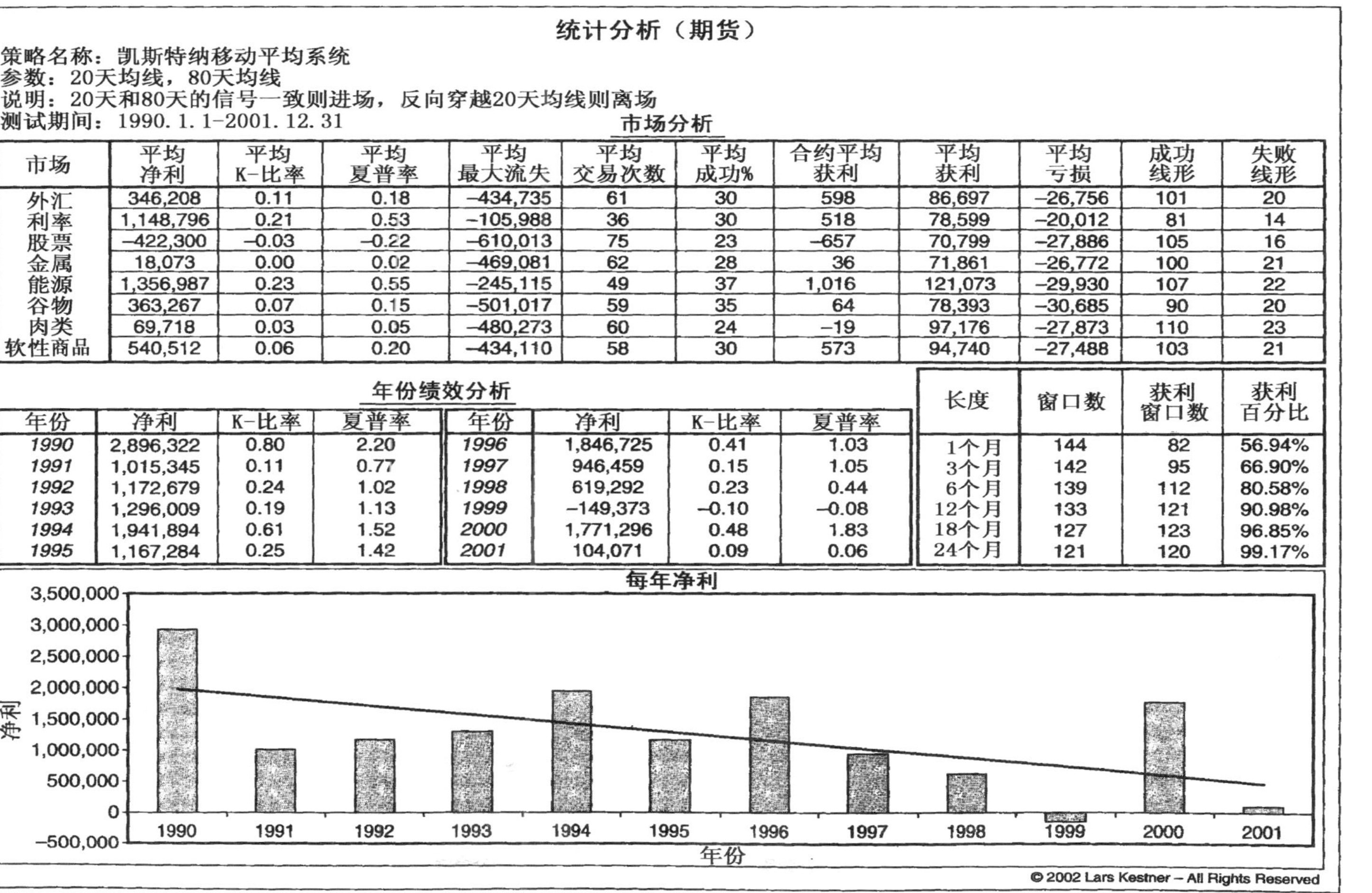

统计分析（期货）

策略名称：凯斯特纳移动平均系统
参数：20天均线，80天均线
说明：20天和80天的信号一致则进场，反向穿越20天均线则离场
测试期间：1990. 1. 1-2001. 12. 31

市场分析

市场	平均净利	平均K-比率	平均夏普率	平均最大流失	平均交易次数	平均成功%	合约平均获利	平均获利	平均亏损	成功线形	失败线形
外汇	346,208	0.11	0.18	–434,735	61	30	598	86,697	–26,756	101	20
利率	1,148,796	0.21	0.53	–105,988	36	30	518	78,599	–20,012	81	14
股票	–422,300	–0.03	–0.22	–610,013	75	23	–657	70,799	–27,886	105	16
金属	18,073	0.00	0.02	–469,081	62	28	36	71,861	–26,772	100	21
能源	1,356,987	0.23	0.55	–245,115	49	37	1,016	121,073	–29,930	107	22
谷物	363,267	0.07	0.15	–501,017	59	35	64	78,393	–30,685	90	20
肉类	69,718	0.03	0.05	–480,273	60	24	–19	97,176	–27,873	110	23
软性商品	540,512	0.06	0.20	–434,110	58	30	573	94,740	–27,488	103	21

年份绩效分析

年份	净利	K-比率	夏普率	年份	净利	K-比率	夏普率
1990	2,896,322	0.80	2.20	*1996*	1,846,725	0.41	1.03
1991	1,015,345	0.11	0.77	*1997*	946,459	0.15	1.05
1992	1,172,679	0.24	1.02	*1998*	619,292	0.23	0.44
1993	1,296,009	0.19	1.13	*1999*	–149,373	–0.10	–0.08
1994	1,941,894	0.61	1.52	*2000*	1,771,296	0.48	1.83
1995	1,167,284	0.25	1.42	*2001*	104,071	0.09	0.06

长度	窗口数	获利窗口数	获利百分比
1个月	144	82	56.94%
3个月	142	95	66.90%
6个月	139	112	80.58%
12个月	133	121	90.98%
18个月	127	123	96.85%
24个月	121	120	99.17%

图8.3b 凯斯特纳移动平均系统运用于期货的结果

交易策略评估（股票）

策略名称：凯斯特纳移动平均系统

参数：20天均线，80天均线

说明：20天和80天的信号一致则进场，反向穿越20天均线则离场

测试期间：1990. 1. 1-2001. 12. 31

	市场	净利	K-比率	夏普率	最大流失	交易次数	成功%	平均合约	合约平均获利	平均获利	平均亏损	成功线形	失败线形
能源	SLB	12,214	0.02	0.01	–366,403	67	27	15.88	–3	68,403	–25,185	96	18
	XOM	–447,922	–0.02	–0.26	–541,961	76	25	41.51	–142	52,154	–25,243	86	19
基本原料	AA	721,966	0.12	0.40	–250,884	235	40	48.10	61	35,536	–18,836	20	8
	DD	–265,376	0.02	–0.14	–479,546	73	23	22.97	–141	72,089	–26,109	95	18
	IP	–1,112,854	–0.30	–0.65	–1,148,649	79	15	17.70	–795	61,491	–27,615	97	22
工业	BA	4,860	0.00	0.00	–385,808	59	27	20.20	4	75,617	–28,024	99	26
	GE	349,766	0.10	0.20	–364,851	64	34	79.63	71	71,585	–28,926	94	14
	MMM	–1,016,660	–0.24	–0.57	–1,068,669	77	23	12.79	–1,066	41,279	–30,389	83	19
消费服务	DIS	326,890	0.12	0.17	–191,997	63	33	36.77	141	70,385	–27,409	89	19
	GM	522,145	0.15	0.30	–131,960	50	48	12.51	835	46,691	–23,017	87	20
	HD	425,147	0.05	0.21	–407,104	68	21	61.55	98	123,029	–24,306	117	18
	WMT	216,902	0.04	0.12	–367,950	62	29	35.19	73	76,994	–27,854	101	17
消费产品	G	53,686	0.08	0.03	–263,338	58	34	38.31	2	68,186	–35,745	98	15
	KO	–202,256	0.03	–0.09	–693,084	66	20	23.79	–129	121,941	–33,726	129	18
	MO	362,990	0.12	0.19	–387,817	59	27	24.75	253	101,668	–29,226	109	21
	PG	–197,343	–0.01	–0.09	–546,069	77	22	22.92	–143	88,192	–29,195	93	17
医疗保健	AMGN	1,300,388	0.13	0.52	–369,204	53	28	48.35	510	152,821	–25,916	111	25
	BMY	331,151	0.11	0.18	–411,910	57	26	32.05	167	97,871	–27,691	115	22
	JNJ	199,063	0.05	0.09	–728,386	63	25	35.58	94	98,255	–28,959	104	20
	PFE	1,398,474	0.22	0.62	–393,704	49	31	59.60	475	146,145	–23,650	119	26
金融	AIG	3,885	0.04	0.00	–380,118	70	21	39.63	11	97,927	–26,134	108	18
	FNM	–779,473	–0.06	–0.43	–1,076,581	83	20	19.19	–486	67,667	–29,156	95	16
	MER	817,597	0.13	0.38	–284,852	56	29	49.81	297	122,951	–28,487	110	21
资讯科技	AAPL	639,949	0.16	0.30	–192,795	53	32	18.41	628	85,244	–23,229	88	29
	DELL	2,171,902	0.17	0.45	–345,975	57	30	547.31	69	191,668	–27,503	115	17
	IBM	198,592	0.08	0.10	–453,018	60	28	18.38	120	81,820	–29,265	90	24
	INTC	1,148,675	0.21	0.50	–348,956	65	26	84.70	202	132,157	–23,686	98	19
	MSFT	1,191,043	0.17	0.46	–393,357	61	30	56.31	343	140,155	–31,254	108	16
	SUNW	746,528	0.10	0.32	–418,119	57	33	214.84	61	100,118	–30,413	95	19
	TXN	1,105,334	0.20	0.47	–275,614	56	36	97.26	204	99,957	–24,606	97	19
电信	VZ	–441,685	–0.01	–0.27	–508,096	61	28	21.47	–381	50,430	–30,815	96	22
股价指数	SPX	–110,761	0.04	–0.06	–569,651	73	23	2275.32	–1	85,035	–27,627	105	16
	NDX	987,273	0.27	0.46	–201,943	52	40	1610.30	12	97,629	–33,229	100	19
	RUT	1,582,679	0.24	0.56	–168,291	53	38	5270.06	6	127,551	–29,641	90	20
	平均	360,140	0.07	0.13	–444,608	68	29	323.92	43	92,666	–27,708	98	19

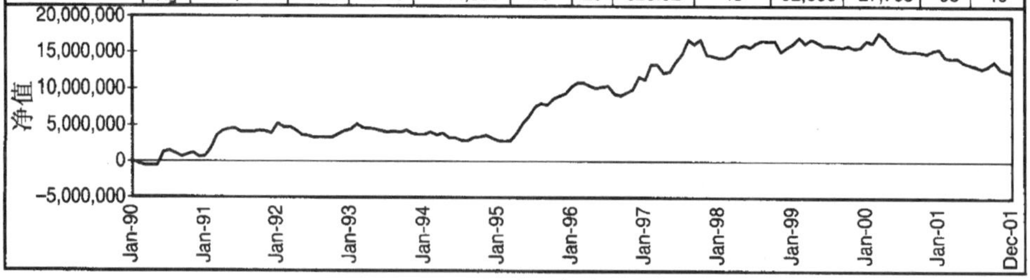

净值
20,000,000
15,000,000
10,000,000
5,000,000
0
–5,000,000
Jan-90 Jan-91 Jan-92 Jan-93 Jan-94 Jan-95 Jan-96 Jan-97 Jan-98 Jan-99 Jan-00 Jan-01 Dec-01

投资组合统计量

净利：	12,244,768	夏普率：	0.44
最大流失金额：	–5,487,815	突破相关：	0.85
K-比率：	0.18	均线相关：	0.75

图 8.4a　凯斯特纳移动平均系统运用于股票的结果

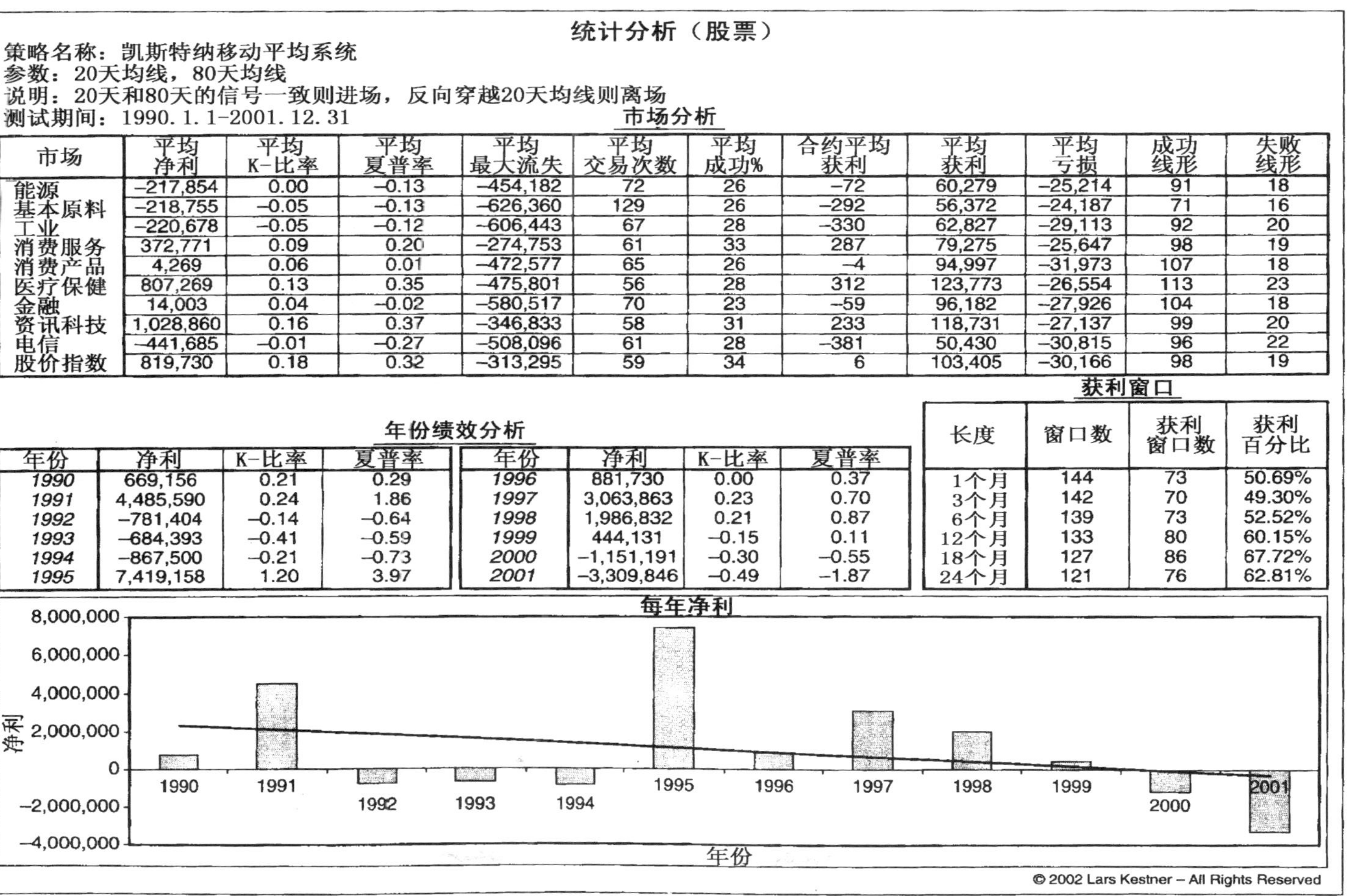

统计分析（股票）

策略名称：凯斯特纳移动平均系统
参数：20天均线，80天均线
说明：20天和80天的信号一致则进场，反向穿越20天均线则离场
测试期间：1990. 1. 1-2001. 12. 31

市场分析

市场	平均净利	平均K-比率	平均夏普率	平均最大流失	平均交易次数	平均成功%	合约平均获利	平均获利	平均亏损	成功线形	失败线形
能源	−217,854	0.00	−0.13	−454,182	72	26	−72	60,279	−25,214	91	18
基本原料	−218,755	−0.05	−0.13	−626,360	129	26	−292	56,372	−24,187	71	16
工业	−220,678	−0.05	−0.12	−606,443	67	28	−330	62,827	−29,113	92	20
消费服务	372,771	0.09	0.20	−274,753	61	33	287	79,275	−25,647	98	19
消费产品	4,269	0.06	0.01	−472,577	65	26	−4	94,997	−31,973	107	18
医疗保健	807,269	0.13	0.35	−475,801	56	28	312	123,773	−26,554	113	23
金融	14,003	0.04	−0.02	−580,517	70	23	−59	96,182	−27,926	104	18
资讯科技	1,028,860	0.16	0.37	−346,833	58	31	233	118,731	−27,137	99	20
电信	−441,685	−0.01	−0.27	−508,096	61	28	−381	50,430	−30,815	96	22
股价指数	819,730	0.18	0.32	−313,295	59	34	6	103,405	−30,166	98	19

年份绩效分析

年份	净利	K-比率	夏普率	年份	净利	K-比率	夏普率
1990	669,156	0.21	0.29	*1996*	881,730	0.00	0.37
1991	4,485,590	0.24	1.86	*1997*	3,063,863	0.23	0.70
1992	−781,404	−0.14	−0.64	*1998*	1,986,832	0.21	0.87
1993	−684,393	−0.41	−0.59	*1999*	444,131	−0.15	0.11
1994	−867,500	−0.21	−0.73	*2000*	−1,151,191	−0.30	−0.55
1995	7,419,158	1.20	3.97	*2001*	−3,309,846	−0.49	−1.87

获利窗口

长度	窗口数	获利窗口数	获利百分比
1个月	144	73	50.69%
3个月	142	70	49.30%
6个月	139	73	52.52%
12个月	133	80	60.15%
18个月	127	86	67.72%
24个月	121	76	62.81%

图8.4b 凯斯特纳移动平均系统运用于股票的结果

40天的最高价重要。我设计的第二阶突破策略来决定每个最高价和最低价的重要性。

每天，我都要比较当天的收盘价和过去80天的收盘价来决定当天收盘价的重要性。通过比较当天的收盘价和过去80天的收盘价，我们来决定当天突破的程度。如果今天的收盘价是最近5天最高的，那么今天的收盘价就是5天的高点。如果今天的收盘价是最近20天最高的，那么今天的收盘价就是20天的高点。类似于这种比较一直追溯到80天前来决定当天突破的程度。出现高点和低点的天数就作为第二阶突破的统计数据。高点被记为正数，低点被记为负数。例如，如果今天的收盘价是近40天最高的，那么二阶突破的统计数据记为40。如果今天的收盘价是近35天最低的，那么二阶突破统计数据记为-35。我们采用第二阶突破的统计数据构建通道突破系统。此种策略的逻辑如下：如果今天第二阶突破的统计数据既是近40天最低的，又小于-20，则建立空头部位。

二阶突破系统的优势在于价格的变动程度不断的被评价和记录。如果产生了40天最高价，那么20天最高价的作用就降低了。因为20天的最高价并不是40天的最高价，价格必须被不断地加强，同时趋势也在不断地变化。我们希望获得明确的通道突破买入信号，因为市场往往表现为不断加强，逐渐减弱，最后反转。二阶突破系统有助于发现这些趋势变化。

图8.5显示了此系统运用于英特尔的情况。5月份，一波涨势产生了20天的高点，二阶突破的统计数据记为20。另外，20天的高点也是近40天的高点，因此建立多头部位。在7月中旬，这20天的高点又成为80天的高点，因此二阶突破的统计数据记为80。7月末的一股卖压，使市场创造了20天新低，二阶突破的统计数据记为-20。因为这20天的二阶突破的统计数据也是近40天最低，因此建立空头部位。

二阶突破系统的独特的理念并没有产生良好的绩效。尽管其逻辑上非常合理，二阶突破的绩效低于顺势系统。第七章中谈到的标准40天入场/20天出场通道突破（参考图7.11a到图7.12b）的夏普率在期货市场为0.41，在股票市场为0.16，K-比率在期货市场为0.12，在股票市场为0.06，这些指标都优于二阶突破系统的相关数据（图8.6a到图8.7b）。因此，我们必须将二阶突破系统完善之后才能将其运用于实际交易。

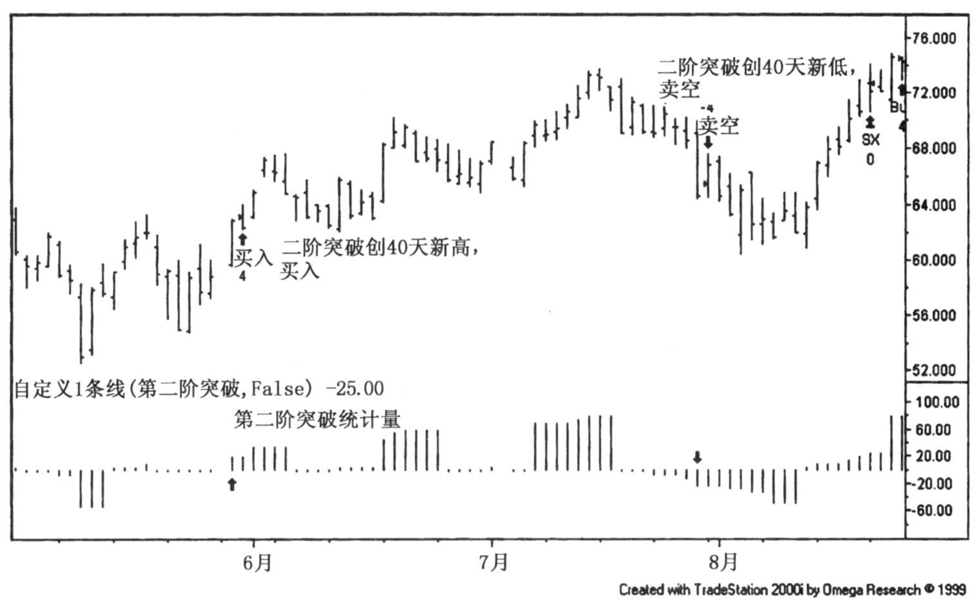

图 8.5　二阶突破系统运用于英特尔

MACD 柱状图折返

第三个新技术指标采用了广泛使用的 MACD，该指标由吉拉尔德 · 安培尔（Gerald Appel）创造。MACD 是由两条 EMA（指数移动平均）差值构成的振荡指标。MACD 的 EMA 被称为信号线，MACD 与信号线的交叉产生买卖信号。当 MACD 上穿信号线，则买入；当 MACD 下穿信号线，则卖出；MACD 的常用参数为 12 天和 26 天 EMA，信号线则取 9 天 EMA。MACD 柱状图是由 MACD 的数值减去信号线的数值所得差值绘制而成。通常情况下，柱状图可以在趋势发生反转前发出信号。

MACD = 12 天快速平滑移动平均线（EMA） – 26 天慢速平滑移动平均线（EMA）

MACD 信号线 = MACD 的 9 天平滑移动平均线（EMA）

MACD 柱状图 = MACD – MACD 信号线

MACD 柱状图折返策略采用 MACD 柱状图的能力来较早地识别出趋势反转

交易策略评估（期货）

策略名称：二阶突破系统

参数：检查20～80天的二阶突破

说明：二阶突破指标创40天新高新低

测试期间：1990.1.1-2001.12.31

	市场	净利	K-比率	夏普率	最大流失	交易次数	成功%	平均合约	合约平均获利	平均获利	平均亏损	成功线形	失败线形
外汇	AD	-431,470	-0.12	-0.24	-754,450	87	34	25.52	-195	47,617	-32,661	47	21
	BP	159,700	-0.01	0.09	-359,250	83	35	17.32	103	53,846	-26,164	50	21
	CD	-179,170	-0.03	-0.08	-487,980	87	33	46.03	-45	57,786	-31,982	47	21
	JY	978,763	0.22	0.47	-234,725	81	38	13.96	773	73,932	-28,351	55	19
	SF	755,388	0.22	0.40	-175,113	84	44	15.73	591	55,276	-26,913	51	16
利率	ED	2,609,000	0.28	1.09	-278,150	70	49	89.59	416	111,070	-32,427	62	17
	TY	636,516	0.11	0.30	-334,984	79	42	29.45	257	62,847	-32,063	56	18
	US	297,750	0.07	0.16	-360,000	80	41	20.28	158	56,289	-34,055	54	18
股票	SP	-777,238	-0.16	-0.44	-917,850	95	32	8.99	-884	45,666	-32,691	45	20
金属	GC	115,150	0.01	0.05	-566,000	85	38	46.95	28	56,141	-31,810	50	20
	HG	-259,338	-0.01	-0.15	-597,725	89	36	31.81	-92	46,099	-30,430	48	17
	PL	-1,226,845	-0.21	-0.67	-1,468,055	98	30	49.87	-261	39,921	-35,247	45	17
	SL	-858,465	-0.23	-0.48	-980,175	97	30	35.22	-272	38,691	-30,192	47	18
能源	CL	502,850	0.06	0.21	-310,190	84	42	28.21	217	61,765	-33,640	49	20
	HO	490,152	0.10	0.18	-320,544	82	39	23.95	255	70,185	-34,907	51	20
	HU	-233,835	-0.02	-0.09	-533,610	96	38	22.40	-103	51,200	-34,415	44	19
谷物	C	695,363	0.17	0.31	-345,913	83	45	78.08	107	63,417	-35,893	52	17
	S	-925	-0.06	0,00	-462,763	84	43	31.61	-6	39,461	-29,942	47	22
	W	202,225	0.09	0.09	-429,088	86	38	52.28	48	63,001	-35,191	52	17
肉类	FC	74,980	0.05	0.04	-357,745	81	43	40.68	21	47,051	-34,286	48	20
	LC	-427,096	-0.05	-0.22	-617,336	87	31	51.22	-95	51,901	-30,424	52	21
	LH	-81,364	0.05	-0.04	-530,700	87	33	31.49	-33	56,003	-29,557	54	20
	PB	-4,068	-0.03	0.00	-425,644	83	39	20.99	-31	56,497	-36,507	52	20
软性商品	CC	-643,040	-0.17	-0.33	-1,064,280	91	23	50.46	-155	58,096	-27,582	57	21
	CT	96,690	-0.04	0.05	-561,180	89	28	25.04	43	83,553	-31,127	58	19
	JO	-872,835	-0.19	-0.38	-1,397,813	91	26	35.38	-276	54,908	-32,914	49	20
	KC	1,028,269	0.14	0.31	-303,881	84	35	12.22	1,009	81,991	-24,386	54	20
	LB	1,250,184	0.11	0.42	-278,952	77	43	33.38	483	85,908	-36,231	54	19
	SB	-610,467	-0.16	-0.31	-837,738	90	31	54.68	-118	54,505	-34,006	50	19
	平均	109,561	0.01	0.02	-543,061	83	35	34.09	65	57,487	-30,866	49	19

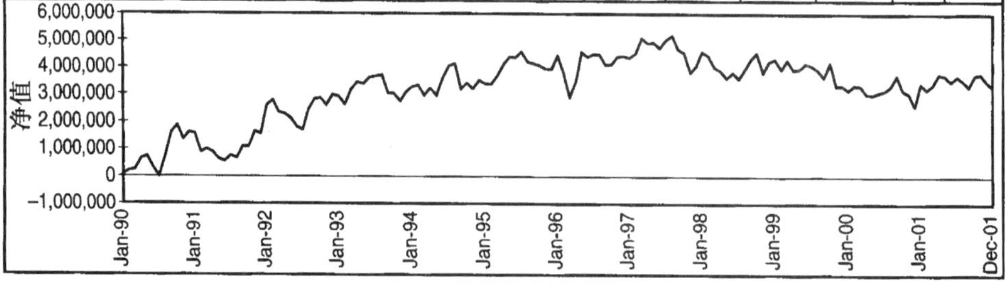

投资组合统计量

净利：	3,286,823	夏普率：	0.21
最大流失金额：	-2,627,541	突破相关：	0.95
K-比率：	0.07	均线相关：	0.87

图8.6a　二阶突破系统运用于期货的结果

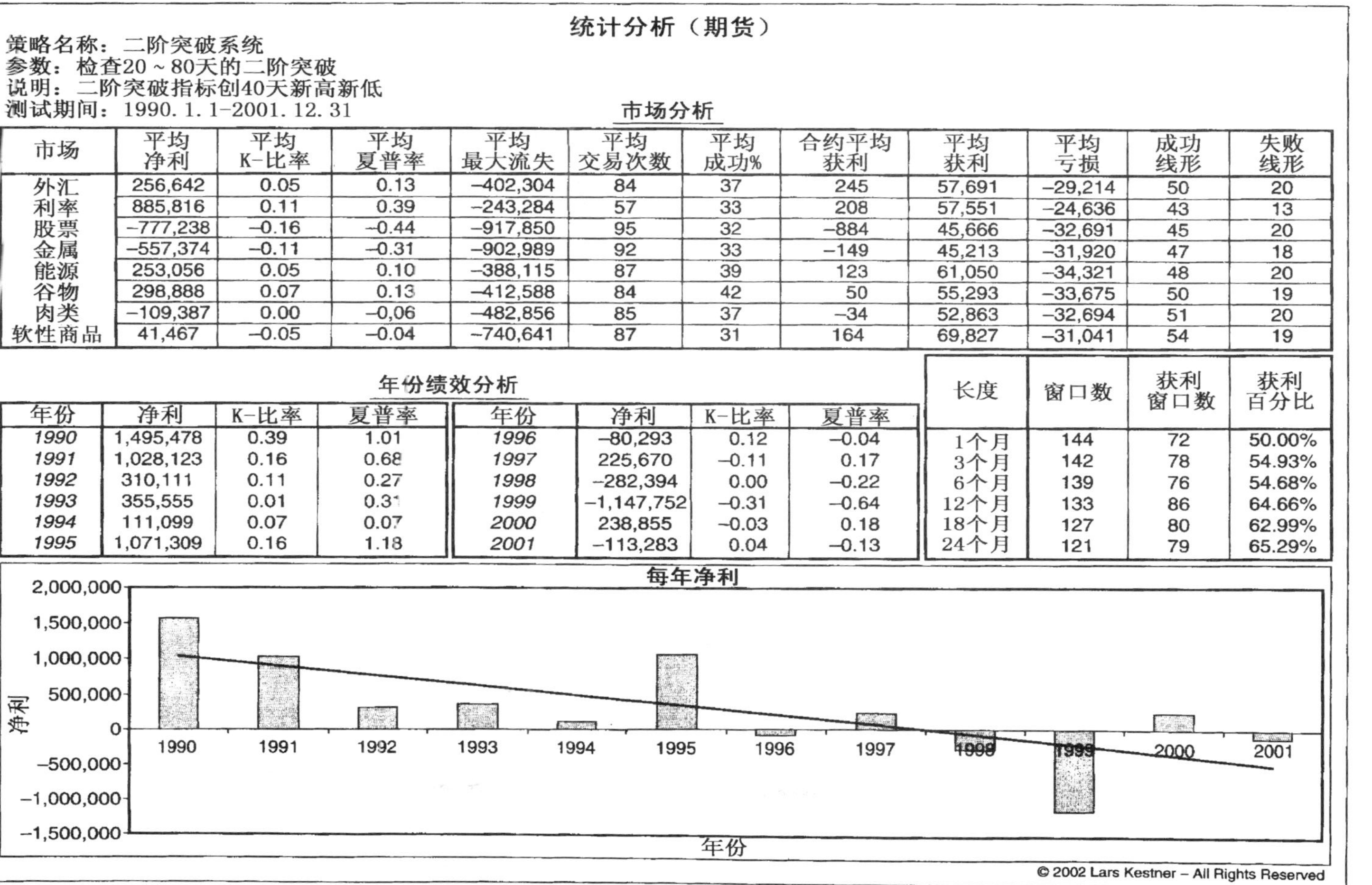

统计分析（期货）

策略名称：二阶突破系统
参数：检查20～80天的二阶突破
说明：二阶突破指标创40天新高新低
测试期间：1990. 1. 1-2001. 12. 31

市场分析

市场	平均净利	平均K-比率	平均夏普率	平均最大流失	平均交易次数	平均成功%	合约平均获利	平均获利	平均亏损	成功线形	失败线形
外汇	256,642	0.05	0.13	–402,304	84	37	245	57,691	–29,214	50	20
利率	885,816	0.11	0.39	–243,284	57	33	208	57,551	–24,636	43	13
股票	–777,238	–0.16	–0.44	–917,850	95	32	–884	45,666	–32,691	45	20
金属	–557,374	–0.11	–0.31	–902,989	92	33	–149	45,213	–31,920	47	18
能源	253,056	0.05	0.10	–388,115	87	39	123	61,050	–34,321	48	20
谷物	298,888	0.07	0.13	–412,588	84	42	50	55,293	–33,675	50	19
肉类	–109,387	0.00	–0,06	–482,856	85	37	–34	52,863	–32,694	51	20
软性商品	41,467	–0.05	–0.04	–740,641	87	31	164	69,827	–31,041	54	19

年份绩效分析

年份	净利	K-比率	夏普率	年份	净利	K-比率	夏普率
1990	1,495,478	0.39	1.01	*1996*	–80,293	0.12	–0.04
1991	1,028,123	0.16	0.68	*1997*	225,670	–0.11	0.17
1992	310,111	0.11	0.27	*1998*	–282,394	0.00	–0.22
1993	355,555	0.01	0.31	*1999*	–1,147,752	–0.31	–0.64
1994	111,099	0.07	0.07	*2000*	238,855	–0.03	0.18
1995	1,071,309	0.16	1.18	*2001*	–113,283	0.04	–0.13

长度	窗口数	获利窗口数	获利百分比
1个月	144	72	50.00%
3个月	142	78	54.93%
6个月	139	76	54.68%
12个月	133	86	64.66%
18个月	127	80	62.99%
24个月	121	79	65.29%

图8.6b　二阶突破系统运用于期货的结果

交易策略评估（股票）

策略名称：二阶突破系统

参数：检查20～80天的二阶突破

说明：二阶突破指标创40天新高新低

测试期间：1990.1.1-2001.12.31

	市场	净利	K-比率	夏普率	最大流失	交易次数	成功%	平均合约	合约平均获利	平均获利	平均亏损	成功线形	失败线形
能源	SLB	–1,114,709	–0.37	–0.62	–1,176,491	98	29	16.21	–711	41,766	–32,846	48	18
	XOM	–341,848	–0.02	–0.21	–548,860	85	33	40.05	–101	44,676	–27,983	56	17
基本原料	AA	483,842	–0.01	0.23	–627,908	67	61	55.76	129	52,430	–64,112	29	70
	DD	–747,099	–0.19	–0.44	–851,999	93	25	21.41	–369	57,175	–29,289	52	18
	IP	-578,611	–0.17	–0.34	–690,728	92	27	16.59	–379	51,162	–27,726	47	21
工业	BA	149,321	–0.03	0.08	–376,877	84	42	21.00	78	45,739	–29,857	49	19
	GE	–327,028	–0.12	–0.19	–559,866	92	33	74.67	–48	57,257	–32,979	49	18
	MMM	–792,741	–0.23	–0.48	–941,071	88	32	13.61	–715	36,187	–31,163	48	19
消费服务	DIS	–128,991	–0.07	–0.07	–640,885	87	37	36.48	–48	54,328	–34,355	48	19
	GM	252,861	–0.03	0.13	–615,757	83	39	13.32	201	55,063	–30,195	52	18
	HD	176,280	–0.04	0.09	–771,980	82	34	59.75	26	66,958	–32,345	57	21
	WMT	–22,740	–0.02	–0.01	–357,383	86	35	38.75	–7	54,557	–29,639	52	21
消费产品	G	–163,065	0.03	-0.09	–397,452	85	36	35.83	–64	47,650	–30,977	48	18
	KO	–298,659	–0.07	–0.15	–616,407	92	34	25.82	–126	55,421	–33,061	48	17
	MO	411,380	0.12	0.21	–310,160	84	37	25.15	185	63,691	–29,865	55	17
	PG	–315,105	–0.13	–0.17	–582,421	90	37	21.12	–162	43,930	–30,832	45	19
医疗保健	AMGN	1,012,277	0.11	0.43	–325,099	80	41	53.68	237	78,990	–33,771	53	20
	BMY	–297,121	0.01	–0.16	–545,138	81	38	34.62	–111	44,567	–33,880	55	19
	JNJ	–521,220	–0.09	–0.29	–901,286	89	36	38.24	–153	44,004	–33,848	47	20
	PFE	–351,876	–0.04	–0.20	–567,932	94	34	81.17	–49	48,965	–31,296	47	17
金融	AIG	–639,405	–0.22	–0.37	–862,952	91	32	43.01	–164	47,742	–32,672	53	18
	FNM	–471,699	–0.06	–0.27	–629,878	87	26	24.26	–221	61,779	–29,486	52	20
	MER	39,030	0.03	0.02	–410,838	87	38	51.28	0	59,889	–36,628	51	15
资讯科技	AAPL	861,843	0.15	0.51	–225,794	80	51	17.60	570	47,403	–29,266	45	22
	DELL	1,163,746	0.14	0.48	–433,897	77	48	563.09	26	71,740	–38,505	48	20
	IBM	1,187,433	0.24	0.64	–310,699	84	44	20.00	627	64,563	–28,403	49	17
	INTC	1,491,884	0.28	0.64	–262,090	81	38	118.87	147	94,360	–30,197	53	19
	MSFT	686,018	0.10	0.30	–421,110	80	36	71.35	109	85,942	–36,619	56	18
	SUNW	773,987	0.11	0.39	–243,662	80	43	229.36	42	63,387	–30,060	53	20
	TXN	–252,623	0.02	–0.13	–435,710	92	34	85.06	–35	58,237	–34,026	51	18
电信	VZ	–661,033	–0.20	–0.41	–794,355	93	38	21.86	–334	32,253	–31,156	47	18
股价指数	SPX	–640,292	–0.08	–0.34	–831,995	93	31	2414.95	–3	56,553	–35,630	51	19
	NDX	659,242	0.12	0.33	–349,981	85	36	1704.79	4	79,842	–34,411	53	18
	RUT	2,956,420	0.37	1.13	–177,565	72	53	5224.70	8	107,004	–35,050	56	18
	平均	107,050	–0.01	0.02	–552,830	86	37	332.75	–41	58,094	–33,004	50	20

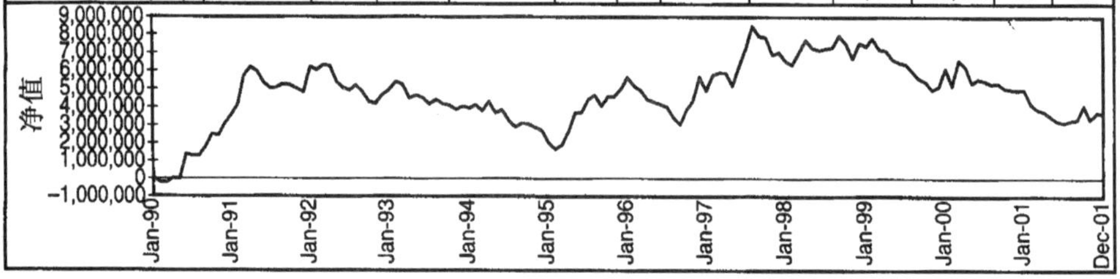

投资组合统计量

净利：	3,639,699	夏普率：	0.16
最大流失金额：	–5,379,816	突破相关：	0.96
K-比率：	0.04	均线相关：	0.89

图8.7a　二阶突破系统运用于股票的结果

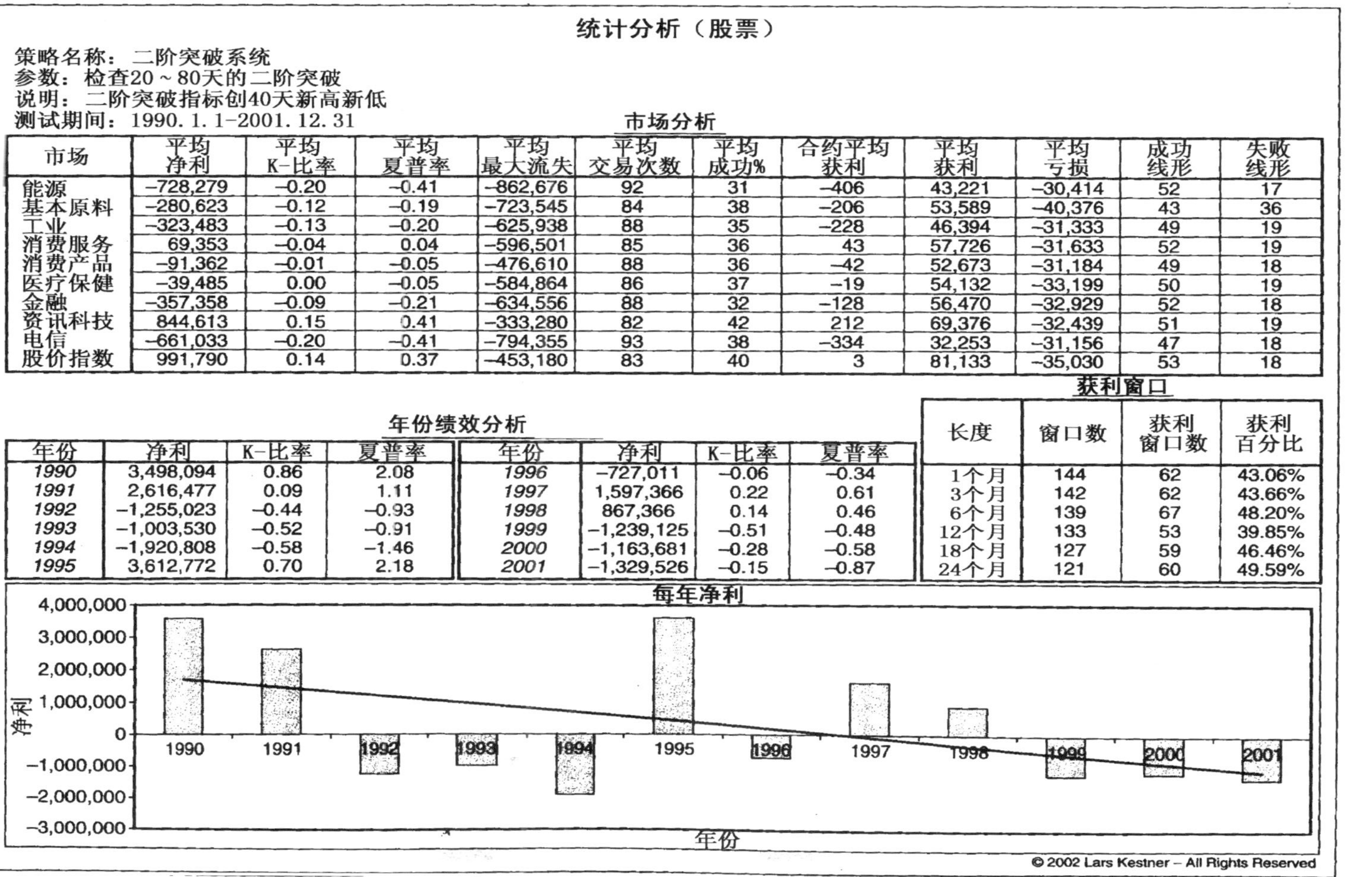

统计分析（股票）

策略名称：二阶突破系统
参数：检查20～80天的二阶突破
说明：二阶突破指标创40天新高新低
测试期间：1990. 1. 1-2001. 12. 31

市场分析

市场	平均净利	平均K-比率	平均夏普率	平均最大流失	平均交易次数	平均成功%	合约平均获利	平均获利	平均亏损	成功线形	失败线形
能源	−728,279	−0.20	−0.41	−862,676	92	31	−406	43,221	−30,414	52	17
基本原料	−280,623	−0.12	−0.19	−723,545	84	38	−206	53,589	−40,376	43	36
工业	−323,483	−0.13	−0.20	−625,938	88	35	−228	46,394	−31,333	49	19
消费服务	69,353	−0.04	0.04	−596,501	85	36	43	57,726	−31,633	52	19
消费产品	−91,362	−0.01	−0.05	−476,610	88	36	−42	52,673	−31,184	49	18
医疗保健	−39,485	0.00	−0.05	−584,864	86	37	−19	54,132	−33,199	50	19
金融	−357,358	−0.09	−0.21	−634,556	88	32	−128	56,470	−32,929	52	18
资讯科技	844,613	0.15	0.41	−333,280	82	42	212	69,376	−32,439	51	19
电信	−661,033	−0.20	−0.41	−794,355	93	38	−334	32,253	−31,156	47	18
股价指数	991,790	0.14	0.37	−453,180	83	40	3	81,133	−35,030	53	18

年份绩效分析

年份	净利	K-比率	夏普率	年份	净利	K-比率	夏普率
1990	3,498,094	0.86	2.08	*1996*	−727,011	−0.06	−0.34
1991	2,616,477	0.09	1.11	*1997*	1,597,366	0.22	0.61
1992	−1,255,023	−0.44	−0.93	*1998*	867,366	0.14	0.46
1993	−1,003,530	−0.52	−0.91	*1999*	−1,239,125	−0.51	−0.48
1994	−1,920,808	−0.58	−1.46	*2000*	−1,163,681	−0.28	−0.58
1995	3,612,772	0.70	2.18	*2001*	−1,329,526	−0.15	−0.87

获利窗口

长度	窗口数	获利窗口数	获利百分比
1个月	144	62	43.06%
3个月	142	62	43.66%
6个月	139	67	48.20%
12个月	133	53	39.85%
18个月	127	59	46.46%
24个月	121	60	49.59%

图8.7b　二阶突破系统运用于股票的结果

并发出交易信号。交易方法如下：当柱状图由零线以下向上反转达到 $x\%$，产生买入信号。当柱状图由零线以上向下反转达到 $x\%$，产生卖出信号。为了避免频繁出现买入卖出信号，我们规定柱状图折返必须达到一定的幅度，才能确定为进出场的信号。

我们采用的 MACD 柱状图折返策略规定柱状图必须超过 20 天价格波动标准差的 0.5 倍才能作为卖出信号。同样，柱状图必须超过 20 天价格波动标准差的负 0.5 倍才能作为买进信号。在柱状图回到上次穿越零线最小值的 25%，才能确认多头信号。在柱状图回到上次向下穿越零线最小值的 25%，才能确认空头信号。

图 8.8 描述了 MACD 柱状图折返策略运用于可口可乐的情况。在 10 月初，一波从底部上升的行情是 MACD 柱状图从底部 -0.32 折返，当柱状图上升超过 -0.32 的 75%（-0.23 = -0.32 × 75%），建立多头部位。在 11 月中旬，当柱状图从高点向下折返 25%，即从 0.40 折返到 0.30，则建立空头部位。

MACD 柱状图折返策略的绩效无法令人激动。尽管该策略的绩效好于多数振荡策略，但是，在测试的 12 年中，期货市场上只有 5 年赢利（图 8.9a 到图 8.9b）；股票市场上只有两年赢利（图 8.10a 到图 8.10b）。需要注意的是在过去

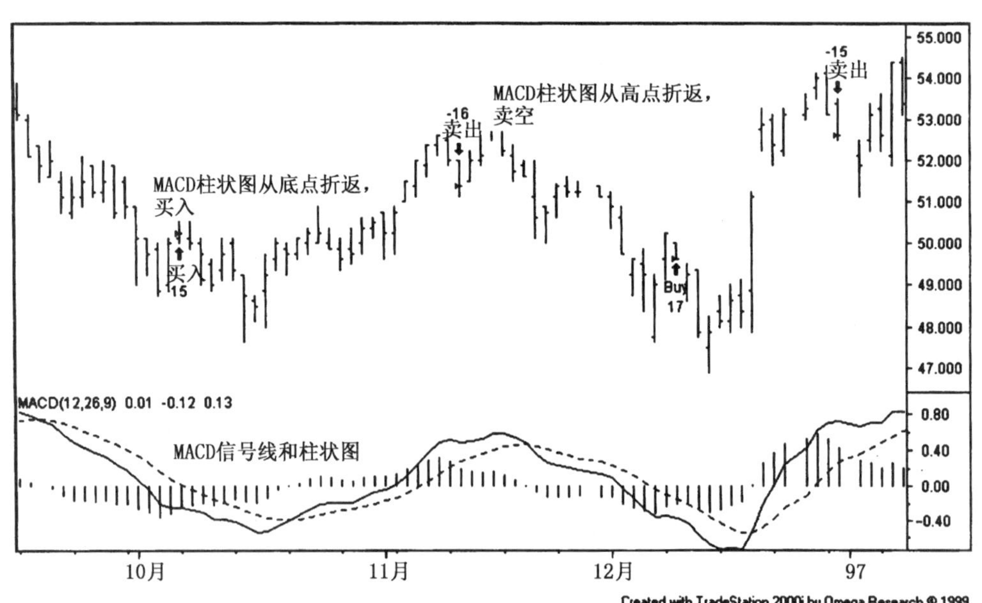

图 8.8 MACD 柱状图折返策略运用于可口可乐

交易策略评估（期货）

策略名称：MACD柱状图折返策略

参数：12天和26天MACD，极端值折返25%

说明：MACD柱状图从谷底折返25%买进，反之卖出

测试期间：1990.1.1-2001.12.31

	市场	净利	K-比率	夏普率	最大流失	交易次数	成功%	平均合约	合约平均获利	平均获利	平均亏损	成功线形	失败线形
外汇	AD	77,660	−0.02	0.04	−742,670	51	53	25.21	66	56,696	−60,235	53	63
	BP	547,650	0.11	0.28	−400,000	50	66	16.84	662	47,723	−59,853	47	86
	CD	−571,480	−0.18	−0.27	−936,010	57	44	46.78	−229	49,422	−57,689	50	53
	JY	−965,038	−0.22	−0.43	−1,191,775	53	49	14.28	−1,447	42,796	−81,761	33	78
	SF	156,775	0.00	0.08	−715,288	53	60	16.33	206	58,521	−80,698	40	76
利率	ED	−845,550	−0.19	−0.36	−1,429,175	49	51	87.58	−207	68,902	−108,827	53	65
	TY	−1,036,750	−0.30	−0.50	−1,504,016	54	46	30.36	−629	51,854	−80,271	34	73
	US	−765,094	−0.12	−0.39	−956,500	54	43	21.35	−635	53,174	−63,074	41	66
股票	SP	270,713	0.07	0.15	−489,813	45	58	9.11	792	56,709	−60,515	54	81
金属	GC	293,850	0.05	0.13	−600,440	51	47	47.58	125	75,804	−56,156	44	70
	HG	10,325	−0.02	0.01	−909,838	50	62	33.59	22	53,506	−85,354	57	64
	PL	810,680	0.19	0.40	−323,695	55	64	48.59	330	51,191	−45,485	48	59
	SL	873,135	0.15	0.48	−202,330	46	65	30.55	577	52,889	−48,488	56	78
能源	CL	−844,400	−0.07	−0.35	−1,487,060	55	49	27.54	−514	51,028	−77,000	44	63
	HO	−816,904	−0.12	−0.34	−1,089,682	50	54	23.04	−641	48,270	−88,769	50	69
	HU	−833,226	−0.11	−0.35	−1,113,563	60	53	22.34	−592	42,819	−77,272	37	62
谷物	C	−255,750	−0.03	−0.12	−508,213	56	46	76.26	−65	60,792	−61,883	41	63
	S	120,488	−0.01	0.06	−538,700	52	50	29.32	52	50,914	−47,855	48	65
	W	676,563	0.14	0.35	−445,638	57	60	48.81	238	61,980	−62,783	49	55
肉类	FC	173,005	−0.04	0.09	−509,600	62	60	39.67	57	45,552	−61,828	36	66
	LC	−8,220	−0.04	0.00	−831,324	44	61	49.93	3	49,835	−78,814	43	108
	LH	−513,352	−0.22	−0.26	−833,136	54	50	31.67	−291	44,270	−62,732	39	72
	PB	−202,960	0.04	−0.09	−531,900	60	53	20.72	−110	47,413	−59,073	44	56
软性商品	CC	1,056,490	0.15	0.56	−316,140	50	60	49.47	428	64,446	−43,729	52	69
	CT	−664,015	−0.09	−0.38	−752,025	42	60	24.00	−662	47,626	−109,320	48	103
	JO	−1,253	0.04	0.00	−482,213	59	58	33.48	26	40,626	−53,211	44	59
	KC	384,570	0.09	0.15	−641,618	50	66	11.90	623	58,052	−90,879	55	65
	LB	−596,960	−0.04	−0.20	−1,030,408	72	60	32.79	−239	48,822	−91,858	30	58
	SB	358,377	0.09	0.19	−544,264	45	53	54.43	144	63,475	−55,785	59	69
	平均	−103,689	−0.02	−0.04	−735,234	51	53	33.45	−64	51,504	−67,040	44	67

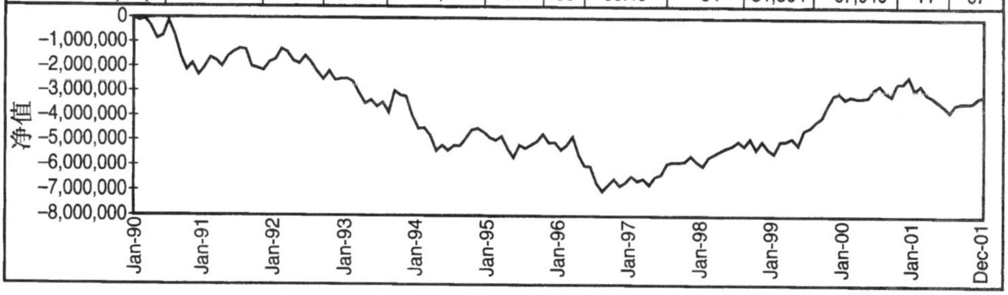

净值
0
−1,000,000
−2,000,000
−3,000,000
−4,000,000
−5,000,000
−6,000,000
−7,000,000
−8,000,000
Jan-90 Jan-91 Jan-92 Jan-93 Jan-94 Jan-95 Jan-96 Jan-97 Jan-98 Jan-99 Jan-00 Jan-01 Dec-01

投资组合统计量

净利：	−3,110,671	夏普率：	−0.23
最大流失金额：	−7,011,997	突破相关：	−0.49
K-比率：	−0.04	均线相关：	−0.51

图8.9a　MACD柱状图折返策略运用于期货

统计分析（期货）

策略名称：MACD柱状图折返策略
参数：12天和26天MACD，极端值折返25%
说明：MACD柱状图从谷底折返25%买进，反之卖出
测试期间：1990.1.1-2001.12.31

市场分析

市场	平均净利	平均K-比率	平均夏普率	平均最大流失	平均交易次数	平均成功%	合约平均获利	平均获利	平均亏损	成功线形	失败线形
外汇	−150,887	−0.06	−0.06	−797,149	53	54	−148	51,032	−68,047	45	71
利率	−661,848	−0.15	−0.31	−972,423	39	35	−368	43,483	−63,043	32	51
股票	270,713	0.07	0.15	−489,813	45	58	792	56,709	−60,515	54	81
金属	496,998	0.09	0.25	−509,076	51	59	263	58,347	−58,870	51	68
能源	−831,510	−0.10	−0.35	−1,230,102	55	52	−582	47,372	−81,014	44	64
谷物	180,433	0.03	0.10	−497,517	55	52	75	57,895	−57,507	46	61
肉类	−137,882	−0.07	−0.07	−676,490	55	56	−86	46,767	−65,612	40	76
软性商品	89,535	0.04	0.05	−627,778	53	59	53	53,841	−74,130	48	71

年份绩效分析

年份	净利	K-比率	夏普率	年份	净利	K-比率	夏普率
1990	−2,050,949	−0.56	−1.32	*1996*	−1,052,815	−0.36	−0.80
1991	348,342	−0.02	0.32	*1997*	412,551	0.37	0.54
1992	−780,411	−0.50	−0.76	*1998*	506,933	0.17	0.56
1993	−2,038,258	−0.25	−1.36	*1999*	2,227,351	0.90	1.96
1994	−356,741	0.02	−0.36	*2000*	369,908	0.30	0.37
1995	−483,338	−0.03	−0.47	*2001*	−213,243	−0.12	−0.30

长度	窗口数	获利窗口数	获利百分比
1个月	144	77	53.47%
3个月	142	74	52.11%
6个月	139	68	48.92%
12个月	133	55	41.35%
18个月	127	51	40.16%
24个月	121	44	36.36%

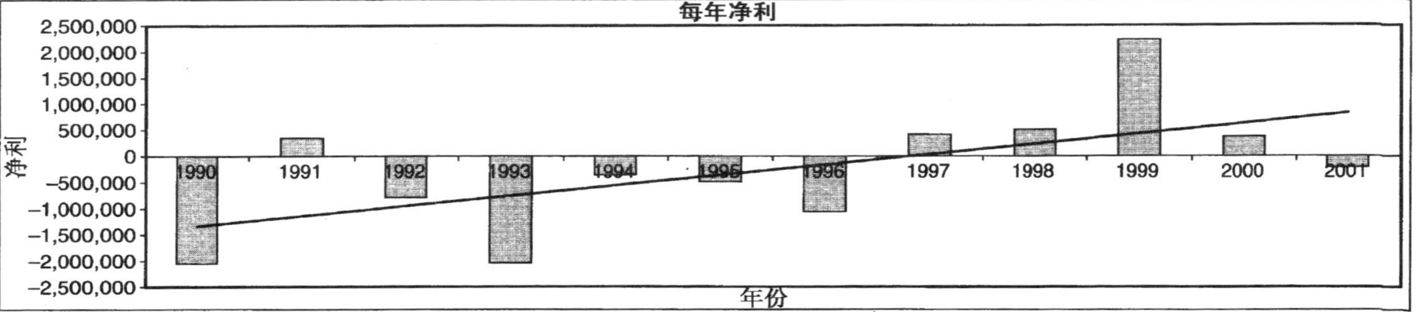

图8.9b　MACD柱状图折返策略运用于期货

交易策略评估（股票）

策略名称：MACD柱状图折返策略

参数：12天和26天MACD，极端值折返25%

说明：MACD柱状图从谷底折返25%买进，反之卖出

测试期间：1990.1.1-2001.12.31

	市场	净利	K-比率	夏普率	最大流失	交易次数	成功%	平均合约	合约平均获利	平均获利	平均亏损	成功线形	失败线形
能源	SLB	−169,672	−0.02	−0.09	−841,045	42	45	16.02	−184	67,710	−61,324	37	95
	XOM	−6,223	−0.06	0.00	−583,485	28	54	41.17	−42	55,714	−67,968	108	97
基本原料	AA	−665,216	−0.14	−0.37	−761,440	92	36	50.48	−143	39,839	−33,526	46	20
	DD	8,465	−0.01	0.00	−546,882	56	61	21.47	14	38,571	−58,838	45	67
	IP	201,236	0.03	0.11	−509,507	51	63	17.92	277	42,278	−57,857	54	65
工业	BA	−373,018	0.02	−0.21	−488,841	56	57	22.02	−274	41,177	−68,964	47	61
	GE	460,043	0.11	0.24	−547,602	44	59	68.76	150	62,635	−65,276	55	85
	MMM	159,117	0.00	0.09	−734,533	49	65	12.68	379	40,854	−63,053	51	77
消费服务	DIS	−722,009	−0.13	−0.37	−947,942	57	53	37.81	−320	41,983	−72,155	39	67
	GM	−1,222,947	−0.14	−0.65	−1,286,465	45	42	14.02	−1,865	39,392	−74,051	57	70
	HD	168,457	0.10	0.09	−508,517	60	62	72.28	58	47,965	−66,252	41	61
	WMT	−612,302	−0.14	−0.33	−750,816	54	52	42.95	−240	40,207	−64,746	46	63
消费产品	G	695,816	0.15	0.38	−381,739	53	58	35.35	324	57,638	−53,637	46	68
	KO	366,414	0.07	0.18	−523,927	59	71	26.20	237	42,606	−83,726	36	88
	MO	−196,684	−0.02	−0.10	−611,443	44	52	25.44	−149	61,740	−75,586	57	79
	PG	−401,719	−0.06	−0.21	−906,162	52	56	20.87	−390	40,697	−69,731	46	72
医疗保健	AMGN	−319,432	0.00	−0.12	−1,231,556	44	57	66.58	−105	75,600	−115,604	50	92
	BMY	−302,541	−0.11	−0.17	−961,357	42	57	35.30	−172	50,582	−81,583	59	82
	JNJ	−241,065	−0.05	−0.13	−910,205	50	62	38.45	−145	48,845	−94,346	45	85
	PFE	622,972	0.10	0.29	−497,763	42	57	83.42	182	77,023	−67,342	72	69
金融	AIG	287,231	0.04	0.15	−559,293	60	63	44.79	115	50,849	−73,731	38	65
	FNM	−266,435	−0.04	−0.15	−483,632	46	57	27.47	−220	42,235	−68,835	64	67
	MER	−688,600	−0.21	−0.37	−1,003,952	65	54	53.50	−183	47,093	−76,211	28	66
资讯科技	AAPL	−139,090	−0.04	−0.07	−932,447	51	45	18.58	−169	62,407	−56,993	44	67
	DELL	−798,216	−0.08	−0.31	−1,678,553	54	65	455.69	−31	50,865	−133,209	42	77
	IBM	221,090	0.04	0.11	−510,533	68	57	21.91	198	51,284	−58,798	36	55
	INTC	−1,599,992	−0.23	−0.67	−1,884,144	61	51	135.81	−183	45,514	−97,688	35	61
	MSFT	904,829	0.18	0.39	−431,176	56	59	77.11	223	72,316	−61,826	43	66
	SUNW	−1,689,733	−0.23	−0.79	−1,799,448	51	47	218.29	−151	45,142	−102,369	40	75
	TXN	237,431	0.03	0.10	−770,776	58	59	95.86	43	58,772	−73,351	38	72
电信	VZ	172,269	0.06	0.10	−628,309	48	52	22.78	183	57,661	−53,958	52	72
股价指数	SPX	860,227	0.19	0.44	−348,766	53	62	2726.33	6	58,228	−50,271	46	71
	NDX	−1,338,760	−0.32	−0.60	−1,504,852	51	49	1894.29	−13	51,096	−98,515	39	76
	RUT	−1,646,594	−0.20	−0.57	−1,679,545	75	52	5521.67	−4	56,980	−104,614	28	52
	平均	−236,313	−0.03	−0.11	−845,490	53	56	354.80	−76	51,868	−73,704	47	71

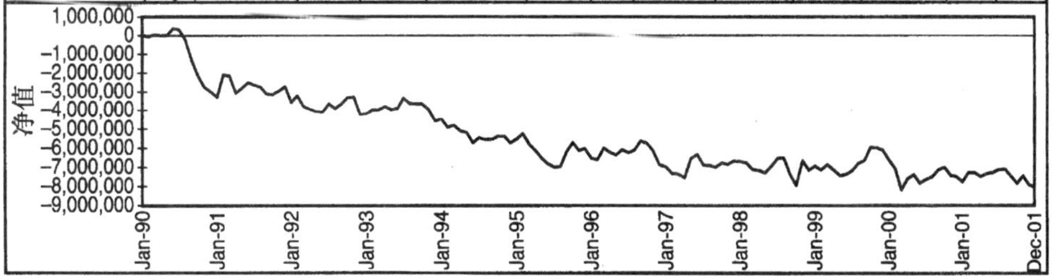

投资组合统计量

净利：	−8,034,651	夏普率：	−0.48
最大流失金额：	−8,562,901	突破相关：	−0.45
K-比率：	−0.18	均线相关：	−0.55

图 8.10a　MACD 柱状图折返策略运用于股票的结果

统计分析（股票）

策略名称：MACD柱状图折返策略
参数：12天和26天MACD，极端值折返25%
说明：MACD柱状图从谷底折返25%买进，反之卖出
测试期间：1990.1.1-2001.12.31

市场分析

市场	平均净利	平均K-比率	平均夏普率	平均最大流失	平均交易次数	平均成功%	合约平均获利	平均获利	平均亏损	成功线形	失败线形
能源	−87,948	−0.04	−0.05	−712,265	35	49	−113	61,712	−64,646	72	96
基本原料	−151,838	−0.04	−0.09	−605,943	66	53	50	40,230	−50,074	48	51
工业	82,047	0.04	0.04	−590,325	50	61	85	48,222	−65,764	51	75
消费服务	−597,200	−0.07	−0.32	−873,435	54	52	−592	42,387	−69,301	46	65
消费产品	115,957	0.04	0.06	−605,818	52	59	5	50,670	−70,670	46	77
医疗保健	−60,017	−0.02	−0.03	−900,220	45	58	−60	63,012	−89,719	56	82
金融	−222,601	−0.07	−0.12	−682,292	57	58	−96	46,726	−72,926	43	66
资讯科技	−409,097	−0.05	−0.18	−1,143,868	57	55	−10	55,186	−83,462	40	67
电信	172,269	0.06	0.10	−628,309	48	52	183	57,661	−53,958	52	72
股价指数	−708,376	−0.11	−0.25	−1,177,721	60	54	−4	55,435	−84,467	38	66

年份绩效分析

年份	净利	K-比率	夏普率	年份	净利	K-比率	夏普率
1990	−3,293,470	−0.43	−2.28	*1996*	−444,312	−0.02	−0.35
1991	−273,648	−0.13	−0.14	*1997*	281,832	0.14	0.21
1992	−600,043	−0.06	−0.43	*1998*	−252,022	−0.05	−0.13
1993	−285,611	−0.06	−0.28	*1999*	329,010	0.25	0.28
1994	−1,074,985	−0.33	−1.17	*2000*	−1,136,280	−0.05	−0.71
1995	−996,098	−0.10	−0.68	*2001*	−289,024	−0.13	−0.28

获利窗口

长度	窗口数	获利窗口数	获利百分比
1个月	144	62	43.06%
3个月	142	64	45.07%
6个月	139	51	36.69%
12个月	133	35	26.32%
18个月	127	19	14.96%
24个月	121	18	14.88%

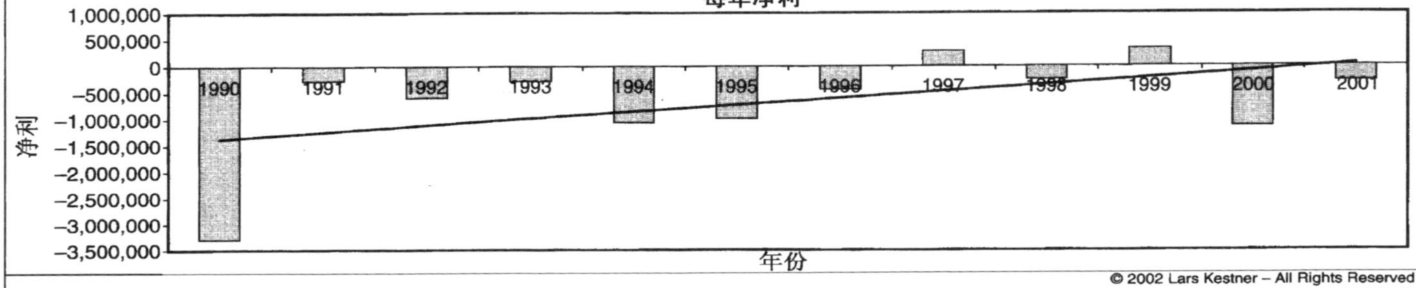

图8.10b MACD柱状图折返策略运用于股票的结果

5 年中，期货市场上有 4 年赢利。虽然 MACD 柱状图折返策略还不适合用于目前的交易，但是它在未来的表现值得关注。

背离指数

在上升途中的回档买入，在下降途中的反弹中卖空，是我最喜欢的交易技巧。我设计了背离指数来测量这类回档的强度。我认为在上涨趋势中的强力回档是最好的买入时机。背离指数是通过两个动能指标的乘积来衡量回档的力度。我们把两个动能指标的乘积除以最近价格变动的变异数，以便使不同市场的指标具有可比性。

$$背离指数=\frac{(10\text{ 天动能}\times 40\text{ 天动能})}{(40\text{ 天价格变动的标准差的平方})}$$

背离指数绘制成图的一个特点是易于观察交易机会。很多时候，对于简单的动能指标，10 天和 40 天的趋势是相同的。当这两种动能指标正负同向（同为正或负），则背离指数为正。两个负数相乘得到一个正的结果。我们重点关注背离指数为负数的情况以便建立新的进场信号。如果一个动能指标为正，而另一个为负，则预示着长期趋势与短期趋势相背离。当背离指数为负数，我们将在长期趋势方向上建立部位。

当背离指数小于 -10 和 40 天动能指标大于 0 时建立多头部位。当背离指数小于 -10 和 40 天动能指标小于 0 时建立空头部位。

图 8.11 显示了该系统运用于菲利普·莫里斯（MO）的情况。10 月下旬，上涨趋势随着价格的走低而受阻。尽管 10 天动能变为负数，40 天动能仍为正数，这使得背离指数为负。当背离指数跌破 -10，建立多头部位，试图在长期趋势的回档中买入。该多头部位刚好建立在短期市场的底部。

一个比较有趣的现象是运用背离指数也可以判断趋势的反转。极大的正数往往和市场的头部和底部相一致，至少预示着市场的横向盘整。如果市场过度延伸，长期和短期动能指标将会很大，导致背离指数也很大。如图 8.11，在 9 月下旬就发生了这种现象，当时的背离指数大于 150。

背离指数策略的绩效非常优异，尤其是在股票市场上（如图 8.12a 到图

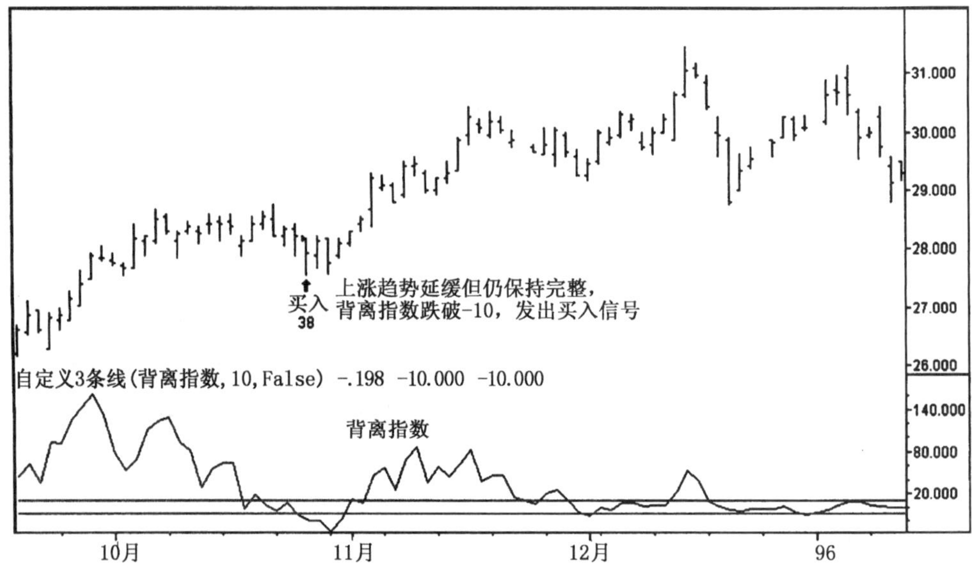

图 8.11 背离指数运用于菲利普·莫里斯

8.12b)。夏普比率为 0.73 和 K－比率是 0.26，期货市场在测试的 12 年中有 11 年获利。绩效最佳的市场并不是典型的顺势系统市场，如股价指数、谷物和软性商品。在股市的测试中，12 年有 7 年赢利。医疗保健、科技和股价指数的绩效最好。与典型的顺势系统策略不同，背离指数的绩效并没有变差的迹象。这种特质预示着将来良好的绩效。

移动平均汇合方法

最优化是个很重要的主题，本书中用了半章的篇幅来介绍这个概念。我创造了一种移动平均线交易方法用以简化参数的最优化程序。

移动平均汇合方法（Moving Average Confluence Method）不是试图找到最优的参数值，而是关注所有的可能参数，并在所有参数的一致性最小时进场交易。

我采用 1～20 天的移动平均线穿越系统，长期均线是短期均线的 4 倍。每个交易日，我观察 1 天/4 天，2 天/8 天，以此类推一直到 20 天/80 天的移动平均线穿越是否产生买入信号或卖空信号。短期移动平均线向上穿越长期移动平均线，发出买入信号；短期移动平均线向下穿越长期移动平均线，发出卖出信号；

交易策略评估（期货）

策略名称：背离指数

参数：采用10天和40天动能计算背离指标

说明：背离指标跌破-10进场

测试期间：1990.1.1-2001.12.31

	市场	净利	K-比率	夏普率	最大流失	交易次数	成功%	平均合约	合约平均获利	平均获利	平均亏损	成功线形	失败线形
外汇	AD	−350,390	−0.05	−0.32	−401,680	39	31	24.35	−369	34,153	−28,156	47	18
	BP	56,663	−0.06	0.05	−388,463	39	36	17.58	83	46,066	−23,531	37	13
	CD	−302,010	−0.05	−0.24	−469,970	42	29	48.51	−148	55,324	−32,197	43	15
	JY	918,763	0.27	0.56	−198,013	38	47	13.38	1,528	70,372	−24,473	64	16
	SF	427,425	0.18	0.31	−211,575	39	46	15.50	707	54,926	−26,726	54	14
利率	ED	1,077,575	0.08	0.66	−309,000	36	47	87.49	128	57,140	−29,961	57	13
	TY	652,984	0.24	0.40	−144,859	39	46	28.10	596	60,001	−20,335	59	15
	US	572,281	0.22	0.44	−149,156	38	47	19.72	764	56,887	−22,584	54	12
股票	SP	285,113	0.09	0.24	−298,275	35	34	8.08	1,008	69,830	−24,037	65	13
金属	GC	123,110	0.04	0.08	−351,130	37	27	43.42	77	79,053	−24,719	59	23
	HG	−63,163	0.02	−0.05	−364,025	36	47	34.14	−26	36,600	−34,461	43	15
	PL	−494,655	−0.30	−0.49	−545,255	39	31	45.03	−282	16,045	−25,452	43	16
	SL	92,460	0.06	0.06	−202,765	35	40	31.33	84	43,819	−24,810	45	15
能源	CL	127,400	0.03	0.09	−176,300	44	36	29.00	92	47,092	−22,730	47	14
	HO	−154,942	−0.06	−0.12	−338,898	41	32	25.17	−158	42,078	−25,370	42	14
	HU	−129,671	−0.03	−0.10	−291,988	46	37	22.34	−143	35,272	−25,737	40	19
谷物	C	525,813	0.10	0.32	−258,488	35	37	75.06	200	78,351	−22,398	59	18
	S	84,825	0.05	0.07	−152,013	41	46	31.79	50	31,675	−24,390	42	15
	W	473,525	0.14	0.30	−165,938	35	37	48.42	279	78,255	−24,718	70	15
肉类	FC	317,540	0.04	0.22	−200,335	44	41	39.51	183	56,980	−27,235	51	18
	LC	369,084	0.14	0.38	−91,308	35	63	49.17	181	28,917	−24,976	39	16
	LH	88,692	0.03	0.06	−221,360	48	46	30.88	60	38,629	−29,274	46	12
	PB	−127,548	−0.09	−0.09	−479,168	43	42	20.32	−146	46,440	−38,539	49	16
软性商品	CC	−126,010	−0.10	−0.10	−387,710	42	36	51.47	−72	37,591	−26,676	39	10
	CT	635,915	0.05	0.47	−308,995	35	40	24.58	728	85,051	−26,872	63	12
	JO	−149,475	−0.07	−0.15	−219,353	35	34	35.67	−87	37,937	−24,529	41	15
	KC	1,069,988	0.22	0.50	−164,644	40	43	11.41	2,343	91,341	−20,992	63	16
	LB	822,632	0.10	0.31	−212,984	43	33	34.11	561	117,132	−28,180	55	17
	SB	374,853	0.08	0.29	−182,974	37	41	54.66	182	55,477	−21,139	50	16
	平均	239,959	0.05	0.14	−262,887	38	38	33.34	280	52,948	−25,173	49	15

投资组合统计量

净利：	7,198,775	夏普率：	0.73
最大流失金额：	−1,550,895	突破相关：	0.63
K-比率：	0.26	均线相关：	0.56

图8.12a 背离指数交易策略运用于期货

统计分析（期货）

策略名称：背离指数
参数：采用10天和40天动能计算背离指标
说明：背离指标跌破-10进场
测试期间：1990. 1. 1-2001. 12. 31

市场分析

市场	平均净利	平均K-比率	平均夏普率	平均最大流失	平均交易次数	平均成功%	合约平均获利	平均获利	平均亏损	成功线形	失败线形
外汇	150,090	0.06	0.07	–333,940	39	38	360	52,168	–27,016	49	15
利率	575,710	0.14	0.38	–150,754	28	35	372	43,507	–18,220	43	10
股票	285,113	0.09	0.24	–298,275	35	34	1,008	69,830	–24,037	65	13
金属	–85,562	–0.05	–0.10	–365,794	37	36	–37	43,879	–27,361	47	17
能源	–52,404	–0.02	–0.04	–269,062	44	35	–70	41,481	–24,612	43	16
谷物	361,388	0.10	0.23	–192,146	37	40	177	62,760	–23,835	57	16
肉类	161,942	0.03	0.14	–248,043	43	48	69	42,741	–30,006	46	15
软性商品	437,984	0.05	0.22	–246,110	39	38	609	70,755	–24,731	52	14

年份绩效分析

年份	净利	K-比率	夏普率
1990	1,643,266	1.07	2.10
1991	438,228	–0.02	0.44
1992	316,037	0.28	0.44
1993	1,673,517	0.46	1.96
1994	20,336	0.11	0.03
1995	879,776	0.39	1.20

年份	净利	K-比率	夏普率
1996	762,460	0.15	0.85
1997	493,611	–0.10	0.64
1998	652,202	0.26	0.73
1999	–902,079	–0.60	–2.05
2000	515,743	0.18	0.82
2001	712,044	0.40	0.67

长度	窗口数	获利窗口数	获利百分比
1个月	144	85	59.03%
3个月	142	90	63.38%
6个月	139	102	73.38%
12个月	133	110	82.71%
18个月	127	110	86.61%
24个月	121	106	87.60%

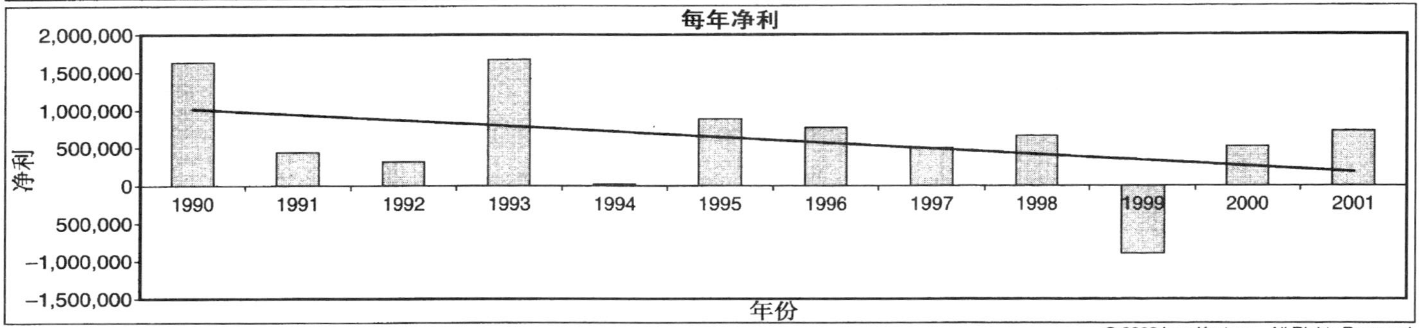

每年净利

净利
2,000,000
1,500,000
1,000,000
500,000
0
500,000
–1,000,000
–1,500,000
1990 1991 1992 1993 1994 1995 1996 1997 1998 1999 2000 2001
年份

图8.12b　背离指数交易策略运用于期货

交易策略评估（股票）

策略名称：背离指数

参数：采用10天和40天动能计算背离指标

说明：背离指标跌破-10进场

测试期间：1990. 1. 1-2001. 12. 31

	市场	净利	K-比率	夏普率	最大流失	交易次数	成功%	平均合约	合约平均获利	平均获利	平均亏损	成功线形	失败线形
能源	SLB	51,368	0.06	0.04	−256,145	34	38	16.40	92	53,060	−30,401	54	14
	XOM	−443,474	−0.39	−0.66	−468,469	27	22	46.29	−355	14,060	−25,135	35	17
基本原料	AA	−488,370	−0.03	−0.26	−633,194	64	38	49.74	−157	49,173	−41,963	78	28
	DD	−295,009	−0.08	−0.34	−398,076	38	34	20.36	−381	28,330	−26,532	35	12
	IP	−415,874	−0.21	−0.38	−526,065	44	32	16.29	−595	32,398	−29,346	39	12
工业	BA	166,355	0.00	0.12	−298,679	41	32	19.12	212	72,736	−27,829	57	15
	GE	217,269	0.09	0.18	−243,538	35	43	71.11	87	55,550	−30,799	56	15
	MMM	−271,950	−0.09	−0.25	−319,835	36	31	12.59	−600	31,714	−24,832	44	16
消费服务	DIS	22,902	−0.01	0.02	−221,771	39	31	37.00	14	59,431	−25,688	50	15
	GM	−201,470	−0.08	−0.17	−271,613	37	32	13.53	−418	34,223	−24,799	49	20
	HD	928,008	0.08	0.60	−338,473	33	36	55.94	503	127,461	−28,644	84	13
	WMT	87,663	0.00	0.07	−348,214	33	45	41.06	65	48,748	−35,753	52	17
消费产品	G	202,314	0.06	0.16	−174,740	37	46	35.29	124	37,277	−23,619	48	19
	KO	−282,288	−0.08	−0.28	−367,034	38	34	25.38	−293	31,297	−27,566	36	17
	MO	435,219	0.20	0.34	−196,571	31	45	24.66	569	57,414	−21,681	61	19
	PG	−164,772	−0.03	−0.14	−256,831	41	39	19.95	−230	28,924	−26,049	36	13
医疗保健	AMGN	629,482	0.08	0.39	−170,184	34	41	62.83	295	80,532	−24,898	57	16
	BMY	−234,205	−0.07	−0.23	−258,740	36	31	36.70	−177	34,833	−24,695	37	17
	JNJ	561,514	0.15	0.40	−106,686	38	42	46.23	320	67,554	−23,607	54	10
	PFE	426,258	0.15	0.29	−156,378	32	47	73.82	180	59,355	−27,298	56	17
金融	AIG	−62,377	−0.04	−0.06	−220,007	38	42	41.26	−40	35,394	−28,577	42	14
	FNM	314,278	0.12	0.28	−158,375	33	42	26.85	355	50,742	−20,848	49	16
	MER	234,389	0.00	0.17	−383,969	43	35	42.27	117	69,338	−29,577	56	14
资讯科技	AAPL	−54,746	−0.04	−0.04	−323,193	44	41	18.27	−79	32,728	−25,090	46	17
	DELL	1,383,436	0.28	0.66	−241,445	33	55	575.44	72	100,130	−28,671	68	19
	IBM	−44,537	0.02	−0.03	−375,134	36	36	18.95	−124	59,255	−37,181	56	21
	INTC	181,141	0.05	0.11	−418,837	39	38	116.70	43	58,534	−28,390	42	16
	MSFT	796,838	0.12	0.48	−471,525	33	33	57.74	409	125,115	−27,178	73	16
	SUNW	648,152	0.09	0.42	−179,443	38	42	213.77	81	67,409	−19,022	53	19
	TXN	−15,753	0.04	−0.01	−383,180	43	33	76.77	−5	51,463	−25,387	46	18
电信	VZ	63,749	0.08	0.05	−205,669	35	49	22.72	80	35,264	−29,763	48	15
股价指数	SPX	458,209	0.12	0.36	−285,347	36	31	2217.62	6	93,451	−22,790	63	14
	NDX	738,586	0.28	0.52	−118,447	35	57	1735.86	12	55,048	−23,558	51	18
	RUT	627,018	0.17	0.33	−238,292	44	36	5142.38	3	94,902	−32,655	63	17
	平均	182,333	0.03	0.09	−294,532	38	39	324.44	5	56,848	−27,348	52	16

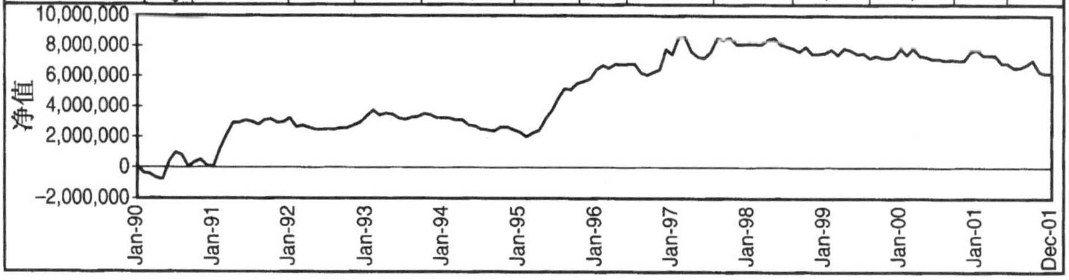

净值
10,000,000
8,000,000
6,000,000
4,000,000
2,000,000
0
−2,000,000
Jan-90 Jan-91 Jan-92 Jan-93 Jan-94 Jan-95 Jan-96 Jan-97 Jan-98 Jan-99 Jan-00 Jan-01 Dec-01

投资组合统计量

净利:	6,199,323	夏普率:	0.40
最大流失金额:	−2,377,389	突破相关:	0.73
K-比率:	0.15	均线相关:	0.62

图 8.13a　背离指数交易策略运用于股票

统计分析（股票）

策略名称：背离指数
参数：采用10天和40天动能计算背离指标
说明：背离指标跌破-10进场
测试期间：1990. 1. 1-2001. 12. 31

市场分析

市场	平均净利	平均K-比率	平均夏普率	平均最大流失	平均交易次数	平均成功%	合约平均获利	平均获利	平均亏损	成功线形	失败线形
能源	−196,053	−0.17	−0.31	−362,307	31	30	−131	33,560	−27,768	45	16
基本原料	−399,751	−0.11	−0.33	−519,112	49	35	−378	36,634	−32,614	51	17
工业	37,225	0.00	0.02	−287,351	37	35	−100	53,333	−27,820	52	15
消费服务	209,276	0.00	0.13	−295,018	36	36	41	67,466	−28,721	59	16
消费产品	47,618	0.04	0.02	−248,794	37	41	42	38,728	−24,729	45	17
医疗保健	345,762	0.08	0.21	−172,997	35	40	154	60,568	−25,124	51	15
金融	162,097	0.03	0.13	−254,117	38	40	144	51,825	−26,334	49	15
资讯科技	413,504	0.08	0.23	−341,822	38	40	57	70,662	−27,274	55	18
电信	63,749	0.08	0.05	−205,669	35	49	80	35,264	−29,763	48	15
股价指数	607,938	0.19	0.40	−214,029	38	41	7	81,134	−26,334	59	16

年份绩效分析

年份	净利	K-比率	夏普率	年份	净利	K-比率	夏普率
1990	−16,309	0.13	−0.01	*1996*	993,139	0.09	0.62
1991	3,129,578	0.27	2.04	*1997*	705,830	0.07	0.36
1992	150,768	0.05	0.18	*1998*	−603,424	−0.33	−0.68
1993	−95,390	−0.12	−0.14	*1999*	294,386	−0.11	0.20
1994	−961,333	−0.49	−1.90	*2000*	−58,461	−0.07	−0.06
1995	4,114,823	1.12	3.50	*2001*	−1,555,907	−0.52	−1.54

获利窗口

长度	窗口数	获利窗口数	获利百分比
1个月	144	72	50.00%
3个月	142	68	47.89%
6个月	139	65	46.76%
12个月	133	67	50.38%
18个月	127	77	60.63%
24个月	121	79	65.29%

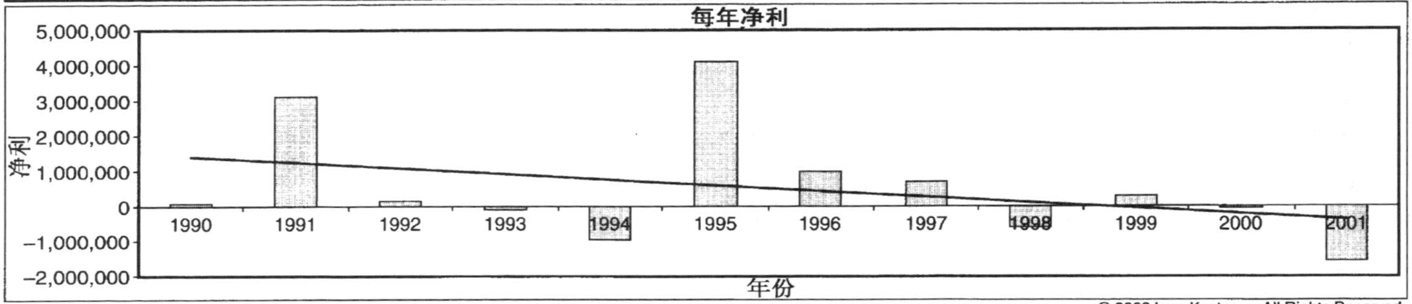

图8.13b 背离指数交易策略运用于股票

每天，我都计算 20 组数据中发出买入信号的百分比，然后用这个百分比绘制出移动平均线穿越统计数据（MACS）图。具体做法是这样的：从 1 天/4 天数据开始，如果 1 天数据大于 4 天平均数，就在 MACS 统计数据中加 +5，依此类推，每天计算 20 组参数，结果产生一个指标，其波动范围在 0～100 之间。当 MACS 大于 60 时，发出买入信号；当 MACS 小于 40 时，发出卖空信号。

在图 8.14 中描述了该系统运用于标准普尔 500 的情况。从 2 月底至 4 月初，几乎所有参数都发出了买入信号，此时 MACS 都等于 0 或接近 0。因此，我们在 2～4 月间的策略是做空。4 月底，随着行情回升，许多参数发出了多头信号，到 5 月初 MACS 已超过 60，则建立多头部位。

移动平均汇合方法在期货市场和股票市场都表现出良好的绩效（如图 8.15a 到图 8.16b）。在测试的 12 年中，期货市场有 11 年赢利，外汇、利率和石油市场表现最为突出。股票市场的绩效较差，12 年中只有 8 年赢利，表现较好的市场是医疗保健、科技和股票指数。

当趋势很明显的时候，多数移动平均参数组合指向都一致。当 MACS 在 0～100 之间时，其发出的信号比较一致。将来这套系统可以另外设定进出场信号，如 MACS 为 25 和 75，当 MACS 在 25～75 之间，离场或保持空头部位，或者在

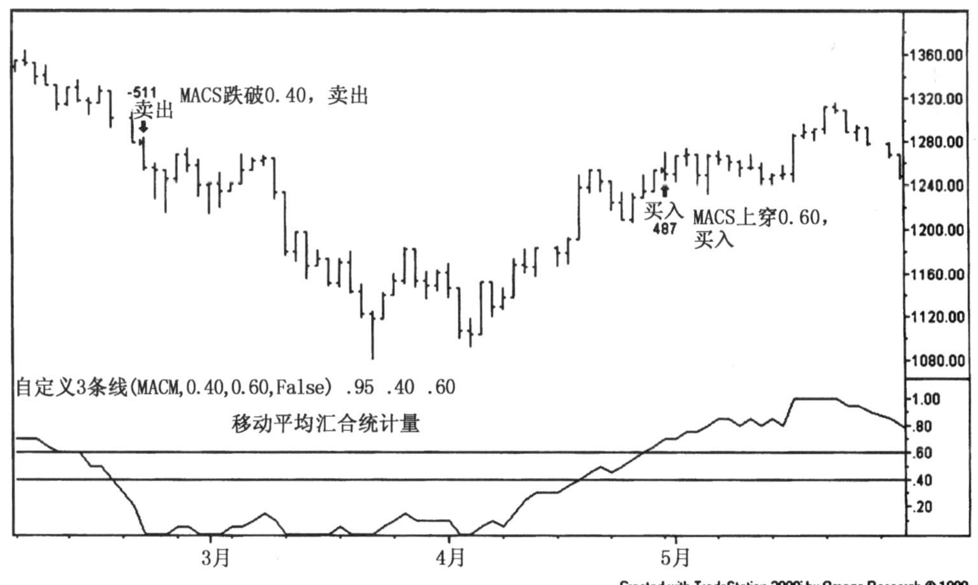

图 8.14　移动平均汇合方法运用于标准普尔 500

交易策略评估（期货）

策略名称：移动平均汇合方法

参数：1天/4天，2天/8天……20天/80天

说明：MACS>60,买进；MACS<40,卖空

测试期间：1990.1.1-2001.12.31

	市场	净利	K-比率	夏普率	最大流失	交易次数	成功%	平均合约	合约平均获利	平均获利	平均亏损	成功线形	失败线形
外汇	AD	−127,600	0.00	−0.07	−376,330	62	35	25.89	−74	59,941	−35,927	84	28
	BP	−33,788	−0.07	−0.02	−742,963	62	27	18.17	−37	74,260	−28,979	96	31
	CD	140,160	0.03	0.06	−425,460	62	39	47.59	65	73,770	−41,507	82	27
	JY	1,632,863	0.42	0.77	−154,638	46	50	13.57	2,395	94,096	−29,086	105	24
	SF	1,136,625	0.25	0.62	−229,650	45	44	15.52	1,630	95,204	−30,628	114	29
利率	ED	3,383,675	0.22	1.20	−148,050	41	49	93.71	427	117,724	−34,026	108	28
	TY	932,109	0.16	0.43	−282,438	52	38	28.60	635	103,526	−35,175	105	28
	US	561,531	0.08	0.28	−450,156	57	37	20.16	461	89,970	−37,760	97	27
股票	SP	−554,988	−0.06	−0.30	−694,025	72	25	8.45	−941	79,418	−37,075	89	26
金属	GC	857,480	0.19	0.35	−227,780	51	47	42.77	391	77,924	−37,676	90	30
	HG	−49,000	0.03	−0.03	−652,688	63	37	30.98	2	67,910	−38,957	87	24
	PL	−389,605	−0.14	−0.19	−931,880	63	33	48.95	−144	56,597	−38,842	86	28
	SL	−391,445	−0.03	−0.18	−680,895	61	31	31.66	−216	61,210	−37,627	95	29
能源	CL	1,190,880	0.24	0.51	−309,060	57	47	29.19	683	84,801	−38,440	81	25
	HO	618,748	0.12	0.25	−313,194	57	42	24.53	387	81,189	−42,644	88	25
	HU	418,198	0.06	0.19	−374,136	65	35	23.53	249	76,724	−32,930	78	28
谷物	C	1,111,700	0.18	0.46	−323,963	50	46	73.29	287	89,370	−37,184	92	31
	S	−500,313	−0.08	−0.27	−996,988	62	34	31.59	−296	48,479	−38,968	76	33
	W	887,400	0.17	0.40	−373,300	53	42	51.81	329	95,539	−38,682	100	26
肉类	FC	483,225	0.04	0.24	−340,435	62	37	40.52	191	74,095	−31,370	85	27
	LC	−34,488	−0.08	−0.02	−534,596	61	31	48.00	−66	73,057	−37,651	98	26
	LH	−30,448	0.06	−0.01	−413,196	59	31	31.88	−22	86,306	−38,888	93	32
	PB	−205,988	−0.08	−0.09	−698,408	59	31	21.25	−177	77,294	−39,341	98	30
软性商品	CC	205,200	0.00	0.11	−427,850	49	43	49.24	54	57,120	−38,224	106	26
	CT	417,975	0.00	0.21	−701,855	57	30	24.43	322	114,048	−37,256	110	28
	JO	−486,480	−0.05	−0.21	−1,191,150	68	24	35.22	−205	89,746	−37,036	101	26
	KC	1,582,489	0.18	0.53	−345,300	45	44	11.93	2,656	118,394	−37,657	106	30
	LB	563,920	0.03	0.18	−692,048	64	34	33.20	261	112,033	−45,503	91	24
	SB	225,680	0.06	0.11	−295,030	53	43	53.96	77	70,576	−46,770	96	25
	平均	451,524	0.06	0.18	−477,582	55	36	33.65	311	80,011	−36,060	91	27

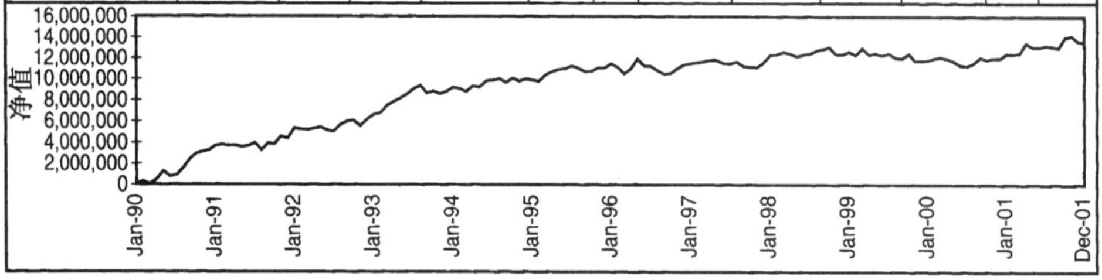

净值
16,000,000
14,000,000
12,000,000
10,000,000
8,000,000
6,000,000
4,000,000
2,000,000
0
Jan-90 Jan-91 Jan-92 Jan-93 Jan-94 Jan-95 Jan-96 Jan-97 Jan-98 Jan-99 Jan-00 Jan-01 Dec-01

投资组合统计量

净利:	13,545,716	夏普率:	0.87
最大流失金额:	−1,788,611	突破相关:	0.86
K-比率:	0.18	均线相关:	0.86

图 8.15a　移动平均汇合方法运用于期货

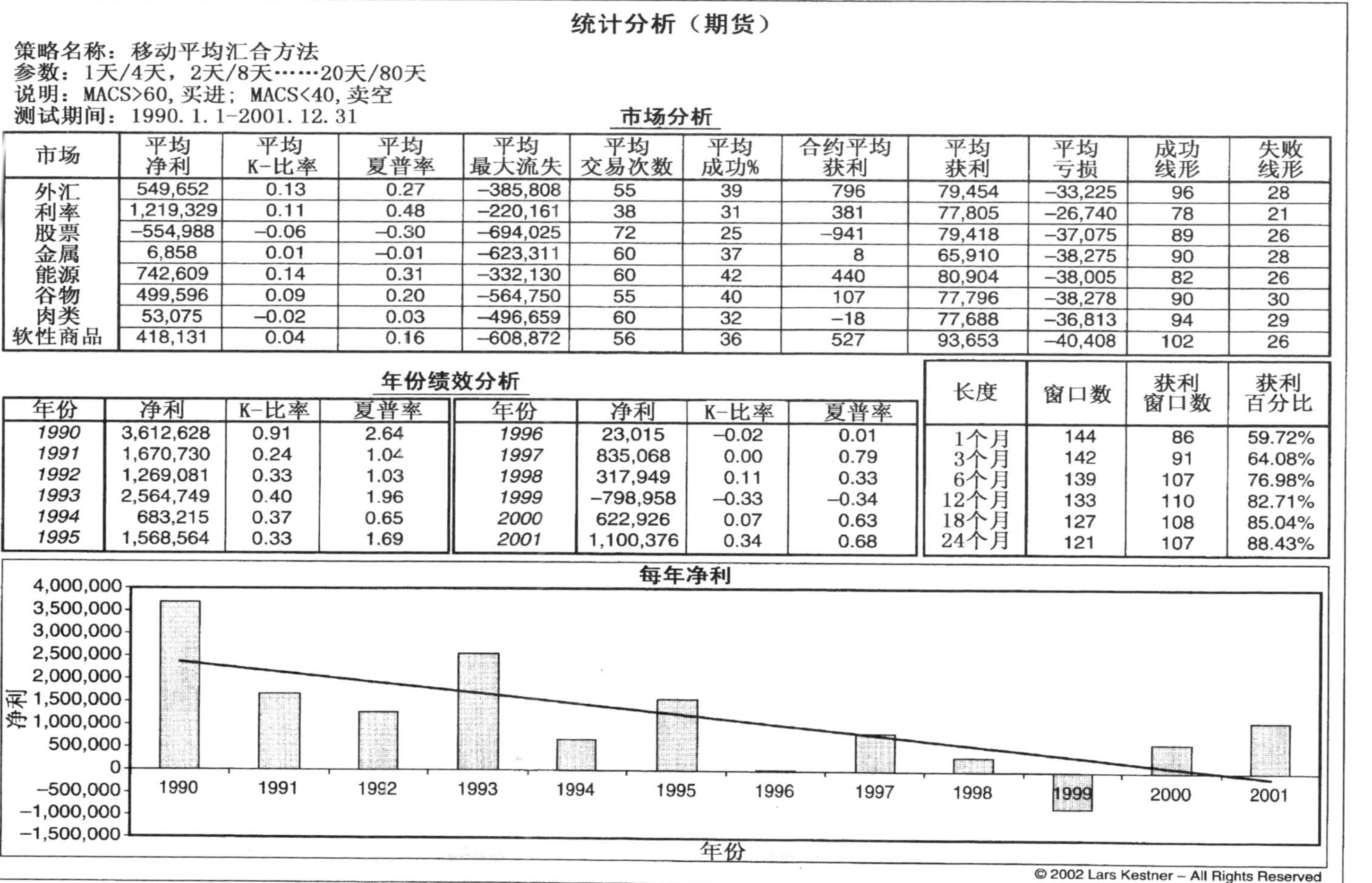

统计分析（期货）

策略名称：移动平均汇合方法
参数：1天/4天，2天/8天……20天/80天
说明：MACS>60，买进；MACS<40，卖空
测试期间：1990. 1. 1–2001. 12. 31

市场分析

市场	平均净利	平均K-比率	平均夏普率	平均最大流失	平均交易次数	平均成功%	合约平均获利	平均获利	平均亏损	成功线形	失败线形
外汇	549,652	0.13	0.27	–385,808	55	39	796	79,454	–33,225	96	28
利率	1,219,329	0.11	0.48	–220,161	38	31	381	77,805	–26,740	78	21
股票	–554,988	–0.06	–0.30	–694,025	72	25	–941	79,418	–37,075	89	26
金属	6,858	0.01	–0.01	–623,311	60	37	8	65,910	–38,275	90	28
能源	742,609	0.14	0.31	–332,130	60	42	440	80,904	–38,005	82	26
谷物	499,596	0.09	0.20	–564,750	55	40	107	77,796	–38,278	90	30
肉类	53,075	–0.02	0.03	–496,659	60	32	–18	77,688	–36,813	94	29
软性商品	418,131	0.04	0.16	–608,872	56	36	527	93,653	–40,408	102	26

年份绩效分析

年份	净利	K-比率	夏普率	年份	净利	K-比率	夏普率
1990	3,612,628	0.91	2.64	*1996*	23,015	–0.02	0.01
1991	1,670,730	0.24	1.04	*1997*	835,068	0.00	0.79
1992	1,269,081	0.33	1.03	*1998*	317,949	0.11	0.33
1993	2,564,749	0.40	1.96	*1999*	–798,958	–0.33	–0.34
1994	683,215	0.37	0.65	*2000*	622,926	0.07	0.63
1995	1,568,564	0.33	1.69	*2001*	1,100,376	0.34	0.68

长度	窗口数	获利窗口数	获利百分比
1个月	144	86	59.72%
3个月	142	91	64.08%
6个月	139	107	76.98%
12个月	133	110	82.71%
18个月	127	108	85.04%
24个月	121	107	88.43%

图8.15b 移动平均汇合方法运用于期货

交易策略评估（股票）

策略名称：移动平均汇合方法

参数：1天/4天，2天/8天……20天/80天

说明：MACS>60,买进；MACS<40,卖空

测试期间：1990.1.1-2001.12.31

	市场	净利	K-比率	夏普率	最大流失	交易次数	成功%	平均合约	合约平均获利	平均获利	平均亏损	成功线形	失败线形
能源	SLB	−299,550	−0.03	−0.16	−538,638	70	33	16.77	−274	62,541	−37,448	86	22
	XOM	−322,433	−0.03	−0.19	−382,750	61	26	40.60	−130	63,697	−29,805	95	33
基本原料	AA	−488,370	−0.03	−0.26	−633,194	64	38	49.74	−157	49,173	−41,963	78	28
	DD	−481,804	0.00	−0.25	−584,969	72	25	21.11	−321	70,925	−32,679	85	27
	IP	−1,284,632	−0.33	−0.65	−1,334,292	74	23	16.79	−1,064	44,722	−36,526	76	30
工业	BA	21,154	−0.05	0.01	−495,496	60	33	19.90	−4	68,349	−34,282	92	29
	GE	397,460	0.11	0.20	−244,852	56	38	77.56	92	84,200	−39,044	101	26
	MMM	−649,652	−0.10	−0.36	−783,544	70	30	13.65	−740	43,558	−33,090	74	29
消费服务	DIS	−39,653	−0.01	−0.02	−687,370	73	27	39.12	−11	87,676	−33,675	86	24
	GM	662,256	0.12	0.37	−252,199	51	49	12.48	1,033	63,114	−35,403	91	28
	HD	977,820	0.08	0.43	−587,847	57	25	53.79	303	161,195	−30,860	124	29
	WMT	190,632	0.01	0.10	−590,117	52	37	39.72	67	79,221	−41,402	99	33
消费产品	G	−41,842	−0.04	−0.02	−459,940	58	38	34.76	−43	65,184	−42,219	94	24
	KO	−574,376	−0.11	−0.25	−946,480	69	29	26.40	−307	76,793	−42,763	89	25
	MO	972,236	0.21	0.48	−247,281	50	36	23.33	826	106,953	−30,049	108	33
	PG	−118,174	−0.01	−0.06	−330,462	68	26	20.93	−102	78,277	−31,090	85	29
医疗保健	AMGN	802,597	0.09	0.31	−375,239	60	32	54.25	242	120,627	−36,694	94	30
	BMY	475,952	0.11	0.24	−331,071	53	40	35.00	241	76,531	−36,256	98	29
	JNJ	365,694	0.05	0.18	−693,068	55	36	38.32	192	86,865	−38,060	97	31
	PFE	568,910	0.13	0.26	−458,046	58	31	70.93	139	109,264	−34,853	103	29
金融	AIG	666,218	0.16	0.41	−229,486	52	40	41.83	306	83,861	−35,365	103	27
	FNM	−267,295	−0.05	−0.14	−592,285	72	21	23.18	−152	98,847	−30,473	99	27
	MER	125,573	0.03	0.06	−417,939	63	35	50.64	31	83,984	−42,678	93	23
资讯科技	AAPL	611,337	0.10	0.28	−325,234	59	49	18.12	530	67,045	−45,931	78	24
	DELL	2,878,617	0.18	0.65	−357,704	49	39	596.46	98	204,924	−34,783	110	30
	IBM	494,553	0.12	0.23	−407,155	65	32	18.92	328	87,931	−32,801	84	27
	INTC	1,352,515	0.26	0.57	−277,522	60	35	90.64	239	124,720	−33,803	90	28
	MSFT	433,233	0.05	0.18	−699,753	68	32	61.86	97	101,309	−39,547	85	24
	SUNW	1,490,155	0.18	0.65	−249,006	52	50	217.64	133	93,569	−35,876	87	28
	TXN	525,697	0.15	0.22	−482,004	57	30	93.83	99	128,513	−41,406	109	29
电信	VZ	−50,943	0.06	−0.03	−467,186	59	37	19.57	−69	47,768	−30,555	91	26
股价指数	SPX	194,910	0.08	0.11	−477,118	58	29	2246.08	1	100,979	−37,604	107	29
	NDX	1,154,305	0.28	0.55	−181,621	51	41	1695.65	13	107,114	−37,519	104	27
	RUT	1,821,462	0.30	0.65	−243,548	51	45	5278.06	6	126,067	−41,092	92	32
	平均	369,546	0.06	0.14	−481,306	60	34	328.17	48	89,868	−36,400	94	28

投资组合统计量

净利:	12,564,561	夏普率:	0.51
最大流失金额:	−4,434,865	突破相关:	0.91
K-比率:	0.19	均线相关:	0.89

图 8.16a　移动平均汇合方法运用于股票

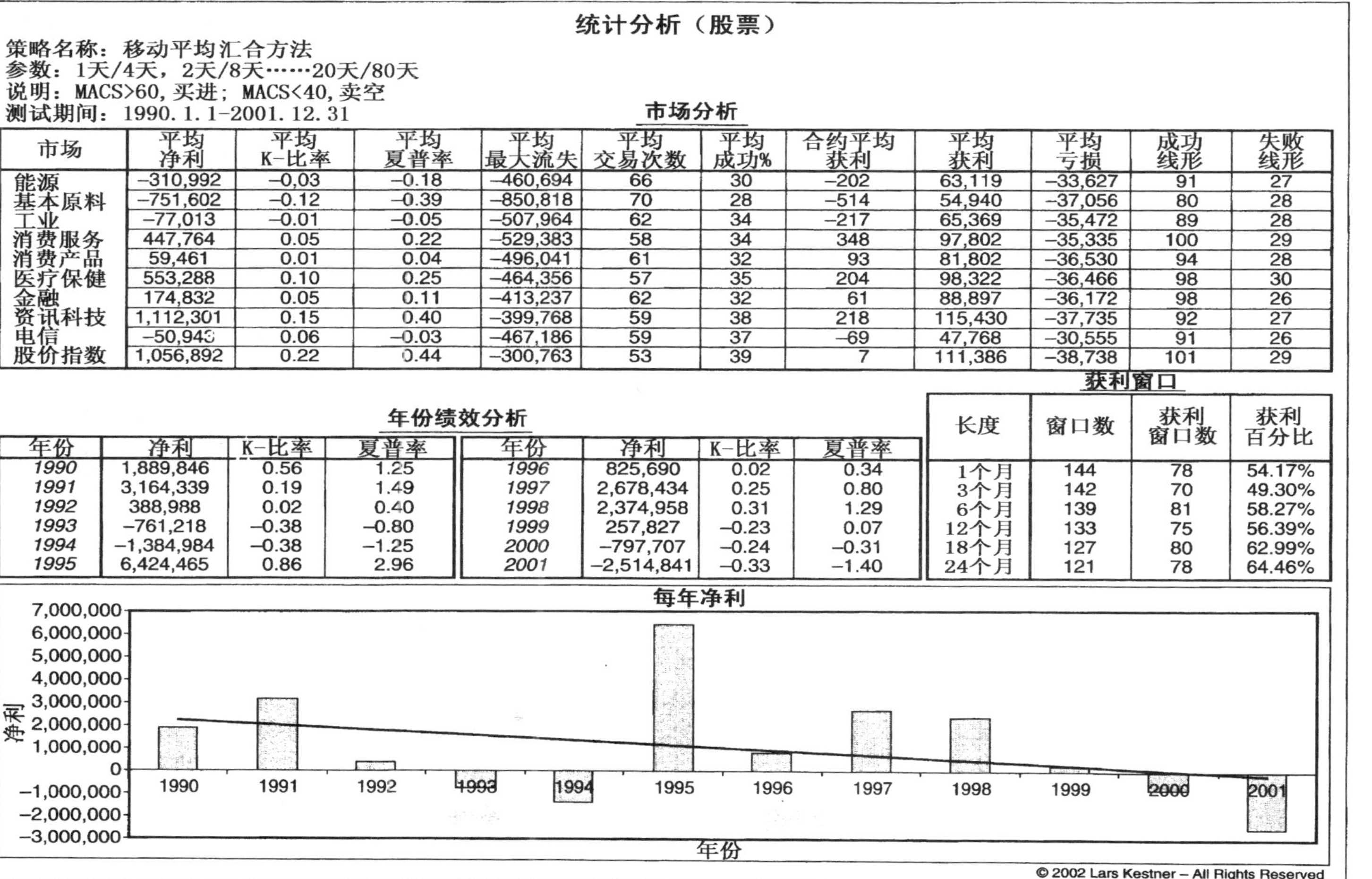

统计分析（股票）

策略名称：移动平均汇合方法
参数：1天/4天，2天/8天……20天/80天
说明：MACS>60，买进；MACS<40，卖空
测试期间：1990.1.1-2001.12.31

市场分析

市场	平均净利	平均K-比率	平均夏普率	平均最大流失	平均交易次数	平均成功%	合约平均获利	平均获利	平均亏损	成功线形	失败线形
能源	–310,992	–0,03	–0.18	–460,694	66	30	–202	63,119	–33,627	91	27
基本原料	–751,602	–0.12	–0.39	–850,818	70	28	–514	54,940	–37,056	80	28
工业	–77,013	–0.01	–0.05	–507,964	62	34	–217	65,369	–35,472	89	28
消费服务	447,764	0.05	0.22	–529,383	58	34	348	97,802	–35,335	100	29
消费产品	59,461	0.01	0.04	–496,041	61	32	93	81,802	–36,530	94	28
医疗保健	553,288	0.10	0.25	–464,356	57	35	204	98,322	–36,466	98	30
金融	174,832	0.05	0.11	–413,237	62	32	61	88,897	–36,172	98	26
资讯科技	1,112,301	0.15	0.40	–399,768	59	38	218	115,430	–37,735	92	27
电信	–50,943	0.06	–0.03	–467,186	59	37	–69	47,768	–30,555	91	26
股价指数	1,056,892	0.22	0.44	–300,763	53	39	7	111,386	–38,738	101	29

年份绩效分析

年份	净利	K-比率	夏普率	年份	净利	K-比率	夏普率
1990	1,889,846	0.56	1.25	*1996*	825,690	0.02	0.34
1991	3,164,339	0.19	1.49	*1997*	2,678,434	0.25	0.80
1992	388,988	0.02	0.40	*1998*	2,374,958	0.31	1.29
1993	–761,218	–0.38	–0.80	*1999*	257,827	–0.23	0.07
1994	–1,384,984	–0.38	–1.25	*2000*	–797,707	–0.24	–0.31
1995	6,424,465	0.86	2.96	*2001*	–2,514,841	–0.33	–1.40

获利窗口

长度	窗口数	获利窗口数	获利百分比
1个月	144	78	54.17%
3个月	142	70	49.30%
6个月	139	81	58.27%
12个月	133	75	56.39%
18个月	127	80	62.99%
24个月	121	78	64.46%

图8.16b 移动平均汇合方法运用于股票

MACS 穿越 50 时作为离场信号。

常态化包络指标

交易者们最早采用的策略是利用简单的移动平均线产生买卖信号。但是，随着计量交易策略的流行，交易者们开始采取更为复杂的方法来获取利润。随着研究的深入，交易者们开始关注远离移动平均值的极端价格。为了做到这点，他们需要一种方法用以判断价格是否远离它的平均数。

理想情况下，移动平均数就像一根橡皮绳，当价格已远离时就会把它拽向自己。这样就产生了移动平均数包络。包络是由移动平均线上下两条线构成。过去这个采用平均数和两个常数的乘积。通常，上边是由移动平均线乘以 105% 得到，下边是由移动平均线乘以 95% 得到。理想的包络情况是价格远离移动平均线时，能够回到平均线。这将给交易者创造获利机会，交易者可以在价格接近下边时买入，在接近上边时卖出。

交易者采用这种方法多年并获得了一些成功。但是，该方法的一个问题是如何确定最佳位置。不断地尝试可能是解决该问题的唯一方法。是采用 95% 和 105%，还是采用 90% 和 110% 更理想？我认为有比主观猜测更好的方法，所以我设计了常态化包络指标（Normalized Envelope Indicator，简称 NEI）。NEI 根据近期的最优位置自动地绘制两个边。

NEI =（收盘价 - 过去 50 天平均数）÷近 50 天价格变动的标准差

按照大小顺序将过去 50 天的 NEI 排序，于是：

NEI 的上边 = 今天的 50 天移动平均数 + 第 10 个 NEI 的价值

NEI 的下边 = 今天的 50 天移动平均数 + 第 40 个 NEI 的价值

为了计算 NEI，我们首先将今天的收盘价和今天的 50 天移动平均数对比。然后，将上面的差值除以近 50 天价格变动值的标准差就得到了今天 NEI 的数值。这个 NEI 值给了我们比较今天价格和过去 50 天价格的尺度。接下来，我们比较昨天的收盘价和昨天的 50 天移动平均数。然后，仍然将上面的差值除以近 50 天价格变动值的标准差就得到了昨天 NEI 的数值。依照这种方法不断计算，我们就得到了最近50天的NEI。

我们将这50个NEI从大到小排序，第1个数值最大，第50个最小。接着，我们用50天移动平均加上第10个NEI得到今天NEI的上限。同理，用50天移动平均加上第40个NEI得到今天NEI的下限。

当价格上升穿越然后又跌破NEI的上限，我们进场做空。当价格向下跌破然后又穿越NEI的下限，我们进场做多。图8.17显示了该系统运用于埃克森美孚（XOM）的例子。NEI对于无明确趋势市场的转折点的预测非常准确。8月中旬，价格上升超过NEI的下限，建立多头部位。一周后，价格跌破上限，多头部位获利了结，并建立空头部位。

NEI策略的绩效非常有趣。从期货市场的数据来看（图8.18a和图8.18b），NEI策略的夏普率-0.45，K-比率是-0.04。乍一看来，该系统缺乏获利能力。但是，进一步研究发现，在测试的近6年中有5年是获利的。从1996年开始至今，净值曲线一直连续上升。这似乎说明其获利能力不断好转。

该系统在股票市场上的表现就不容乐观（如图8.19a和图8.19b）。在测试的12年中，只有3年获利。类似于期货市场，大部分的获利是近年创造的，在最近的5年中有3年是获利的。

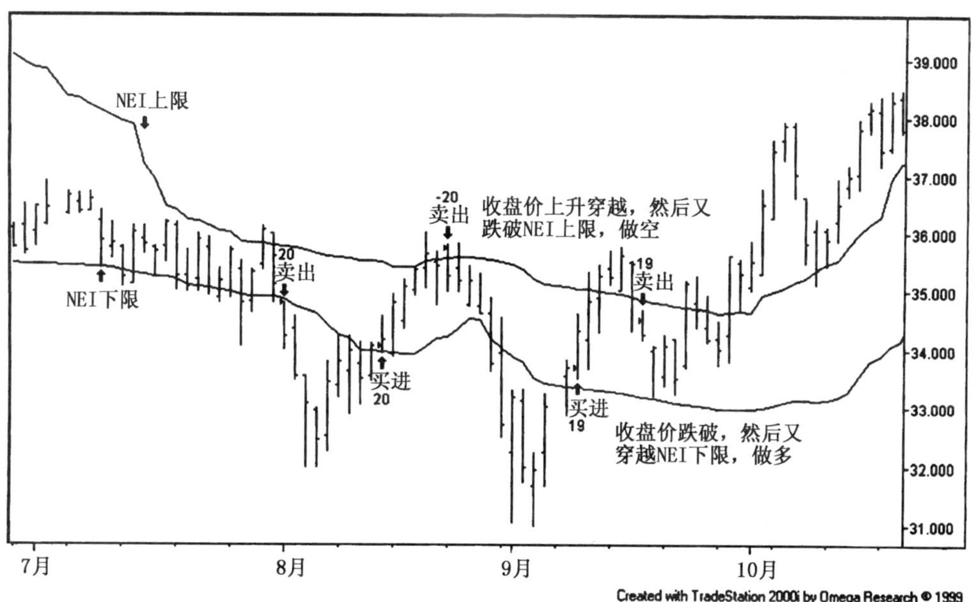

图8.17　常态化包络指标运用于埃克森美孚公司

交易策略评估（期货）

策略名称：常态化包络指标

参数：50天价格和50天移动平均数比较，NEI采用第10和第40

说明：收盘价向上穿越NEI下边，买进；收盘价向下穿越NEI上边，卖出

测试期间：1990.1.1-2001.12.31

	市场	净利	K-比率	夏普率	最大流失	交易次数	成功%	平均合约	合约平均获利	平均获利	平均亏损	成功线形	失败线形
外汇	AD	−642,110	−0.18	−0.34	−1,086,750	77	55	24.85	−335	32,734	−57,592	28	53
	BP	425,163	0.15	0.22	−458,888	82	59	18.28	301	41,151	−44,842	29	48
	CD	−900,140	−0.07	−0.41	−1,198,100	78	56	48.61	−241	29,995	−65,720	24	57
	JY	−1,237,250	−0.24	−0.56	−1,549,738	77	55	14.19	−1,001	36,681	−75,269	29	50
	SF	−386,775	−0.08	−0.19	−779,238	83	53	16.12	−297	40,876	−56,290	29	45
利率	ED	741,925	0.04	0.32	−875,550	91	56	82.41	99	55,148	−51,765	29	38
	TY	−674,094	−0.08	−0.31	−1,236,891	85	56	30.21	−247	38,696	−67,321	26	47
	US	−953,719	−0.20	−0.48	−1,361,031	89	54	20.56	−525	34,624	−63,952	25	45
股票	SP	838,988	0.23	0.48	−278,988	100	71	8.95	997	31,533	−46,437	26	38
金属	GC	−374,470	−0.03	−0.17	−646,320	82	49	46.04	−97	39,446	−46,264	28	45
	HG	150,650	−0.04	0.07	−706,925	70	59	33.25	42	43,404	−57,963	35	53
	PL	−145,350	0.02	−0.07	−790,935	96	59	50.01	−10	29,120	−43,837	25	39
	SL	258,435	0.04	0.14	−465,810	91	64	34.17	57	30,024	−47,382	25	46
能源	CL	27,680	−0.02	0.01	−837,950	83	57	27.99	18	48,811	−62,564	29	46
	HO	509,094	0.14	0.23	−400,155	86	51	23.62	254	54,562	−44,852	31	38
	HU	−219,744	0.04	−0.09	−774,803	89	60	22.58	−96	34,979	−56,867	27	44
谷物	C	−576,850	0.00	−0.25	−771,575	76	53	80.62	−98	43,092	−64,592	29	51
	S	825	0.02	0.00	−804,750	80	55	31.95	−8	38,366	−47,432	29	48
	W	−582,550	−0.14	−0.27	−915,900	85	59	51.08	−138	32,730	−63,841	25	50
肉类	FC	364,890	0.11	0.19	−431,070	91	54	41.09	82	40,878	−40,412	28	39
	LC	344,580	0.11	0.18	−431,184	92	63	50.54	82	36,096	−50,359	27	42
	LH	−44,256	0.04	−0.02	−629,728	78	58	32.11	2	38,383	−52,193	34	45
	PB	−506,232	−0.06	−0.24	−913,100	94	62	20.98	−229	29,704	−60,386	24	45
软性商品	CC	276,690	0.01	0.14	−483,540	100	64	51.13	58	30,617	−46,218	23	41
	CT	−602,200	−0.04	−0.31	−1,237,920	78	62	25.24	−305	35,331	−76,561	30	52
	JO	−243,420	0.01	−0.11	−668,325	89	57	35.78	−72	29,007	−44,936	26	43
	KC	−808,403	−0.17	−0.34	−1,081,328	82	54	14.16	−696	38,604	−65,951	26	48
	LB	−102,528	0.03	−0.03	−1,233,944	75	63	33.07	−63	46,095	−82,967	31	54
	SB	−490,090	−0.07	−0.25	−808,797	92	59	54.49	−89	30,594	−55,250	24	44
	平均	−185,042	−0.01	−0.08	−795,308	82	56	34.14	−85	36,376	−54,667	27	45

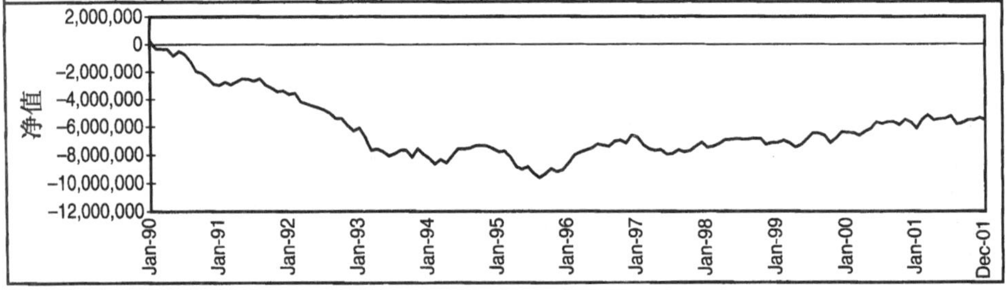

投资组合统计量

净利：	−5,551,261	夏普率：	−0.45
最大流失金额：	−9,908,916	突破相关：	−0.28
K-比率：	−0.04	均线相关：	−0.32

图8.18a 常态化包络指标运用于期货

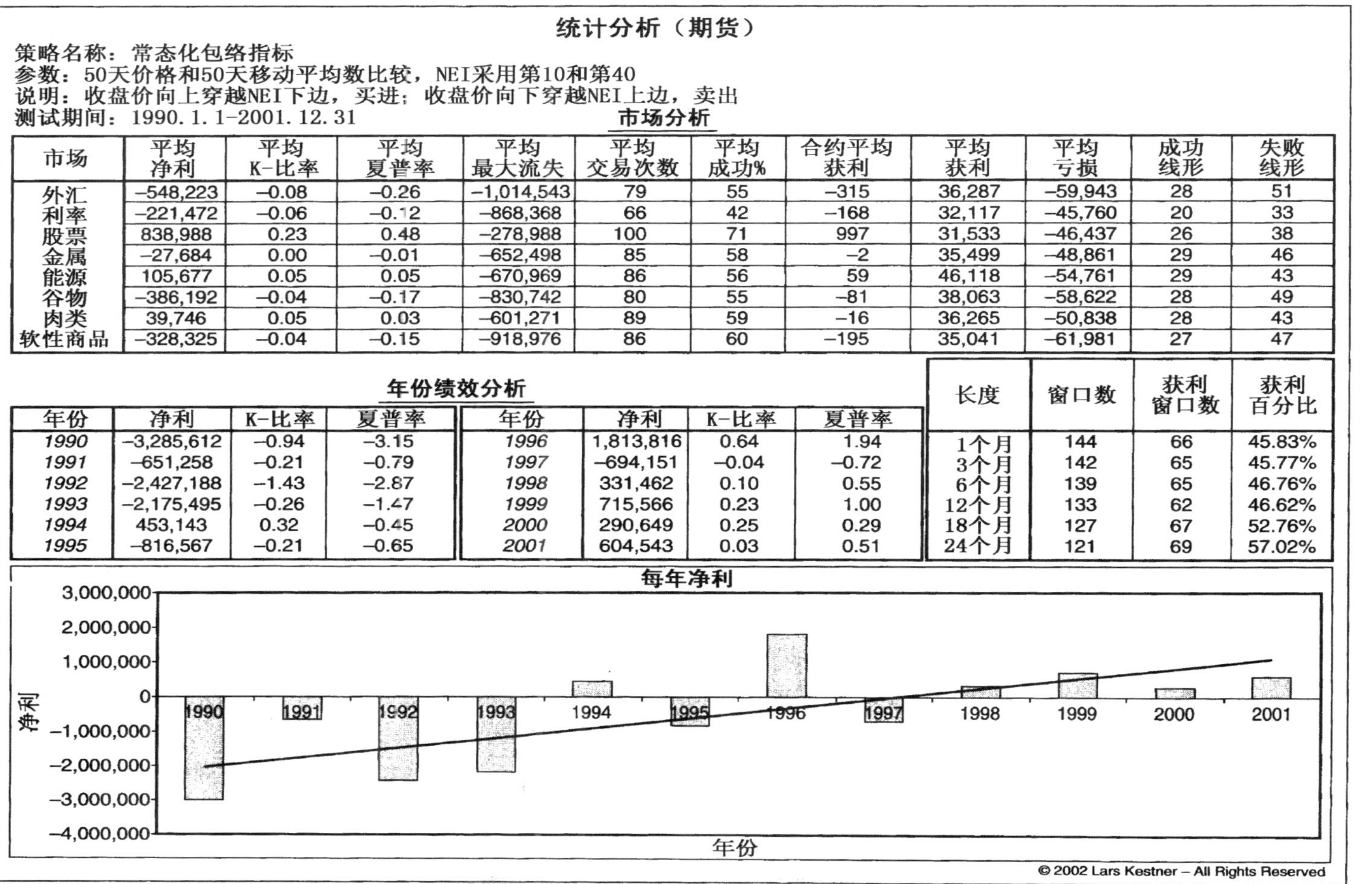

统计分析（期货）

策略名称：常态化包络指标
参数：50天价格和50天移动平均数比较，NEI采用第10和第40
说明：收盘价向上穿越NEI下边，买进；收盘价向下穿越NEI上边，卖出
测试期间：1990.1.1-2001.12.31

市场分析

市场	平均净利	平均K-比率	平均夏普率	平均最大流失	平均交易次数	平均成功%	合约平均获利	平均获利	平均亏损	成功线形	失败线形
外汇	–548,223	–0.08	–0.26	–1,014,543	79	55	–315	36,287	–59,943	28	51
利率	–221,472	–0.06	–0.12	–868,368	66	42	–168	32,117	–45,760	20	33
股票	838,988	0.23	0.48	–278,988	100	71	997	31,533	–46,437	26	38
金属	–27,684	0.00	–0.01	–652,498	85	58	–2	35,499	–48,861	29	46
能源	105,677	0.05	0.05	–670,969	86	56	59	46,118	–54,761	29	43
谷物	–386,192	–0.04	–0.17	–830,742	80	55	–81	38,063	–58,622	28	49
肉类	39,746	0.05	0.03	–601,271	89	59	–16	36,265	–50,838	28	43
软性商品	–328,325	–0.04	–0.15	–918,976	86	60	–195	35,041	–61,981	27	47

年份绩效分析

年份	净利	K-比率	夏普率	年份	净利	K-比率	夏普率
1990	–3,285,612	–0.94	–3.15	*1996*	1,813,816	0.64	1.94
1991	–651,258	–0.21	–0.79	*1997*	–694,151	–0.04	–0.72
1992	–2,427,188	–1.43	–2.87	*1998*	331,462	0.10	0.55
1993	–2,175,495	–0.26	–1.47	*1999*	715,566	0.23	1.00
1994	453,143	0.32	–0.45	*2000*	290,649	0.25	0.29
1995	–816,567	–0.21	–0.65	*2001*	604,543	0.03	0.51

长度	窗口数	获利窗口数	获利百分比
1个月	144	66	45.83%
3个月	142	65	45.77%
6个月	139	65	46.76%
12个月	133	62	46.62%
18个月	127	67	52.76%
24个月	121	69	57.02%

图8.18b 常态化包络指标运用于期货

交易策略评估（股票）

策略名称：常态化包络指标

参数：50天价格和50天移动平均数比较，NEI采用第10和第40

说明：收盘价向上穿越NEI下边，买进；收盘价向下穿越NEI上边，卖出

测试期间：1990.1.1-2001.12.31

	市场	净利	K-比率	夏普率	最大流失	交易次数	成功%	平均合约	合约平均获利	平均获利	平均亏损	成功线形	失败线形
能源	SLB	−114,139	−0.01	−0.06	−544,369	98	62	16.14	−31	28,810	−48,842	22	44
	XOM	−687,879	−0.22	−0.45	−905,068	99	58	43.12	−165	19,259	−42,872	21	43
基本原料	AA	−1,455,002	−0.12	−0.13	−4,844,244	2293	35	12.37	−56	24,012	−14,000	12	4
	DD	−103,561	−0.08	−0.06	−784,458	88	65	20.45	−39	30,923	−59,147	24	51
	IP	141,281	0.03	0.07	−383,525	98	64	16.39	110	26,330	−42,355	21	48
工业	BA	305,088	0.06	0.18	−493,964	94	61	21.37	170	37,387	−48,380	26	40
	GE	670,171	0.14	0.35	−358,230	103	58	77.22	80	37,247	−37,138	25	36
	MMM	−444,449	−0.09	−0.24	−691,453	86	55	13.71	−319	28,791	−44,352	28	43
消费服务	DIS	329,446	0.01	0.17	−361,687	94	59	36.11	100	37,001	−43,495	23	45
	GM	−892,065	−0.25	−0.48	−1,004,652	86	53	13.64	−763	30,373	−57,309	26	46
	HD	139,237	−0.02	0.07	−440,269	102	62	76.32	21	34,271	−51,174	25	37
	WMT	−4,441	0.05	0.00	−635,953	83	61	37.79	−7	33,391	−53,920	28	50
消费产品	G	−281,908	−0.04	−0.16	−518,222	94	56	36.15	−71	29,128	−43,529	23	43
	KO	−221,412	−0.03	−0.12	−656,138	85	60	28.08	−102	32,530	−55,925	27	47
	MO	−693,692	−0.18	−0.34	−936,624	79	52	25.11	−341	40,322	−61,285	26	51
	PG	−310,136	0.00	−0.16	−497,059	80	58	19.96	−179	30,870	−50,165	29	48
医疗保健	AMGN	235,565	−0.02	0.10	−658,798	89	62	75.39	37	43,215	−62,631	26	47
	BMY	−407,594	−0.02	−0.25	−728,390	99	58	32.55	−108	28,456	−46,869	23	39
	JNJ	−83,555	0.01	−0.05	−629,002	95	62	36.50	−29	29,402	−50,982	22	48
	PFE	−767,515	−0.27	−0.43	−968,131	88	57	69.16	−127	30,845	−60,972	25	45
金融	AIG	−610,897	−0.21	−0.34	−868,551	98	55	37.85	−159	29,574	−49,657	22	41
	FNM	−169,531	−0.10	−0.10	−644,898	115	60	22.97	−69	25,666	−42,478	18	38
	MER	67,581	0.05	0.04	−479,612	94	63	55.84	17	36,895	−59,622	24	45
资讯科技	AAPL	−199,920	−0.05	−0.10	−654,078	78	53	17.08	−106	45,073	−53,761	28	49
	DELL	−616,552	−0.01	−0.26	−1,142,010	88	55	589.36	−11	46,662	−70,242	22	48
	IBM	−485,297	−0.03	−0.24	−717,493	79	57	20.20	−295	41,837	−69,198	31	48
	INTC	−808,817	−0.14	−0.36	−1,235,849	92	55	129.06	−62	42,826	−71,319	23	45
	MSFT	−378,754	0.01	−0.18	−730,517	88	58	77.94	−44	41,577	−65,493	27	43
	SUNW	−1,070,027	−0.15	−0.52	−1,314,211	84	54	236.18	−54	37,426	−70,760	24	50
	TXN	128,117	−0.01	0.07	−731,439	98	59	84.40	16	38,169	−52,052	23	41
电信	VZ	−282,375	0.02	−0.16	−1,034,674	95	61	22.55	−118	27,912	−50,562	21	47
股价指数	SPX	1,099,655	0.26	0.57	−297,996	98	66	2337.27	5	39,180	−42,651	25	41
	NDX	−301,906	−0.12	−0.14	−958,990	90	54	1448.44	−2	42,498	−58,110	24	44
	RUT	241,090	0.07	0.08	−735,468	84	60	5799.64	1	67,746	−89,788	26	49
	平均	−236,300	−0.04	−0.11	−840,765	156	58	340.77	−79	35,165	−53,560	24	44

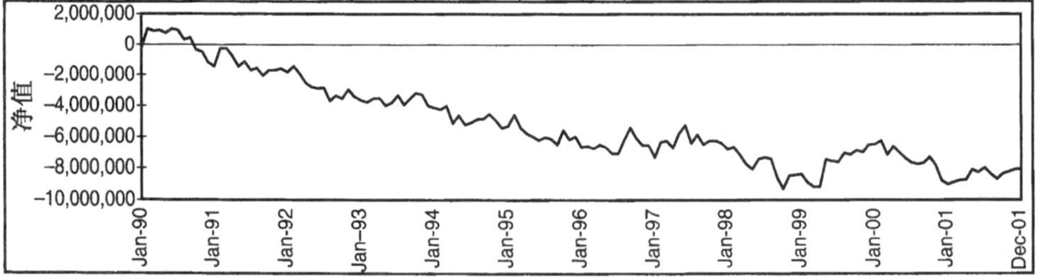

投资组合统计量

净利：	−8,034,193	夏普率：	−0.38
最大流失金额：	−10,324,072	突破相关：	−0.23
K-比率：	−0.22	均线相关：	−0.24

图8.19a　常态化包络指标运用于股票

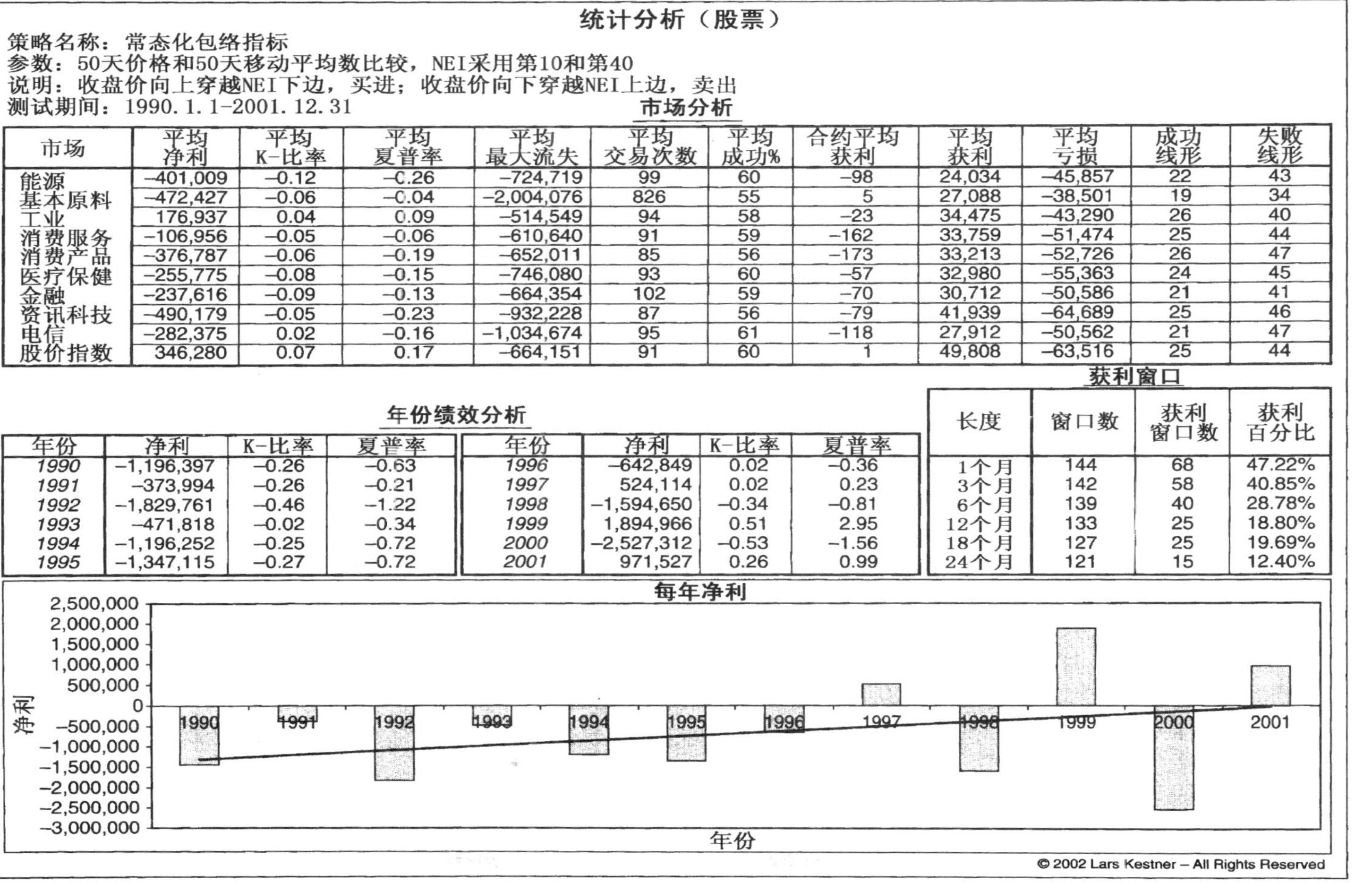

统计分析（股票）

策略名称：常态化包络指标
参数：50天价格和50天移动平均数比较，NEI采用第10和第40
说明：收盘价向上穿越NEI下边，买进；收盘价向下穿越NEI上边，卖出
测试期间：1990. 1. 1-2001. 12. 31

市场分析

市场	平均净利	平均K-比率	平均夏普率	平均最大流失	平均交易次数	平均成功%	合约平均获利	平均获利	平均亏损	成功线形	失败线形
能源	−401,009	−0.12	−0.26	−724,719	99	60	−98	24,034	−45,857	22	43
基本原料	−472,427	−0.06	−0.04	−2,004,076	826	55	5	27,088	−38,501	19	34
工业	176,937	0.04	0.09	−514,549	94	58	−23	34,475	−43,290	26	40
消费服务	−106,956	−0.05	−0.06	−610,640	91	59	−162	33,759	−51,474	25	44
消费产品	−376,787	−0.06	−0.19	−652,011	85	56	−173	33,213	−52,726	26	47
医疗保健	−255,775	−0.08	−0.15	−746,080	93	60	−57	32,980	−55,363	24	45
金融	−237,616	−0.09	−0.13	−664,354	102	59	−70	30,712	−50,586	21	41
资讯科技	−490,179	−0.05	−0.23	−932,228	87	56	−79	41,939	−64,689	25	46
电信	−282,375	0.02	−0.16	−1,034,674	95	61	−118	27,912	−50,562	21	47
股价指数	346,280	0.07	0.17	−664,151	91	60	1	49,808	−63,516	25	44

年份绩效分析

年份	净利	K-比率	夏普率	年份	净利	K-比率	夏普率
1990	−1,196,397	−0.26	−0.63	*1996*	−642,849	0.02	−0.36
1991	−373,994	−0.26	−0.21	*1997*	524,114	0.02	0.23
1992	−1,829,761	−0.46	−1.22	*1998*	−1,594,650	−0.34	−0.81
1993	−471,818	−0.02	−0.34	*1999*	1,894,966	0.51	2.95
1994	−1,196,252	−0.25	−0.72	*2000*	−2,527,312	−0.53	−1.56
1995	−1,347,115	−0.27	−0.72	*2001*	971,527	0.26	0.99

获利窗口

长度	窗口数	获利窗口数	获利百分比
1个月	144	68	47.22%
3个月	142	58	40.85%
6个月	139	40	28.78%
12个月	133	25	18.80%
18个月	127	25	19.69%
24个月	121	15	12.40%

图8.19b　常态化包络指标运用于股票

多重进场振荡指标系统

像相对强度指标和随机指标之类的超买超卖指标，通常被用来确定市场的头部和底部。我使用的多重进场振荡指标系统则截然不同。使用任意一种振荡指标，都是在趋势变强的时候，增加多头部位；在趋势变弱的时候结束多头部位，建立空头部位。这种策略的特点在于趋势的强弱决定信号的强弱。举例如下：

振荡指标向上穿越 55，建立 1 个单位的多头部位
振荡指标向上穿越 70，建立 2 个单位的多头部位
振荡指标向上穿越 85，建立 3 个单位的多头部位
振荡指标向下穿越 45，建立 1 个单位的空头部位
振荡指标向下穿越 30，建立 2 个单位的空头部位
振荡指标向下穿越 15，建立 3 个单位的空头部位

我们使用 20 天慢速%K 作为交易信号的基本振荡指标。我们可以依据 20 天慢速%K 建立 1～3 个多头或空头部位。

图 8.20 显示了该系统运用于国际纸业（IP）的情况。在测试期间的前半段

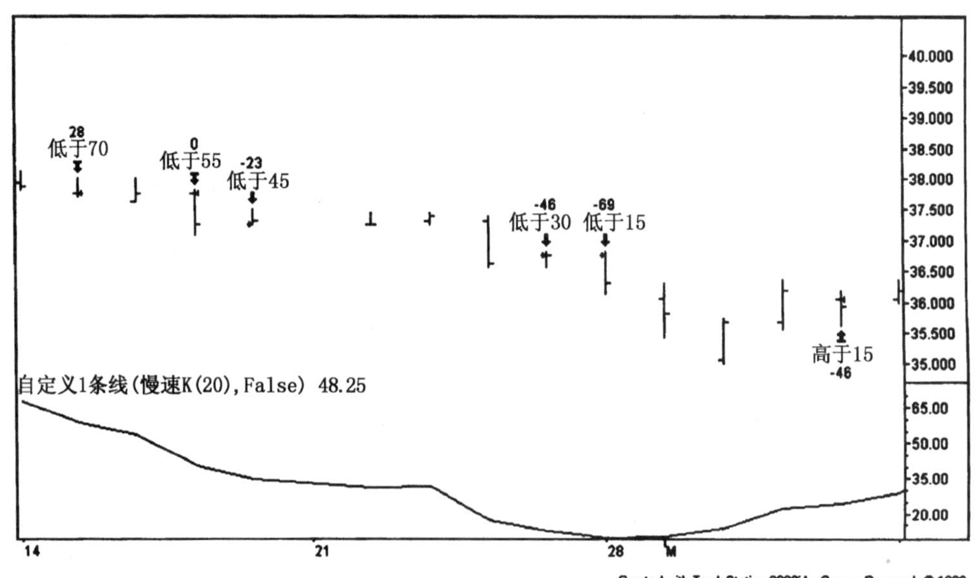

图 8.20　多重进场振荡指标系统运用于国际纸业

市场开始下滑，结束多头部位。在振荡指标跌破 45 时，建立第一个单位的空头部位。在振荡指标跌破 30 时，建立第二个单位的空头部位。在振荡指标跌破 15 时，建立第三个也是最后一个单位的空头部位。图 8.20 的最后一个信号是当振荡指标向上穿越 15 时，结束一个单位的空头指标。

图 8.21 显示了该系统运用于期货市场的净值曲线。绩效不错，获利1 250万美元，对应的夏普率为 0.34，K－比率为 0.23。但是该系统的表现远不如其他顺势系统。运用于股票市场上，情况就更差了（参见图 8.22），亏损2 100万美元，对应的夏普率为 －0.39，K－比率为 －0.18。在测试的 12 年中，只有 5 年获利。

调整型随机指标

在 1998 年 3 月的《期货》杂志上，马克·艾兹康（Mark Etzkorn）和乔治·普鲁伊特（George Pruitt）介绍了一种可以根据市场波动率来调节期间长度的通道突破系统。在该系统中，如果收盘价标准差增加，系统计算进场信号的回顾期间也增长。波动剧烈的市场可能需要 60 天通道突破提供交易信号，而波动不剧烈的市场则需要 20 天通道突破提供交易信号。

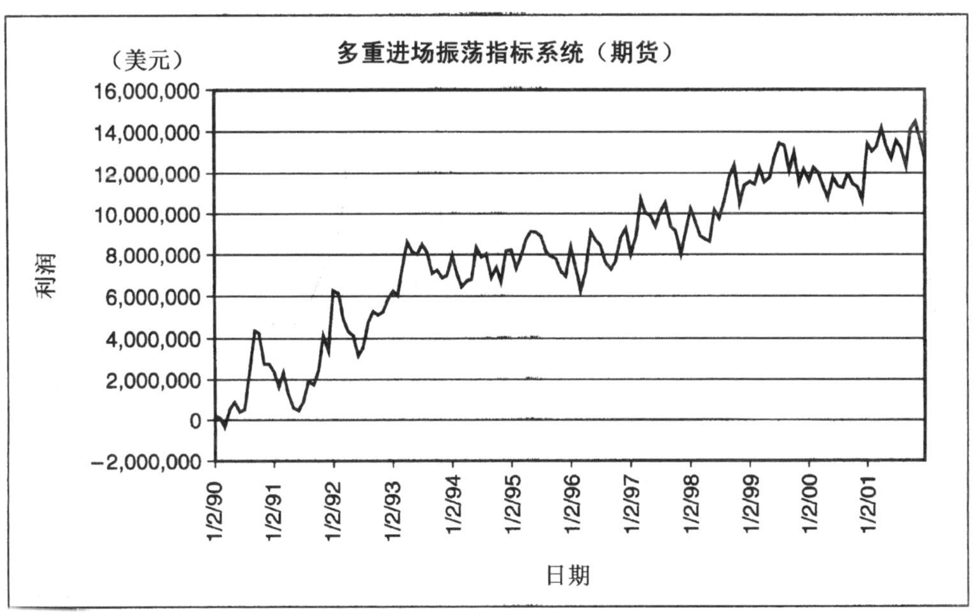

图 8.21　多重进场振荡指标系统运用于期货

图 8.22　多重进场振荡指标系统运用于股票。

这种构思启发我设计了一套依据市场的波动而调整的振荡指标。虽然我对市场波动率的程序和定义与艾兹康和普鲁伊特不同，但基本原理是相同的。振荡指标是计算短期内相对价格区间的极好工具。但是，问题是在价格波动很小时，价格的极小变动就会使振荡指标进入超买或超卖状态。随着价格波动的进一步激烈（透过 14 天价格区间大小衡量），最近价格的影响数应该变得更大。这是相对价格波动较稳定但 14 天价格区间较小的情况而言。因此，我设计了一种新的调整型随机指标，其中的 14 天慢速%K 指标根据近 14 天最高价 - 最低价区间，以及近 100 天最高价 - 最低价进行调整。

新随机指标 =（14 天慢速% K 随机指标 − 50）×（最近 14 天最高盘中价格 − 最近 14 天最低盘中价格）÷（最近 100 天最高盘中价格 − 最近 100 天最低盘中价格）+ 50

原则上，我根据近14天与100天的价格波动相对程度来调整 14 天的随机指标。

如我们所预想的，相对于典型的 14 天%K 随机指标，新的随机指标非常迟钝。新的随机指标的区间为 35～65，而传统随机指标的区间为 20～80。因此，我们需要调整用来产生交易信号的极端值。我们采用逆向方法运用新的随机指标，当指标上穿 65 然后又跌破 65，建立空头部位；同理，当指标下破 35 然后又上穿 35，建立多头部位。

图 8.23 显示调整型随机指标运用于德州仪器（TXN）的情况。9 月的强劲上升使调整型随机指标上升超过 80——走势足够强劲。10 月初，随着价格的下跌，调整型随机指标跌破 65，我们建立空头部位。10 月底随着价格的进一步下挫，调整型随机指标跌破 35。11 月初，调整型随机指标超过 35，我们建立多头部位。

在期货市场上（图 8.24a 和图 8.24b），调整型随机指标的夏普率为 -1.08，K-比率为 -0.43。在股票市场上（图 8.25a 和图 8.25b），调整型随机指标的夏普率为 -0.97，K-比率为 -0.32。表现最差的期货市场包括利率、外汇、石油。表现最差的股票种类分别为医疗保健、金融和科技。

许多交易者可能因为这种不良绩效而轻易放弃调整型随机指标而转向更具获利能力的系统。但是，请记住一些绩效很差的策略就像是没有经过打磨的钻石。

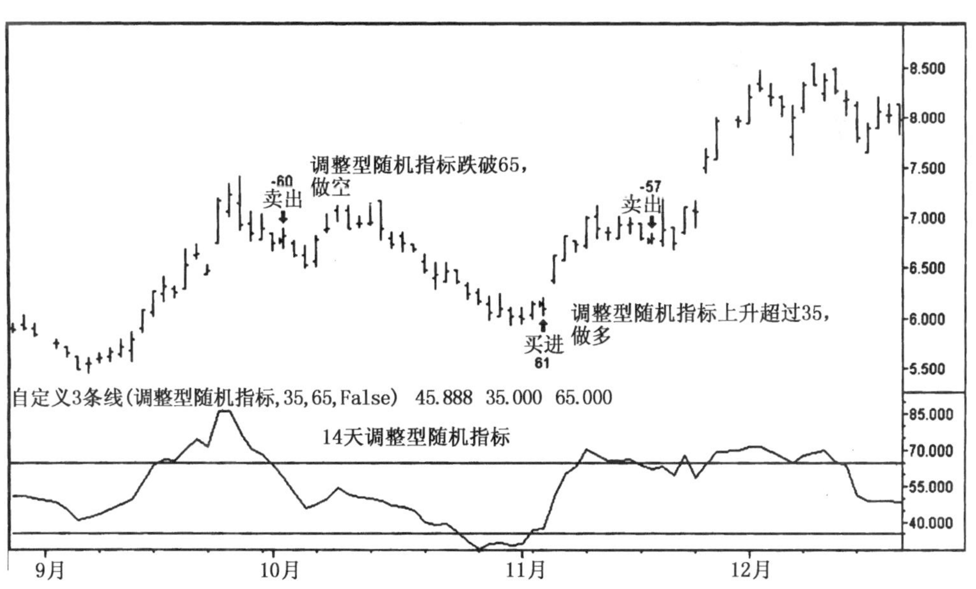

图 8.23　调整型随机指标运用于德州仪器

交易策略评估（期货）

策略名称：调整型随机指标

参数：14天慢速%K指标根据100天价格区间调整

说明：调整型随机指标向上穿越35，买进；调整型随机指标向下穿越65，卖出

测试期间：1990.1.1-2001.12.31

	市场	净利	K-比率	夏普率	最大流失	交易次数	成功%	平均合约	合约平均获利	平均获利	平均亏损	成功线形	失败线形
外汇	AD	−691,280	−0.21	−0.38	−858,900	49	53	25.58	−543	32,879	−66,736	41	83
	BP	−357,925	0.00	−0.20	−571,325	57	60	18.05	−323	27,727	−55,443	34	81
	CD	−95,700	0.02	−0.04	−623,470	60	62	46.54	−33	37,798	−64,774	32	80
	JY	−1,309,588	−0.15	−0.67	−1,312,188	36	44	13.54	−2,398	42,937	−92,789	37	119
	SF	−895,550	−0.19	−0.46	−1,037,525	39	51	15.75	−1,470	34,059	−83,367	35	109
利率	ED	−2,579,300	−0.18	−1.12	−2,605,975	35	54	90.25	−424	43,863	−135,845	33	125
	TY	−1,438,625	−0.21	−0.75	−1,631,141	40	45	29.17	−1,204	36,478	−93,704	34	109
	US	−1,484,750	−0.21	−0.78	−1,586,344	44	48	20.69	−1,591	33,263	−93,327	32	101
股票	SP	−115,538	−0.11	−0.07	−1,172,938	53	74	8.26	−253	37,245	−111,663	30	130
金属	GC	53,110	−0.05	0.02	−896,450	46	59	43.28	32	55,024	−74,788	37	104
	HG	−827,200	−0.14	−0.43	−1,306,725	40	55	32.68	−608	39,619	−92,612	33	126
	PL	−429,475	−0.07	−0.25	−693,145	46	61	49.32	−144	29,630	−64,288	43	93
	SL	486,060	0.12	0.25	−397,500	51	73	30.77	332	41,135	−71,459	38	115
能源	CL	−1,587,500	−0.39	−0.66	−1,752,940	38	50	28.77	−1,399	37,771	−118,260	45	111
	HO	−591,641	−0.15	−0.26	−994,157	52	60	25.49	−397	44,069	−90,136	33	91
	HU	363,439	0.08	0.14	−607,345	60	63	23.10	281	42,242	−55,283	29	84
谷物	C	−969,950	−0.17	−0.41	−1,265,750	40	50	77.61	−293	47,995	−93,484	38	110
	S	113,288	0.02	0.06	−591,238	58	59	30.05	77	38,428	−48,811	37	72
	W	−811,213	−0.12	−0.40	−1,046,488	43	60	50.59	−377	42,984	−113,965	33	125
肉类	FC	−475,865	−0.03	−0.23	−1,131,840	55	58	39.36	−212	39,616	−75,087	41	73
	LC	−35,788	0.07	−0.02	−585,176	56	66	50.95	48	37,695	−66,271	32	92
	LH	41,396	−0.04	0.02	−584,988	51	71	32.92	34	37,186	−85,493	40	103
	PB	69,460	−0.03	0.03	−596,324	59	61	20.63	110	41,777	−59,561	31	82
软性商品	CC	352,380	0.07	0.18	−744,000	65	72	49.85	111	33,826	−68,306	26	98
	CT	−1,130,720	−0.10	−0.55	−1,219,170	49	65	24.48	−943	31,439	−125,743	29	120
	JO	604,988	0.08	0.28	−506,850	56	68	36.40	302	41,251	−52,846	36	90
	KC	−774,656	−0.07	−0.27	−1,763,156	50	62	11.73	−1,057	42,592	−102,093	37	90
	LB	221,864	0.06	0.07	−1,225,360	65	74	33.65	86	42,963	−110,214	32	87
	SB	−407,613	−0.05	−0.21	−666,557	50	64	52.82	−147	31,382	−77,420	33	103
	平均	−490,130	−0.07	−0.24	−999,165	48	58	33.74	−413	37,496	−81,459	34	97

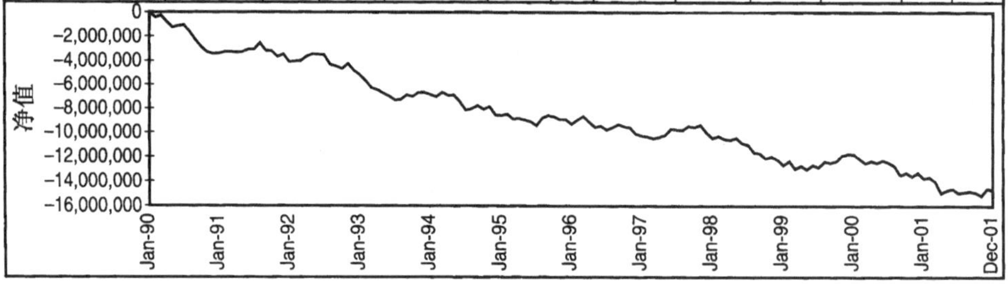

投资组合统计量

净利：	−14,703,893	夏普率：	−1.08
最大流失金额：	−15,093,668	突破相关：	−0.75
K-比率：	−0.43	均线相关：	−0.74

图 8.24a　调整型随机指标运用于期货

统计分析（期货）

策略名称：调整型随机指标
参数：14天慢速%K指标根据100天价格区间调整
说明：调整型随机指标向上穿越35，买进；调整型随机指标向下穿越65，卖出
测试期间：1990.1.1-2001.12.31

市场分析

市场	平均净利	平均K-比率	平均夏普率	平均最大流失	平均交易次数	平均成功%	合约平均获利	平均获利	平均亏损	成功线形	失败线形
外汇	−670,009	−0.10	−0.35	−880,682	48	54	−953	35,080	−72,622	36	94
利率	−1,375,669	−0.15	−0.66	−1,455,865	30	37	−805	28,401	−80,719	25	84
股票	−115,538	−0.11	−0.07	−1,172,938	53	74	−253	37,245	−111,663	30	130
金属	−179,376	−0.04	−0.10	−823,455	46	62	−97	41,352	−75,787	38	109
能源	−605,234	−0.15	−0.26	−1,118,147	50	58	−505	41,360	−87,893	36	95
谷物	−555,958	−0.09	−0.25	−967,825	47	56	−197	43,136	−85,420	36	102
肉类	−100,199	−0.01	−0.05	−724,582	55	64	−5	39,069	−71,603	36	88
软性商品	−188,960	0.00	−0.08	−1,020,849	56	68	−275	37,242	−89,437	32	98

年份绩效分析

年份	净利	K-比率	夏普率	年份	净利	K-比率	夏普率
1990	−3,339,489	−1.03	−3.11	*1996*	−948,425	−0.33	−0.87
1991	−718,754	−0.09	−0.58	*1997*	−215,489	0.14	−0.20
1992	−1,069,354	−0.23	−0.85	*1998*	−2,212,869	−0.89	−2.42
1993	−1,677,855	−0.22	−1.62	*1999*	899,645	0.30	0.37
1994	−1,730,938	−0.56	−1.37	*2000*	−1,928,156	−0.62	−1.75
1995	−729,491	−0.11	−0.71	*2001*	−976,494	−0.24	−0.74

长度	窗口数	获利窗口数	获利百分比
1个月	144	58	40.28%
3个月	142	48	33.80%
6个月	139	35	25.18%
12个月	133	14	10.53%
18个月	127	2	1.57%
24个月	121	0	0.00%

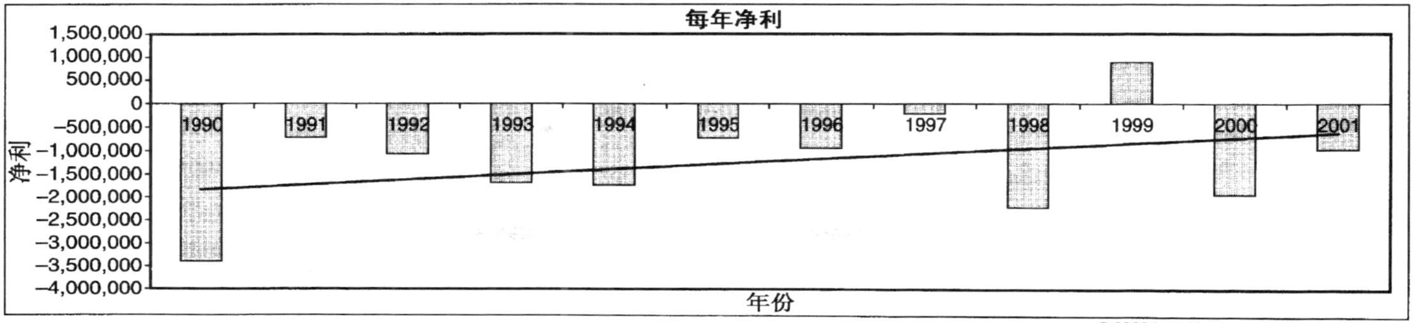

图8.24b　调整型随机指标运用于期货

交易策略评估（股票）

策略名称：调整型随机指标

参数：14天慢速%K指标根据100天价格区间调整

说明：调整型随机指标向上穿越35，买进；调整型随机指标向下穿越65，卖出

测试期间：1990.1.1-2001.12.31

	市场	净利	K-比率	夏普率	最大流失	交易次数	成功%	平均合约	合约平均获利	平均获利	平均亏损	成功线形	失败线形
能源	SLB	−592,904	−0.17	−0.33	−863,831	63	60	15.64	−574	25,593	−61,512	26	81
	XOM	−759,966	−0.25	−0.50	−971,856	62	56	40.94	−307	19,638	−54,326	31	71
基本原料	AA	−671,328	−0.11	−0.33	−743,338	89	37	47.92	−165	40,889	−36,681	52	22
	DD	−115,579	−0.04	−0.07	−375,034	69	62	23.33	−60	27,765	−49,645	28	68
	IP	1,357,826	0.36	0.73	−254,013	65	74	18.06	1,198	38,703	−26,538	39	65
工业	BA	−143,553	0.01	−0.08	−502,565	50	58	18.75	−28	41,704	−58,857	42	80
	GE	−175,842	−0.06	−0.09	−897,101	47	72	78.44	−49	36,226	−108,595	37	135
	MMM	384,959	0.05	0.21	−451,540	63	71	13.69	531	28,405	−45,592	30	91
消费服务	DIS	−68,805	−0.02	−0.03	−415,997	50	68	33.67	31	38,408	−78,378	39	99
	GM	−604,099	−0.20	−0.32	−998,077	46	50	12.72	−989	42,139	−67,308	30	99
	HD	−1,095,981	−0.11	−0.55	−1,354,864	57	60	65.64	−271	30,842	−89,676	26	91
	WMT	−227,825	−0.05	−0.11	−746,700	51	61	39.96	−85	45,318	−78,923	41	85
消费产品	G	−984,252	−0.27	−0.58	−1,076,501	49	43	39.96	−463	34,508	−58,258	30	84
	KO	35,063	0.01	0.02	−647,379	71	66	24.03	20	34,617	−66,393	26	76
	MO	−1,146,042	−0.24	−0.58	−1,254,682	50	46	23.29	−955	35,810	−71,688	34	82
	PG	−277,093	−0.05	−0.16	−807,763	63	59	22.44	−194	33,691	−58,505	26	79
医疗保健	AMGN	−2,140,156	−0.09	−0.72	−2,503,388	50	70	51.35	−828	31,684	−215,598	31	129
	BMY	−1,188,409	−0.20	−0.62	−1,430,584	42	48	30.67	−890	36,324	−85,118	40	100
	JNJ	−1,138,744	−0.26	−0.60	−1,290,408	60	58	37.21	−523	29,131	−87,452	30	79
	PFE	−666,839	−0.20	−0.29	−1,145,233	46	63	68.74	−210	42,735	−111,986	33	121
金融	AIG	−652,816	−0.11	−0.36	−975,766	55	51	43.68	−284	42,473	−69,291	25	84
	FNM	−977,855	−0.22	−0.53	−1,174,572	56	55	19.56	−917	22,089	−67,585	33	79
	MER	−804,586	−0.24	−0.37	−1,276,447	50	58	57.37	−280	41,346	−95,368	23	107
资讯科技	AAPL	172,394	0.00	0.08	−545,573	53	60	16.72	251	42,065	−53,513	38	83
	DELL	−2,256,703	−0.16	−0.57	−2,708,314	49	57	615.88	−73	42,298	−161,414	32	99
	IBM	−635,526	−0.14	−0.30	−1,318,049	53	57	18.11	−550	43,519	−79,723	31	89
	INTC	−1,049,157	−0.18	−0.44	−1,362,731	51	69	110.44	−172	38,796	−145,309	35	109
	MSFT	−779,056	−0.12	−0.28	−1,484,549	51	71	79.15	−187	45,886	−160,403	33	121
	SUNW	−1,238,115	−0.16	−0.55	−1,484,312	51	63	217.02	−113	31,034	−118,139	42	88
	TXN	−533,220	−0.11	−0.23	−1,406,975	58	67	90.68	−102	39,531	−109,354	33	91
电信	VZ	−264,199	−0.11	−0.15	−667,011	50	56	21.76	−221	27,209	−45,580	40	84
股价指数	SPX	−815,057	−0.21	−0.44	−1,460,041	51	65	2142.46	−7	36,109	−111,272	29	113
	NDX	−828,213	−0.14	−0.34	−1,231,165	51	63	1861.31	−9	39,448	−109,611	32	104
	RUT	102,894	−0.09	0.04	−1,102,000	46	63	4748.26	0	64,597	−104,097	40	103
	平均	−611,141	−0.11	−0.28	−1,086,128	55	60	316.14	−220	36,780	−86,520	33	91

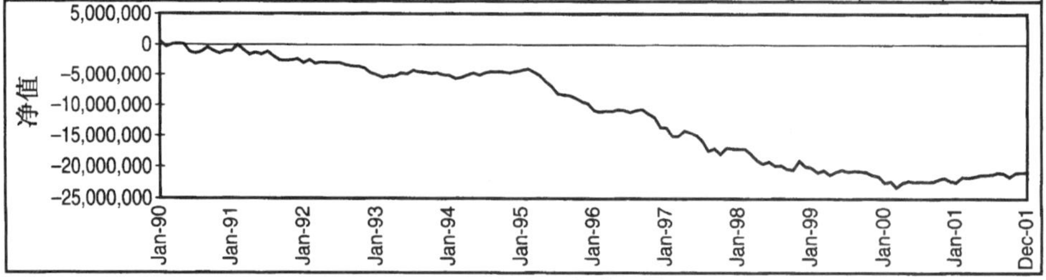

投资组合统计量

净利:	−20,778,783	夏普率:	−0.97
最大流失金额:	−23,853,463	突破相关:	−0.70
K-比率:	−0.32	均线相关:	−0.72

图8.25a　调整型随机指标运用于股票

统计分析（股票）

策略名称：调整型随机指标
参数：14天慢速%K指标根据100天价格区间调整
说明：调整型随机指标向上穿越35，买进；调整型随机指标向下穿越65，卖出
测试期间：1990. 1. 1-2001. 12. 31

市场分析

市场	平均净利	平均K-比率	平均夏普率	平均最大流失	平均交易次数	平均成功%	合约平均获利	平均获利	平均亏损	成功线形	失败线形
能源	−676,435	−0.21	−0.41	−917,844	63	58	−440	22,616	−57,919	29	76
基本原料	190,306	0.07	0.11	−457,462	74	58	324	35,786	−37,621	40	52
工业	21,855	0.00	0.02	−617,069	53	67	151	35,445	−71,015	36	102
消费服务	−499,178	−0.09	−0.26	−878,910	51	60	−329	39,177	−78,571	34	93
消费产品	−593,081	−0.14	−0.32	−946,581	58	53	−398	34,656	−63,711	29	80
医疗保健	−1,283,537	−0.19	−0.56	−1,592,403	50	60	−612	34,969	−125,038	34	107
金融	−811,752	−0.19	−0.42	−1,142,262	54	55	−494	35,303	−77,415	27	90
资讯科技	−902,769	−0.13	−0.33	−1,472,929	52	63	−135	40,447	−118,265	35	97
电信	−264,199	−0.11	−0.15	−667,011	50	56	−221	27,209	−45,580	40	84
股价指数	−513,458	−0.15	−0.25	−1,264,402	49	63	−5	46,718	−108,326	34	107

年份绩效分析

年份	K-比率	K比率	夏普率	年份	净利	K-比率	夏普率
1990	−1,675,515	−0.30	−0.84	*1996*	−2,791,438	−0.26	−1.46
1991	−1,973,857	−0.51	−0.96	*1997*	−3,426,750	−0.43	−1.19
1992	−1,944,597	−0.45	−1.53	*1998*	−3,006,616	−0.36	−1.27
1993	−87,637	0.10	−0.08	*1999*	−2,371,004	−0.23	−0.85
1994	824,850	0.41	0.81	*2000*	72,879	0.15	0.05
1995	−6,655,683	−1.40	−4.31	*2001*	1,653,293	0.36	1.33

获利窗口

长度	窗口数	获利窗口数	获利百分比
1个月	144	56	38.89%
3个月	142	55	38.73%
6个月	139	40	28.78%
12个月	133	25	18.80%
18个月	127	17	13.39%
24个月	121	8	6.61%

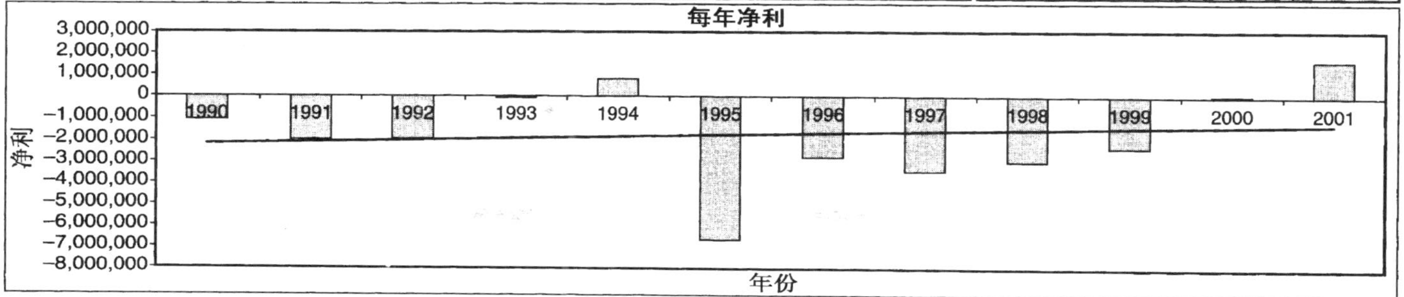

每年净利

图8.25b 调整型随机指标运用于股票

我们可以反向利用调整型随机指标，使其成为有效系统的基础。

三连发

很简单的构想的效果可能会出人意料。三连发的规则看起来简单，但是其绩效是非常优异的。当满足以下三个条件时，买入：

1. 今天的收盘价高于5天前的收盘价。
2. 5天前的收盘价高于10天前的收盘价。
3. 10天前的收盘价高于15天前的收盘价。

同理，当满足以下三个条件时，卖空：

1. 今天的收盘价低于5天前的收盘价。
2. 5天前的收盘价低于10天前的收盘价。
3. 10天前的收盘价低于15天前的收盘价。

图8.26显示了三连发策略运用于国库券的情况。虽然只有一个信号，但是运用三连发策略可以在趋势发展初期进场。

谁说简单的策略没有效果？三连发策略在股票市场和期货市场都取得了良好的绩效（图8.27a～图8.28b）。在测试的12年中，期货市场有10年获利，股票市场有8年获利。表现优异的市场包括外汇、利率、石油、科技股、电信股和股指期货。

虽然，我不提倡单独运用三连发策略，但是数据显示其交易信号非常有价值。这种策略可以和其他复杂的交易技术结合，从而形成一种具有很强赢利能力的交易策略。

交易量反转策略

长期以来，一直支持有效市场假说的学院派人士已经开始检测历史数据，以验证该假说成立与否。虽然20世纪80年代出现了许多不成功的学术观点，但是

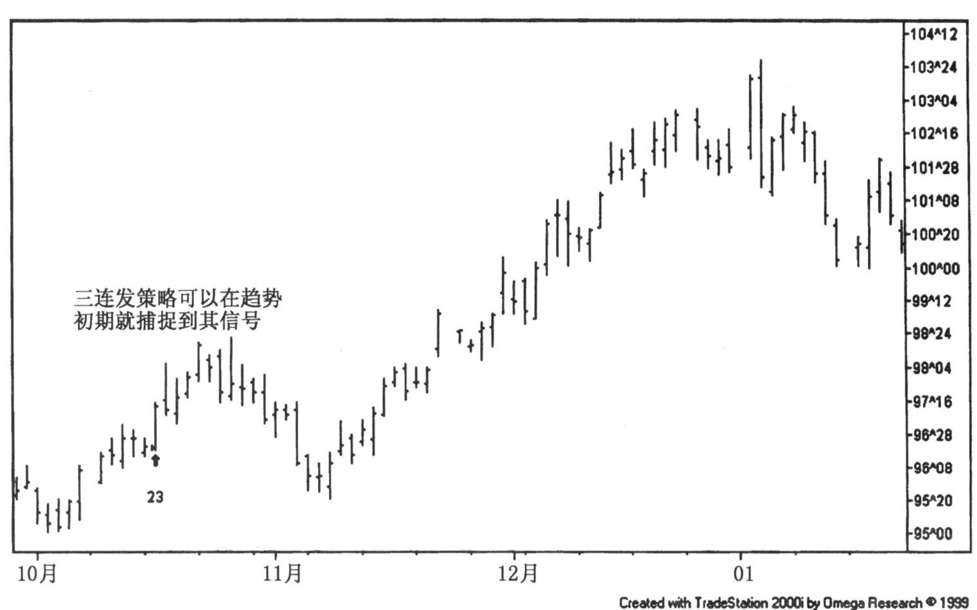

图 8.26　三连发策略运用于国库券

最近的研究发现了一些具有潜在价值的策略。普渡大学的财务学教授迈克·库伯（Michael Cooper）所作的研究就是其中一例。库伯教授研究了从 1962—1993 年的股票收益情况。他的研究发现一周收益率随着成交量的减少会在下周反转。

我们使用股票市场的数据来检验该理论。进场信号如下：5 天绝对价格变动量大于 100 天价格变动的标准差，同时 5 天成交量小于先前第 10 天开始的 5 天平均交易量的 75%。根据这两个条件，我们希望找到价格出现重大变动而成交量出现萎缩的情况。如果近 5 天的价格出现显著下跌而成交量变小，则进场买进；如果近 5 天的价格出现显著上涨而成交量变小，则进场放空；在交易的第 5 天清空所有部位。

图 8.29 显示了成交量反转策略运用于美强生（JNJ）的情况。根据图形中的交易信号显示，成交量反转策略能够很好的捕捉短期波动的头部和底部。这是本书中唯一根据成交量而不是价格来产生交易信号的策略。

成交量反转策略的绩效非常好（图 8.30a ~ 图 8.30b）。股票市场的夏普率为 1.15，K－比率为 0.49。在测试的 12 年中有 9 年获利。表现最好的股票为能源、工业和金融。

交易策略评估（期货）

策略名称：三连发

参数：无

说明：连续三周上涨则买入，连续三周下跌则卖出

测试期间：1990. 1. 1-2001. 12. 31

	市场	净利	K-比率	夏普率	最大流失	交易次数	成功%	平均合约	合约平均获利	平均获利	平均亏损	成功线形	失败线形
外汇	AD	93,350	0.07	0.05	−279,990	71	35	26.00	46	59,466	−30,474	66	30
	BP	−305,925	−0.14	−0.15	−617,775	80	31	17.56	−231	50,175	−28,714	58	28
	CD	44,630	0.03	0.02	−477,180	80	33	45.44	27	71,173	−32,460	66	24
	JY	1,307,163	0.24	0.60	−225,200	82	38	13.53	1,088	81,503	−25,871	64	20
	SF	939,250	0.25	0.48	−270,588	76	49	15.51	796	61,085	−33,914	55	25
利率	ED	2,712,475	0.18	0.93	−338,900	49	43	85.32	239	108,218	−45,459	96	26
	TY	986,000	0.37	0.46	−241,422	72	39	28.60	485	87,283	−32,844	72	22
	US	−117,438	0.05	−0.06	−646,313	74	36	19.85	−85	69,634	−42,669	73	21
股票	SP	−216,575	0.01	−0.12	−571,175	74	32	8.19	−347	63,453	−34,663	68	27
金属	GC	−133,730	0.00	−0.06	−400,370	78	42	45.32	−42	48,022	−38,528	55	26
	HG	−46,150	0.01	−0.02	−775,925	86	41	31.92	6	53,298	−36,235	57	19
	PL	−395,640	−0.09	−0.20	−771,610	89	39	46.22	−108	42,948	−36,052	48	23
	SL	−1,646,490	−0.23	−0.81	−1,712,855	99	25	32.14	536	41,728	−37,133	54	22
能源	CL	1,303,750	0.27	0.53	−389,560	75	41	29.59	563	90,386	−35,288	69	18
	HO	118,368	0.03	0.05	−559,041	79	38	24.55	25	69,512	−41,568	55	26
	HU	685,751	0.17	0.28	−342,153	77	47	22.18	380	64,266	−40,601	54	24
谷物	C	108,775	0.07	0.05	−868,838	70	31	73.11	19	96,976	−42,408	80	26
	S	213,050	0.04	0.11	−451,925	82	43	30.51	79	47,454	−31,139	52	26
	W	355,838	0.09	0.16	−644,700	89	36	50.47	82	78,336	−37,514	57	21
肉类	FC	−63,410	0.09	−0.03	−472,695	84	33	41.69	−23	72,519	−37,716	63	22
	LC	78,716	0.00	0.04	−395,824	84	35	50.65	14	59,746	−30,406	65	20
	LH	544,936	0.16	0.28	−297,264	84	43	31.00	227	60,987	−33,413	55	21
	PB	259,536	0.06	0.12	−472,468	88	35	20.96	114	65,642	−32,022	57	21
软性商品	CC	−714,220	−0.17	−0.35	−1,066,270	82	28	49.65	−189	61,468	−36,992	72	22
	CT	89,350	−0.04	0.05	−756,165	84	30	25.49	40	80,678	−32,745	61	25
	JO	−563,610	−0.11	−0.24	−972,788	93	32	36.30	−172	53,289	−34,591	50	24
	KC	930,015	0.14	0.32	−425,906	80	35	12.43	979	93,178	−31,447	63	23
	LB	591,976	0.03	0.19	−736,552	88	38	33.67	212	92,673	−44,172	55	22
	SB	65,441	−0.01	0.03	−522,615	88	36	54.26	15	58,269	−32,013	55	22
	平均	240,839	0.05	0.09	−556,802	78	35	33.40	123	66,112	−34,302	60	23

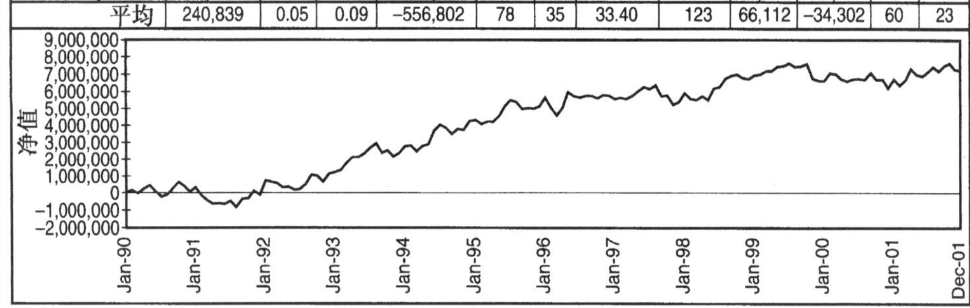

投资组合统计量

净利:	7,225,182	夏普率:	0.55
最大流失金额:	−1,480.301	突破相关:	0.77
K-比率:	0.26	均线相关:	0.77

图 8. 27a　三连发策略运用于期货

统计分析（期货）

策略名称：三连发
参数：无
说明：连续三周上涨则买入，连续三周下跌则卖出
测试期间：1990. 1. 1–2001. 12. 31

市场分析

市场	平均净利	平均K-比率	平均夏普率	平均最大流失	平均交易次数	平均成功%	合约平均获利	平均获利	平均亏损	成功线形	失败线形
外汇	415,694	0.09	0.20	–374,147	78	37	345	64,681	–30,287	62	25
利率	895,259	0.15	0.33	–306,659	49	30	160	66,284	–30,243	60	17
股票	–216,575	0.01	–0.12	–571,175	74	32	–347	63,453	–34,663	68	27
金属	–555,503	–0.08	–0.27	–915,190	88	37	–170	46,499	–36,987	53	23
能源	702,623	0.16	0.29	–430,251	77	42	323	74,722	–39,153	59	23
谷物	225,888	0.07	0.10	–655,154	80	37	60	74,255	–37,020	63	24
肉类	204,945	0.08	0.10	–409,563	85	36	83	64,723	–33,389	60	21
软性商品	66,492	–0.03	0.00	–746,716	86	33	148	73,259	–35,326	59	23

年份绩效分析

年份	净利	K-比率	夏普率
1990	306,767	0.09	0.30
1991	425,295	0.08	0.31
1992	489,823	0.18	0.51
1993	1,526,658	0.30	1.45
1994	1,552,373	0.48	1.28
1995	1,321,623	0.35	1.28

年份	净利	K-比率	夏普率
1996	–73,960	0.15	–0.05
1997	334,270	–0.01	0.29
1998	1,030,926	0.48	1.01
1999	–315,673	–0.07	–0.92
2000	101,435	–0.10	0.09
2001	503,124	0.30	0.44

长度	窗口数	获利窗口数	获利百分比
1个月	144	83	57.64%
3个月	142	89	62.68%
6个月	139	99	71.22%
12个月	133	98	73.68%
18个月	127	100	78.74%
24个月	121	107	88.43%

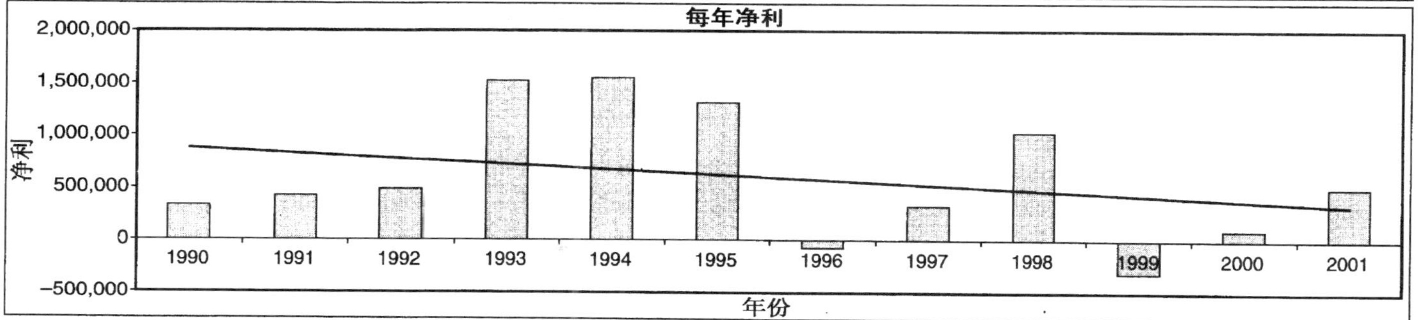

每年净利

净利
2,000,000
1,500,000
1,000,000
500,000
0
–500,000
1990 1991 1992 1993 1994 1995 1996 1997 1998 1999 2000 2001
年份

图8.27b　三连发策略运用于期货

交易策略评估（股票）

策略名称：三连发

参数：无

说明：连续三周上涨则买入，连续三周下跌则卖出

测试期间：1990.1.1-2001.12.31

	市场	净利	K-比率	夏普率	最大流失	交易次数	成功%	平均合约	合约平均获利	平均获利	平均亏损	成功线形	失败线形
能源	SLB	-669,891	-0.09	-0.35	-708,391	87	38	15.76	-504	40,299	-37,422	56	22
	XOM	-273,507	-0.01	-0.16	-463,898	84	35	44.67	-74	41,681	-26,996	59	23
基本原料	A	1,249,288	0.25	0.62	-289,065	76	74	50.68	325	38,156	-44,180	31	66
	DD	-89,517	0.03	-0.05	-641,212	81	38	19.96	-65	51,168	-33,817	59	24
	IP	-946,175	-0.19	-0.49	-993,565	87	25	16.03	-674	54,251	-32,826	57	27
工业	BA	-103,014	-0.08	-0.06	-534,635	82	39	20.06	-68	47,497	-32,651	58	23
	GE	525,270	0.05	0.28	-306,206	66	41	71.10	117	71,030	-35,111	73	26
	MMM	-553,306	-0.03	-0.32	-1,017,226	84	36	13.55	-551	39,410	-33,512	54	25
消费服务	DIS	30,058	-0.03	0.01	-518,980	81	35	35.57	1	65,821	-34,693	60	25
	GM	337,431	0.03	0.18	-544,930	72	40	12.47	379	62,703	-34,370	69	24
	HD	409,291	0.07	0.19	-447,493	76	37	56.56	86	70,790	-33,602	61	26
	WMT	-267,736	-0.10	-0.14	-946,796	79	33	39.79	-104	58,599	-34,940	63	25
消费产品	G	-570,872	-0.09	-0.28	-880,420	99	30	33.10	-198	53,816	-32,798	54	19
	KO	-154,159	-0.01	-0.07	-579,604	80	41	24.85	-76	50,832	-38,907	53	27
	MO	986,028	0.15	0.50	-358,680	66	42	25.55	573	78,825	-32,639	72	25
	PG	-314,944	-0.05	-0.17	-816,805	92	36	19.08	-169	50,566	-33,320	51	23
医疗保健	AMGN	989,617	0.09	0.41	-289,430	74	41	62.12	213	88,515	-38,129	66	24
	BMY	61,885	0.05	0.03	-539,460	76	38	32.47	28	57,736	-34,164	64	24
	JNJ	-82,893	-0.05	-0.04	-582,304	79	35	39.16	-24	63,883	-36,546	65	23
	PFE	580,178	0.14	0.27	-265,380	70	40	79.13	107	67,744	-31,082	66	27
金融	AIG	-384,801	-0.05	-0.20	-532,568	82	30	40.95	-116	65,834	-35,699	66	24
	FNM	355,557	0.14	0.19	-351,496	71	38	26.39	194	66,027	-32,238	72	25
	MER	44,568	0.01	0.02	-633,089	83	41	49.86	0	56,255	-39,076	59	19
资讯科技	AAPL	1,203,330	0.24	0.72	-140,110	67	58	17.40	988	56,635	-37,747	58	26
	DELL	817,352	0.19	0.30	-316,438	78	42	506.30	20	81,508	-41,861	60	23
	IBM	782,142	0.20	0.35	-490,394	79	43	20.88	397	71,421	-39,396	58	22
	INTC	1,604,063	0.29	0.70	-471,207	79	39	105.18	191	102,227	-32,945	57	26
	MSFT	816,695	0.13	0.36	-375,034	80	38	61.47	157	82,899	-34,261	62	22
	SUNW	861,401	0.06	0.37	-493,633	67	49	228.99	57	73,518	-45,735	68	23
	TXN	830,442	0.17	0.39	-431,974	69	41	86.43	142	83,130	-36,073	69	25
电信	VZ	343,562	0.12	0.20	-322,374	76	42	19.31	203	48,685	-28,633	63	22
股价指数	SPX	-81,360	0.02	-0.04	-467,946	78	33	2241.47	0	73,204	-38,014	67	24
	NDX	819,093	0.12	0.36	-448,535	70	36	1972.79	6	93,680	-34,067	76	25
	RUT	2,039,840	0.21	0.70	-336,315	69	49	5283.31	5	106,931	-48,059	61	25
	平均	329,262	0.06	0.14	-515,753	78	40	334.48	46	65,155	-35,750	61	25

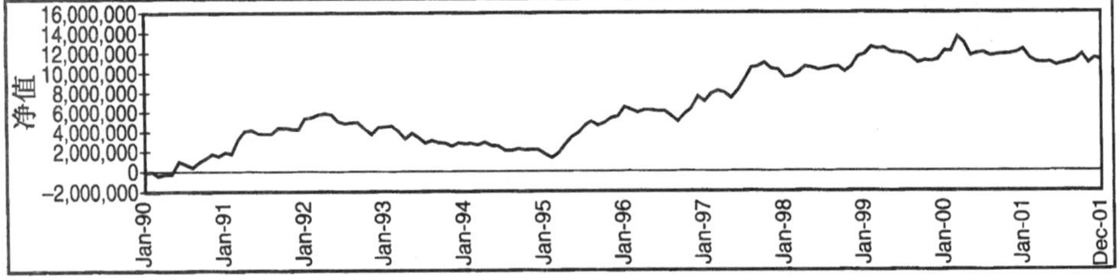

净值

16,000,000 14,000,000 12,000,000 10,000,000 8,000,000 6,000,000 4,000,000 2,000,000 0 -2,000,000

Jan-90 Jan-91 Jan-92 Jan-93 Jan-94 Jan-95 Jan-96 Jan-97 Jan-98 Jan-99 Jan-00 Jan-01 Dec-01

投资组合统计量

净利：	11,194,915	夏普率：	0.55
最大流失金额：	-4,518,381	突破相关：	0.83
K-比率：	0.17	均线相关：	0.86

图 8.28a　三连发策略运用于股票

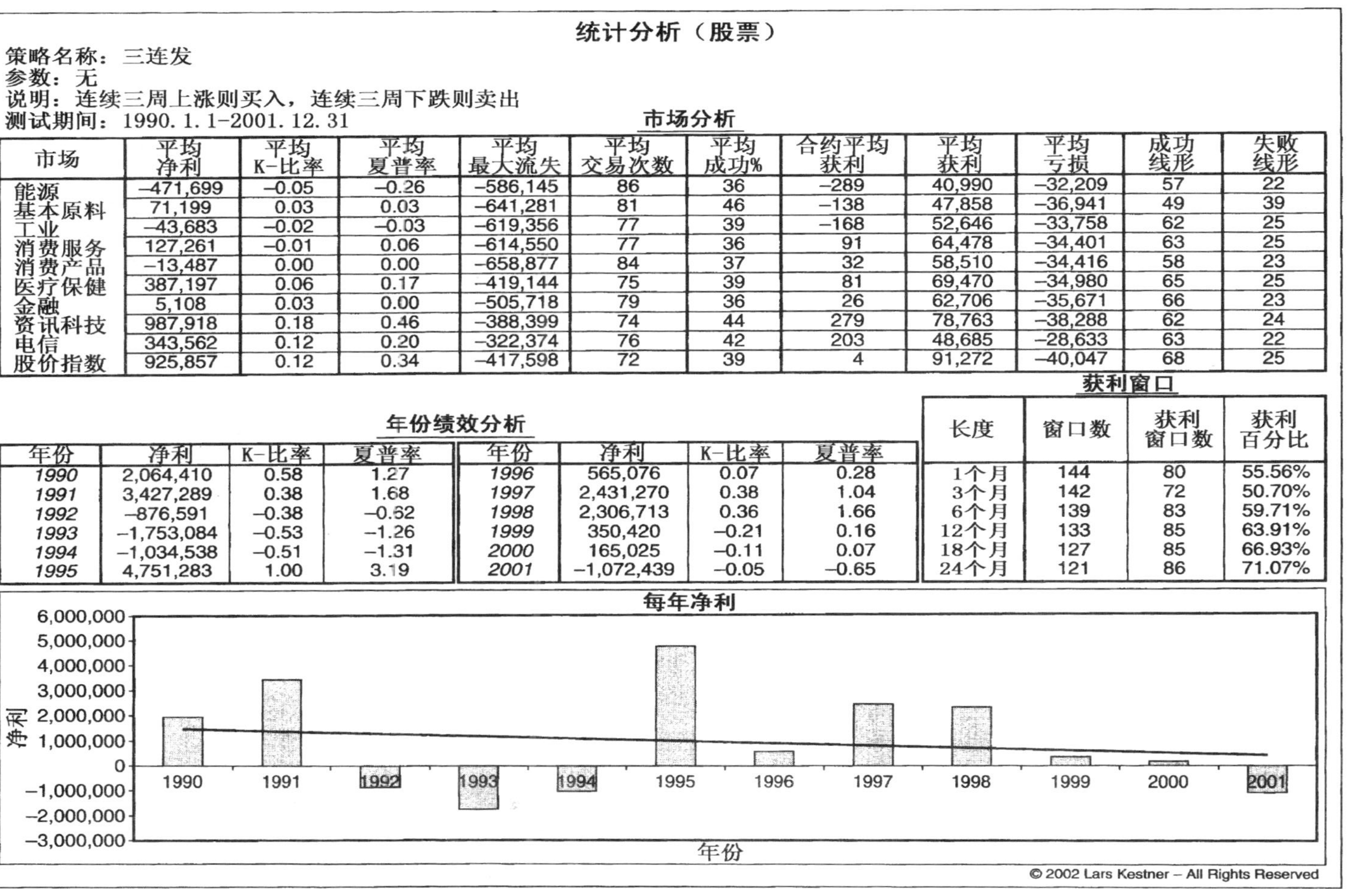

统计分析（股票）

策略名称：三连发
参数：无
说明：连续三周上涨则买入，连续三周下跌则卖出
测试期间：1990. 1. 1-2001. 12. 31

市场分析

市场	平均净利	平均K-比率	平均夏普率	平均最大流失	平均交易次数	平均成功%	合约平均获利	平均获利	平均亏损	成功线形	失败线形
能源	–471,699	–0.05	–0.26	–586,145	86	36	–289	40,990	–32,209	57	22
基本原料	71,199	0.03	0.03	–641,281	81	46	–138	47,858	–36,941	49	39
工业	–43,683	–0.02	–0.03	–619,356	77	39	–168	52,646	–33,758	62	25
消费服务	127,261	–0.01	0.06	–614,550	77	36	91	64,478	–34,401	63	25
消费产品	–13,487	0.00	0.00	–658,877	84	37	32	58,510	–34,416	58	23
医疗保健	387,197	0.06	0.17	–419,144	75	39	81	69,470	–34,980	65	25
金融	5,108	0.03	0.00	–505,718	79	36	26	62,706	–35,671	66	23
资讯科技	987,918	0.18	0.46	–388,399	74	44	279	78,763	–38,288	62	24
电信	343,562	0.12	0.20	–322,374	76	42	203	48,685	–28,633	63	22
股价指数	925,857	0.12	0.34	–417,598	72	39	4	91,272	–40,047	68	25

年份绩效分析

年份	净利	K-比率	夏普率	年份	净利	K-比率	夏普率
1990	2,064,410	0.58	1.27	*1996*	565,076	0.07	0.28
1991	3,427,289	0.38	1.68	*1997*	2,431,270	0.38	1.04
1992	–876,591	–0.38	–0.62	*1998*	2,306,713	0.36	1.66
1993	–1,753,084	–0.53	–1.26	*1999*	350,420	–0.21	0.16
1994	–1,034,538	–0.51	–1.31	*2000*	165,025	–0.11	0.07
1995	4,751,283	1.00	3.19	*2001*	–1,072,439	–0.05	–0.65

获利窗口

长度	窗口数	获利窗口数	获利百分比
1个月	144	80	55.56%
3个月	142	72	50.70%
6个月	139	83	59.71%
12个月	133	85	63.91%
18个月	127	85	66.93%
24个月	121	86	71.07%

图8.28b 三连发策略运用于股票

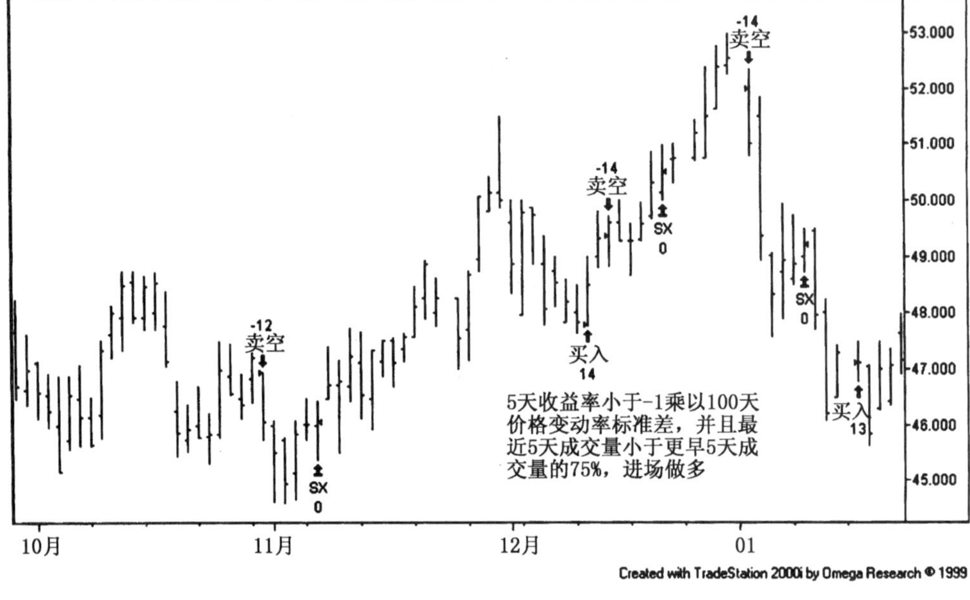

图 8.29　成交量反转策略运用于美强生公司

宝塔支撑和压力策略

我最欣赏的华尔街技术分析师是亚历克斯·宝塔（Alex Saitta）。虽然他不是最著名的，但是我相信他是少数能在每天的分析中清楚表达自己观点的分析师。20 世纪 90 年代，宝塔因为在所罗门·史密斯·邦尼（Salomon Smith Barney）撰写关于股票和债券市场短期趋势分析的日评而为世人所熟知。与典型的投资银行技术分析师不同，宝塔注重于研究并设计了许多计量交易策略。我最欣赏的技术之一是他判断市场头部和底部的技术。

宝塔从 20 日高点和低点的简单平均线入手。当价格上升超越高点的平均数，则市场结束了负阶段而进入正阶段。当价格下跌跌破低点的平均数，则市场结束了正阶段而进入负阶段。这种方法的优点不在于定义趋势，而是判断先前重要的顶部和底部。在新的上升趋势开始时，宝塔寻找先前下跌趋势中的最低价，该点就定义了市场的底部。在新的下跌趋势开始时，先前趋势的高点就是市场的高点。

我的策略是运用宝塔对于高点和低点的上述定义来确定支撑和抵抗点。

股市中的一条谚语是“压力线可以变成支撑线，支撑线可以变成阻力线”。

交易策略评估（股票）

策略名称：成交量反转策略

参数：5天收益率，5天平均成交量

说明：价格下跌而成交量变小，进场买进；价格上涨而成交量变小，进场放空

测试期间：1990. 1. 1-2001. 12. 31

	市场	净利	K-比率	夏普率	最大流失	交易次数	成功%	平均合约	合约平均获利	平均获利	平均亏损	成功线形	失败线形
能源	SLB	591,684	0.40	0.54	–115,357	173	58	17.61	194	19,112	–18,592	4	5
	XOM	492,855	0.20	0.57	–144,794	126	60	48.43	81	16,905	–15,197	4	5
基本原料	AA	–873,770	–0.11	–0.42	–889,270	54	31	49.35	–316	54,584	–47,856	84	43
	DD	–28,541	–0.01	–0.03	–327,348	144	51	20.79	-10	18,094	–19,006	4	5
	IP	107,617	0.08	0.11	–257,189	179	55	16.48	36	16,932	–19,608	4	5
工业	BA	211,197	0.03	0.24	–311,235	167	51	20.65	61	17,590	–15,658	4	5
	GE	172,165	0.07	0.16	–243,585	117	58	83.14	18	17,729	–21,089	5	5
	MMM	674,216	0.29	0.75	–107,818	165	62	13.80	296	15,662	–15,144	5	5
消费服务	DIS	705,644	0.16	0.68	–222,881	168	63	35.97	117	17,451	–17,885	4	5
	GM	164,242	0.12	0.17	–159,139	158	57	13.84	75	16,748	–19,751	4	5
	HD	368,197	0.13	0.33	–204,918	181	56	66.90	30	19,100	–20,000	5	5
	WMT	205,227	0.08	0.18	–293,609	159	57	44.40	29	18,277	–20,865	4	5
消费产品	G	98,022	–0.02	0.10	–444,604	161	56	34.74	18	16,969	–20,129	5	5
	KO	360,798	0.17	0.32	–271,710	145	59	27.89	89	18,060	–20,209	4	5
	MO	287,894	0.16	0.29	–171,992	157	60	22.67	81	15,776	–18,969	4	5
	PG	620,935	0.25	0.62	–175,243	150	61	20.42	206	16,765	–15,155	4	5
医疗保健	AMGN	283,414	0.07	0.25	–465,411	216	60	63.98	21	15,409	–19,916	4	5
	BMY	413,994	0.12	0.44	–164,105	137	57	35.24	84	18,487	–17,576	4	5
	JNJ	–232,518	–0.06	–0.24	–328,762	141	52	43.99	–37	17,115	–21,793	5	5
	PFE	442,671	0.11	0.39	–193,344	153	57	88.75	33	20,515	–20,167	4	5
金融	AIG	444,376	0.18	0.39	–211,829	152	63	45.48	64	17,454	–21,295	4	5
	FNM	925,626	0.27	0.95	–137,013	153	61	26.81	226	19,769	–15,808	5	5
	MER	447,607	0.17	0.38	–181,866	181	58	57.31	43	19,195	–20,630	4	5
资讯科技	AAPL	–333,607	–0.08	–0.25	–671,376	176	55	17.96	–106	16,534	–24,524	4	5
	DELL	368,697	0.03	0.25	–583,090	204	58	615.68	3	20,166	–23,894	4	5
	IBM	602,461	0.31	0.61	–186,724	151	60	20.56	194	18,845	–18,541	4	5
	INTC	548,007	0.11	0.45	–285,630	173	61	125.26	25	19,476	–22,633	4	5
	MSFT	360,154	0.05	0.30	–305,333	168	58	82.98	26	17,951	–19,452	4	5
	SUNW	441,426	0.05	0.35	–332,903	193	58	226.33	10	19,800	–21,928	4	5
	TXN	664,341	0.24	0.59	–229,480	178	62	92.13	40	18,154	–20,238	5	5
电信	VZ	251,829	0.14	0.25	–307,251	150	59	24.48	69	16,872	–19,885	4	5
股价指数	SPX	220,065	0.07	0.44	–117,453	26	69	1417.26	6	21,527	–20,642	4	5
	NDX	62,582	0.03	0.12	–140,229	35	46	1104.33	1	24,195	–17,609	5	5
	RUT	–358,032	–0.08	–0.67	–379,324	19	37	5991.10	–3	15,288	–38,754	5	5
	平均	285,632	0.11	0.28	–281,230	147	57	312.26	50	19,191	–20,894	7	6

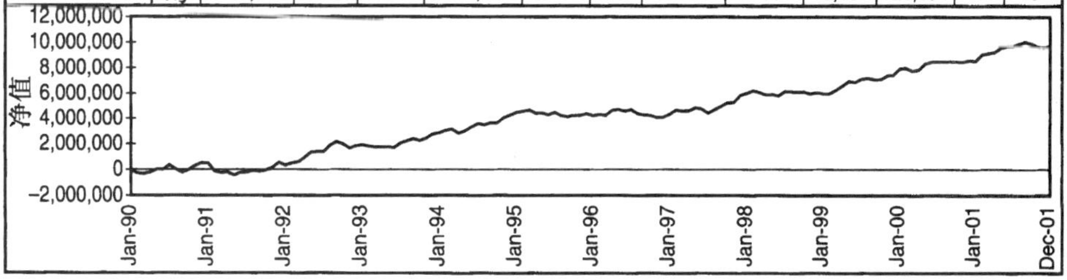

投资组合统计量

净利：	9,711,474	夏普率：	1.15
最大流失金额：	–948,845	突破相关：	–0.20
K-比率：	0.49	均线相关：	–0.11

图 8. 30a　成交量反转策略运用于股票

统计分析（股票）

策略名称：成交量反转策略
参数：5天回报率，5天平均成交量
说明：价格下跌而成交量变小，进场买进；价格上涨而成交量变小，进场放空
测试期间：1990.1.1-2001.12.31

市场分析

市场	平均净利	平均K-比率	平均夏普率	平均最大流失	平均交易次数	平均成功%	合约平均获利	平均获利	平均亏损	成功线形	失败线形
能源	542,270	0.30	0.56	−130,076	150	59	137	18,009	−16,894	4	5
基本原料	−264,898	−0.01	−0.11	−491,269	126	46	−96	29,870	−28,823	31	18
工业	352,526	0.13	0.38	−220,879	150	57	125	16,993	−17,297	4	5
消费服务	360,828	0.12	0.34	−220,137	167	58	63	17,894	−19,625	4	5
消费产品	341,912	0.14	0.33	−265,887	153	59	98	16,892	−18,616	4	5
医疗保健	226,890	0.06	0.21	−287,906	162	56	25	17,881	−19,863	4	5
金融	605,870	0.21	0.58	−176,903	162	61	111	18,806	−19,244	4	5
资讯科技	378,783	0.10	0.33	−370,648	178	59	28	18,704	−21,602	4	5
电信	251,829	0.14	0.25	−307,251	150	59	69	16,872	−19,885	4	5
股价指数	−25,129	0.01	−0.04	−212,335	27	51	1	20,337	−25,668	5	5

年份绩效分析

年份	净利	K-比率	夏普率	年份	净利	K-比率	夏普率
1990	562,257	0.28	0.71	*1996*	115,403	−0.09	0.18
1991	−171,198	0.10	−0.18	*1997*	1,663,250	0.42	1.98
1992	1,575,264	0.52	1.90	*1998*	−20,064	0.01	−0.04
1993	935,924	0.49	1.66	*1999*	1,938,768	0.77	3.08
1994	1,677,098	0.73	2.48	*2000*	578,401	0.38	0.96
1995	−272,202	−0.28	−0.52	*2001*	1,187,648	0.31	1.69

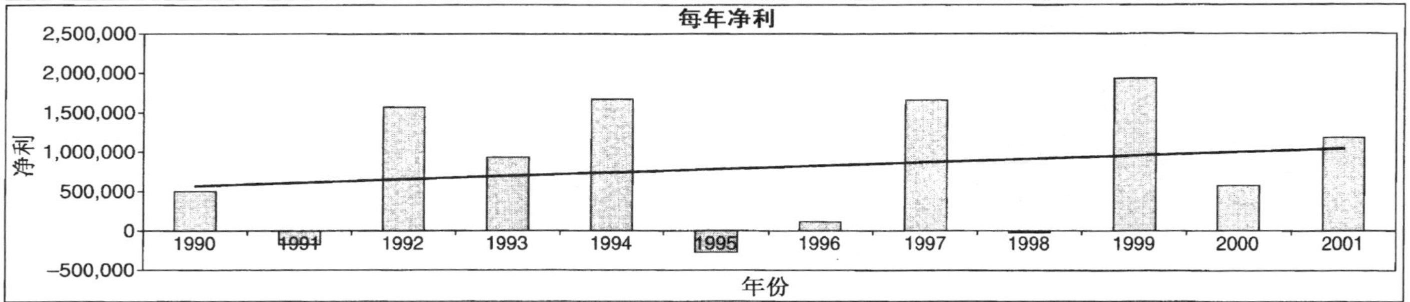

获利窗口

长度	窗口数	获利窗口数	获利百分比
1个月	144	91	63.19%
3个月	142	97	68.31%
6个月	139	115	82.73%
12个月	133	116	87.22%
18个月	127	119	93.70%
24个月	121	117	96.69%

图8.30b 交量反转策略运用于股票

一旦头部形成，投资者和交易者都会在头部附近卖出。因为，在前次高点没有卖出的投资者不愿意再犯同样的错误。一旦价格冲破上次高点，则卖方力量已竭尽，买盘将推动市场再创新高。

底部的情况相同。错过前次低点的买家在低点附近不断买入。如果卖盘能够击穿此支撑位，买方承接乏力，价格将进一步走低。

我们运用宝塔支撑和压力点来判断买盘和卖压的位置。当价格超过前期市场高点建立多头部位。当价格跌破前期市场低点建立空头部位。

图 8.31 显示了该策略运用于日元的情况。图中的两条实线分别代表先前的高点和低点。每当收盘价穿越 20 天的盘中高点或低点的移动平均值，就需要重新设定头部和底部的价位，因此图中的实线是不连续的。当价格穿越上面的实线，建立多头部位。当价格跌破下面的实线，建立空头部位。

宝塔支撑和压力策略在期货和股票市场的绩效都非常显著（图 8.32a ~ 图 8.33b）。在期货市场，夏普率为 0.66，K - 比率为 0.30。表现最好的都是适合采用顺势系统的市场，比如利率、外汇和石油。在股票市场，夏普率为 0.51，K - 比率为 0.19，在测试的 12 年中有 7 年获利。表现最好的股票包括消费服务、医疗保健、科技和股指等。

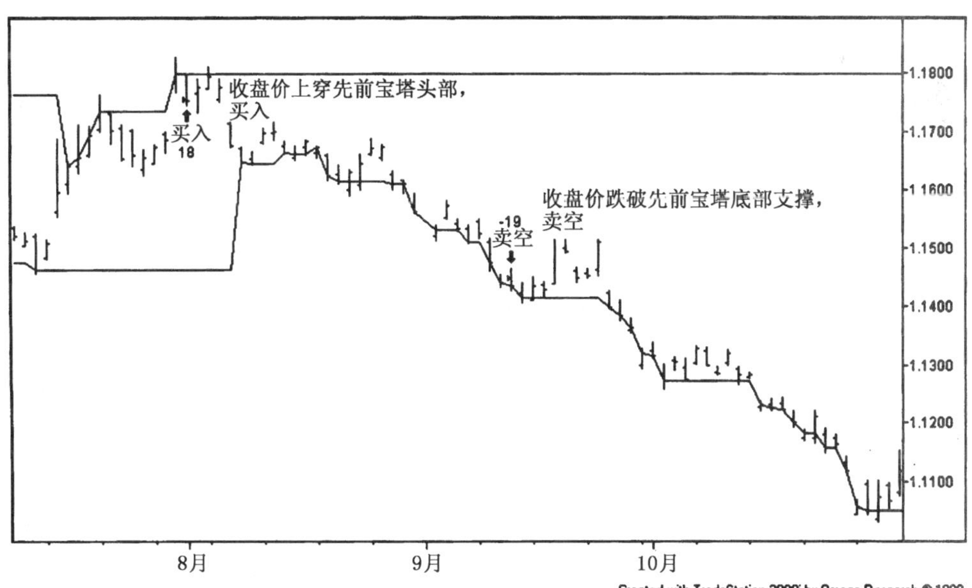

图 8.31　宝塔支撑/压力策略运用于日元的情况

交易策略评估（期货）

策略名称：宝塔支撑和压力策略

参数：盘中高点或低点的20天移动平均

说明：收盘价高于前期高点买入，低于先前低点卖出

测试期间：1990.1.1-2001.12.31

	市场	净利	K-比率	夏普率	最大流失	交易次数	成功%	平均合约	合约平均获利	平均获利	平均亏损	成功线形	失败线形
外汇	AD	−556,990	−0.12	−0.31	−822,670	57	32	25.19	−371	62,911	−42,696	95	32
	BP	162,650	−0.02	0.09	−495,600	51	33	18.08	229	69,953	−28,766	104	35
	CD	430,520	0.05	0.20	−531,360	43	37	46.11	179	85,464	−37,471	112	42
	JY	1,808,000	0.52	0.89	−155,963	45	53	13.87	2,685	104,029	−39,081	101	26
	SF	1,021,900	0.27	0.56	−235,588	51	51	15.71	1,306	73,042	−34,091	90	27
利率	ED	2,755,450	0.34	1.27	−144,225	24	50	83.72	779	169,844	−39,429	172	50
	TY	1,145,875	0.43	0.56	−262,266	39	51	29.13	1,024	100,450	−44,490	117	35
	US	895,938	0.36	0.47	−311,594	41	54	20.40	1,070	81,594	−47,365	105	36
股票	SP	−451,838	−0.15	−0.25	−827,813	62	27	9.35	−840	79,370	−40,807	92	32
金属	GC	−229,600	−0.01	−0.09	−577,820	51	37	44.56	−93	68,505	−47,280	97	36
	HG	−572,225	−0.08	−0.29	−854,575	58	36	32.25	−266	58,291	−46,508	84	33
	PL	−1,172,675	−0.18	−0.55	−1,252,625	60	27	49.21	−413	47,870	−45,139	110	28
	SL	−627,845	−0.11	−0.32	−688,930	51	25	33.25	−319	59,956	−34,755	108	41
能源	CL	1,490,920	0.21	0.58	−428,040	45	33	30.39	990	168,165	−38,933	128	34
	HO	1,160,195	0.24	0.44	−249,039	45	38	22.78	1,041	132,918	−42,576	113	36
	HU	428,341	0.08	0.17	−553,606	55	31	19.14	418	113,768	−39,304	106	32
谷物	C	1,400,175	0.12	0.45	−752,850	53	38	75.69	349	141,211	−43,153	97	33
	S	95,400	−0.03	0.04	−619,800	49	39	31.02	7	68,782	−43,228	105	31
	W	93,638	0.08	0.04	−411,613	50	30	53.16	50	115,564	−45,698	132	29
肉类	FC	18,735	0.01	0.01	−677,020	54	24	41.67	1	110,932	−35,140	113	38
	LC	152,300	−0.04	0.08	−325,284	52	33	49.92	60	81,797	−35,294	110	33
	LH	−552,644	−0.11	−0.25	−675,824	54	33	32.44	−321	66,621	−48,907	102	33
	PB	842,184	0.18	0.39	−228,188	44	34	20.60	909	112,310	−29,679	118	43
软性商品	CC	−472,650	−0.09	−0.25	−818,580	52	29	50.00	−211	79,845	−47,197	118	32
	CT	377,410	0.00	0.18	−717,445	47	36	24.81	−70	83,936	−50,297	101	34
	JO	−787,103	−0.11	−0.32	−1,180,568	52	27	34.53	−440	71,171	−47,025	117	34
	KC	898,125	0.09	0.26	−695,531	39	38	12.38	1,570	138,621	−55,057	118	39
	LB	449,896	0.03	0.14	−436,264	46	37	31.28	306	104,684	−46,177	122	32
	SB	180,622	0.05	0.10	−345,990	45	33	53.89	66	94,986	−42,139	119	37
	平均	346,157	0.07	0.14	−542,556	47	35	33.48	323	91,553	−40,589	107	33

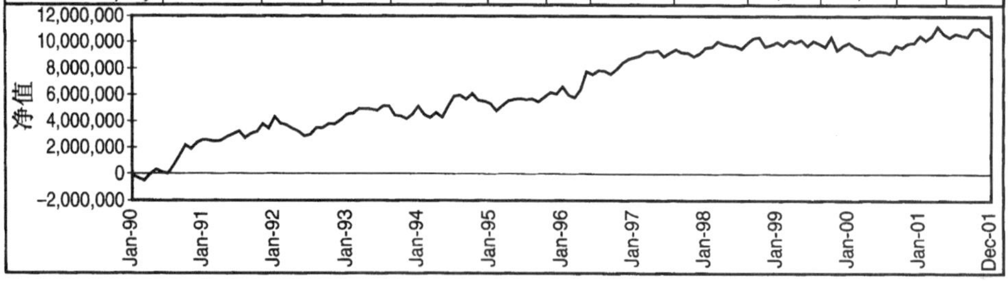

净值
12,000,000
10,000,000
8,000,000
6,000,000
4,000,000
2,000,000
0
−2,000,000
Jan-90 Jan-91 Jan-92 Jan-93 Jan-94 Jan-95 Jan-96 Jan-97 Jan-98 Jan-99 Jan-00 Jan-01 Dec-01

投资组合统计量

净利:	10,384,705	夏普率:	0.66
最大流失金额:	−1,464,797	突破相关:	0.83
K-比率:	0.30	均线相关:	0.78

图 8.32a　宝塔支撑和压力策略运用于期货

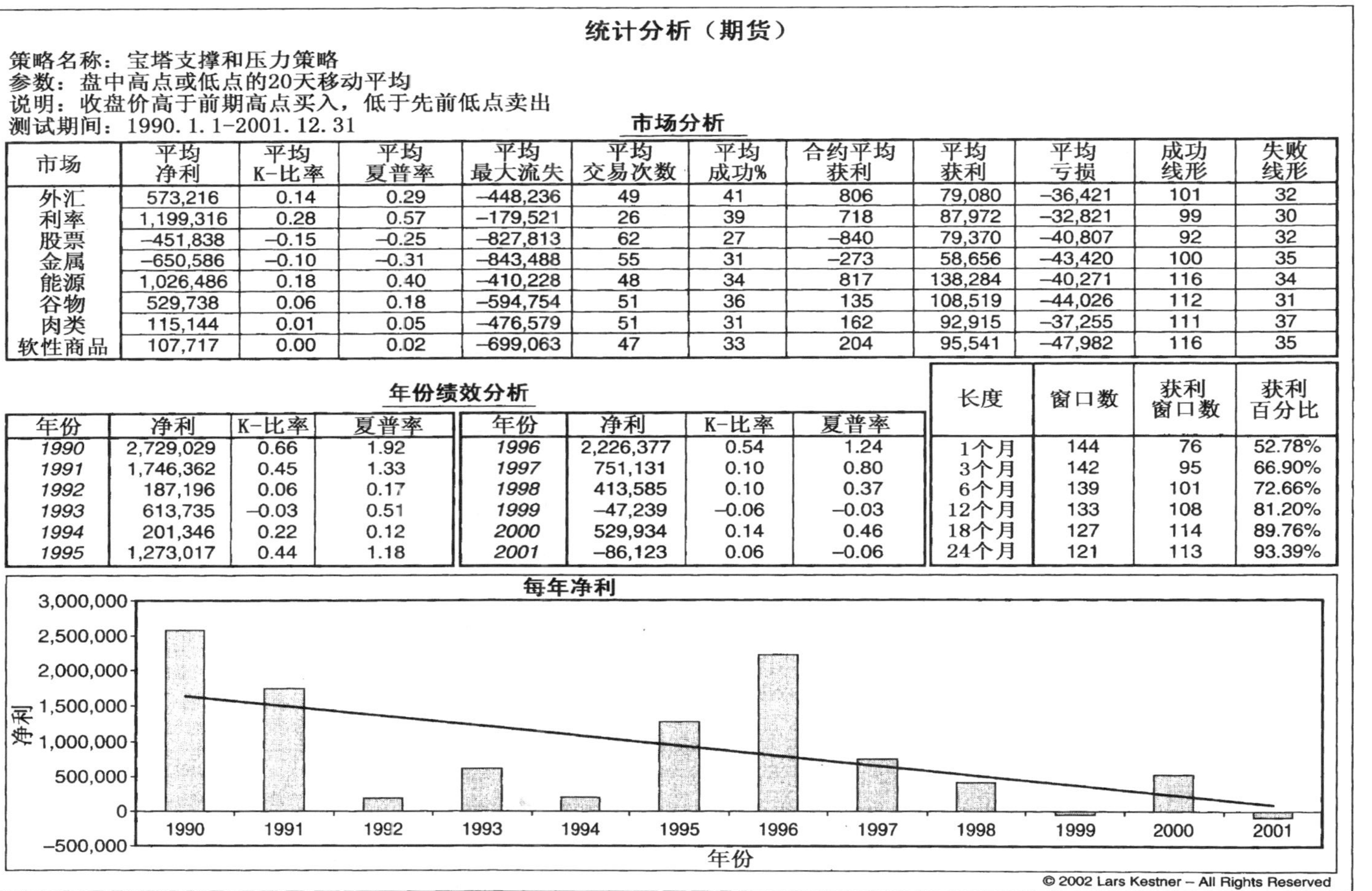

统计分析（期货）

策略名称：宝塔支撑和压力策略
参数：盘中高点或低点的20天移动平均
说明：收盘价高于前期高点买入，低于先前低点卖出
测试期间：1990.1.1-2001.12.31

市场分析

市场	平均净利	平均K-比率	平均夏普率	平均最大流失	平均交易次数	平均成功%	合约平均获利	平均获利	平均亏损	成功线形	失败线形
外汇	573,216	0.14	0.29	–448,236	49	41	806	79,080	–36,421	101	32
利率	1,199,316	0.28	0.57	–179,521	26	39	718	87,972	–32,821	99	30
股票	–451,838	–0.15	–0.25	–827,813	62	27	–840	79,370	–40,807	92	32
金属	–650,586	–0.10	–0.31	–843,488	55	31	–273	58,656	–43,420	100	35
能源	1,026,486	0.18	0.40	–410,228	48	34	817	138,284	–40,271	116	34
谷物	529,738	0.06	0.18	–594,754	51	36	135	108,519	–44,026	112	31
肉类	115,144	0.01	0.05	–476,579	51	31	162	92,915	–37,255	111	37
软性商品	107,717	0.00	0.02	–699,063	47	33	204	95,541	–47,982	116	35

年份绩效分析

年份	净利	K-比率	夏普率	年份	净利	K-比率	夏普率
1990	2,729,029	0.66	1.92	*1996*	2,226,377	0.54	1.24
1991	1,746,362	0.45	1.33	*1997*	751,131	0.10	0.80
1992	187,196	0.06	0.17	*1998*	413,585	0.10	0.37
1993	613,735	–0.03	0.51	*1999*	–47,239	–0.06	–0.03
1994	201,346	0.22	0.12	*2000*	529,934	0.14	0.46
1995	1,273,017	0.44	1.18	*2001*	–86,123	0.06	–0.06

长度	窗口数	获利窗口数	获利百分比
1个月	144	76	52.78%
3个月	142	95	66.90%
6个月	139	101	72.66%
12个月	133	108	81.20%
18个月	127	114	89.76%
24个月	121	113	93.39%

图8.32b　宝塔支撑和压力策略运用于期货

交易策略评估（股票）

策略名称：宝塔支撑和压力策略

参数：盘中高点或低点的20天移动平均

说明：收盘价高于前期高点买入，低于先前低点卖出

测试期间：1990. 1. 1-2001. 12. 31

	市场	净利	K-比率	夏普率	最大流失	交易次数	成功%	平均合约	合约平均获利	平均获利	平均亏损	成功线形	失败线形
能源	SLB	−770,951	−0.27	−0.37	−1,103,066	70	30	16.46	−688	71,074	−46,644	95	21
	XOM	−919,682	−0.21	−0.52	−926,412	66	26	41.82	−334	57,403	−38,730	88	31
基本原料	AA	−125,986	−0.03	−0.12	−309,983	182	53	48.38	−15	16,184	−20,035	4	5
	DD	−1,069,630	−0.19	−0.52	−1,105,120	60	25	21.13	−841	64,730	−45,277	89	37
	IP	−1,147,329	−0.21	−0.57	−1,182,684	60	20	16.92	−1,152	56,435	−38,472	98	38
工业	BA	−109,846	−0.02	−0.05	−743,222	50	30	20.84	−124	88,237	−41,510	108	40
	GE	384,595	0.08	0.21	−443,393	56	39	81.07	84	80,336	−40,797	95	26
	MMM	−731,360	−0.10	−0.36	−801,993	56	30	12.21	−1,068	41,197	−36,686	89	39
消费服务	DIS	−107,817	−0.08	−0.05	−643,793	54	30	37.15	−55	91,495	−41,448	93	40
	GM	1,333,680	0.61	0.74	−169,974	40	58	13.39	2,462	80,329	−31,115	103	37
	HD	789,199	0.02	0.38	−483,021	52	37	46.51	306	105,096	−38,052	111	27
	WMT	441,697	0.07	0.24	−457,395	48	38	37.14	228	94,567	−43,184	115	30
消费产品	G	201,646	0.02	0.10	−340,300	50	38	35.29	88	71,513	−38,842	112	26
	KO	254,174	0.07	0.11	−513,218	48	38	27.20	200	84,096	−41,770	105	35
	MO	1,008,304	0.23	0.49	−330,856	45	40	25.96	846	115,989	−40,715	121	30
	PG	−53,104	−0.06	−0.03	−495,596	58	34	19.34	−96	67,276	−38,255	90	31
医疗保健	AMGN	2,728,074	0.16	0.74	−349,765	39	41	46.38	1,512	231,895	−42,396	128	42
	BMY	276,366	0.06	0.13	−727,730	55	27	33.96	130	117,146	−37,873	116	30
	JNJ	723,120	0.12	0.33	−409,396	42	33	31.00	545	130,164	−39,728	132	41
	PFE	1,228,493	0.22	0.57	−375,697	44	36	72.71	391	141,733	−36,349	117	39
金融	AIG	84,882	0.03	0.04	−485,375	51	33	44.85	38	103,422	−49,171	104	34
	FNM	61,365	−0.02	0.03	−561,895	55	31	21.21	57	77,784	−33,039	98	35
	MER	158,699	0.03	0.07	−473,476	52	31	50.42	64	113,997	−45,975	113	33
资讯科技	AAPL	310,417	0.09	0.14	−218,125	43	37	18.59	397	87,668	−40,206	108	44
	DELL	1,113,312	0.14	0.36	−789,905	48	27	457.61	52	218,525	−48,521	141	34
	IBM	696,669	0.12	0.35	−432,425	44	34	15.80	891	114,666	−37,958	124	39
	INTC	1,870,480	0.32	0.69	−338,165	48	35	110.94	350	177,521	−37,236	112	35
	MSFT	912,750	0.12	0.36	−506,060	50	36	75.82	241	143,165	−51,962	129	21
	SUNW	1,092,793	0.05	0.45	−565,575	45	49	214.57	111	96,673	−45,785	100	33
	TXN	624,834	0.21	0.30	−212,574	57	42	75.43	141	78,795	−38,904	88	28
电信	VZ	−847,372	−0.07	−0.44	−932,672	57	32	20.17	−789	47,839	−45,356	87	35
股价指数	SPX	112,353	0.03	0.06	−401,672	62	34	2246.64	1	77,308	−37,345	85	29
	NDX	1,019,045	0.15	0.45	−403,300	69	39	1560.51	9	95,459	−37,758	72	22
	RUT	2,027,382	0.24	0.67	−234,837	50	44	5289.71	8	141,787	−38,903	95	34
	平均	399,154	0.06	0.15	−543,196	56	36	320.21	117	99,456	−40,176	102	32

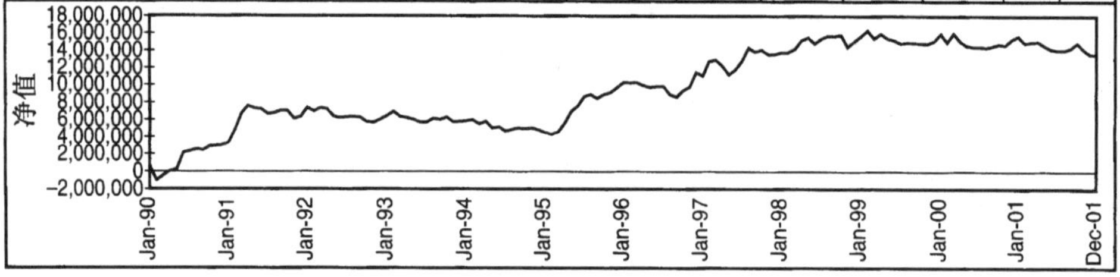

投资组合统计量

净利：	13,571,252	夏普率：	0.51
最大流失金额：	−3,277,213	突破相关：	0.88
K-比率：	0.19	均线相关：	0.77

图 8. 33a 宝塔支撑和压力策略运用于股票

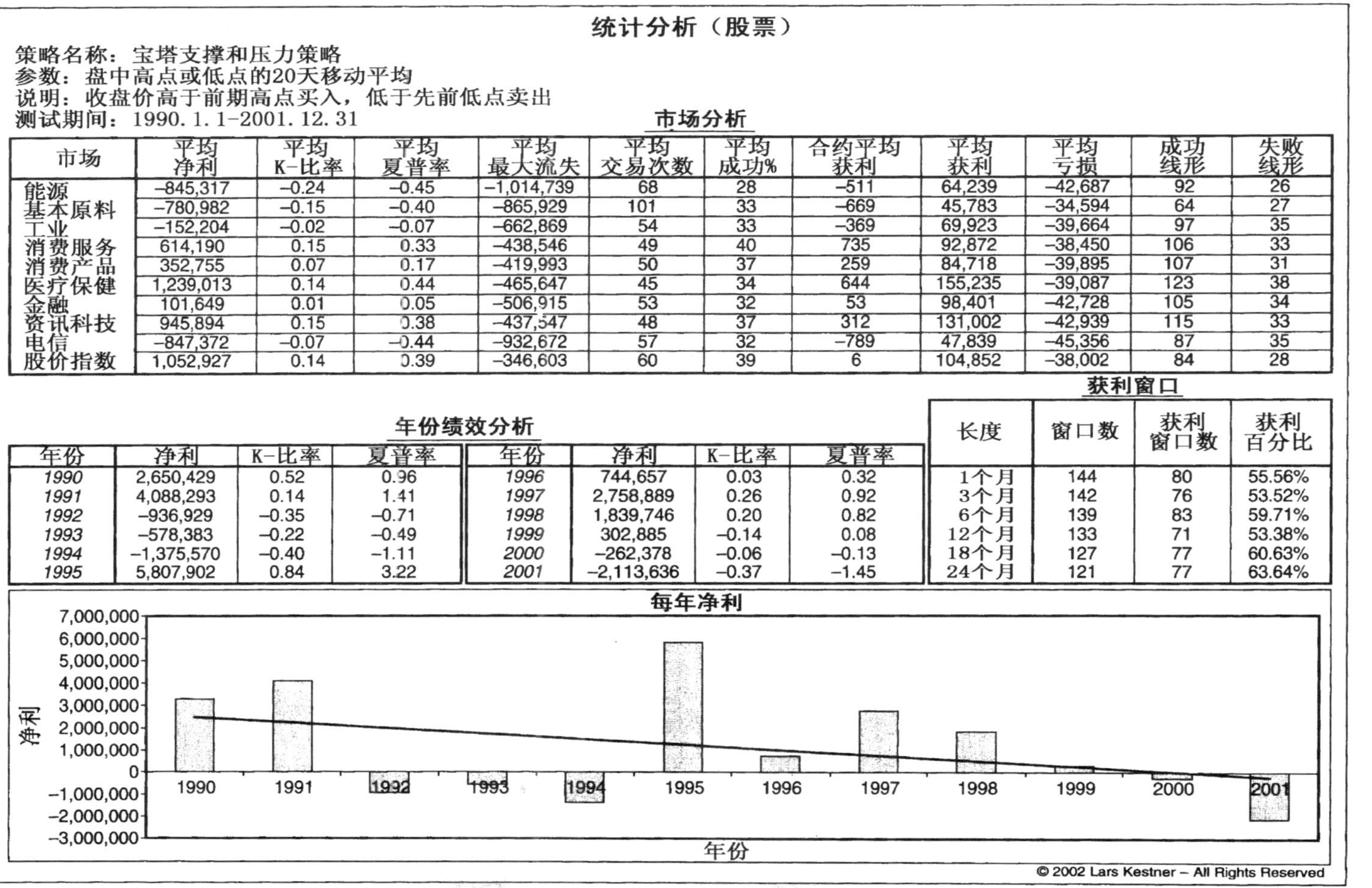

统计分析（股票）

策略名称：宝塔支撑和压力策略
参数：盘中高点或低点的20天移动平均
说明：收盘价高于前期高点买入，低于先前低点卖出
测试期间：1990. 1. 1-2001. 12. 31

市场分析

市场	平均净利	平均K-比率	平均夏普率	平均最大流失	平均交易次数	平均成功%	合约平均获利	平均获利	平均亏损	成功线形	失败线形
能源	–845,317	–0.24	–0.45	–1,014,739	68	28	–511	64,239	–42,687	92	26
基本原料	–780,982	–0.15	–0.40	–865,929	101	33	–669	45,783	–34,594	64	27
工业	–152,204	–0.02	–0.07	–662,869	54	33	–369	69,923	–39,664	97	35
消费服务	614,190	0.15	0.33	–438,546	49	40	735	92,872	–38,450	106	33
消费产品	352,755	0.07	0.17	–419,993	50	37	259	84,718	–39,895	107	31
医疗保健	1,239,013	0.14	0.44	–465,647	45	34	644	155,235	–39,087	123	38
金融	101,649	0.01	0.05	–506,915	53	32	53	98,401	–42,728	105	34
资讯科技	945,894	0.15	0.38	–437,547	48	37	312	131,002	–42,939	115	33
电信	–847,372	–0.07	–0.44	–932,672	57	32	–789	47,839	–45,356	87	35
股价指数	1,052,927	0.14	0.39	–346,603	60	39	6	104,852	–38,002	84	28

年份绩效分析

年份	净利	K-比率	夏普率	年份	净利	K-比率	夏普率
1990	2,650,429	0.52	0.96	*1996*	744,657	0.03	0.32
1991	4,088,293	0.14	1.41	*1997*	2,758,889	0.26	0.92
1992	–936,929	–0.35	–0.71	*1998*	1,839,746	0.20	0.82
1993	–578,383	–0.22	–0.49	*1999*	302,885	–0.14	0.08
1994	–1,375,570	–0.40	–1.11	*2000*	–262,378	–0.06	–0.13
1995	5,807,902	0.84	3.22	*2001*	–2,113,636	–0.37	–1.45

获利窗口

长度	窗口数	获利窗口数	获利百分比
1个月	144	80	55.56%
3个月	142	76	53.52%
6个月	139	83	59.71%
12个月	133	71	53.38%
18个月	127	77	60.63%
24个月	121	77	63.64%

图8.33b 宝塔支撑和压力策略运用于股票

止损出场的价值

一种流行的交易方法是采用40天进场/20天出场通道突破系统，止损点为进场价位算起两个20天平均真实区间外。这种止损方式能够使损失最小化，并且早于20天出场信号。例如，IBM股价创40天新高，我们在第二天以100美元的价位买进。进场时，过去20天的最低价为90美元，近20天平均真实区间为2.50美元。如采用40天进场/20天出场的通道突破系统，我们承担的风险是10美元。为了降低风险，我们可以将止损价位设在进场价位算起两个20天平均真实区间外。通过使用这种停损策略，我们可以将风险从10美元降到5美元。

理论上而言，止损策略非常有效，但是实际情况到底如何呢？

我们将该系统运用于英特尔股票，涵盖期间为1990—2001年。系统发出进场信号时，20天出场策略显示的出场价位与进场价位的平均差距为15%。另外，系统发出进场信号时，两个20天平均真实区间的止损价位与进场价位的差为7%。这证实该系统发出的止损信号确实早于市场实际表现。一般都认为使用这种相对紧密地退出策略能够减少损失。我们将测试采用或不采用该策略的通道突破系统来观察该策略是否提高绩效。

为了判断止损策略的有效性，我测试了两种策略。第一种策略采用40天/20天通道突破系统，每当收盘价创40天新高（或新低），就进场买进（卖空），每当收盘价创20天新低（或新高），就结束既有的多头（空头）部位。另外一个策略，即止损策略，对于多头部位，只要价格低于进场价格超过两个20天平均真实区间，就止损离场；对于空头部位，只要价格高于进场价格超过两个20天平均真实区间，就止损出场。哪种策略的绩效更好呢？

图8.34中的数据给出了结论。与通常的看法一致，止损策略能够提升赢利、夏普率和K－比率。在期货方面，采用止损策略，净利润为10 580 769美元、夏普率为0.66、K－比率为0.21，这三项指标远高于标准的通道突破系统对应的净利润5 971 279美元、夏普率0.41、K－比率0.12。

期货	传统策略	增添两个 ATR 的止损
获利	5 971 279 美元	9 486 543 美元
夏普率	0. 16	0. 36
K – 比率	0. 06	0. 15
股票	**传统策略**	**增添两个 ATR 的止损**
获利	3 511 5429 美元	10 580 769 美元
夏普率	0. 41	0. 66
K – 比率	0. 12	0. 21

图 8. 34　设定止损的通道突破策略的获利、夏普率、K – 比率。增加一个比 20 天出场策略更紧密的止损，可以有效地提升绩效

股票市场方面结果也类似。采用止损策略，净利润为 9 486 543 美元、夏普率为 0. 36、K – 比率为 0. 15，这三项指标远高于标准的通道突破系统对应的净利润为 3 511 542 美元、夏普率为 0. 16、K – 比率为 0. 06。

加码和获利了结

加码和获利了结是非常不同的概念。加码是在交易中不断增加获利部位。例如，在 100 美元买入 IBM 后，当其股价涨到 105 美元就加码买入，当其涨到 110 美元，则继续买进。获利了结正好相反。在 100 美元买入 IBM 后，无论指标是否仍发出买入信号，我们将在 105 美元获利了结。如同最佳化程序价值的争论，获利后应该加码还是获利了结也引发了激烈的讨论。我们将通过有关数据的分析来作出一些结论。

我们使用 40 天进场/20 天出场通道突破系统，来测试三种退出策略。

策略一：一般的通道突破系统。今天的收盘价创 40 天收盘价的最高，建立多头部位。今天的收盘价创 40 天收盘价的最低，建立空头部位。今天的收盘价创 20 天收盘价的最低，结束多头部位。今天的收盘价创 20 天收盘价的最高，结束空头部位。

策略二：除了一般通道突破系统的进出场信号外，如果账面利润超过近 20 天平均真实区间的 3 倍，结束部位。从收盘价创 40 天新高以来 5 天内，不能建立新的多头部位。从收盘价创 40 天新低以来 5 天内，不能建立新的空头部位。

策略三：除了一般通道突破系统的进出场信号外，如果今天的收盘价是近 40 天最高收盘价，而过去 5 天没有创出近 40 天最高收盘价，则买入另一单位多头部位。如果今天的收盘价是近 40 天最低收盘价，而过去 5 天没有创出近 40 天最低收盘价，则加码一单位空头部位。

策略二是获利了结的一个例子。而策略三属于获利加码买进。

令人吃惊的是，无论是获利了结（策略二）还是加码买进（策略三），其获利能力都不如标准的通道突破系统（策略一）。在期货市场和股票市场（见图 8.35），标准的通道突破系统的收益/风险衡量指标都高于另两种策略。这些测试的结果显示，获利加码和获利了结策略的绩效都弱于标准的通道突破系统。

新趋势筛选

除了先前章节中介绍的筛选，我将介绍 3 种新的筛选。我们或许只有在市场的趋势确认后才进行交易。一种方法是只有在 40 天新高的收盘价比 40 天新低的收盘价更接近现在时，建立多头部位。我们将这个筛选与移动平均线穿越系统结合，形成双重趋势交易系统。

期货	传统策略	获利加码	获利了结
夏普率	0.41	0.16	0.24
K－比率	0.12	0.06	0.1
股票	**传统策略**	**获利加码**	**获利了结**
夏普率	0.16	0.15	－0.08
K－比率	0.06	0.08	－0.02

图 8.35　获利加码和获利了结以及通道突破策略的夏普率、K－比率。传统的通道突破策略其绩效要优于获利加码和获利了结策略

另一个采用最近最高价、最低价区间的趋势筛选。我们只有在最近价格变动足以产生新的消息才进场交易。过去 10 天的最高价和最低价的区间大于 20 天前算起的过去 10 天最高价和最低价区间，这样才接受交易系统的信号。

最后一个筛选，其不同于流行的 ADX 和 VHF 筛选。判断市场趋势的一种方法是衡量今天的收盘价与过去期间的重叠程度。如果今天的价格区间与过去 20 天价格区间大部分重叠，那么市场被认为是没有明显趋势的。重叠的部分越小，趋势越明显。

我们将今天的收盘价与过去 100 天的最高价与最低价区间比较。如果今天的收盘价在前一天最高价 - 最低价区间内，我们认为今天没有趋势。过去 20 天的价格和今天重叠得越多，横盘的可能性越大。我们计算今天收盘价包含在过去 20 天价格区间内天数的百分率，然后将该趋势统计量绘制成曲线。较低的趋势统计量代表价格重叠较少，市场趋势越明显。较高的趋势统计量代表价格重叠较多，市场趋势越不明显。

我们将这个新的筛选运用到通道突破系统。在理想情况下，这种筛选能够在趋势不明显的情况下使我们留在场外，而在趋势明显的情况下进场。如果今天的收盘价创近 40 天收盘价新高而且趋势统计数据小于 0. 15，则建立多头部位。如果今天的收盘价创近 20 天收盘价新低，则结束多头部位。如果今天的收盘价创近 40 天收盘价新低，而且趋势统计数据小于 0. 15，则建立空头部位。如果今天的收盘价创近 20 天收盘价新高，则结束空头部位。

图 8. 36 显示了该策略运用于纳斯达克 100 的情况。11 月初，收盘价创 40 天新高，趋势统计量小于 0. 15，则进场建立多头部位。

图 8. 37 显示我们的筛选在期货和股票市场都有助于提高绩效。与传统的通道突破系统相比，新的通道突破策略提高了收益、夏普率和 K - 比率。

在期货方面，采用趋势筛选通道突破系统，净利润为 7 434 945 美元、夏普率为 0. 52、K - 比率为 0. 18，而传统的通道突破系统，其净利润为5 971 279美

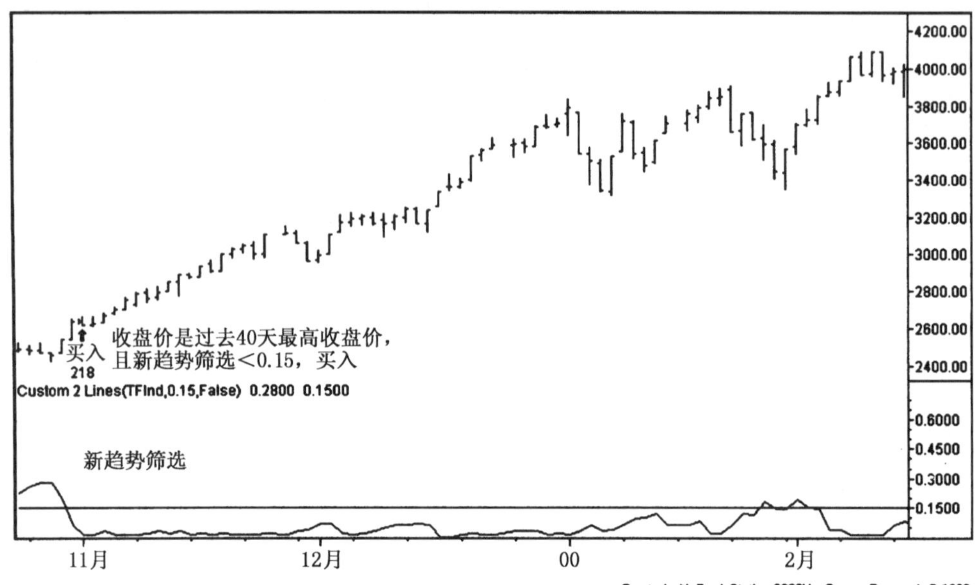

图 8.36 采用趋势筛选的通道突破系统运用于纳斯达克 100。较低的筛选统计量显示市场存在趋势

元、夏普率为 0.41、K－比率为 0.12。

股票市场方面，采用趋势筛选通道突破系统，净利润为 4 486 153 美元、夏普率为 0.22、K－比率为 0.07，而传统的通道突破系统，其净利润为 3 511 542 美元、夏普率为 0.16、K－比率为 0.06。这些结果显示新的趋势筛选确实能够提高标准趋势系统的绩效。

期货	**标准**	**采用趋势筛选**
获利	5 971 279 美元	7 434 945 美元
夏普率	0.41	0.52
K－比率	0.12	0.18
股票	**传统策略**	**增添两个 ATR 的止损**
获利	3 511 5429 美元	4 468 153 美元
夏普率	0.16	0.22
K－比率	0.06	0.07

图 8.37 采用筛选和不采用筛选的通道突破系统的获利、夏普率、K－比率。增加筛选可以有效地提升绩效

一些新市场：交易不限于股票和期货

作为投资者，我们常考虑的市场是股票、债券和房地产。虽然短线炒家也会将期货和选择权纳入交易范畴，但整个交易清单也不过如此。不过仍存在着一些只有银行和对冲基金交易的市场，这些市场对于普通投资者来说非常陌生。普通交易者可能对于期权价差（Credit Spreads）、价差交换交易（Swap Spreads）、价格波动率交换交易（Volatility Swap）、股票配对交易（Stock Pairs）等名词很陌生，但是这些市场是股票与固定收益套利领域内的主流市场。

近年来，由于套利机会的减少，对冲基金和职业炒家开始采用风险更高的交易策略。现在的套利交易已经开始涉及风险。无论买进十年期债券而放空两年期债券，买进通用汽车而卖出福特汽车，还是进行选择权价格波动率或固定收益信贷息差交易，虽然名称分别为固定收益套利、统计套利或价格波动率套利，但是这些交易品种可以统一归类为相对价值交易（Relative Value Trading）。

相对价值交易的世界

本章，我们将向读者展现 CNBC 报道之外的美好世界。像许多华尔街专家一样，我总在整个交易的时间里收看 CNBC 的报道，内容总是关于“买进、卖出、持有”的讨论。然而，在 CNBC 报导的股票市场外还存在着其他的市场。这些市场包括公司债券、其他利率产品和基于市场波动率的衍生产品。尽管这些市场中多数都是非典型市场不太适合个人投资者交易，但是有许多对冲基金和专业机构从事相对价值交易。

对冲基金和专业机构是相对价值交易最大的交易者。对冲基金通常采用有限合伙的组织结构，许多富翁和机构都通过对冲基金进行交易，因为对冲基金采用比共同基金更为灵活的投资策略。与共同基金不能从事卖空和融资交易不同，对冲基金通常采用融资和衍生产品进行交易，从而在股票市场或债券市场的上涨或下跌中都能获利。

华尔街大型金融机构的交易部门也从事相对价值交易。高盛、摩根斯坦利、所罗门公司在利率曲线、期权价差、价格波动率、股票配对交易投入了数十亿美元的资金。这些交易是他们的日常业务，对其生存与发展起着至关重要的作用。

虽然专业机构和对冲基金采用了数千种相对价值交易策略，但是我认为都可以归为以下四大类：

- 纯粹套利。
- 自下向上的相对价值。
- 自上而下的相对价值。
- 宏观交易。

纯粹套利

当两种或多种资产之间存在特殊关系时，就存在纯粹套利的机会。两个不同交易所相同股票的交易、股价指数和相应的期货市场就是很好的两个例子。由于纯粹套利交易的预期收益率非常低，通常情况下只有交易成本很低的专业机构从事这种交易。

套利这个名词目前被不恰当的用于各种类型的交易。历史上，套利指通过在两个交易价格的相近市场交易而获得无风险的收益。例如，股票交易者在芬兰进行诺基亚股票交易的同时进行美国存托凭证的交易。考虑如下价格：

1. 诺基亚在芬兰的交易价格是 14 欧元/股。
2. 诺基亚在纽约存托凭证的价格是 15 美元/股。
3. 美元/欧元的汇率是 1.00。

在此例中，交易者可以在芬兰以 14 欧元买入诺基亚的股票，而在纽约以 15 美元卖出存托凭证，并在外汇市场将 15 美元兑换为 15 欧元。然后，交易者再将当地的股票转换成存托凭证以结束头寸。通过这操作，交易者利用当地股票市场和存托凭证市场价格的差异获取了收益。

另一个正式套利的例子是股票指数套利，交易者可以利用指数成分股与期货市场股票指数的差异而套利。因为股指期货的价格是建立在一揽子成分股的基础上，所以股指期货与其成分股之间必然存在紧密的价格关系。期货的价格是由成分股价格、期货合约到期前支付的股利数量、利率决定。如果期货价格远高于成分股的价格，交易者可以进行以下操作：

1. 以实际利率借入 100 万美元。
2. 使用这笔借款按构成指数的权重买入 100 万美元的成分股。
3. 卖出 100 万美元的股指期货合约。
4. 支付借款利息。
5. 在股票持有期间获取红利。
6. 到期结算期货合约（3 月、6 月、9 月和 12 月第三个星期五）。

上述股指套利策略也曾经是专业机构广泛采用的套利策略。由于科技的进步和越来越多的机构采用这种策略，本地/存托凭证和股价指数/成分股套利的机会已荡然无存。

自下而上的套利

自下而上的策略与其他三种套利相比较为罕见。采用自下而上套利策略，交易者从一组潜在资产入手，如标准普尔 500 的一些成分股。根据风险最小化的标准，挑选 10 只股票买入，同时卖空另外 10 只股票。

第一章中曾经提到过这样一个例子：买入落后于股价指数的股票，同时卖出表现好于股价指数的股票。经过这样挑选的股票可以把投资组合的风险降为最低。自下而上的模型可以运用于公司债券、抵押物、外汇和科技股。

自下而上相对价值策略的另一种可能性是某一外汇交易者关注于世界的某一地区的货币。该交易者可能有 10 种亚太地区的货币可以买卖。他根据经济因素和价格模型选择两种货币买入，两种货币卖空。通过同时买入和卖空，该策略能够产生合理的避险组合。

所谓自下而上的交易策略是指交易者从一组可能的资产入手，利用相关的模型选择实际交易的资产。

自上而下的相对价值策略

自上而下的相对价值策略是最常用的策略之一。与自下而上的交易策略相反，自上而下的相对价值策略是根据产业的相似性、债券的到期时间、外汇的相关性等因素预先选择准备交易的组合。

股票配对短线交易在过去的 5 年中变得越来越流行。例如，两只相关的股票，当预期的价格形态出现时，就进场交易。这种交易在本质上属于短线交易。部位的持有时间为 5 分钟到 5 天，就结束部位。关于这种交易，通用汽车和福特汽车是典型的例子。交易者可以预测这两只股票相对价格表现，然后建立适当的配对部位：如果通用电气的表现领先福特汽车很多，交易者预期将来这种价格差距会消失，就可以通过卖空通用电气，买入福特汽车而套利。

另一个运用自上而下策略的例子是收益曲线。除了根据利率的变化买卖债券，我们可以根据债券的相对价格进行交易。例如，如果我们对于长期利率（如 30 年国债利率）和短期利率（如 2 年国债）走势有一定的预测，就可以进行与股票配对交易类似的套利交易。

自然替代品代表另一种交易的可能性，如天然气和燃油、住宅大楼和商业地产。如果一种燃料的价格远高于另一种，人们就会购买便宜的燃料，从而使两种燃料的价格逐步接近。虽然调整的过程可能会比较长，但是最终会走向统一。

商品的价格与生产这些商品的公司股价也是自上而下关系的一个例子，比如黄金股指和黄金，我们可以在它们价格差距很大时建立不同的部位。自上而下的相对价值策略模型的共同点是交易对象固定且通常存在一些特定的关系。

宏观交易

在纯套利交易、自上而下选股、自下而上选股的模型中，都是针对两种以上证券的相对价值进行交易。在宏观相对价值交易中，多空部位的建立不考虑总体组合。就这点而言，本书中大部分章节都讨论这类宏观交易。在前面的章节中，我们由多空的立场来关注期货和股票交易，而不考虑其他期货、股票和指数的价格。这些相同的策略可以运用于更复杂的市场。

介绍相对价值市场

我们的重点将转向如何将计量交易策略运用于自上而下的相对价值交易。在讨论这些策略之前，我们需要定义一些相对价值市场。我们针对某种证券相对于另一种证券的相对价值进行交易。从事相对价值交易时，我们不关注总体市场的变化。我们可能买入一种债券而放空另一种，或是买入一只股票而放空另一只相同类型的股票。

相对价值交易的可能性是无限的，每天都会有新的品种产生。无论是气候衍生产品、污染信用、切达干酪期货，我们的计量交易方法都可以派上用场。针对相对价值交易策略，下面我们重点介绍七个市场。

- 收益曲线市场。
- 期权价差。
- 股票价格波动率。

- 股票指数间的相对绩效。
- 个股配对。
- 商品替代。
- 股票和商品的关系。

收益曲线市场

多数个人投资者都很熟悉固定收益产品，比如债券和房地产抵押贷款。毕竟多数读者都有房屋贷款，也曾投资于政府债券。固定收益投资的决定因素通常是决定购买哪种债券。不同到期品种的利率不同，而且这些差异总是在不断的变动。

图 9.1 显示，不同期限的债券收益曲线也不相同。这主要是由以下因素造成的：未来通货膨胀率的预期、政府借款的预期变动、联邦储备银行利率政策的预期。收益率的不同能够影响投资的选择。

目前，两年期国债的收益率为 2%，而 10 年期的为 4%。作为投资者，我更愿意购买具有更高收益率的 10 年期国债，而不是收益较低的两年期国债。相对

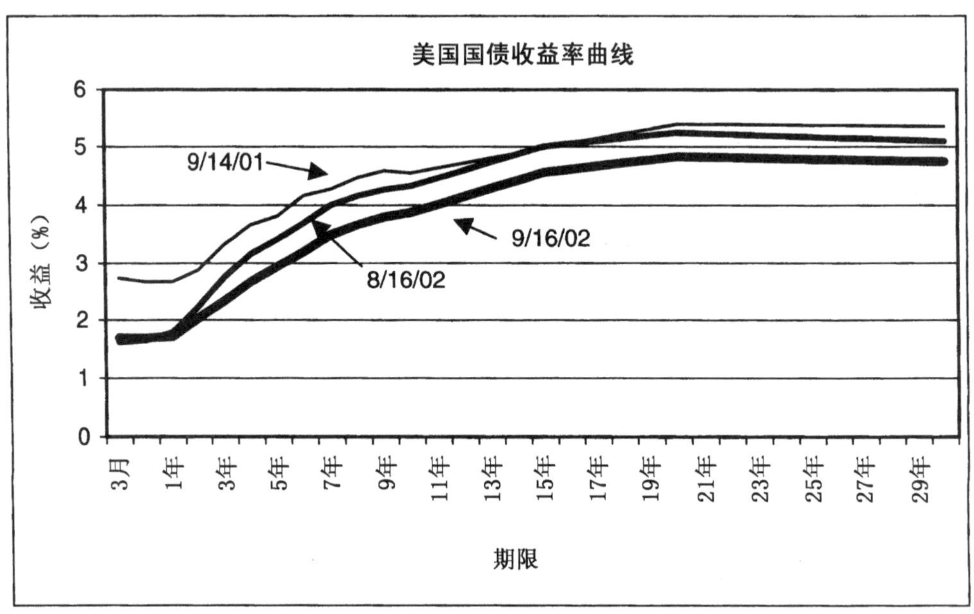

图 9.1　美国政府债券收益曲线。期限不同的债券收益率也不同

价值交易者的交易不限于此，他们会买入10年期国债而卖空两年期国债。

不同期间收益率的波动可能很大。图9.2显示了1990—2001年10年期国债与两年期国债收益率差额变动情况。

另一种利率的玩法是根据收益率曲线的曲度（Curvature）交易。请注意上图中收益率曲线的形态，收益率并不是与期限成直线变动。实际上，随着到期时间的延长，收益率曲线切线斜率会变小。我们可以根据三个不同期限的收益率差值衡量收益率曲线的曲度。如果我们想测量两年期国债、10年期国债和30年期国债的曲度，我们建立下列部位：

蝶式交易 = 10 年期收益率 − 0.5 × 2 年期收益率 − 0.5 × 30 年期收益率

三种不同到期时间的收益率相结合，即称为蝶式交易（参见图9.3）。当收益曲线的曲度变大时，应该买进10年期国库券，放空2年期和30年期国库券。当收益曲线的曲度变小时，则应买进2年期和30年期国库券，放空10年期国库券。

为了将计量方法应用到收益曲线交易中，我们利用美国公债建立4个固定到

图9.2　10年期收益率减去2年期收益率。做多一债券，放空另一债券，可以利用不同到期时间的收益率差异，产生盈亏部位

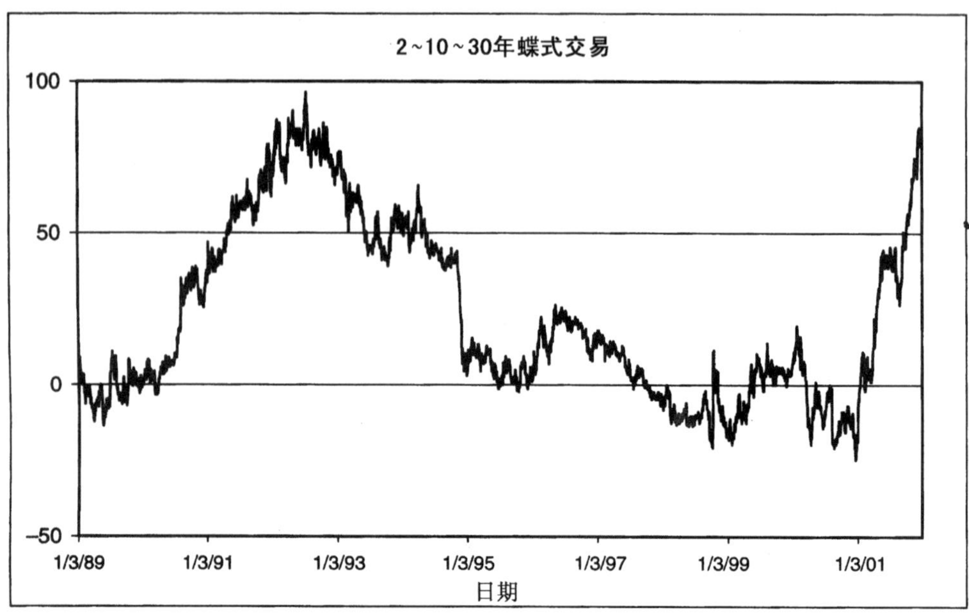

图9.3 2~10~30年蝶式交易：做多两种债券，放空一种债券，可以针对收益率曲线的曲度进行交易

期时间的收益曲线数列。

2~10年：10年期国库券收益率减去2年期国库券收益率。

2~5年：5年期国库券收益率减去2年期国库券收益率。

10~30年：30年期国库券收益率减去10年期国库券收益率。

2~10~30年蝶式：10年期国库券收益率减去50%的2年期国库券收益率，再减去50%的30年期国库券收益率。

使用收益曲线数据数列，可以测试交易方法，看看能否预测美国国库券收益曲线的走势。如果相关策略可以获利，就可以应用到期货债券或是实际的政府债券。

期权价差

美国政府公债没有风险（毕竟，政府有印钞票的权利），但是一般企业或市政机构就不能提供这种保证了。所以，非政府债券的收益率比政府债券的收益率高，以弥补投资者购买这部分债券所要承担的额外风险，也就是所谓的期权价差。

最近安龙（Enron）和世界通讯（WorldCom）的瓦解，足以说明证券信用的重要性。安龙和世界通讯都曾被评估为投资等级债券（价格约 100 美元），两公司的丑闻曝光后，现在每 1 美元最多只值几美分。公司一旦无力清偿债券的利率，公司债券称为违约。债券所有人、银行和股东于是开始设法调整公司，试图拿回自己的资金。只有当所有债权人都得到应得的偿付之后，股东才能取得剩余价值。在多数违约的情况下，如果发行公司真的遇到财务问题，往往每 1 美元的投资仅能收回几美分的本金。

由于违约风险的缘故，公司债券的收益率都高于对应的政府公债的收益率。两者之间的差额，即期权价差。经济繁荣时期，商业前景乐观，债券违约的概率较小，所以期权价差也会缩小。反之，经济萧条时，公司经营艰难，债务支付能力减弱，期权价差就会扩大。

用来衡量信誉风险程度的两个常用的指标为：交换码差（Swap Spread）和高收益率码差（High Yield Spreads）。交换码差指伦敦银行间拆放款利率（London Interbank Offered Rate，简称 LIBOR）与美国政府公债收益率之间的利率差。在美国，LIBOR 是主要的企业贷款利率指数，是八家主要国际银行的美元存款报价利率的平均值。由于属于海外存款，不享受联邦存款保险公司（FDIC）提供的存户保险。因为 LIBOR 包含相关银行的信用风险，所以比美国公债收益率高。

LIBOR 高于对应美国公债收益率的价差，就是交换码差，其本身可以作为交易对象，到期时间从 1～30 年不等（图 9.4 绘制了 5 年期交换码差的走势图）。长期资本管理公司（Long Term Capital Management）曾积极从事交换码差产品的交易。《天才失败时》（*When Genius Failed*）一书的作者罗杰·劳恩斯坦（Roger Lowenstein）提到，长期资本管理公司通过放空交换码差，大约损失了 16 亿美元。

交换码差 =5 年期交换码差收益率

通过计算高收益率债券的平均到期收益率，然后减去对应政府公债利率，所得差额即为高收益率码差。所谓高收益率债券，是指主要债务评估机构认为等级

图 9.4　5 年期交换码差。交换码差衡量了政府债券与高额公司债券的差异

低于 BBB 的债券。这种信用等级很低的企业发行的债券，其不履行利息清偿义务的风险很高。

如果债券发行公司因不能履行利息清偿义务而被迫宣布破产，债券持有人将不确定能否得到偿付。因为这种不确定性，投资人自然要求较高收益率来弥补高风险所承担的损失。高收益率债券和对应的政府公债的收益率价差，实际水平取决于市场状况。此处考虑的高收益期权价差，是取美林第 II 主要指数（Merrill Lynch Master II Index）到期收益率的平均值，减去对应的 5 年期公债收益率的差额（参见图 9.5）。

$$\text{高收益率价差} = \text{美林第 II 主要指数} - 5\ \text{年期公债收益率}$$

我们准备将相关策略应用到两个利率产品，以判断期权价差是否可以预测，并分析其历史形态。交换码差是可以随时在柜台进行交易的衍生性产品。但是高收益率码差则必须通过做多高收益率债券，做空等量的政府公债或期货来完成。

图 9.5　公司高收益率价差。高收益率价差衡量财务状况较差企业的债券发行额外成本

股票价格波动率

价格波动率已慢慢成为一种普遍的观念。华尔街许多交易平台，主要交易和管理的对象是股票、股票指数和债券相关的价格波动率。一些避险基金也从事和股票、债券或房地产资产相关的价格波动率交易。

投资人可以通过选择权，如买权、卖权，进行价格波动率交易。交易者购买买权，便取得了在未来某特定日期，按固定价格购买特定数量的证券的权利，但不是义务。假如我购买了履约价格 100 美元的一个月期 IBM 的买权，那么我就有权利在下个月内，按照每股 100 美元的价格，买进 IBM 股票。如果下个月末，IBM 股价低于 100 美元，我会让前述选择权过期，不执行。如果 IBM 股价高于 100 美元，我则行使买权，按 100 美元每股买进 IBM 股票。这时，我可以立即卖掉股票，或继续持有，期望股价继续走高。买权的到期赢利架构有些像曲棍球的球杆（参见图 9.6）。

购买卖权的交易者有权利而非义务出售证券。例如，假如我购买了履约价格 100 美元的一个月期 IBM 的卖权，那么，我就有权利（而非义务）在下个月内，按照每股 100 美元的价格，卖掉 IBM 股票。下个月末，如果 IBM 股价高于 100

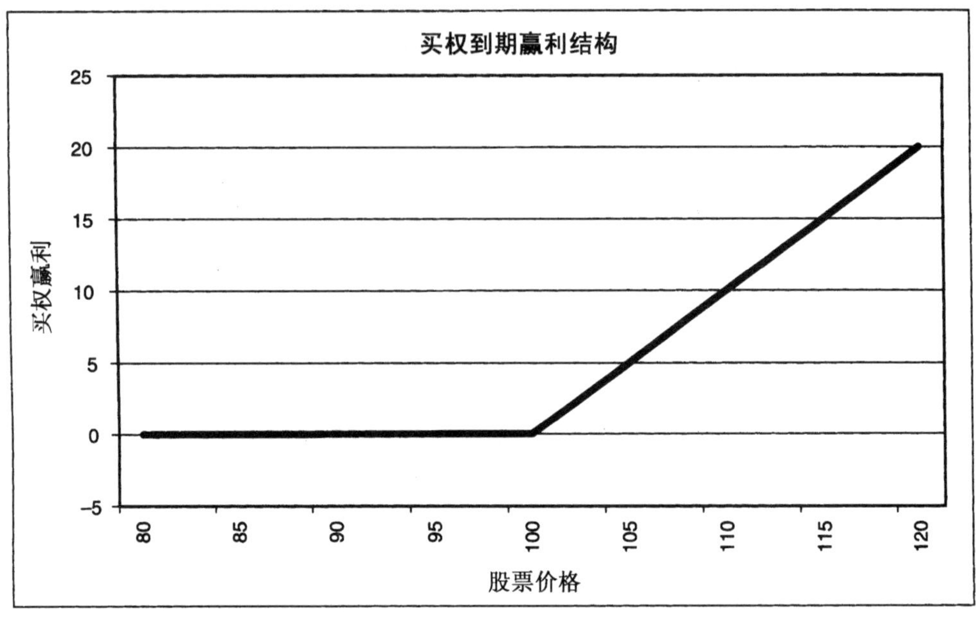

图9.6　买权到期赢利结构。买权有权利（但没有义务）买进优先资产

美元，我会让卖权过期不执行。如果 IBM 股价低于 100 美元，我则行使卖权，按照每股 100 美元的价格卖掉 IBM 股票。与买权类似，这时我可以选择购买 IBM 股票或是继续持有空头部位而期待股价继续走低。卖权的到期赢利架构有些像曲棍球的球杆（参见图 9.7）。

让我们来看一下如何利用价格波动率进行交易。如果同时买进 1 单位履约价格相同的买权和卖权——这种交易称为跨式交易（Straddle）（参见图 9.8）。

显然，当我同时购买买权和卖权时，我则不在乎股市是涨还是跌。股票价格波动率越剧烈、距离履约价格 100 美元越远，获利越多。本质上，这是利用价格波动率进行交易。交易者如果认为选择权价格与市场脱节，可以买进价格偏低的选择权，卖出价格偏高的选择权。对于价格波动率玩家来说，建立选择权部位后，会不断针对优先资产进行股票或期货交易，试图冲销相关买权、卖权造成的方向性盈亏架构，以便进行纯粹的价格波动率交易。

股票市场价格波动率最常用的衡量指标是，挂牌市场选择权隐含的价格波动率。芝加哥选择权交易所（Chicago Board Options Exchange，简称 CBOE）记录了 1986 年以来，选择权每天价格隐含的价格波动率。CBOE 的价格波动率指数（VIX）反映标准普尔 100（OEX）平价选择权的隐含价格波动率。VIX 是罗布

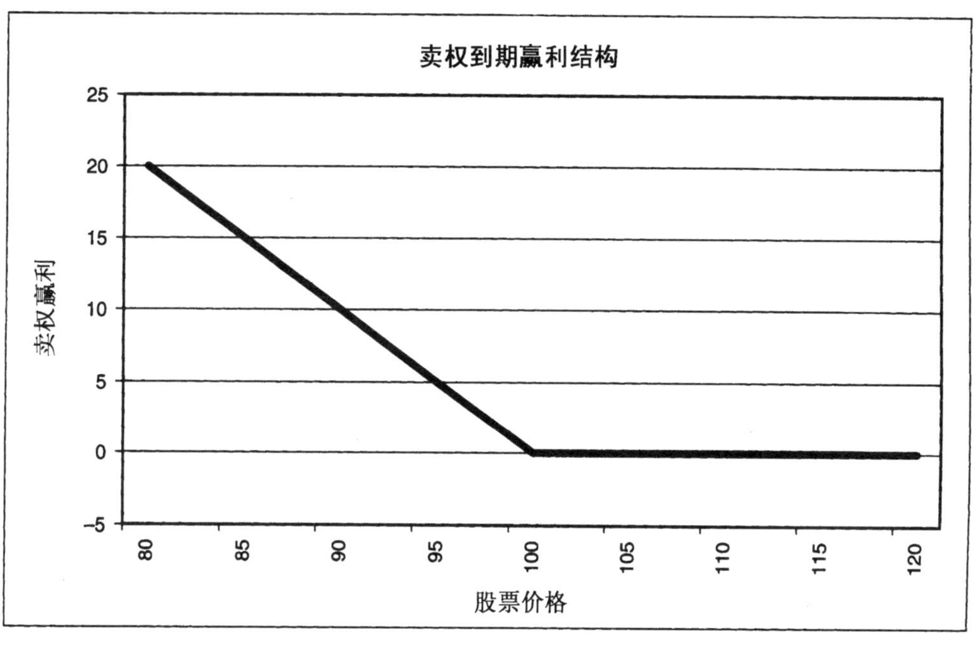

图 9.7　卖权到期赢利结构。卖权有权利（但没有义务）卖出优先资产

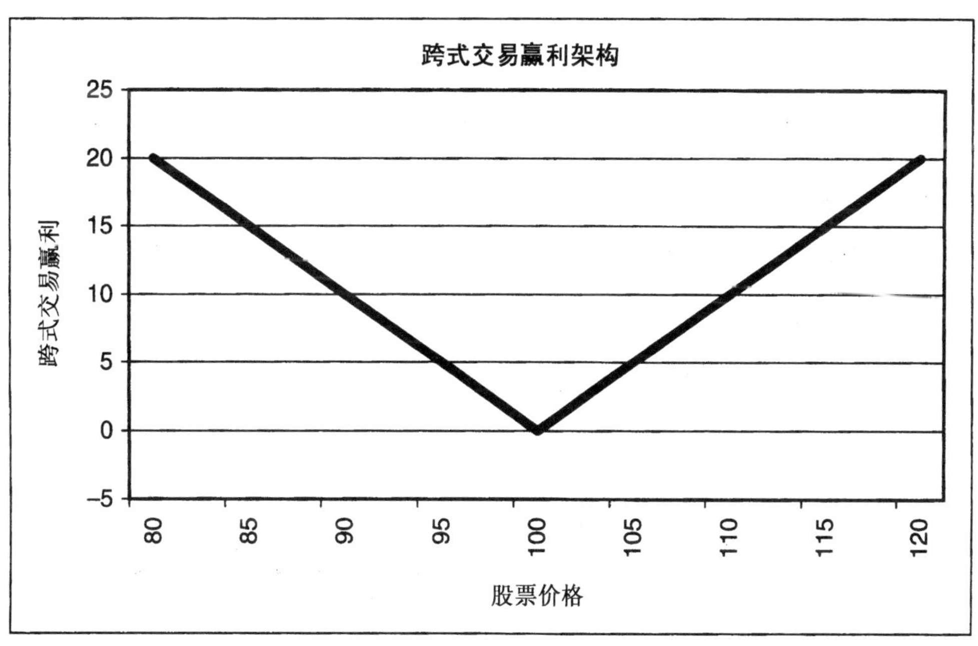

图 9.8　跨式交易赢利架构。通过同时购买买权和卖权，针对价格波动率进行交易

特·威利（Rober Whaley）开发的。采用4种最近合约月份选择权和4种次最近合约月份选择权，插补30天到期的虚构平价选择权的隐含价格波动率。

VIX与实际的隐含价格波动率之间往往存在很大的差异。由于计算误差，VIX不能准确地代表隐含价格波动率。所罗门·史密斯·邦尼的里昂·葛罗斯（Leon Gross）在2001年首先发现了VIX计算方法的偏差。从图9.9可以看出，VIX与OEX选择权实际隐含价格波动率之间的走势很接近。实际上，两者之间比率几乎接近常数，VIX大体上是实际隐含价格波动率的1.2倍。

威利（Whaley）在调整选择权周末效应的过程中，考虑到每年公历天数（365）和交易天数（252）的差异。因此，如果我们用VIX乘以252/365的平方根，得出的结果就是标准普尔100一个月隐含价格波动率不偏颇的计量。

尽管存在偏颇，VIX仍可以用来衡量股票市场隐含价格波动率的相对价值。最常见的用法是用来掌控标准普尔500的进出场实效，最近几年有滥用的倾向。选择权价格走高（通常是市场担忧的征兆）导致VIX增加，这种情况则代表股票买进的机会。选择权价格走低造成VIX降低，人们对市场充满信心，代表股票卖出的机会。本章我们重点探讨VIX实际水准的交易，将其视为可以直接进

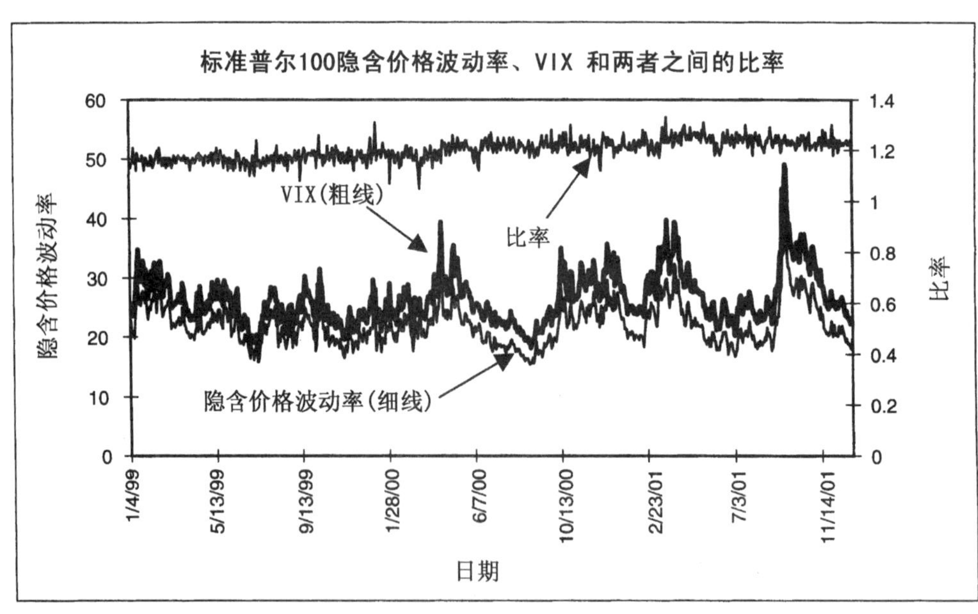

图9.9　标准普尔100隐含价格波动率、VIX和两者之间的比率走势。VIX大约是标准普尔100平价选择权隐含价格波动率的1.2倍

行相对价值交易的真正市场。

VIX 衡量隐含价格波动率，可以通过跨式交易、吊形（Strangles）交易以及类似价格波动率交换交易之类的产品进行交易。（如果想进一步了解价格波动率交易，可以参考 Demeterfi et al 的《More Than You Ever Wanted To Know About Volatility Swaps》（Goldman Sachs Quantitative Stragtegy Research Notes，1999 年 3 月）；以及 Leon Gross 著的《Introducing Volatility Swaps》（Salomon Smith Barney，1998 年 1 月）。当模型产生买入信号时，我们可以购买跨式、吊形以及价格波动率交换，做多价格波动率。如果模型产生 VIX 的卖出信号，我们则售出跨式、吊形以及价格波动率交换，做空价格波动率。

$$VIX = VIX\ 收盘价$$

股票指数间的相对绩效

我们将通过标准普尔 500、纳斯达克 100 和罗素 2000 等工具，研究美国股票指数的相对绩效。标准普尔 500 是由美国大型股构成的资本市值加权指数。纳斯达克 100（有时称 NDX）是由纳斯达克市场 100 家最大的非金融业者构成的资本市值加权指数，影响该指数最大类股包括咨询科技、通讯服务和生物科技。法兰克罗素公司创建的罗素 2000，是标准的小型股指数。罗素 2000 的成分股是由美国资本市值从第 1001 位～第 3000 位的美国本地股票组成。

每种指数都有表现最好的时代。20 世纪 80 年代，代表小型股的罗素 2000，其多年表现都好于大型股。20 世纪 90 年代中期，95% 的大型跨国公司业绩骄人，因而标准普尔 500 的表现明显优于其他指数。20 世纪 90 年代末，科技泡沫使科技股出现暴涨走势，纳斯达克 100 的绩效优于其他股票指数（见图 9.10）。

我们准备根据股票指数之间的相对表现进行交易。我们研究历史数据，测试各种模型，看看能否预测不同指数的相对绩效。可以通过交易芝加哥商品交易所的期货合约、SPY（标准普尔 500）、QQQ（纳斯达克 100）或者 IWN（罗素 2000）等挂牌基金建立部位。

我们创建了两个数列，测试两种指数的多、空部位。例如，做多标准普尔 500，做空 NDX；或做多标准普尔 500，做空罗素 2000。每个数列都是某指数除

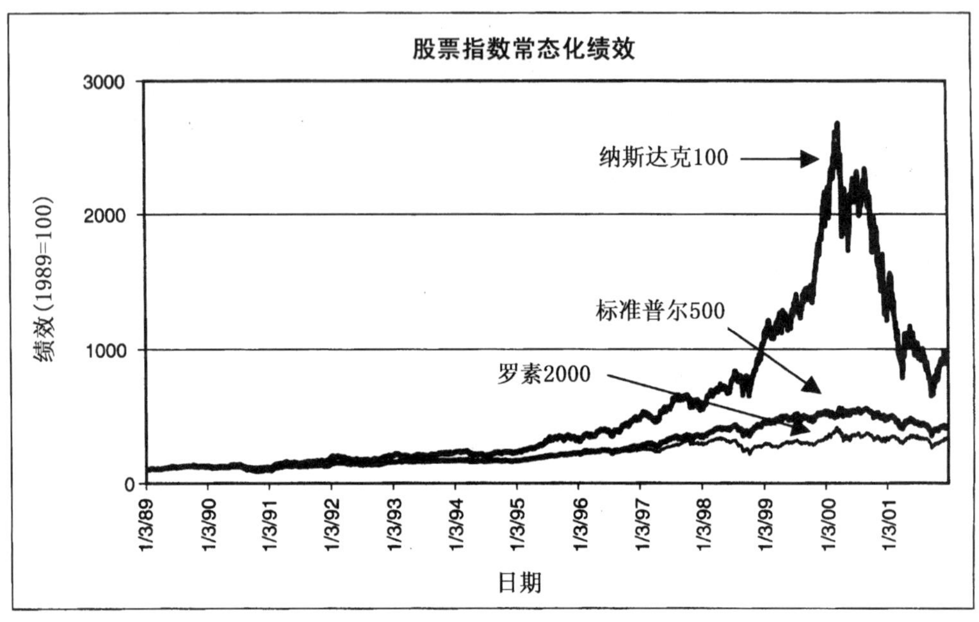

图 9.10　股票指数常态化绩效。标准普尔 500、纳斯达克 100 和罗素 2000 都有各自的极佳绩效时期

以另一指数，然后取其自然对数。自然对数可以简化运算。多数软件如 Excel 和 TradeStation 都可以计算自然对数。

SPX/NDX = In （SPX/NDX）

SPX/RUY = In （SPX/RUY）

两个时间数列分别代表两指数常态化绩效表现（参见图 9.11）。数列上升代表标准普尔 500 表现较好（以百分比为基础）；如果数列下降，则表示标准普尔 500 表现欠佳。我们研究的许多价格关系都采用自然对数的方法。

取价格比率的自然对数，比率选择哪种证券作分子哪种作分母则无关紧要了。如果仅采用价格比率，分子与分母的选择将影响交易结果。但是采用自然对数，这些比率则彼此对称。图 9.12 绘制了两个数列：一个是取标准普尔 500 除以纳斯达克 100 的自然对数；另一个是取纳斯达克 100 除以标准普尔 500 的自然对数。

如图 9.12 所示，两个数列走势上下对称。如果一数列升 0.20，另一个数列则降 0.20。

图 9.11　价格比率的自然对数。不论那种情况，只要数列上升，就代表标准普尔 500 绩效较佳；数列下降，则表示标准普尔 500 绩效不佳

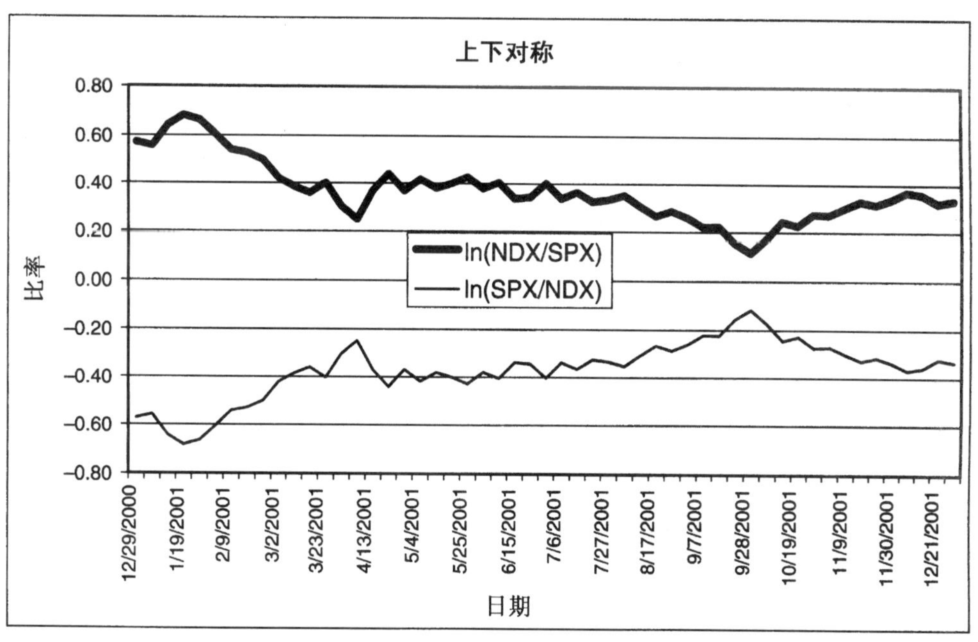

图 9.12　上下对称。根据自然对数的性质，In（DNX/SPX）＝－In（SPX/DNX）

个股配对

相对价值测试常用到股票配对。华尔街所说的配对交易（Pairs Trading）在产权交易和避险基金中应用最广。通常，我们通过相关分析，寻找配对的股票。确认后，只要背离预期价值，就产生交易信号。我在美国随意挑选了15对股票，其公司经营行业相近。每一对都取其价格比率的自然对数。

其中两对，UN/UL和RD/SC，它们之间存在特殊的关系（参考图9.13和图9.14）。荷兰联合利华（Unilever PLC，UL）和英国联合利华（Unilever NV，UN）都是控股公司，分别对其母公司存在明确的经济利益。两家公司的股票都独立交易，并且不可交换，所以市场不存在套利行为。UN和UL的相对价格走势，基本上反映两家公司对母公司的资产所有权。可是，我们发现价格比率并不是常数。因此，两股票的价格浮动过程中，股价差异最大时，可以买进一股票、放空另一股票来获利。

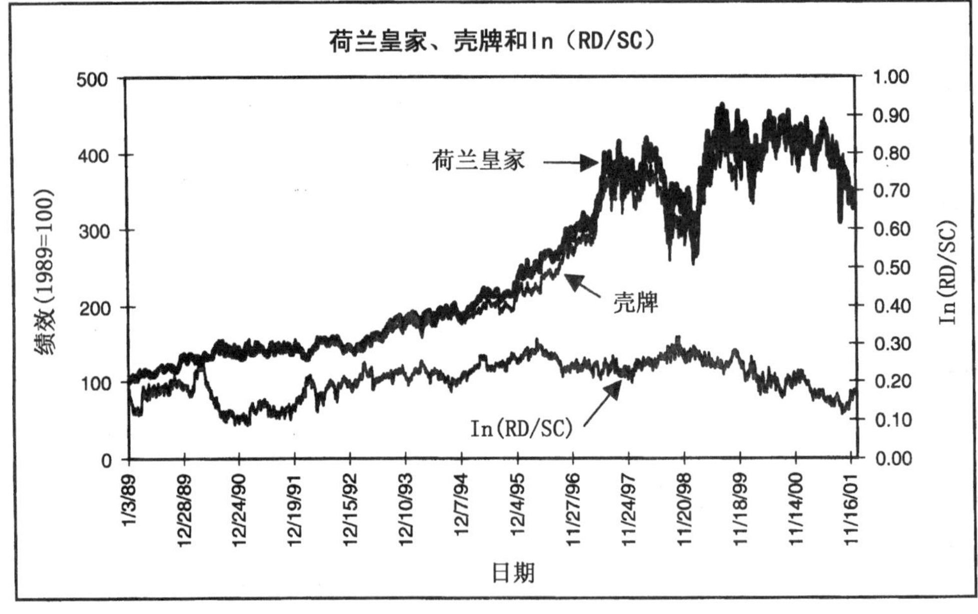

图9.13 荷兰皇家、壳牌和In（RD/SC）。荷兰皇家和壳牌的股价关系，反映它们对荷兰皇家壳牌的持股比例

类似的例子还有荷兰皇家石油（Royal Dutch NV）和壳牌运输与交易公司（Shell Transportation and Trading PLC）（参考图9.13）。两家公司的唯一资产都是

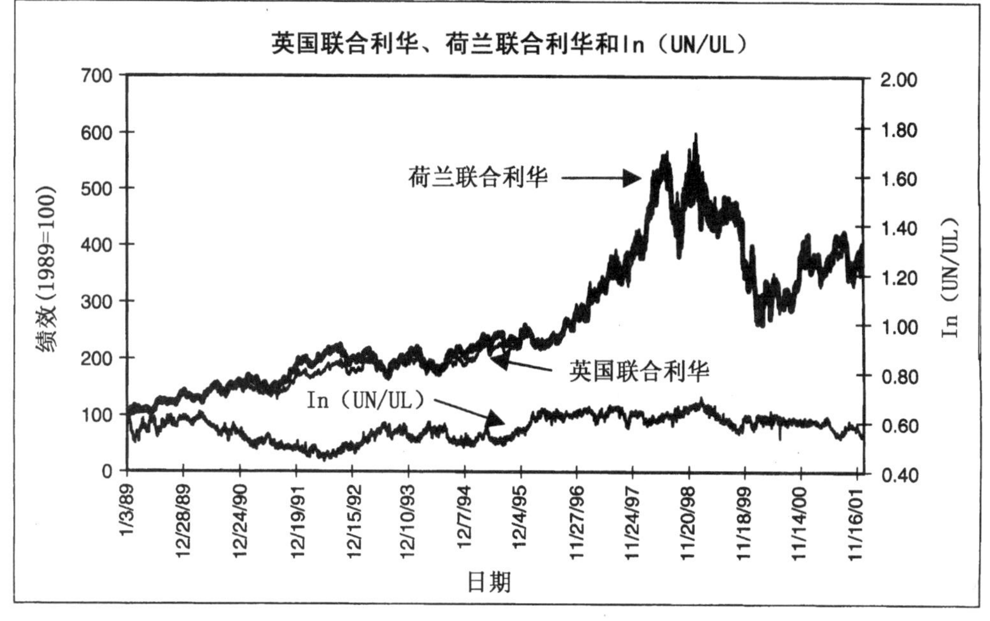

图 9.14　英国联合利华、荷兰联合利华和 ln（UN/UL）。UN 和 UL 的股价关系，反映它们对联合利华的持股比例

其所有的荷兰皇家壳牌公司的股权。荷兰皇家石油拥有 60% 的股权，壳牌拥有 40% 的股权。尽管两公司的净值都反映它们所持有的母公司的股权，但是荷兰皇家石油的股价波动则比壳牌股价波动剧烈。两组配对股票各自相对价值的内在关系，使其适宜进行相对价值交易。

商品替代

由于相关市场的替代效应，使得商品市场适合进行相对价值交易。如果冬季烧天然气取暖太贵，则可以用油替换。黄豆价格影响以其为原料的最终产品（如豆油和豆饼）的价格。黄金和白银通常出现类似的走势。为了方便研究商品价格的关系，我们取 4 组商品价格比率的自然对数。为了避免期货合约到期延展后还要调整期货价格，我们采用现货价格。

股票和商品的关系

最后，我们观察商品相关的股票和根本商品价格变动的关系。

举例来说，黄金制品生产者的获利状况，受黄金价格的影响。生产者的生产成本相对固定，通常不会放空期货或远期合约来规避全部产品的风险。所以，金价上涨，黄金股票的价格也上涨；金价下跌，黄金股票的价格也下跌（参见图9.15）。

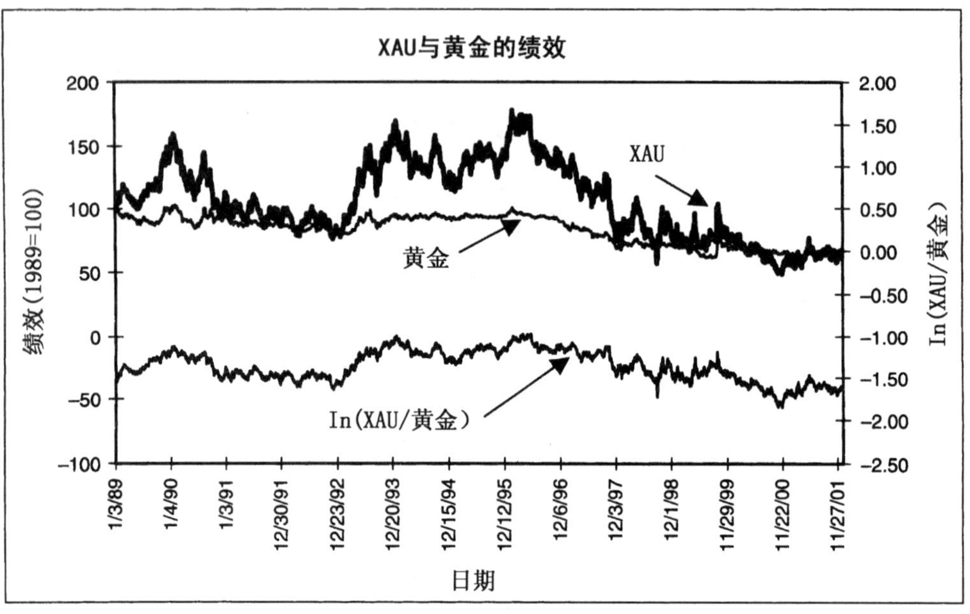

图9.15　XAU与黄金的绩效。黄金与黄金类股价格走势大体类似

炼油厂股票价格和石油价格之间也存在类似的关系（参见图9.16）。油价上涨，炼油厂的毛利增加；反之，油价下降，炼油厂的毛利减少。所以，原油价格和石油股票价格存在根本的联系。

我们可以利用费城证交所的黄金和白银指数（Philadelphia Gol&Silver Index，XAU）代表黄金类股、美国证交所的石油指数（Amex Oil Index，XOI）代表石油类股、黄金现货价格和石油现货价格创建两组数列。然后计算股票价格和对应商品价格比率的自然对数。

XAU/黄金 = In（XAU/黄金现货价格）

XOI/石油 = In（XOI/石油现货价格）

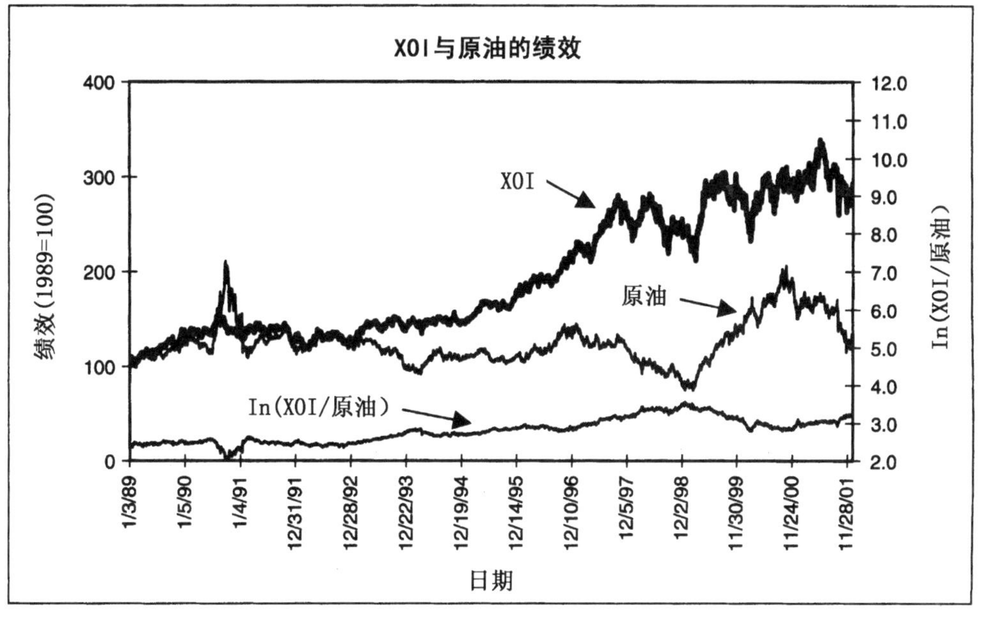

图9.16　XOI与原油的绩效。原油与石油类股价格走势大体类似

开发相对价值市场适用的策略

此处考察30个新市场，分为7个资产类别（参见图9.17），接着将交易策略应用到这些相对价值市场，检测它们的获利能力。

和第七章一样，我们采用的交易系统依次为：通道突破、两条移动平均穿越、动能和振荡指标。这些市场的预期结果，可能与传统的股票和期货市场稍有不同。本书稍早曾提到，人们具有抗拒趋势的行为倾向。所以，股票和期货常常出现某种趋势。但是，本章研究的相对价值市场可能不会出现类似的形态，因为这些市场的参与者只是少数专业玩家。因而传统的顺势技巧将不发挥作用。另外，替代效应可能导致价格走势呈现回归均值的趋势。

市场	类别	代码
10 年期收益率减 2 年期收益率	收益率曲线	2's－10's
5 年期收益率减 2 年期收益率		2's－5's
30 年期收益率减 10 年期收益率		10's－30's
10 年期收益率减 50%2 年期收益率减 50%30 年期收益率		2－10－30 蝶式
5 年期交换码差	期权价差	交换码差
美林第 II 主要指数减 5 年期国库券收益率		高收益率
CBOE 价格波动率指数	价格波动率	VIX
In（谷物/小麦）	商品	C/W
In（黄豆/豆油）		S/BO
In（黄豆/豆粉）		S/SM
In（黄金/白银）		GC/SL
In（标准普尔 500/纳斯达克 100）	股票指数	SPX/NDX
In（标准普尔 500/罗素 2000）		SPX/RUT
In（贝尔斯登/美林）	股票配对	BSC/MER
In（CVS/威尔格林）		CVS/WAG
In（戴尔塔/AMR 公司）		DAL/AMR
In（杜邦/道氏化学）		DD/DOW
In（房利美/弗雷迪－马克）		FNM/FRE
In（通用汽车/福特）		GM/F
In（可口可乐/百事可乐）		KO/PEP
In（摩托罗拉/德州电器）		MOT/TXN
In（微软/英特尔）		MSFT/INTC
In（辉瑞/默克）		PFE/MRK
In（沃瑞认/SBC 通讯）		VZ/SBC
In（沃尔玛/家居货栈）		WMT/HD
In（艾克森美孚/英国石油）		XOM/BP
In（荷兰皇家/壳牌）		RD/SC
In（英国联合利华/荷兰联合利华）		UN/UL
In（费城黄金白银指数/黄金）	商品对股票	XAU/GC
In（AMEX 石油指数/原油）		XOI/CL

图 9.17　相对价值市场一览表。我们将检测 30 个相对价值市场的表现

例如，与热燃油相比，天然气价格上涨，市场价格的变化会引起对两产品供求的变动。天然气将被热燃油替代，使得相对价格收敛。如果纳斯达克 100 涨幅超过标准普尔 500，理性投资人就会卖掉价值高估的纳斯达克 100，买进价格低估的标准普尔 500。总之，对于相对价值市场，逆势系统和回归均值策略获利能力较强。

计量技术交易策略在相对价值市场的应用

类似于股票和期货测试，相对价值市场的部位规模是价格变动率 100 天标准差的函数。

部位规模 = 10 000 美元 ÷ 价格变动率 100 天标准差

我们准备测试以下 7 种策略在相对价值市场的表现：

- 通道突破。
- 两条移动平均穿越。
- 相对强度指标。
- 随机指标。
- 动能。
- 与 100 天移动平均的差距。
- 10 天和 40 天移动平均之间的差距。

测试结果的分析，同期货和股票市场的方法一样。

通道突破

我们在相对价值市场首先检测通道突破策略。如果收盘价创最近 40 天收盘价新高，则进场建立多头部位；如果收盘价创最近 40 天收盘价新低，则进场建立空头部位。如果今天收盘价创最近 20 天收盘价新低，则结束多头部位；如果今天收盘价创最近 20 天收盘价新高，则结束空头部位。

采用通道突破策略，测试涵盖的12年中，仅有4年获利（参见图9.18a和图9.18b）。一般来说，赔钱的策略，在期权价差和股票指数配对交易中有杰出表现。通道突破策略在股票配对交易中，表现很差，测试涵盖的12年中，15对股票仅有2对赢利。

两条移动平均穿越

我们利用两条移动平均穿越来建立系统。每天计算10期和40天简单移动平均。当10天移动平均线向上穿越40天移动平均线时，进场建立多头部位；当10天移动平均线向下穿越40天移动平均线时，进场建立空头部位。

图9.19绘制了移动平均穿越系统应用于2年期和10年期国库券收益率价差的情况。我们发现收益率价差的波动相对剧烈。买进信号通常发生在短期高点；卖出信号发生在短期低点。像移动平均穿越这样的顺势策略在相对价值市场表现不理想。

尽管移动平均穿越的绩效优于通道突破，但结果仍然不理想（参见图9.20a和图9.20b）。移动平均穿越策略在测试涵盖的12年中，仅有3年获利，1990年和1991年赢利后，其余年份表现都不佳。

动　能

我们采用80天期动能进行测试。如果今天收盘价高于80天前收盘价，进场建立多头部位；如果今天收盘价低于80天前收盘价，进场建立空头部位。

顺势策略应用到相对价值市场，其结果可想而知。80天动能是我们测试的第三种顺势策略，结果与之前测试的另两种没有多少差别（参见图9.21a和图9.21b）。80天动能在测试期间，前两年赢利，随后10年都赔钱。价格波动率和股票配对表现尤其差，15组股票配对，仅2组赢利。

随机指标

此处检测两种振荡指标。首先采用14天慢速%K产生交易信号。如果今天

交易策略评估（相对价值）

策略名称：40天进场/20天出场通道突破策略

参数：40天极端价进场，20天极端价出场

说明：出现40天极端收盘价，进场；出现20天极端收盘价，出场

测试期间：1990.1.1-2001.12.31

	市场	净利	K-比率	夏普率	最大流失	交易次数	成功%	平均合约	合约平均获利	平均获利	平均亏损	成功线形	失败线形
收益率曲线	2's-10's	697,032	0.08	0.37	–348,193	72	43	341.59	29	56,275	–25,243	46	17
	2's-5's	–317,922	–0.10	–0.20	–882,465	83	30	459.40	–8	48,557	–26,160	44	18
	10's-30's	400,654	0.04	0.21	–375,210	73	38	559.59	9	60,405	–29,609	51	16
	2-10-30 Fly	–722,476	–0.17	–0.44	–1,064,647	79	29	553.36	–20	40,633	–32,396	44	19
期权价差	交换码差	285,540	0.10	0.13	–572,460	85	51	9.41	367	37,105	–30,999	34	16
	高收益率	1,768,775	0.16	0.67	–294,661	66	41	161.84	158	103,319	–28,290	54	21
价格波动率	VIX	–1,628,700	–0.71	–1.30	–1,773,840	93	19	9.73	–1,839	16,113	–26,066	39	18
商品	C/W	750,536	0.06	0.38	–424,125	65	45	636.42	18	69,836	–35,409	56	18
	S/BO	112,712	0.06	0.06	–364,939	72	36	1049.88	1	57,432	–30,011	49	19
	S/SM	–814,750	–0.22	–0.49	–961,890	73	29	1333.42	–8	41,212	–32,495	53	19
	GC/SL	102,849	–0.02	0.07	–295,312	69	35	938.70	1	46,467	–23,814	49	22
股价指数	SPX/NDX	869,133	0.06	0.47	–335,254	62	44	1017.06	14	72,199	–30,864	55	20
	SPX/RUT	1,352,171	0.36	0.69	–205,962	65	51	1691.47	11	73,721	–36,533	52	15
股票配对	BSC/MER	–418,959	–0.21	–0.34	–659,156	80	35	491.62	–11	26,167	–22,524	38	21
	CVS/WAG	–372,849	–0.04	–0.27	–546,746	78	31	505.19	–9	40,985	–25,120	48	17
	DAL/AMR	–471,833	–0.09	–0.31	–572,349	77	34	694.36	–9	43,710	–31,535	48	17
	DD/DOW	–292,653	–0.06	–0.21	–559,222	70	41	587.00	–8	32,488	–30,507	46	20
	FNM/FRE	–727,376	–0.20	–0.50	–951,299	80	28	827.73	–11	33,386	–25,061	43	20
	GM/F	381,254	0.12	0.24	–191,862	71	39	623.29	7	49,038	–24,648	49	18
	KO/PEP	–986,089	–0.19	–0.62	–1,050,492	78	27	622.53	–20	45,402	–34,027	49	18
	MOT/TXN	–181,528	–0.05	–0.12	–535,688	73	37	388.51	–6	45,176	–30,462	47	19
	MSFT/INTC	322,765	0.10	0.20	–290,556	71	39	434.07	10	59,376	–31,158	51	22
	PFE/MRK	–216,600	–0.05	–0.15	–556,517	77	34	631.24	–4	43,981	–26,601	50	17
	VZ/SBC	–1,171,413	–0.75	–0.87	–1,259,964	81	28	715.91	–20	24,195	–29,924	40	21
	WMT/HD	–675,580	–0.11	–0.47	–850,311	74	31	522.40	–18	31,014	–27,794	52	19
	XOM/BP	–648,891	–0.19	–0.43	–917,971	75	33	702.21	–12	40,552	–33,073	51	18
	RD/SC	–391,346	–0.26	–0.40	–553,540	83	37	1393.80	–4	19,629	–20,029	35	21
	UN/UL	–834,987	–0.35	–0.94	–900,065	87	26	1104.91	–9	14,440	–18,513	36	21
商品vs股票	XAU/GC	–661,754	–0.12	–0.48	–666,666	74	32	555.89	–16	31,647	–28,241	46	22
	XOI/CL	–275,158	–0.08	–0.17	–556,062	72	32	666.77	–6	43,097	–25,844	56	18
	平均	–158,915	–0.09	–0.17	–650,581	75	35	674.31	–47	44,918	–28,432	47	19

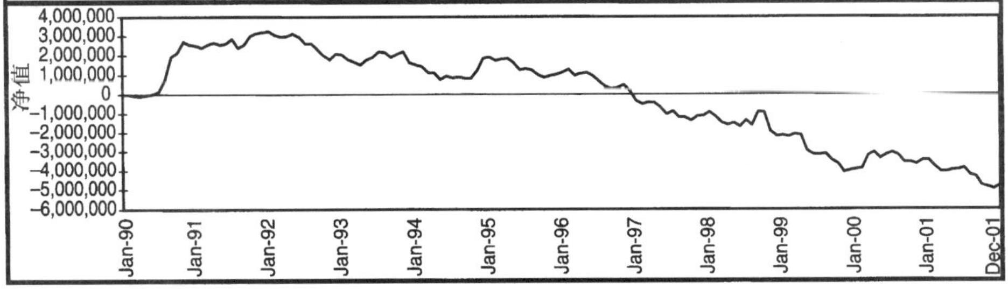

净值
4,000,000
3,000,000
2,000,000
1,000,000
0
–1,000,000
–2,000,000
–3,000,000
–4,000,000
–5,000,000
–6,000,000
Jan-90 Jan-91 Jan-92 Jan-93 Jan-94 Jan-95 Jan-96 Jan-97 Jan-98 Jan-99 Jan-00 Jan-01 Dec-01

投资组合统计量

净利：	–4,767,443	夏普率：	–0.42
最大流失金额：	–8,234,652	突破相关：	1.00
K-比率：	–0.16	均线相关：	0.84

图9.18a　通道突破策略应用于相对价值市场。此策略不赢利

统计分析（相对价值）

策略名称：40天进场/20天出场通道突破策略
参数：40天极端价进场，20天极端价出场
说明：出现40天极端收盘价，进场；出现20天极端收盘价，出场
测试期间：1990.1.1-2001.12.31

市场分析

市场	平均净利	平均K-比率	平均夏普率	平均最大流失	平均交易次数	平均成功%	合约平均获利	平均获利	平均亏损	成功线形	失败线形
利率	14,322	−0.04	−0.02	−667,629	77	35	2	51,468	−28,352	46	17
期权	1,027,158	0.13	0.40	−433,561	76	46	262	70,212	−29,645	44	19
价格波动率	−1,628,700	−0.71	−1.30	−1,773,840	93	19	−1,839	16,113	−26,066	39	18
商品	37,837	−0.03	0.01	−511,567	70	36	3	53,737	−30,432	52	19
股价指数	1,110,652	0.21	0.58	−270,608	64	47	13	72,960	−33,698	54	18
股票配对	−445,739	−0.16	−0.35	−693,049	77	33	−8	36,636	−27,398	45	19
股票vs商品	−468,456	−0.10	−0.33	−611,364	73	32	−11	37,372	−27,043	51	20

年份绩效分析

年份	净利	K-比率	夏普率	年份	净利	K-比率	夏普率
1990	2,509,119	0.55	1.88	*1996*	−1,469,361	−0.63	−1.92
1991	744,226	0.34	0.94	*1997*	−579,241	−0.37	−0.84
1992	−1,210,463	−0.65	−1.80	*1998*	−1,217,603	−0.17	−0.87
1993	−537,939	0.01	−0.61	*1999*	−1,790,056	−0.85	−3.79
1994	396,370	0.06	0.42	*2000*	481,951	0.02	0.51
1995	−776,681	−0.54	−1.39	*2001*	−1,319,288	−0.58	−1.89

获利窗口

长度	窗口数	获利窗口数	获利百分比
1个月	144	64	44.44%
3个月	142	51	35.92%
6个月	139	42	30.22%
12个月	133	40	30.08%
18个月	127	23	18.11%
24个月	121	13	10.74%

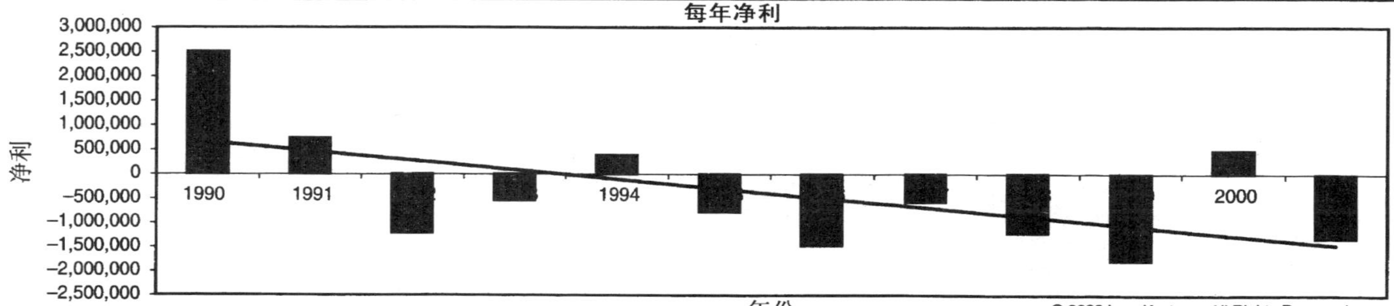

每年净利

净利
3,000,000
2,500,000
2,000,000
1,500,000
1,000,000
500,000
0
−500,000
−1,000,000
−1,500,000
−2,000,000
−2,500,000
1990
1991
1994
2000
年份

图 9.18b　通道突破策略应用于相对价值市场。此策略不盈利

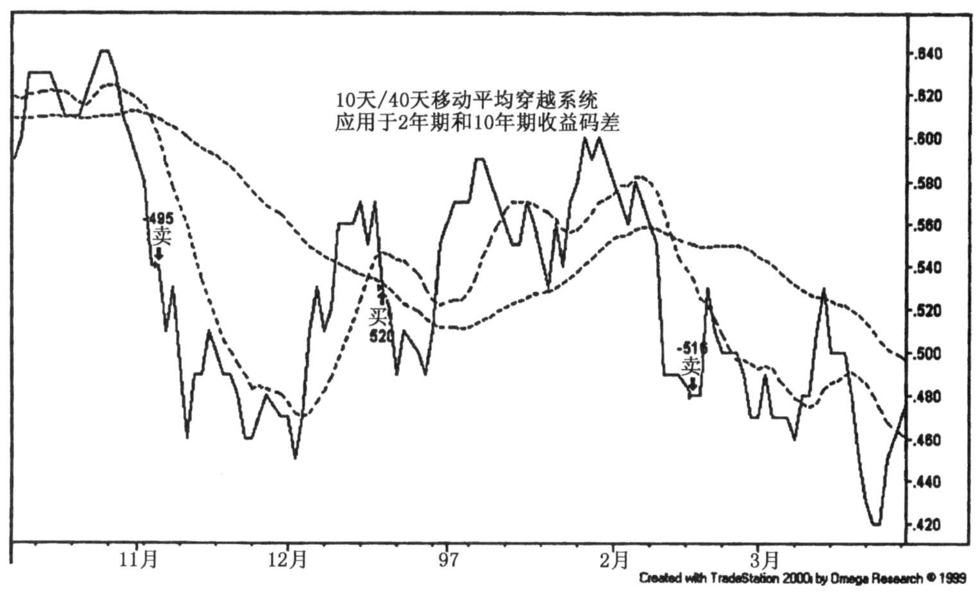

图 9.19 移动平均穿越系统应用于 2 年期和 10 年期国库券收益率价差的情况。信号经常反复，往往高点买进，低点卖出

14 天慢速%K 先向下然后向上穿越 20，进场建立多头部位；如果今天 14 天慢速%K 先向上然后向下穿越 80，则进场建立空头部位。

这是我们测试的第一套逆势系统，在 30 个相对价值市场业绩颇佳（参见图 9.22a 和图 9.22b）。1990 年和 1991 年都赔钱，随后的 10 年，有 7 年赢利。价格波动率和股票配对市场的表现尤为优秀。

相对强度指数

相对强度指数（RSI）的交易法则如下：如果今天的 14 天 RSI 下降到 35 以下，进场建立多头部位；如果今天的 14 天 RSI 上升到 65 以上，进场建立空头部位。进场建立新部位的同时结束反向部位。

图 9.23 显示了此策略应用于 2 年和 10 年国库券收益率价差的情况。3 月底，价差开始拉大，14 天 RSI 上升到 65 以上。于是，进场做空。7 月中旬，经过一段时间的价格剧烈波动之后，价差开始缩小，14 天 RSI 下降到 35 以下，于是结束空头部位，建立多头部位。

交易策略评估（相对价值）

策略名称：10天/40天两条移动平均穿越系统

参数：10天均线，40天均线

说明：10天均线向上穿越40天均线，进场；向下穿越，出场

测试期间：1990.1.1-2001.12.31

	市场	净利	K-比率	夏普率	最大流失	交易次数	成功%	平均合约	合约平均获利	平均获利	平均亏损	成功线形	失败线形
收益率曲线	2's-10's	235,256	0.02	0.11	−584,486	88	38	332.85	6	59,209	−32,410	51	22
	2's-5's	−299,835	−0.11	−0.15	−1,029,865	112	42	461.21	−6	34,718	−30,051	36	20
	10's-30's	904,718	0.09	0.46	−428,450	92	36	566.74	15	61,407	−20,942	56	19
	2-10-30 Fly	−616,285	−0.17	−0.37	−932,295	106	33	560.29	−13	32,664	−26,604	43	20
期权价差	交换码差	271,450	0.12	0.11	−292,000	97	51	9.21	284	33,485	−28,902	43	18
	高收益率	1,237,047	0.12	0.44	−358,206	80	36	159.15	90	100,808	−34,916	66	20
价格波动率	VIX	−1,209,060	−0.51	−0.85	−1,421,540	133	31	9.86	−957	15,644	−20,612	36	16
商品	C/W	958,174	0.07	0.44	−450,085	96	44	639.96	16	58,487	−27,044	48	19
	S/BO	482,926	0.14	0.24	−406,788	85	39	1056.71	5	60,645	−29,019	58	21
	S/SM	−603,895	−0.12	−0.30	−1,193,963	93	40	1345.46	−5	36,928	−35,690	51	19
	GC/SL	417,735	0.06	0.23	−288,898	76	34	917.04	5	63,237	−25,697	65	26
股价指数	SPX/NDX	1,099,510	0.09	0.61	−350,194	82	44	1051.22	12	65,563	−28,419	59	17
	SPX/RUT	1,149,401	0.25	0.53	−232,086	80	41	1713.06	8	82,016	−34,813	64	19
股票配对	BSC/MER	−648,514	−0.17	−0.42	−870,916	104	30	482.20	−13	30,786	−22,318	47	20
	CVS/WAG	−639,632	−0.08	−0.38	−915,779	98	34	500.79	−13	39,031	−29,913	54	19
	DAL/AMR	−635,213	−0.07	−0.34	−764,648	116	35	723.75	−8	36,853	−28,616	41	17
	DD/DOW	2,122	0.01	0.00	−554,597	98	43	588.57	0	36,763	−27,766	45	20
	FNM/FRE	−520,110	−0.13	−0.34	−954,381	113	35	802.05	−6	27,629	−22,193	42	18
	GM/F	468,689	0.08	0.27	−310,006	91	41	617.00	7	52,745	−28,927	56	17
	KO/PEP	−1,054,047	−0.18	−0.56	−1,095,996	118	31	624.47	−14	36,329	−29,546	44	17
	MOT/TXN	−125,835	−0.04	−0.07	−669,719	101	37	391.00	−3	47,303	−29,500	51	17
	MSFT/INTC	820,567	0.13	0.42	−376,788	88	43	456.51	20	61,488	−30,945	56	17
	PFE/MRK	−420,003	−0.12	−0.24	−512,535	106	37	623.27	−6	37,001	−27,463	46	18
	VZ/SBC	−726,397	−0.31	−0.47	−886,050	113	41	742.97	−9	21,697	−26,148	36	20
	WMT/HD	−217,049	0.01	−0.13	−709,965	86	41	521.10	−5	30,033	−25,378	54	21
	XOM/BP	−335,730	−0.10	−0.19	−674,743	104	30	675.33	−5	46,867	−24,377	50	19
	RD/SC	−373,030	−0.13	−0.32	−684,225	118	37	1355.75	−3	21,058	−18,323	38	17
	UN/UL	−769,393	−0.26	−0.67	−1,093,412	118	36	1080.47	−6	17,025	−20,152	37	19
商品vs股票	XAU/GC	−619,005	−0.13	−0.38	−895,148	103	34	538.02	−11	32,110	−25,783	47	20
	XOI/CL	545,249	0.09	0.32	−354,964	88	42	701.80	9	52,168	−27,156	57	18
	平均	−40,673	−0.04	−0.07	−676,424	99	38	674.93	−20	44,390	−27,321	49	19

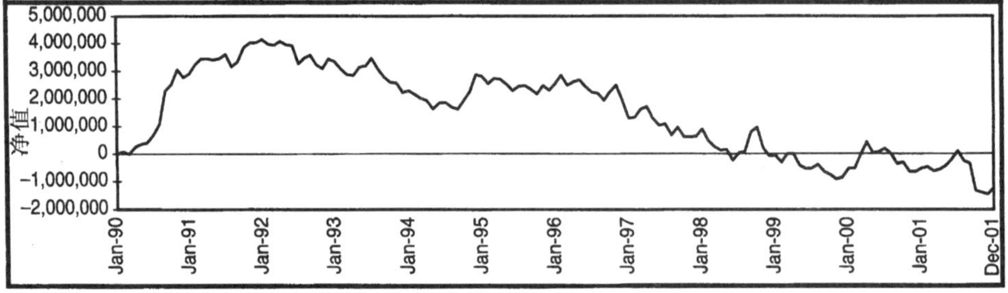

投资组合统计量

净利：	−1,220,189	夏普率：	−0.10
最大流失金额：	−5,606,897	突破相关：	0.84
K-比率：	−0.10	均线相关：	1.00

图 9.20a　移动平均穿越策略应用于相对价值市场。此策略不赢利

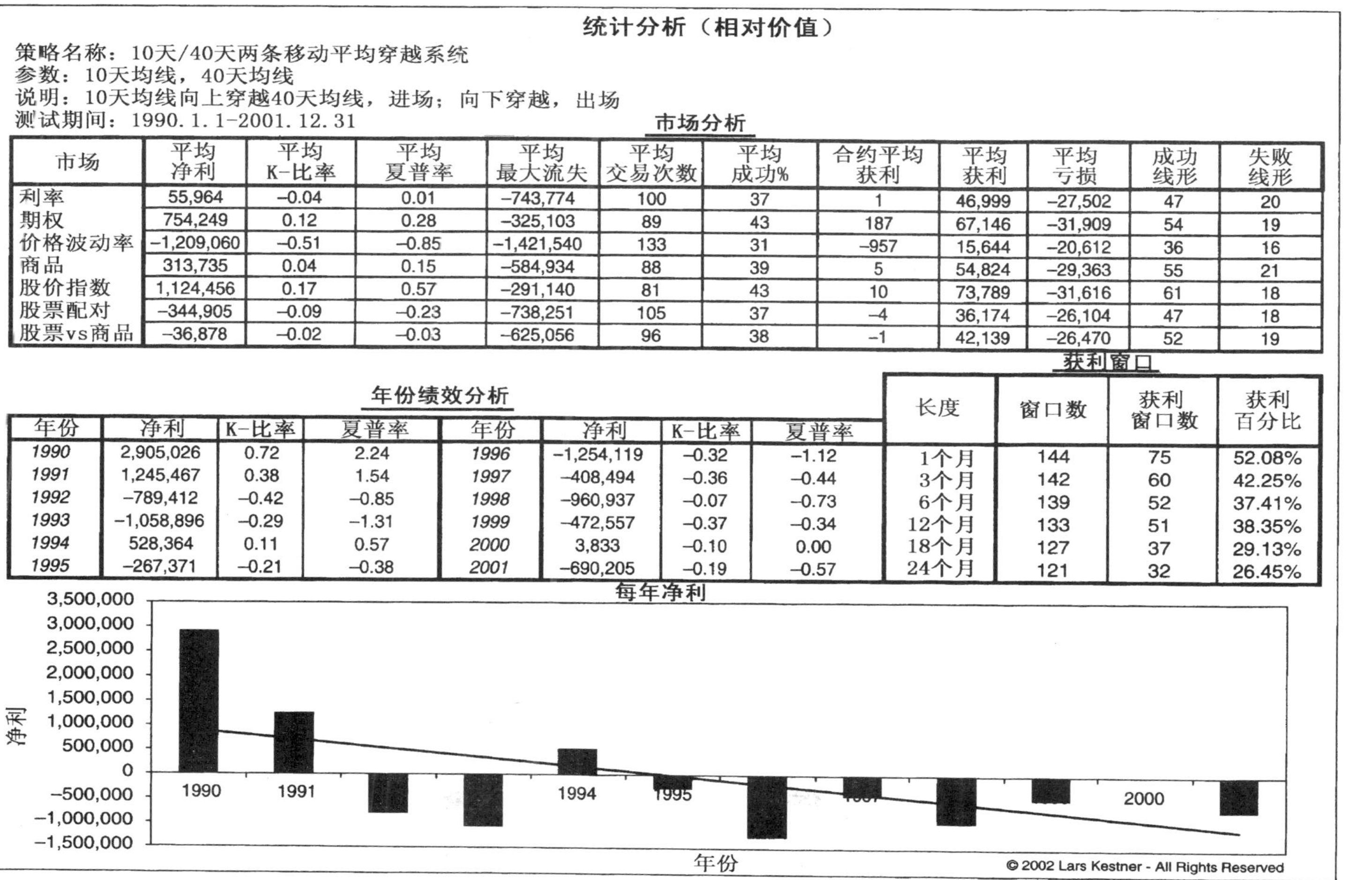

统计分析（相对价值）

策略名称：10天/40天两条移动平均穿越系统
参数：10天均线，40天均线
说明：10天均线向上穿越40天均线，进场；向下穿越，出场
测试期间：1990.1.1-2001.12.31

市场分析

市场	平均净利	平均K-比率	平均夏普率	平均最大流失	平均交易次数	平均成功%	合约平均获利	平均获利	平均亏损	成功线形	失败线形
利率	55,964	-0.04	0.01	-743,774	100	37	1	46,999	-27,502	47	20
期权	754,249	0.12	0.28	-325,103	89	43	187	67,146	-31,909	54	19
价格波动率	-1,209,060	-0.51	-0.85	-1,421,540	133	31	-957	15,644	-20,612	36	16
商品	313,735	0.04	0.15	-584,934	88	39	5	54,824	-29,363	55	21
股价指数	1,124,456	0.17	0.57	-291,140	81	43	10	73,789	-31,616	61	18
股票配对	-344,905	-0.09	-0.23	-738,251	105	37	-4	36,174	-26,104	47	18
股票vs商品	-36,878	-0.02	-0.03	-625,056	96	38	-1	42,139	-26,470	52	19

年份绩效分析

年份	净利	K-比率	夏普率	年份	净利	K-比率	夏普率
1990	2,905,026	0.72	2.24	*1996*	-1,254,119	-0.32	-1.12
1991	1,245,467	0.38	1.54	*1997*	-408,494	-0.36	-0.44
1992	-789,412	-0.42	-0.85	*1998*	-960,937	-0.07	-0.73
1993	-1,058,896	-0.29	-1.31	*1999*	-472,557	-0.37	-0.34
1994	528,364	0.11	0.57	*2000*	3,833	-0.10	0.00
1995	-267,371	-0.21	-0.38	*2001*	-690,205	-0.19	-0.57

获利窗口

长度	窗口数	获利窗口数	获利百分比
1个月	144	75	52.08%
3个月	142	60	42.25%
6个月	139	52	37.41%
12个月	133	51	38.35%
18个月	127	37	29.13%
24个月	121	32	26.45%

图9.20b 移动平均穿越策略应用于相对价值市场。此策略不盈利

交易策略评估（相对价值）

策略名称：80天动能

参数：80天动能提供进场、出场信号

说明：今天收盘价高于80天前收盘价，买进；今天收盘价低于80前收盘价，卖出

测试期间：1990.1.1-2001.12.31

	市场	净利	K-比率	夏普率	最大流失	交易次数	成功%	平均合约	合约平均获利	平均获利	平均亏损	成功线形	失败线形
收益率曲线	2's-10's	1,598,921	0.22	0.74	−304,380	126	48	337.99	20	30,429	−15,267	34	9
	2's-5's	1,081,213	0.07	0.56	−505,268	150	49	452.04	5	23,513	−17,712	26	11
	10's-30's	154,568	0.02	0.07	−528,680	139	48	530.64	2	26,139	−22,141	31	12
	2-10-30 Fly	152,731	0.00	0.08	−602,579	162	44	531.36	0	26,083	−20,317	29	9
期权价差	交换码差	182,470	0.05	0.08	−381,030	116	42	8.09	207	28,971	−18,285	40	16
	高收益率	1,291,257	0.10	0.39	−327,797	132	37	177.15	56	56,061	−17,372	40	12
价格波动率	VIX	−2,837,330	−0.68	−1.70	−2,868,450	338	33	9.55	−878	7,736	−16,368	9	9
商品	C/W	761,821	0.07	0.35	−467,571	153	43	632.10	8	34,167	−17,579	32	11
	S/BO	194,277	0.05	0.09	−417,228	130	42	1057.02	1	33,132	−21,153	36	15
	S/SM	−285,581	0.00	−0.15	−568,181	127	33	1317.94	−2	32,758	−19,613	47	12
	GC/SL	−155,902	−0.04	−0.09	−580,746	191	45	894.22	−1	17,204	−15,888	23	10
股价指数	SPX/NDX	397,073	0.05	0.18	−322,208	111	40	940.07	4	38,972	−19,116	52	11
	SPX/RUT	470,634	0.08	0.20	−420,990	93	38	1641.69	3	48,073	−22,318	59	17
股票配对	BSC/MER	−607,555	−0.16	−0.38	−1,033,974	224	45	482.41	−6	13,234	−16,106	18	9
	CVS/WAG	−1,156,259	−0.28	−0.60	−1,490,565	194	35	519.41	−14	17,955	−20,379	20	12
	DAL/AMR	−1,948,703	−0.41	−0.97	−1,977,362	192	31	689.68	−15	15,337	−21,580	20	13
	DD/DOW	−1,116,598	−0.31	−0.68	−1,257,664	216	35	613.82	−9	16,836	−16,988	19	11
	FNM/FRE	−1,487,381	−0.50	−0.84	−1,512,468	273	40	803.15	−7	11,405	−16,595	13	9
	GM/F	56,101	−0.04	0.03	−623,073	160	43	603.77	0	23,377	−17,605	30	10
	KO/PEP	−722,894	−0.07	−0.41	−813,292	199	37	627.61	−6	20,310	−17,489	21	11
	MOT/TXN	−208,515	−0.01	−0.12	−638,139	173	39	372.52	−3	23,565	−16,785	32	8
	MSFT/INTC	331,365	0.08	0.17	−284,276	137	45	442.49	5	32,612	−22,227	36	11
	PFE/MRK	−596,030	−0.11	−0.29	−881,903	179	41	635.74	−6	16,926	−18,237	23	12
	VZ/SBC	−1,598,256	−0.25	−0.97	−1,686,266	203	32	735.05	−11	15,384	−18,828	21	12
	WMT/HD	−1,001,829	−0.22	−0.58	−1,066,840	242	41	505.46	−8	12,121	−15,603	16	10
	XOM/BP	−397,610	−0.07	−0.22	−804,598	166	34	712.02	−3	25,474	−16,583	31	11
	RD/SC	−1,170,134	−0.42	−0.78	−1,249,398	314	46	1335.60	−3	9,005	−14,965	12	8
	UN/UL	−1,635,764	−0.44	−1.16	−1,698,036	403	41	1079.29	−4	8,963	−12,940	9	6
商品vs股票	XAU/GC	−740,196	−0.14	−0.44	−923,104	191	41	536.62	−7	15,446	−17,333	23	11
	XOI/CL	−321,520	−0.09	−0.18	−510,848	171	37	686.32	−3	22,517	−17,221	30	10
	平均	−377,188	−0.12	−0.25	−891,564	187	40	663.69	−22	23,457	−18,020	28	11

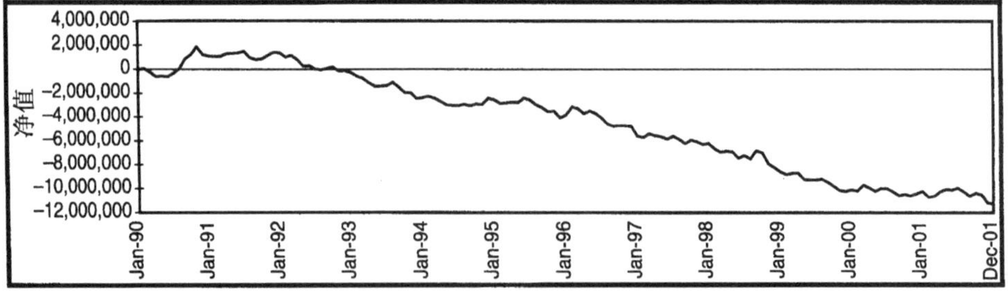

净值

4,000,000
2,000,000
0
−2,000,000
−4,000,000
−6,000,000
−8,000,000
−10,000,000
−12,000,000

Jan-90 Jan-91 Jan-92 Jan-93 Jan-94 Jan-95 Jan-96 Jan-97 Jan-98 Jan-99 Jan-00 Jan-01 Dec-01

投资组合统计量

净利：	−11,315,626	夏普率：	−0.92
最大流失金额：	−13,187,360	突破相关：	0.64
K-比率：	−0.39	均线相关：	0.57

图9.21a　动能策略应用于相对价值市场。此策略不赢利

统计分析（相对价值）

策略名称：80天动能
参数：80天动能提供进场、出场信号
说明：今天收盘价高于80天前收盘价，买进；今天收盘价低于80前收盘价，卖出
测试期间：1990. 1. 1-2001. 12. 31

市场分析

市场	平均净利	平均K-比率	平均夏普率	平均最大流失	平均交易次数	平均成功%	合约平均获利	平均获利	平均亏损	成功线形	失败线形
利率	746,858	0.08	0.36	–485,227	144	47	7	26,541	–18,859	30	11
期权	736,864	0.07	0.24	–354,414	124	40	131	42,516	–17,829	40	14
价格波动率	–2,837,330	–0.68	–1.70	–2,868,450	338	33	–878	7,736	–16,368	9	9
商品	128,654	0.02	0.05	–508,432	150	41	1	29,315	–18,558	34	12
股价指数	433,854	0.07	0.19	–371,599	102	39	3	43,522	–20,717	55	14
股票配对	–884,004	–0.21	–0.52	–1,134,524	218	39	–6	17,500	–17,527	21	10
股票vs商品	–530,858	–0.12	–0.31	–716,976	181	39	–5	18,982	–17,277	26	10

年份绩效分析

年份	净利	K-比率	夏普率	年份	净利	K-比率	夏普率
1990	1,072,852	0.30	0.72	*1996*	–1,815,839	–0.57	–1.36
1991	274,104	0.02	0.35	*1997*	–614,527	–0.45	–0.83
1992	–1,619,518	–0.59	–2.06	*1998*	–2,362,500	–0.40	–1.68
1993	–2,120,367	–0.73	–2.42	*1999*	–1,492,126	–0.83	–2.10
1994	–165,300	–0.10	–0.22	*2000*	–114,684	–0.22	–0.13
1995	–1,282,332	–0.38	–1.35	*2001*	–1,078,488	–0.16	–0.97

获利窗口

长度	窗口数	获利窗口数	获利百分比
1个月	144	59	40.97%
3个月	142	39	27.46%
6个月	139	31	22.30%
12个月	133	19	14.29%
18个月	127	13	10.24%
24个月	121	7	5.79%

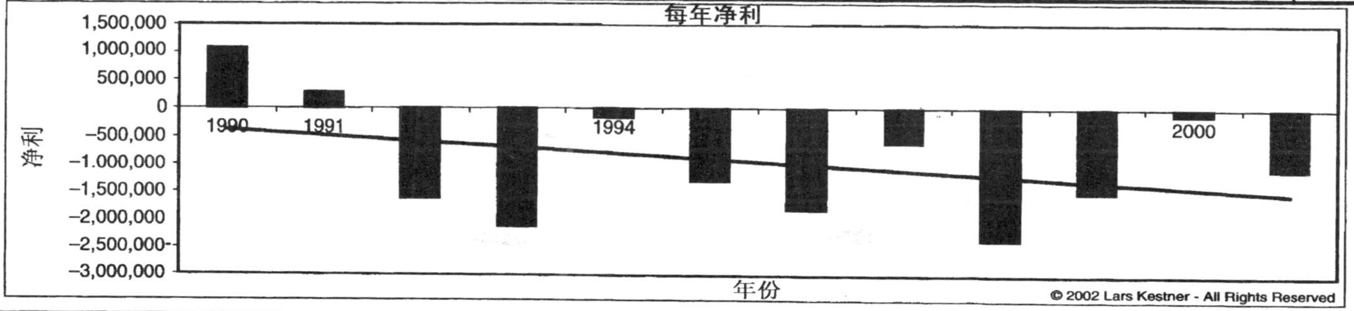

图9.21b 动能策略应用于相对价值市场。此策略不盈利

交易策略评估（相对价值）

策略名称：14天慢速%K随机指标

参数：　随机指标计算采用14天

说明：　%K穿越20，进场建立多头部位；%K向下穿越80，进场建立空头部位

测试期间：1990.1.1-2001.12.31

	市场	净利	K-比率	夏普率	最大流失	交易次数	成功%	平均合约	合约平均获利	平均获利	平均亏损	成功线形	失败线形
收益率曲线	2's-10's	-431,043	-0.03	-0.19	-802,730	134	63	331.63	-5	25,580	-48,865	14	34
	2's-5's	12,939	0.02	0.01	-564,970	130	65	448.12	1	23,347	-43,260	15	38
	10's-30's	-243,842	0.01	-0.12	-584,754	140	60	562.62	-3	22,949	-39,003	13	34
	2-10-30 Fly	251,105	0.11	0.12	-436,515	138	67	550.23	6	22,692	-36,438	15	34
期权价差	交换码差	-258,440	-0.08	-0.12	-952,000	156	69	9.20	-163	20,243	-48,989	13	33
	高收益率	-2,227,816	-0.15	-0.71	-2,433,675	114	59	161.89	-115	28,550	-85,831	14	43
价格波动率	VIX	1,630,490	0.35	1.04	-196,700	151	70	9.74	1,137	23,608	-18,472	14	33
商品	C/W	-1,436,564	-0.17	-0.68	-1,507,073	116	53	653.40	-19	25,006	-53,772	14	40
	S/BO	126,292	0.03	0.06	-919,659	140	65	1034.15	1	28,363	-50,229	12	38
	S/SM	1,308,262	0.34	0.67	-301,258	138	70	1351.50	7	29,461	-37,168	15	39
	GC/SL	-42,328	0.08	-0.02	-370,748	129	60	919.19	0	24,716	-37,096	14	39
股价指数	SPX/NDX	-848,315	-0.04	-0.43	-962,276	119	65	1039.21	-7	25,355	-66,630	14	46
	SPX/RUT	-1,570,349	-0.25	-0.73	-1,809,982	119	58	1762.10	-7	25,862	-65,263	13	42
股票配对	BSC/MER	762,514	0.14	0.52	-385,941	148	62	494.78	10	24,575	-26,843	13	32
	CVS/WAG	91,830	0.01	0.06	-507,461	133	64	502.50	2	23,449	-39,007	15	37
	DAL/AMR	-329,084	-0.08	-0.19	-691,774	141	61	716.94	-3	23,358	-42,409	14	33
	DD/DOW	-310,596	-0.03	-0.18	-787,042	132	55	581.90	-3	23,727	-33,680	15	33
	FNM/FRE	746,079	0.19	0.47	-486,780	146	67	813.01	6	21,864	-28,716	15	32
	GM/F	-435,620	-0.08	-0.24	-843,491	137	66	611.91	-5	21,885	-52,602	14	38
	KO/PEP	817,982	0.17	0.47	-362,845	148	70	616.67	9	22,351	-32,879	15	34
	MOT/TXN	-66,903	-0.02	-0.04	-648,838	133	65	392.91	-1	23,642	-44,858	15	38
	MSFT/INTC	-424,326	-0.06	-0.21	-896,248	131	65	435.00	-7	25,579	-56,471	13	41
	PFE/MRK	890,074	0.19	0.48	-419,406	142	68	631.87	10	26,599	-36,188	14	37
	VZ/SBC	1,670,054	0.59	1.12	-177,808	156	74	726.25	15	23,507	-26,419	14	33
	WMT/HD	843,196	0.14	0.48	-301,772	133	65	522.28	12	25,475	-28,710	15	37
	XOM/BP	1,176,590	0.26	0.68	-245,756	143	71	691.75	12	25,990	-34,894	15	36
	RD/SC	1,066,086	0.48	0.74	-249,644	135	69	1403.40	6	21,723	-22,387	16	35
	UN/UL	517,295	0.30	0.45	-185,845	142	63	1106.89	3	16,743	-19,030	15	32
商品vs股票	XAU/GC	970,459	0.28	0.52	-251,713	148	66	542.11	12	25,546	-30,612	13	34
	XOI/CL	666,767	0.24	0.34	-439,655	149	67	675.61	8	22,639	-30,340	13	33
	平均	164,093	0.10	0.14	-657,479	137	65	676.63	31	24,146	-40,569	14	36

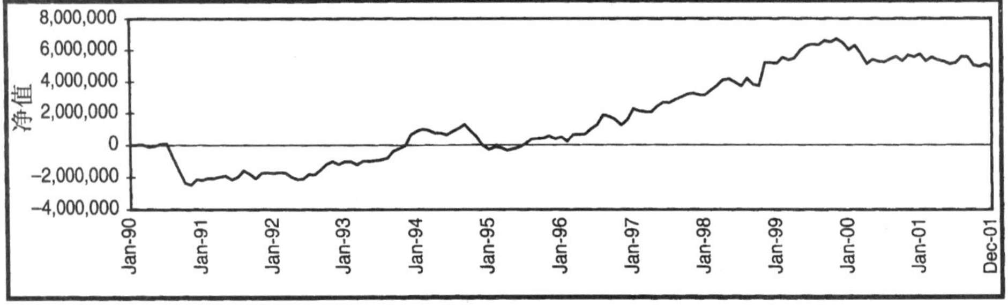

净值

8,000,000
6,000,000
4,000,000
2,000,000
0
-2,000,000
-4,000,000

Jan-90 Jan-91 Jan-92 Jan-93 Jan-94 Jan-95 Jan-96 Jan-97 Jan-98 Jan-99 Jan-00 Jan-01 Dec-01

投资组合统计量

净利：	4,922,788	夏普率：	0.40
最大流失金额：	-2,579,686	突破相关：	-0.69
K-比率：	0.21	均线相关：	-0.61

图9.22a　随机指标策略应用于相对价值市场。此逆势系统绩效优秀

统计分析（相对价值）

策略名称：14天慢速%K随机指标
参数：随机指标计算采用14天
说明：%K穿越20，进场建立多头部位；%K向下穿越80，进场建立空头部位
测试期间：1990.1.1-2001.12.31

市场分析

市场	平均净利	平均K-比率	平均夏普率	平均最大流失	平均交易次数	平均成功%	合约平均获利	平均获利	平均亏损	成功线形	失败线形
利率	−102,710	0.03	−0.05	−597,242	136	64	0	23,642	−41,892	14	35
期权	−1,243,128	−0.12	−0.41	−1,692,838	135	64	−139	24,396	−67,410	14	38
价格波动率	1,630,490	0.35	1.04	−196,700	151	70	1,137	23,608	−18,472	14	33
商品	−11,085	0.07	0.01	−774,685	131	62	−3	26,887	−44,566	14	39
股价指数	−1,209,332	−0.15	−0.58	−1,386,129	119	61	−7	25,609	−65,946	14	44
股票配对	467,678	0.15	0.31	−479,377	140	66	4	23,364	−35,006	14	35
股票vs商品	818,613	0.26	0.43	−345,684	149	67	10	24,092	−30,476	13	33

年份绩效分析

年份	净利	K-比率	夏普率	年份	净利	K-比率	夏普率
1990	−2,173,105	−0.47	−1.55	*1996*	1,786,731	0.50	1.50
1991	413,225	0.24	0.56	*1997*	864,950	0.68	1.63
1992	726,201	0.28	1.03	*1998*	2,002,389	0.34	1.19
1993	1,917,103	0.49	2.39	*1999*	866,062	0.36	0.66
1994	−1,152,919	−0.19	−1.26	*2000*	−283,086	−0.08	−0.25
1995	771,759	0.54	1.59	*2001*	−814,727	−0.24	−0.91

获利窗口

长度	窗口数	获利窗口数	获利百分比
1个月	144	83	57.64%
3个月	142	89	62.68%
6个月	139	93	66.91%
12个月	133	90	67.67%
18个月	127	88	69.29%
24个月	121	96	79.34%

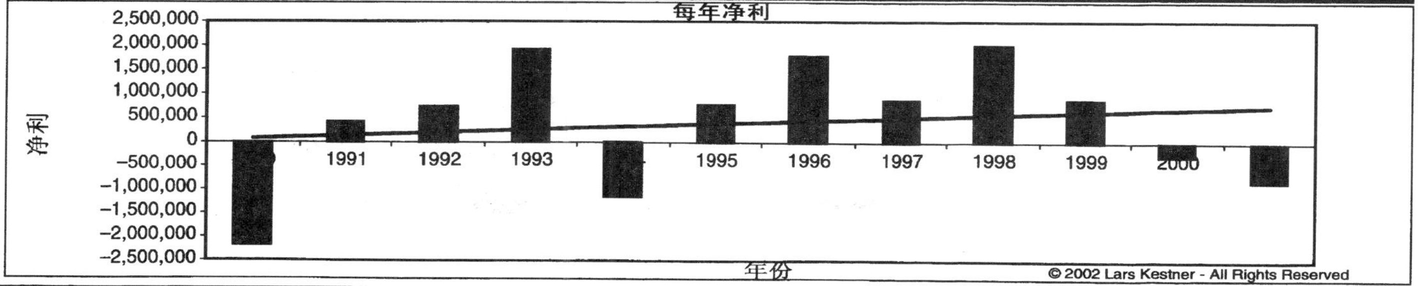

图9.22a　随机指标策略应用于相对价值市场。此逆势系统绩效优秀

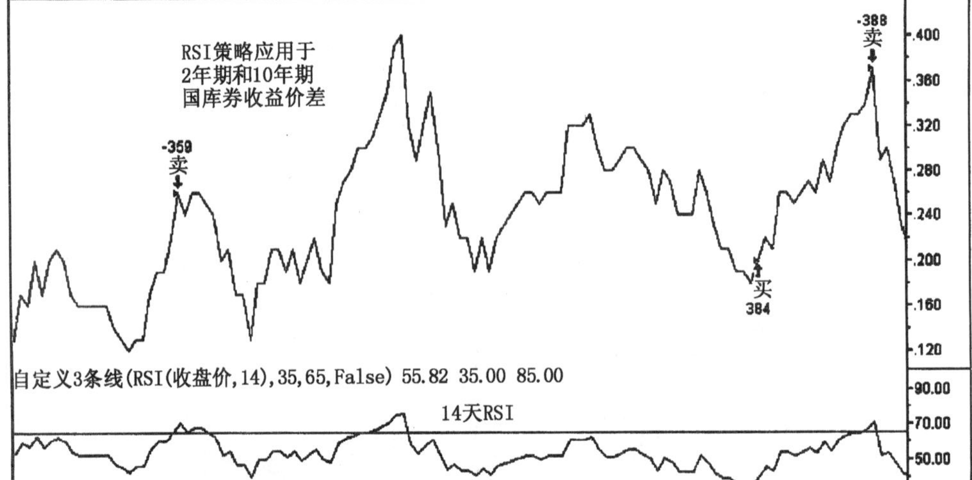

图 9.23　RSI 策略应用于 2 年期和 10 年期国库券收益率价差。RSI 可以辨别 2 年期和 10 年期国库券收益率价差的头部和底部

14 天 RSI 应用于相对价值市场（参见图 9.24a 和图 9.24b），其绩效比 14 天慢速% K 随机指标还好。在测试涵盖的 12 年中，14 天 RSI 有 8 年获利，其夏普比率为 0.34，K－比率为 0.16。15 组股票配对，其中 11 组获利。

与 100 天移动平均的差异

测试结果显示：使用传统的顺势系统，如通道突破、移动平均穿越和动能，在 30 个相对价值市场都赔钱；使用逆势系统，如慢速% K 随机指标和 RSI，则可以赢利。这与我们的理论相符：在可以替代的两个或多个市场进行交易，逆势系统表现较佳。

我们准备引进两套新系统，针对相对价值市场，利用均值回归。逆势交易的规则为：价格快速上涨时，进场建立空头部位；价格迅速下跌时，进场建立多头部位。我们介绍的第一种策略是：将今天收盘价与今天的 100 天移动平均的差值，进行常态化。首先，用今天收盘价减去 100 天移动平均。然后，用这一数值除以最近 100 天价格变动率的标准差。经过常态化处理后，才方便比较

交易策略评估（相对价值）

策略名称：14天RSI

参数：RSI计算采用14天

说明： %K向下穿越35，进场建立多头部位；%K向上穿越65，进场建立空头部位

测试期间：1990.1.1-2001.12.31

	市场	净利	K-比率	夏普率	最大流失	交易次数	成功%	平均合约	合约平均获利	平均获利	平均亏损	成功线形	失败线形
收益率曲线	2's-10's	−609,085	−0.08	−0.28	−843,098	38	68	333.90	−43	47,456	−148,254	43	149
	2's-5's	−477,333	−0.02	−0.24	−772,165	22	77	466.09	3	60,508	−198,631	69	313
	10's-30's	−488,435	−0.05	−0.25	−623,410	36	64	549.78	−23	34,248	−95,138	46	145
	2-10-30 Fly	634,684	0.12	0.35	−379,502	38	79	521.51	40	58,090	−119,783	44	201
期权价差	交换码差	−316,740	−0.10	−014	−824,000	46	52	8.51	−829	45,356	−64,240	33	101
	高收益率	−1,604,259	−0.15	−0.58	−2,226,217	41	66	156.81	−245	40,340	−190,312	46	123
价格波动率	VIX	1,281,900	0.27	0.74	−238,590	31	94	10.44	4,007	45,661	−13,855	79	350
商品	C/W	−648,977	−0.09	−0.31	−820,507	35	57	632.78	−29	42,901	−99,676	63	114
	S/BO	77,456	−0.02	0.04	−827,388	47	66	1050.48	2	45,854	−83,894	42	105
	S/SM	31,405	0.02	0.02	−419,270	42	64	1257.49	1	45,041	−78,663	44	121
	GC/SL	7,349	0.04	0.00	−474,796	35	57	918.92	2	42,601	−52,415	54	131
股价指数	SPX/NDX	−785,311	−0.06	−0.37	−903,505	37	41	1103.39	−19	64,145	−78,417	35	112
	SPX/RUT	−577,918	−0.08	−0.26	−861,609	39	56	1777.82	−7	50,396	−94,560	52	109
股票配对	BSC/MER	786,386	0.21	0.49	−265,189	35	74	502.33	45	46,720	−47,983	60	161
	CVS/WAL	−57,232	0.01	−0.03	−533,965	30	63	529.84	−4	41,087	−76,889	78	138
	DAL/AMR	362,124	0.08	0.20	−354,597	40	65	679.98	13	42,784	−53,676	61	98
	DD/DOW	30,069	0.02	0.02	−364,066	31	52	618.47	2	48,084	−49,285	73	123
	FNM/FRE	1,068,405	0.30	0.67	−233,334	31	81	745.69	47	53,597	−40,551	83	97
	GM/F	−693,392	−0.18	−0.40	−782,531	32	47	600.24	−33	38,573	−70,821	52	124
	KO/PEP	760,037	0.06	0.43	−493,593	38	76	596.38	36	50,818	−72,948	47	160
	MOT/TXN	146,598	0.02	0.09	−473,052	34	62	396.97	13	49,556	−66,404	54	135
	MSFT/INTC	−118,065	−0.01	−0.06	−567,639	41	63	434.81	−6	48,153	−90,797	44	120
	PFE/MRK	674,809	0.13	0.38	−400,978	33	70	631.62	34	52,579	−50,791	66	142
	VZ/SBC	1,329,975	0.34	0.78	−250,472	39	82	771.65	43	50,356	−44,684	54	173
	WMT/HD	1,359,504	0.32	0.81	−167,166	44	80	560.87	55	46,967	−31,451	60	100
	XOM/BP	−348,082	−0.03	−0.20	−874,051	26	54	702.07	−19	53,295	−91,764	43	194
	RD/SC	1,108,010	0.37	0.92	−148,295	25	84	1506.77	29	60,528	−42,301	114	146
	UN/UL	528,807	0.13	0.55	−94,952	14	71	1215.80	32	62,957	−23,158	232	164
商品vs股票	XAU/GC	754,181	0.17	0.45	−270,368	42	76	554.42	33	39,826	−50,083	53	116
	XOI/CL	123,347	−0.01	0.07	−474,920	31	68	681.47	8	51,918	−91,572	58	175
	平均	144,674	0.06	0.13	−565,441	35	67	683.91	106	48,680	−77,100	63	148

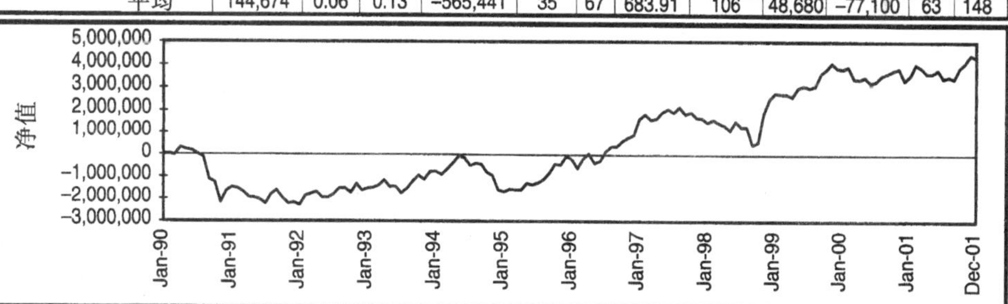

投资组合统计量

净利：	4,340,217	夏普率：	0.34
最大流失金额：	−2,599,481	突破相关：	−0.75
K-比率：	0.16	均线相关：	−0.69

图9.24a RSI策略应用于相对价值市场。RSI策略绩效颇佳

统计分析（相对价值）

策略名称：14天RSI
参数：RSI计算采用14天
说明：%K向下穿越35，进场建立多头部位；%K向上穿越65，进场建立空头部位
测试期间：1990.1.1-2001.12.31

市场分析

市场	平均净利	平均K-比率	平均夏普率	平均最大流失	平均交易次数	平均成功%	合约平均获利	平均获利	平均亏损	成功线形	失败线形
利率	−235,042	0.00	−0.11	−654,544	34	72	−6	50,076	−140,452	50	202
期权	−960,500	−0.13	−0.36	−1,525,109	44	59	−537	42,848	−127,276	40	112
价格波动率	1,281,900	0.27	0.74	−238,590	31	94	4,007	45,661	−13,855	79	350
商品	−133,192	−0.01	−0.06	−635,490	40	61	−6	44,099	−78,662	51	118
股价指数	−681,615	−0.07	−0.32	−882,557	38	48	−13	57,270	−86,489	43	110
股票配对	462,530	0.12	0.31	−400,259	33	68	19	49,737	−56,900	75	138
股票vs商品	438,764	0.08	0.26	−372,644	37	72	21	45,872	−70,828	56	145

年份绩效分析

年份	净利	K-比率	夏普率	年份	净利	K-比率	夏普率
1990	−1,475,248	−0.39	−0.96	*1996*	1,840,108	0.55	1.60
1991	−813,850	−0.27	−1.11	*1997*	−147,722	−0.01	−0.20
1992	757,832	0.29	0.91	*1998*	1,302,115	0.09	0.72
1993	763,636	0.26	0.95	*1999*	1,047,145	0.60	30.28
1994	−912,351	−0.16	−0.92	*2000*	−274,147	−0.02	−0.30
1995	1,455,162	0.82	2.20	*2001*	795,685	0.14	0.82

获利窗口

长度	窗口数	获利窗口数	获利百分比
1个月	144	78	54.17%
3个月	142	82	57.75%
6个月	139	85	61.15%
12个月	133	91	68.42%
18个月	127	91	71.65%
24个月	121	102	84.30%

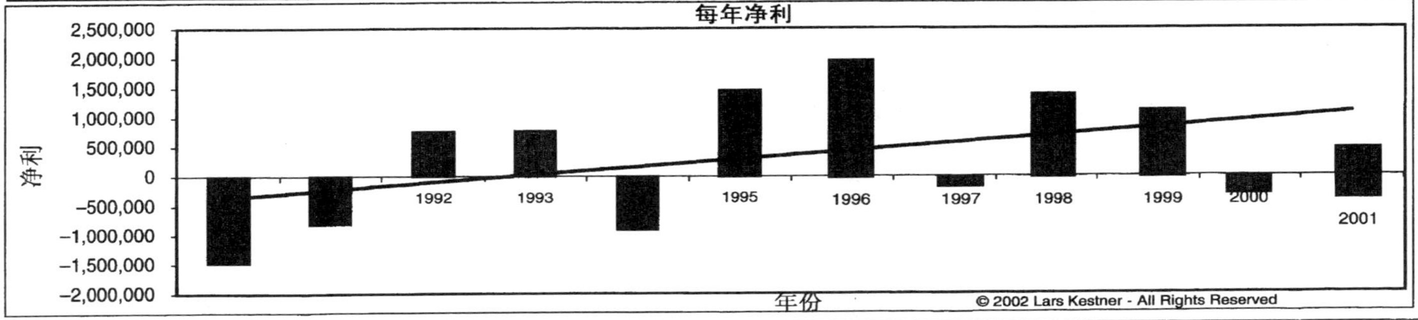

图9.24b　RSI策略应用于相对价值市场。RSI策略绩效颇佳

不同市场的情况。前述结果可以衡量目前收盘价偏离长期均价的程度。

$$100\text{天统计量}=\frac{(\text{收盘价}-\text{收盘价}100\text{天移动平均值})}{\text{最近}100\text{价格变动率的标准差}}$$

100 天统计量小于 -2.5，进场建立多头部位；统计量大于 2.5，进场建立空头部位。100 天统计量大于零，则结束多头部位；统计量小于零，则结束空头部位。

图 9.25 绘制了此策略应用于 VIX 的情况。10 月末，VIX 上升超过其 100 天移动平均值，100 天统计量大于 2.5，于是我们进场建立空头部位。随着市场的萎缩，到 11 月末，100 天统计量小于零，于是我们出场，结束空头部位。整个下降趋势持续到 2 月中旬，100 天统计量小于 -2.5，此时，我们进场建立多头部位，一个月后，当 100 天统计量大于零时，我们则结束多头部位。

这一策略的表现不错（参见图 9.26a 和图 9.26b）。其夏普比率为 0.49，K - 比率为 0.24，测试涵盖的 12 年中，有 8 年获利。表现最好的市场有价格波动率、股票配对和商品/股票。15 组股票配对，有 13 组获利。期权价差和股票指数的表现很差。

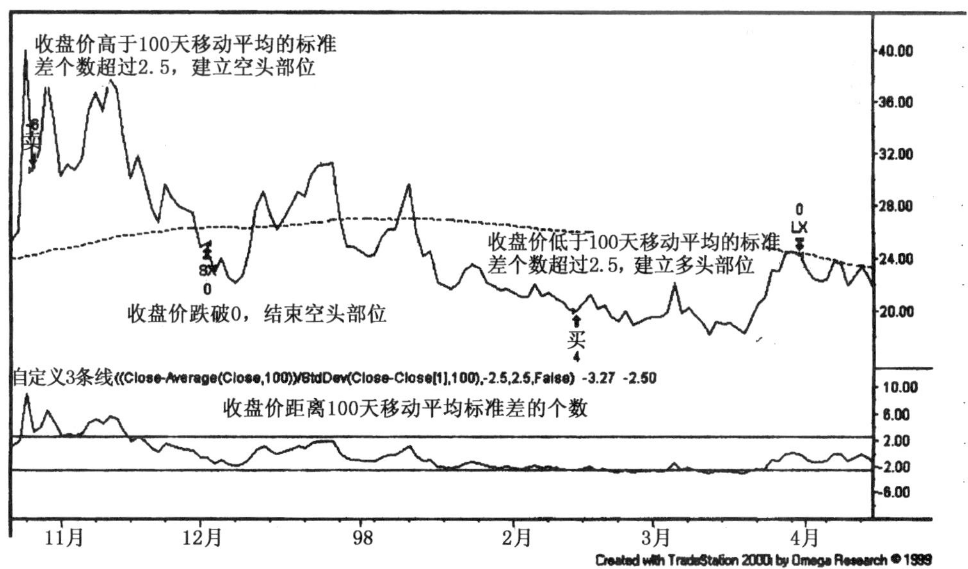

图 9.25　100 天移动平均差异策略应用于 VIX。此策略可以辨别 VIX 的头部和底部

交易策略评估（相对价值）

策略名称：与100天移动平均的差距

参数：100天平均

说明：统计量小于-2.5，进场建立多头部位；统计量大于2.5，进场建立空头部位。统计量反向穿越零，则结束部位

测试期间：1990.1.1-2001.12.31

	市场	净利	K-比率	夏普率	最大流失	交易次数	成功%	平均合约	合约平均获利	平均获利	平均亏损	成功线形	失败线形
收益率曲线	2's-10's	−1,134,921	−0.11	−0.59	−1,204,453	42	64	344.28	−65	28,033	−113,011	20	116
	2's-5's	−594,457	0.00	−0.33	−753,424	52	77	473.11	5	29,564	−87,367	14	117
	10's-30's	−349,637	−0.03	−0.18	−510,610	51	69	553.25	−13	25,735	−78,490	21	94
	2-10-30 Fly	246,082	0.12	0.14	−298,542	55	71	563.96	13	34,932	−60,409	21	87
期权价差	交换码差	−402,790	−0.14	−0.19	−935,543	47	64	8.88	−990	28,092	−73,855	24	98
	高收益率	−1,284,717	−0.15	−0.42	−2,031,543	47	70	161.90	−167	32,905	−168,167	27	121
价格波动率	VIX	1,714,990	0.50	1.35	−181,930	75	89	10.33	2,226	28,171	−20,388	20	39
商品	C/W	−613,350	−0.07	−0.30	−1,128,894	53	72	659.04	−17	27,501	−110,259	24	99
	S/BO	−75,430	−0.04	−0.04	−651,336	54	67	1074.36	−1	32,078	−67,646	21	94
	S/SM	303,967	0.05	0.20	−339,716	49	69	1328.22	4	34,305	−58,340	27	102
	GC/SL	155,061	0.05	0.09	−489,064	55	71	925.57	4	25,151	−49,903	29	69
股价指数	SPX/NDX	−855,891	−0.13	−0.44	−964,684	45	62	1046.11	−18	24,901	−91,741	28	101
	SPX/RUT	−1,001,906	−0.22	−0.46	−1,356,563	44	61	1759.93	−12	29,509	−100,600	27	110
股票配对	BSC/MER	519,432	0.21	0.40	−254,041	59	75	474.88	19	24,346	−36,786	21	90
	CVS/WAG	208,054	0.07	0.14	−406,696	55	69	517.45	13	27,883	−41,296	27	70
	DAL/AMR	1,440,848	0.36	0.87	−211,296	64	83	717.52	31	34,060	−35,737	25	87
	DD/DOW	571,262	0.21	0.42	−282,302	62	71	607.79	16	27,185	−33,992	20	78
	FNM/FRE	1,129,884	0.44	0.80	−233,334	65	78	792.26	22	29,087	−25,255	18	77
	GM/F	−393,804	−0.13	−0.24	−496,060	47	55	604.50	−11	25,639	−47,256	21	86
	KO/PEP	896,749	0.18	0.56	−244,555	65	78	614.29	22	31,055	−49,075	20	87
	MOT/TXN	168,111	0.02	0.10	−416,846	58	69	389.25	7	26,558	−49,678	22	87
	MSFT/INTC	−419,078	−0.15	−0.25	−597,389	50	68	439.37	−19	31,522	−92,671	25	106
	PFE/MRK	609,396	0.14	0.36	−426,076	60	72	634.18	17	29,805	−37,977	19	85
	VZ/SBC	1,450,517	0.45	1.12	−197,344	78	85	747.73	25	29,028	−38,777	19	81
	WMT/HD	828,545	0.13	0.54	−284,742	62	76	528.08	25	28,955	−35,605	20	84
	XOM/BP	188,769	0.04	0.12	−467,208	51	69	720.35	5	32,697	−59,727	18	104
	RD/SC	895,407	0.59	0.88	−123,405	63	84	1381.72	10	22,318	−29,360	22	74
	UN/UL	843,961	0.50	1.04	−115,600	61	85	1154.13	12	19,518	−18,101	20	77
商品vs股票	XAU/GC	535,617	0.15	0.37	−250,630	53	70	537.65	19	26,429	−27,642	30	83
	XOI/CL	151,710	0.09	0.09	−397,009	55	76	681.63	6	28,408	−73,957	19	119
	平均	191,079	0.10	0.21	−541,693	56	72	681.72	40	28,512	−60,436	22	91

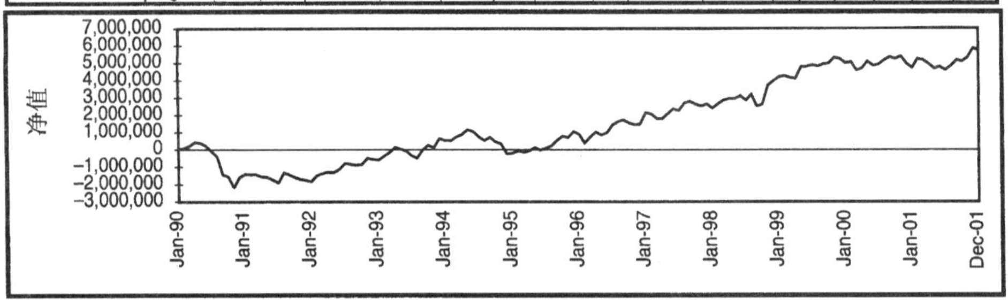

投资组合统计量

净利：	5,732,381	夏普率：	0.49
最大流失金额：	−2,620,449	突破相关：	−0.80
K-比率：	0.24	均线相关：	−0.70

图9.26a　100天移动平均差距策略应用于相对价值市场。此策略赢利能力颇佳

统计分析（相对价值）

策略名称：与100天移动平均的差距
参数：100天平均
说明：统计量小于-2.5，进场建立多头部位；统计量大于2.5，进场建立空头部位。统计量反向穿越零，则结束部位
测试期间：1990.1.1-2001.12.31

市场分析

市场	平均净利	平均K-比率	平均夏普率	平均最大流失	平均交易次数	平均成功%	合约平均获利	平均获利	平均亏损	成功线形	失败线形
利率	-458,233	-0.01	-0.24	-691,757	50	70	-15	29,566	-84,819	19	103
期权	-843,754	-0.14	-0.31	-1,483,522	47	67	-578	30,498	-121,011	26	109
价格波动率	1,714,990	0.50	1.35	-181,930	75	89	2,226	28,171	-20,388	20	39
商品	-57,438	0.00	-0.01	-652,253	53	70	-3	29,759	-71,537	25	91
股价指数	-928,899	-0.18	-0.45	-1,160,624	45	62	-15	27,205	-96,171	28	106
股票配对	595,870	0.20	0.46	-317,126	60	74	13	27,977	-42,086	21	85
股票vs商品	343,664	0.12	0.23	-323,820	54	73	12	27,419	-50,799	24	101

年份绩效分析

年份	净利	K-比率	夏普率	年份	净利	K-比率	夏普率
1990	-1,435,256	-0.41	-0.97	*1996*	1,242,797	0.46	1.11
1991	-416,993	-0.17	-0.61	*1997*	272,883	0.29	0.35
1992	1,230,722	0.77	2.10	*1998*	1,794,843	0.27	1.27
1993	1,151,305	0.27	1.20	*1999*	798,438	0.52	2.15
1994	-747,535	-0.21	-0.83	*2000*	-285,454	0.08	-0.30
1995	1,105,692	0.73	1.85	*2001*	1,013,733	0.20	1.05

获利窗口

长度	窗口数	获利窗口数	获利百分比
1个月	144	75	52.08%
3个月	142	97	68.31%
6个月	139	97	69.78%
12个月	133	100	75.19%
18个月	127	102	80.31%
24个月	121	106	87.60%

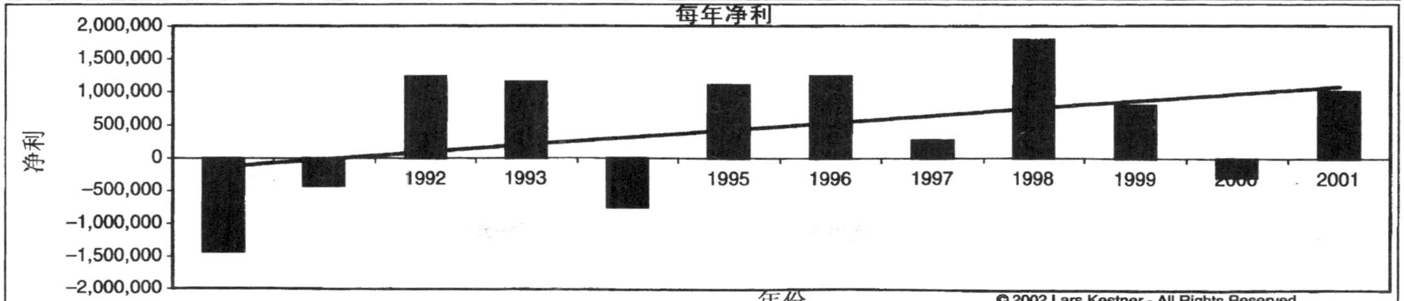

图9.26b 100天移动平均的差距策略应用于相对价值市场。此策略赢利能力颇佳

10 天/40 天移动平均差距

另一套系统是计算 10 天均线与 40 天均线的差距。如果价格变动很快，10 天均线与 40 天均线的距离则增大。因为 10 天均线对最近价格变动比 40 天均线更敏感。

$$10/40\text{统计量}=\frac{(10\text{天移动平均}-40\text{天移动平均})}{100\text{天价格变动率标准差}}$$

如果 10/40 统计量小于 -2，进场建立多头部位，10/40 统计量大于 0，则结束多头部位。如果 10/40 统计量大于 2，进场建立空头部位，10/40 统计量小于 0，则结束空头部位。

图 9.27 显示了此策略应用于 5 年期交换码差的情况。4 月初，10/40统计量向下穿越 -2，我们进场建立多头部位。9 月中旬，10/40统计量向上穿越 0，于是结束多头部位。9 月末，10/40统计量上穿 2，我们进场建立空头部位，几天后因10/40统计量下降小于 0，匆匆结束空头部位。

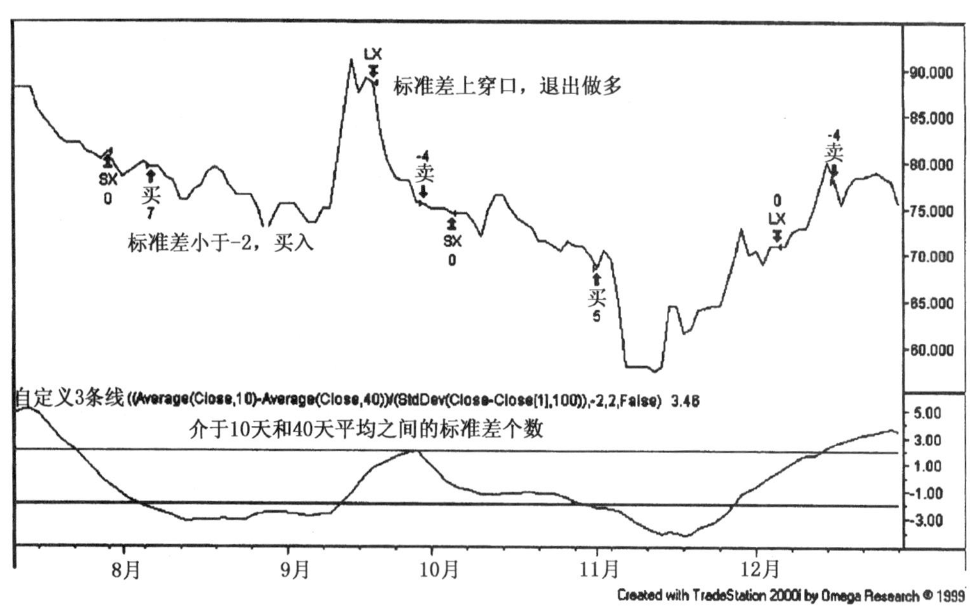

图 9.27　10 天均线与 40 天均线的差距策略应用于 5 年期交换码差。此策略大体可以辨别短期头部和底部

这套系统应用于相对价值市场，绩效并不理想（参见图 9.28a 和图 9.28b）。表现最佳的市场分别是价格波动率和股票配对。15 组股票配对，其中 11 组赢利。有趣的是，此策略绩效随时间的推移而越来越好。测试的 12 年中，前两年表现最差，随后的 10 年中，有 8 年赢利，2001 年赢利最多。结果说明尽管策略总体绩效平平，但今后可能会有杰出表现。

新市场、新机遇

相对价值市场很少出现明显的趋势，本章检测的策略也证实了这一理论。在这些新市场运用顺势系统，基本不成功，在股票配对和价格波动率市场尤为失败。相反地，期权价差和股票指数市场似乎存在趋势，通道突破和移动平均穿越策略在这两个市场表现优秀。而收益率曲线市场、商品替代和商品/股票，表现则参差不齐，没有明显的趋势和平均回归。

这些新市场带我们进入新领域，也创造了新的机遇。传统的股票和期货市场，人们对市场缺乏效率现象已研究得相当透彻。而相对价值市场还是处女地，适合采用计量技术去开垦。尽管现在大型资金机构才有能力操作相对价值市场，但是今后可能会推出一些适合个人投资者交易的新产品。

交易策略评估（相对价值）

策略名称：10天均线与40天均线的差距

参数：10天和40天平均

说明：统计量小于-2，进场建立多头部位；统计量大于2，进场建立空头部位。统计量反向穿越零，则结束部位

测试期间：1990.1.1-2001.12.31

	市场	净利	K-比率	夏普率	最大流失	交易次数	成功%	平均合约	合约平均获利	平均获利	平均亏损	成功线形	失败线形
收益率曲线	2's-10's	–386,244	–0.02	–0.21	–534,470	48	69	339.29	–21	33,629	–96,342	24	71
	2's-5's	93,182	0.06	0.06	–513,780	43	65	450.11	5	39,867	–67,433	24	60
	10's-30's	–696,499	–0.10	–0.43	–803,043	41	59	511.19	–31	26,735	–76,261	25	63
	2-10-30 Fly	593,941	0.27	0.42	–222,013	56	70	551.28	24	34,244	–35,267	22	52
期权价差	交换码差	–67,190	–0.03	–0.03	–612,000	52	69	8.79	–169	30,364	–73,143	27	57
	高收益率	–1,478,602	–0.15	–0.59	–2,046,757	46	54	161.00	–196	41,404	–118,316	26	73
价格波动率	VIX	777,020	0.59	0.75	–143,660	38	76	9.59	2,195	33,253	–18,281	23	49
商品	C/W	–844,003	–0.10	–0.45	–1,029,945	48	65	636.43	–28	29,322	–104,021	25	68
	S/BO	–520,143	–0.13	–0.30	–931,199	51	55	1044.31	–10	36,075	–66,533	25	60
	S/SM	272,696	0.10	0.16	–346,848	52	56	1353.83	4	36,318	–33,970	27	54
	GC/SL	–21,406	–0.01	–0.01	–431,533	49	65	916.24	1	35,678	–65,813	28	67
股价指数	SPX/NDX	–857,526	–0.05	–0.51	–934,626	47	55	1097.94	–16	36,409	–84,851	24	67
	SPX/RUT	–1,289,499	–0.30	–0.68	–1,466,584	46	46	1776.70	–15	36,194	–79,393	24	67
股票配对	BSC/MER	587,535	0.24	0.52	–211,321	52	71	500.91	22	28,278	–31,637	28	50
	CVS/WAG	109,795	–0.01	0.08	–430,219	52	69	508.58	4	28,195	–56,841	25	60
	DAL/AMR	373,636	0.05	0.24	–263,905	57	61	698.93	9	32,109	–34,100	25	47
	DD/DOW	138,417	0.07	0.11	–334,915	52	63	602.66	4	31,267	–47,022	23	57
	FNM/FRE	469,073	0.21	0.40	–291,088	43	74	787.80	14	29,959	–43,901	22	51
	GM/F	–551,075	–0.17	–0.38	–667,152	48	48	605.94	–17	30,348	–47,861	22	59
	KO/PEP	790,931	0.14	0.61	–228,820	53	72	604.02	25	35,575	–37,394	22	59
	MOT/TXN	–186,527	–0.07	–0.13	–347,539	49	57	390.38	–10	29,117	–47,705	25	55
	MSFT/INTC	–552,185	–0.13	–0.34	–823,572	50	60	439.76	–25	32,319	–75,682	28	67
	PFE/MRK	206,996	0.03	0.15	–392,520	51	63	633.77	6	31,519	–42,190	21	56
	VZ/SBC	374,054	0.22	0.35	–132,662	48	67	758.67	10	23,130	–23,043	29	46
	WMT/HD	415,701	004	0.28	–276,679	47	66	545.69	18	31,731	–33,202	24	57
	XOM/BP	–420,099	–0.07	–0.31	–688,730	46	50	716.13	–13	27,423	–45,688	25	54
	RD/SC	360,210	0.26	0.56	–207,524	36	78	1498.43	7	20,545	–27,258	26	47
	UN/UL	401,615	0.39	0.74	–81,302	25	80	1147.00	14	25,221	–19,265	26	45
商品vs股票	XAU/GC	687,765	0.24	0.53	–231,944	59	75	543.08	21	27,767	–35,600	25	53
	XOI/CL	–626,980	–0.16	–0.48	–747,108	37	41	697.32	–24	41,537	–56,820	21	62
	平均	–61,514	0.05	0.04	–545,782	47	63	684.53	60	31,851	–54,161	25	58

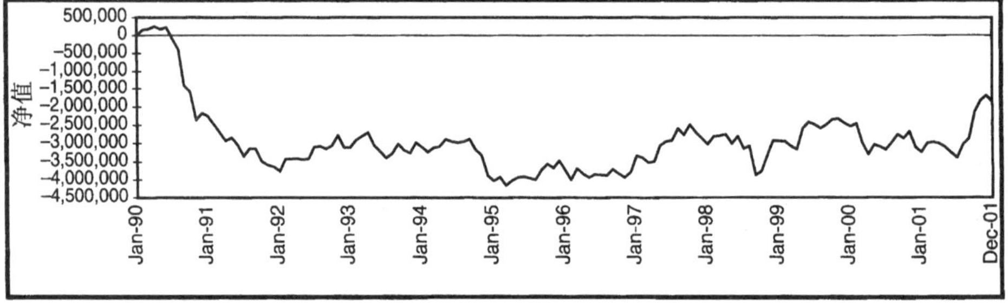

净值
500,000
0
–500,000
–1,000,000
–1,500,000
–2,000,000
–2,500,000
–3,000,000
–3,500,000
–4,000,000
–4,500,000
Jan-90 Jan-91 Jan-92 Jan-93 Jan-94 Jan-95 Jan-96 Jan-97 Jan-98 Jan-99 Jan-00 Jan-01 Dec-01

投资组合统计量

净利：	–1,845,411	夏普率：	–0.18
最大流失金额：	–4,402,173	突破相关：	–0.85
K-比率：	–0.02	均线相关：	–0.86

图9.28a　10天均线与40天均线的差距策略应用于相对价值市场。此策略赢利能力不如其他逆势策略

统计分析（相对价值）

策略名称：10天均线与40天均线的差距
参数：10天和40天平均
说明：统计量小于-2，进场建立多头部位；统计量大于2，进场建立空头部位。统计量反向穿越零，则结束部位
测试期间：1990. 1. 1-2001. 12. 31

市场分析

市场	平均净利	平均K-比率	平均夏普率	平均最大流失	平均交易次数	平均成功%	合约平均获利	平均获利	平均亏损	成功线形	失败线形
利率	−98,905	0.05	−0.04	−518,327	47	66	−6	33,619	−68,826	24	61
期权	−772,896	−0.09	−0.31	−1,329,379	49	62	−182	35,884	−95,730	26	65
价格波动率	777,020	0.59	0.75	−143,660	38	76	2,195	33,253	−18,281	23	49
商品	−278,214	−0.03	−0.15	−684,881	50	60	−8	34,348	−67,584	26	62
股价指数	−1,073,513	−0.18	−0.60	−1,200,605	47	50	−16	36,302	−82,122	24	67
股票配对	167,872	0.08	0.19	−358,530	47	65	5	29,116	−40,853	25	54
股票vs商品	30,393	0.04	0.03	−489,526	48	58	−1	34,652	−46,210	23	58

年份绩效分析

年份	净利	K-比率	夏普率	年份	净利	K-比率	夏普率
1990	−2,241,580	−0.51	−1.73	1996	414,882	0.11	0.57
1991	−1,516,883	−0.95	−2.64	1997	311,460	0.28	0.41
1992	647,696	0.40	0.98	1998	100,234	−0.12	0.08
1993	20,588	−0.10	0.03	1999	395,401	0.32	1.34
1994	−933,100	−0.18	−1.31	2000	−702,768	−0.09	−0.76
1995	286,351	0.35	0.48	2001	1,377,482	0.34	1.49

获利窗口

长度	窗口数	获利窗口数	获利百分比
1个月	144	68	47.22%
3个月	142	71	50.00%
6个月	139	65	46.76%
12个月	133	65	48.87%
18个月	127	64	50.39%
24个月	121	62	51.24%

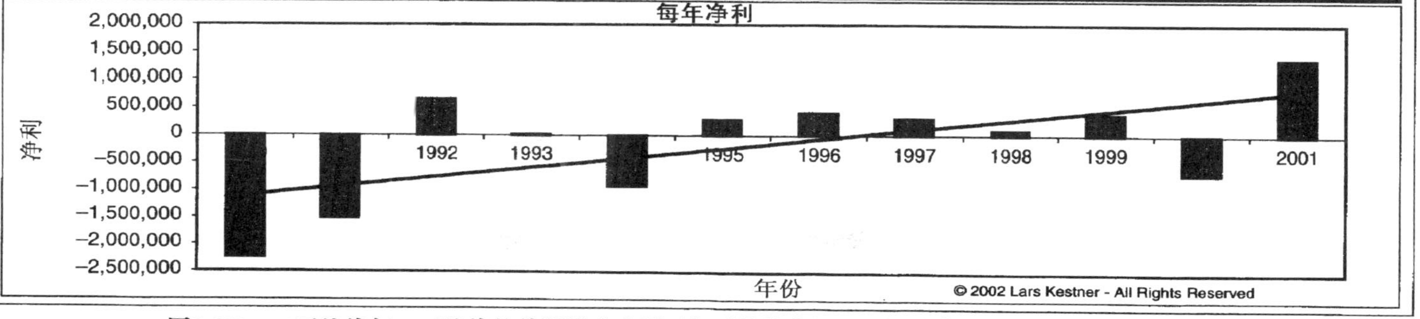

每年净利

图9.28b 10天均线与40天均线的差距策略应用于相对价值市场。此策略赢利能力不如其他逆势策略

投资标准普尔500：计量技术策略胜过买进—持有策略

之前的章节，重点探讨中短期交易。但是，除了专业投资外，交易者还有储蓄、退休金和其他方面的投资。多数投资都涌向股票市场。本章，我们将避开那些复杂的策略，使用计量技术分析美国股票市场中、短期价格波动。采用诸如短期和长期利率、最近市场绩效、日－月效应和波动率指数等宏观变量，创建交易策略。

股票市场的热潮

过去5年股票市场一片狂热。从网络股泡沫到CNBC泡沫，股票已深入人们的生活。任何一只股票都有表现的机会，有时，股票价格在短短几天内可以升高10倍。各个交易所也不断推出新的产品，如SPDRs和QQQs走势可以模拟股票指数，每天的成交量都相当可观。

接着，2000年中期发生崩盘，致使很多投资者跌得鼻青脸肿，再也没有心情谈论股市行情。无论是否情愿，我们都必须做一些股票、债券或是其他资产投资。本书所研究的计量技术可以消除投资过程中的情绪因素，提供一些经过时间考验的策略。

过去5年，置身于股票交易或投资的交易者可能是太投入了，以至于不能理解这段难以置信的市场行情。当尘埃落定，人们开始回顾1998—2001年这段历史时，就会发现这与20世纪20年代末出现的行情非常相似。

这段股票狂热源于互联网的普及。人们普遍认为运用互联网招揽客户，将产生许多新行业。事实也是如此，借助这一科技奇迹，新产业如雨后春笋般纷纷破土而出。网上零售商通过网络向顾客出售书籍、CD甚至杂货。软件公司建立网站，监控各类信息，包括顾客的消费习惯、仓库的存货多少等。网络公司也大显身手，铺设的光缆穿越海洋和城市。同时，那些没有涉及网络的“传统”产业，在这崭新的世界，被认为就像灭绝的恐龙一样。

任何公司只要涉及科技，就可以享受偏高的本益比。互联网入口、半导体设备、光学网路、BtoB软件以及个人电脑股票等，股价都迅速膨胀。大多数投资只关注市场占有率，并不在乎追求市场占有率是否亏钱。

祖诺（Juno）的经历最让人惊叹。祖诺是一家互联网服务商。1999年12月，祖诺的股票价格还在15~20美元之间徘徊。12月20日，祖诺管理层宣布，他们将不再继续收取网络服务费用。此消息彻底改变了公司的命运。换言之，他们想免费提供网络服务，以提高市场占有率。有些人可能认为这可能表示公司没有定价能力或是公司为挽回商业衰退而出的下策。但是，投资者却不这么想。消息公布后，仅3天时间，公司股票就从17美元攀升到87美元（参见图10.1）。这是一个神奇的时代，投资人的行为也很异常。

这一时期，股票价格波动率的剧烈程度也令人惊叹。我认为股票价格进入投资人缺乏经验的领域，是造成波动率如此剧烈的主要原因。

当股价在某个区间波动时，交易者就可以积累买卖经验。随着时间的推移，他们就可以知道哪个价位（如40美元）能吸引交易者进场，哪一价位（如60

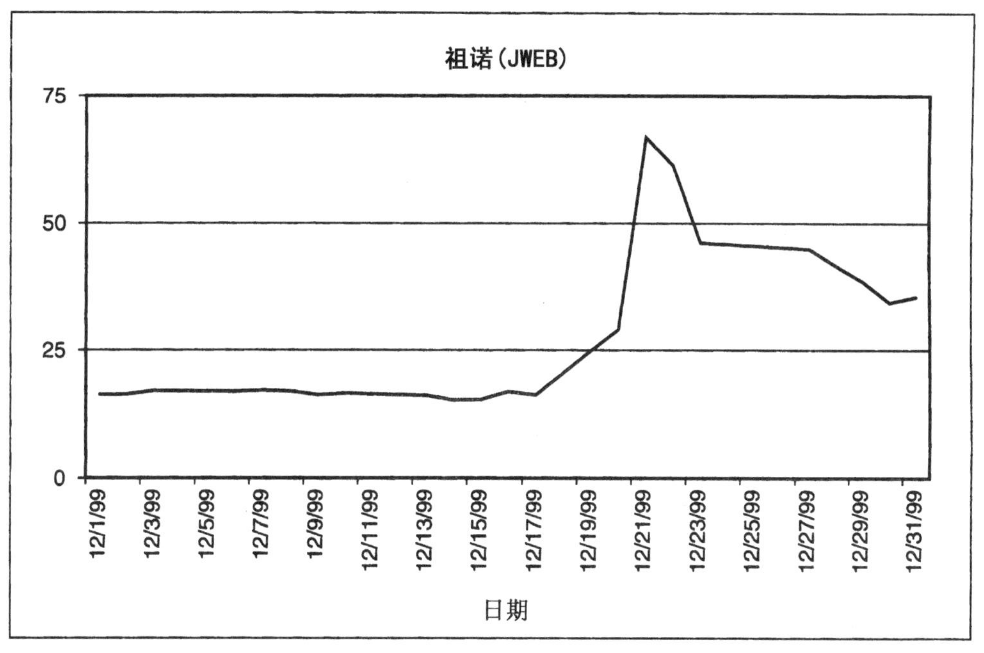

图 10.1　祖诺（JWEB）股价走势。科技股泡沫时，当祖诺宣布提供免费服务时，其股票价格上涨了 400%

美元）可以促使交易者出场。如果这种模式反复出现几次，交易者就会有信心在 40 ~ 45 美元之间，购买股票；在 55 ~ 60 美元之间，卖出股票。这种区间交易会慢慢使价格波动率缓和下来。另一方面，如果股价一口气从 50 美元上涨到 200 美元。交易者则迟迟不敢购买股票。毕竟，他们不知道股价是否还会跌回原来的低点。同样，交易者也不愿在 200 美元卖掉股票。因为既然股价从 50 美元一路涨到 200 美元，也许还会涨到 400 美元。由于对这些价格区间缺乏经验，成交量下降，波动率剧增。我相信，对交易区间缺乏设定是导致价格波动率剧烈的主要原因，尤其是科技股。

当日冲销交易也是造成波动率剧烈的因素之一。这些短线交易大多采用追高杀低的动能策略，尤其是当他们觉察到大机构的大宗交易指令时。短线交易者往往在经纪人下单前完成买卖交易，致使当天股票价格大幅度波动。由于许多科技股成交量都不大，短线交易者很容易推动 2 ~ 4 点走势。

大的选择权交易也会影响行情波动。许多专门操作科技股的避险基金，其规模从 2 500 万～5 000 万美元迅速膨胀到超过 2. 5 亿～5 亿美元。避险基金操作的股票获利可观，因为许多股票价格上涨了 5～10 倍。避险基金希望通过买卖选择权保障即得利益。这样股价下跌时，有权卖出股票，避免损失；股价上涨时，继续持有股票以获取更多利益。另一方面，坐市者通过买卖优先股票来回避卖权风险。这就要求坐市者在股价下跌时卖出股票，股价上涨时买入股票。对股票市场而言，选择权动态避险起到“助涨助跌”的效果。

最近几年，由于收益率降低，股票市场的热度也降了下来。当然，无论对个人，还是对从资本市场募集资金调整资金构成的公司而言，股票市场都是重要的投资场所。本章剩余篇章，将探讨优于买进—持有策略的交易方法。

利率对股票价格的影响

利率水平和股票收益率之间明显存在关联。原因有几点，其中的一个理由，可以用一句话来概括，“今天的一块钱不等于明天的一块钱”。我们提到这一点，是因为许多股票价格评估模式，都是通过评估未来收入的现值，估计企业的价值的。

假使我今天有 100 美元，我可以选择是借给朋友乔，还是存入银行赚取 5% 的利息。

选择 1	选择 2
借给乔	存入银行，年息 5%
1 年后，乔归还 100 美元	1 年后，本息合计 105 美元

今天存入银行 100 美元，一年之后从银行得到 105 美元，当我现在存入银行 100 美元，一年后取回 105 美元，这表示金钱具有时间价值。当我们需要查看未来的现金流量时，就应该根据利率水准将价值调整回当前价值。例如，借给乔的 100 美元，表面上看没有问题，但如果考虑银行存款 5% 的利息，这笔借款实际上就亏损了。如果我们不考虑友情，最好还是把 100 美元存入银行。

选择1	选择2
借给乔	存入银行，年息5%
5年后，乔归还100美元	5年后，本息合计127美元

时间越长，前述观念就越重要。假如时间延长为5年，那么把钱借给乔，5年后收回100美元；如果存入银行，5年后就可以取得127美元。这个例子说明了复利的效应。存入银行100美元，年利息为5%，第一年底可得到105美元。第二年年初，将105美元存入银行，年利息为5%，第二年年底，我的105美元就变为105×（1+5%）=110.25美元。第三年年初，将110.25美元存入银行，年利息仍为5%，到了年底可以得到110.25×（1+5%）=115.76美元。以此类推，到第5年底，本金100美元就变为127美元。

此原理也适用于评估企业价值。

从企业的年度报告，可以判断出该企业的净利润。假设，XYZ公司2001年每股净利为5美元，并且预测将来每年每股的净利也为5美元。如果我们按每股100美元购买该公司股票，就需要考虑以下两种情况，那个更划算：每年收取5美元的股利，还是将100美元存到银行，赚得5%的利息？

	可行方案	
利率	银行利率（美元）	XYZ收益（美元）
1%	1	5
5%	5	5
10%	10	5

从上图可以看出，利率水平可以决定我们选择那种方案。究竟是购买股票还是债券，也存在类似的抉择。因此，利率水平对于评估公司价值非常重要。

可以通过三种理论来解释为什么利率降低导致股票价格上涨。第一，由于收益降低，公司现金流量就比债券更有吸引力，公司价值增加。第二，利率降低后，很多住房贷款会进行再融资，节省下来的资金一般会涌入股票市场。第三，利率和股票有潜在的联系。当利率降低时，公司的融资能力提高，新取得的资金可以用来更新设备，提高生产能力，并通过研究开发新产品，提高未来的获利能力。

历史资料也可以印证利率降低促使股票价格升高的理论。图 10.2 绘制了标准普尔 500 的月收益率和 10 年期国库券从 1970—2001 年利率月份变动的关系。观察图表，可以发现明显的线性关系。利率降低时（通过 10 年期国库券的收益来衡量），股票价格上涨的机会较大。我们可以利用这一关联设计策略，把握股票市场的时效。

检测中期策略

我们测试标准普尔 500 的月收益率，包括价格变动加分红，时间涵盖1970—2001 年底。持有的部位可以是股票或现金。如果资金部位是现金，收益率为 3

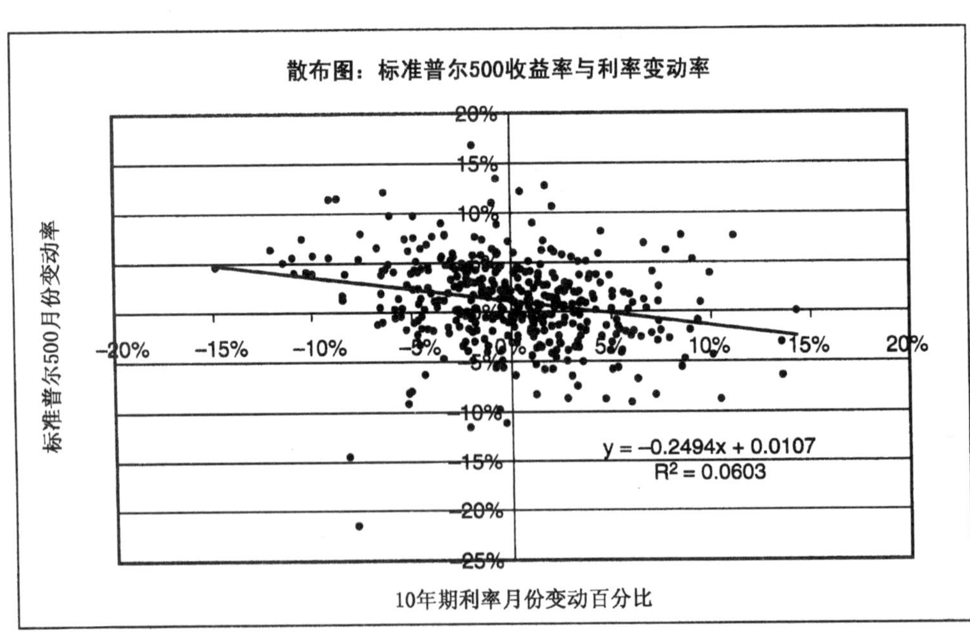

图 10.2　散布图：标准普尔 500 收益率与利率变动率。利率降低时，股票价格上涨；利率升高时，股票价格降低

个月期国库券的利率。投资决策需考虑的因素有标准普尔 500 过去的收益率、10 年期国库券近期利率变动以及 1 年期国库券近期利率变动。

与本书前面章节测试的策略相比，这些策略结构大多比较单纯。尽管相对简单，多数策略的绩效都胜过买进—持有策略，且风险较低。

统计绩效的过程中，我们计算账面期初余额为 100 美元的期末价值。为了更好地评估策略的绩效，我们还将计算对照策略的账面期末价值。所谓对照策略，就是投资与选择策略相反的部位。例如，当所选策略投资标准普尔 500 时，对照策略持有现金。反之，当所选策略持有现金时，对照策略投资标准普尔 500。另外，我还将记录策略投资市场时间的长短，用来衡量策略的风险程度。处在市场的时间越短，风险越小。

图 10.3 列举了 25 个策略的测试结果。这些策略基本上采用移动平均和动能变动系统。由标准普尔 500 总收益指数月份收盘价生成交易信号。买进—持有策略 2001 年的期末余额为 3 661 美元；对照策略，只持有现金，其期末余额仅为 944 美元。注意：1970 年的期初余额都是 100 美元。

这些测试结果说明了什么呢？

首先，54% 的策略绩效优于买进—持有策略，并且风险较低。这意味着投资人可以利用市场时效。

其次，绩效最好的策略都是在利率下跌时买进股票。当 10 年期国库券利率低于 3 个月平均水平时，买进股票，此策略的期末账面余额为 6 819 美元，年收益率为 14.1%。买进—持有策略的年收益率为 11.9%，持有现金策略的年收益率仅为 7.3%。

另一个有趣的现象是，在市场收益率上扬时买入的策略，往往绩效很差。当标准普尔 500 高于过去 3 个月平均值时买进的策略，绩效最差。使用此策略，1970 年投入 100 美元，到 2001 年为 1 310 美元。年收益率仅为 8.4%，尽管有 64% 的时间置身于市场中。

策略	期末账面余额	置身市场的时间	对照策略期末账面余额
10 年期收益率 <3 个月平均值	6 819	50%	500
1 年期收益率 <6 个月前的值	6 610	52%	523
1 年期收益率 <12 个月平均值	4 855	54%	712
SPX >12 个月平均值和 1 年期收益率 <12 个月平均值和 10 年期收益率 <12 个月平均值	4 735	38%	730
1 年期收益率 <12 个月前的值	4 442	53%	778
10 年期收益率 <12 个月平均值	4 379	54%	789
1 年期收益率 <6 个月平均值	4 337	51%	790
10 年期收益率 <6 个月平均值	4 290	51%	798
SPX >12 个月之前的值	4 211	81%	821
1 年期收益率 <3 个月前的值	4 202	48%	822
SPX >12 个月平均值	4 123	76%	838
1 年期收益率 <3 个月平均值	4 089	50%	834
SPX >12 个月之前值和 1 年期收益率 <12 个月之前值和 10 年期收益率 <12 个月之前值	3 773	38%	904
买进—持有	3 661	100%	944
10 年期收益率 <6 个月前的值	3 531	51%	979
10 年期收益率 <12 个月前的值	3 165	49%	1 092
10 年期收益率 <3 个月前的值	3 135	49%	1 102
SPX >6 个月之前值和 1 年期收益率 <6 个月之前值和 10 年期收益率 <6 个月之前值	2 732	33%	1 248
SPX >3 个月之前值和 1 年期收益率 <3 个月之前值和 10 年期收益率 <3 个月之前值	2 491	32%	1 369
SPX >6 个月平均值和 1 年期收益率 <6 个月平均值和 10 年期收益率 <6 个月平均值	2 415	34%	1 418
SPX >6 个月前的值	2 132	72%	1 621
SPX >3 个月前的值	2 006	71%	1 722
SPX >6 个月平均值	1 879	71%	1 823
SPX >3 个月平均值和 1 年期收益率 <3 个月平均值和 10 年期收益率 <3 个月平均值	1 817	30%	1 876
SPX >3 个月平均值	1 310	63%	2 603

图 10.3 各个策略的绩效。所有测试的策略，有 54%绩效优于标准普尔 500，风险相对还小

当1年期和10年期利率同时低于12个月平均值，并且股票价格高于12月平均值时，买进的策略最引人注意。尽管只有38%的时间置身市场，此策略的年收益率为12.8%，胜过买进—持有策略。

短期交易方法

对于短线操盘手来说，我们也开发了一些短期模式，利用某些市场的缺乏效率现象，操作标准普尔500期货、可转换基金，以及免佣金指数基金。

指数基金和ETFs

20世纪90年代，美国一般家庭也热衷于投资股票，指数基金也随之迅速膨胀。典型的成熟基金管理人一般选择他认为价格将会上涨的股票进行投资，而指数基金与之不同，根据某个指数，购买所有股票。

指数基金的优势在于费用较低。典型的成熟基金每年收取1.5%或更高的费用。这笔钱用来支付管理人的薪金和挑选投资组合成分股的研究分析师。因为指数基金仅需和通用指数的持有部位匹配，投资决策可自动生成，不需要支付高额股票研究费用。多数指数基金只收取不到0.3%的年费。Vanguard 500指数基金是美国最大的成熟基金之一，旨在同标准普尔500的绩效相匹配。此基金资产超过850亿美元。

为了同采用指数基金的投资者抗衡，美国的证券交易所在20世纪90年代初开始提供挂牌交易的指数基金（ETFs）。所谓ETFs，是指单位投资信托或持有一揽子股票存放收据，以便模拟设定的基准，如标准普尔500、纳斯达克100或罗素2000。证券交易所公布ETFs名录，以及持有一揽子股票所代表的资产。这样，个体投资者就可以选择和指数基金行为一样的股票进行交易。

多数指数基金，一天仅允许现金流入或流出一次。ETFs一天内允许多次交易。ETFs非常类似股票：可以频繁进行交易，可以卖（有些甚至不需要报升），可以交保证金买空，也可以委托经纪人进行买卖。由于ETFs很通俗，特定行业和国家的ETFs还向投资人提供很精确的资产分类。

周抵消和月抵消效应

20世纪80年代初，人们开始研究周抵消效应，以判断周一的波动幅度与其他4天相比是否最大。如果资信驱动价格，而每天散布的资信量一样，依据此理论，因周末积累了两天的资信，那么周一的波动率应是周二到周五任一天的3倍。实际上，研究人员发现，平均来看，周一的波动率和其他4天大体相同。不同的是一周内每天的平均收益率。周一的收益率明显低于周五。

多年来，周抵消效应已经减弱到可以忽略不记。那么月抵消效应及其对市场收益率的影响又是怎样的呢？

检测1990年以来每天的收益率，我们将一月中每天的收益率进行平均。注意：此处以公历日期为准。例如，3月3日可能是3月份的第一个交易日，在此我们标记为第三天。图10.4绘制了月份每天收益率的涨跌幅度。

1997年，我在所罗门兄弟公司的股票衍生品研究部门工作时，首次注意到月份的日效应。我发现股票市场的收益率一个月中每天都有偏颇。绩效好的时间段和绩效差的时间段比较分明。

从上述图表可以看出：3个时间段收益率高于平均水平，2个时间段的收益

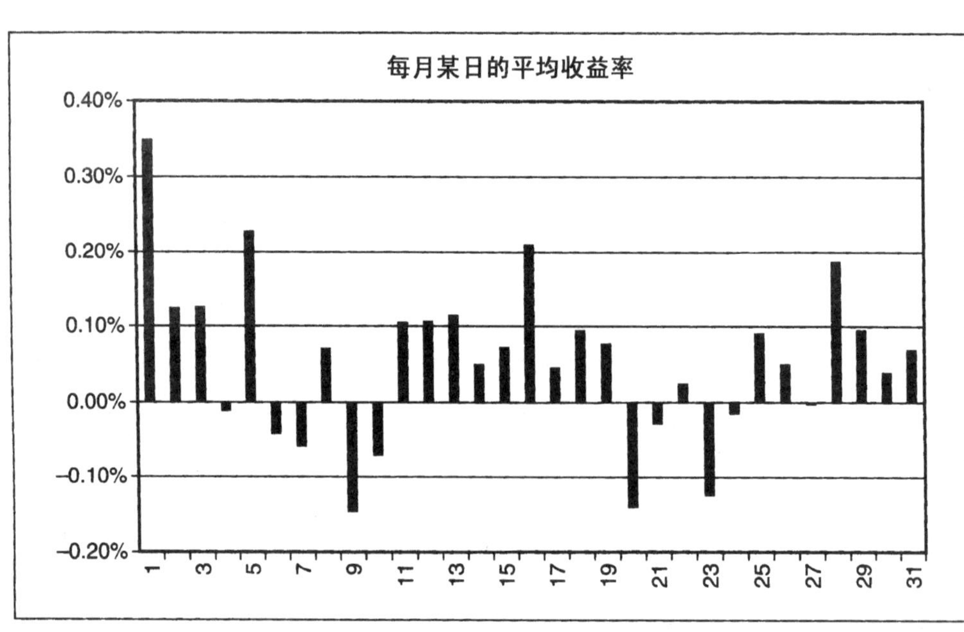

图10.4　每月某日的平均收益率。月初、月中和月末的收益率高于平均水平

率低于平均水平。将一个月分为五个时间段，趋势就显而易见了。月初（1~5号）和月末（27~31号）的收益率最高。第二时间段（6~11号）和第四时间段（19~26号）收益率低于平均水平。月中（12~18号）的表现也稍高于平均值。

下面就看一下利用月份中日效应的两个策略：

策略1：每个月的1~5号，27~31号持有部位。剩余时间持有现金。

策略2：每个月的1~5号，12~18号，以及27~31号持有部位。剩余时间持有现金。

图10.5显示了这两个策略和买进—持有策略的测试结果。尽管策略1的持股时间不到30%，策略2的持股时间为54%，两个策略的绩效都优于买进—持有策略。假设1990年1月的期初账面余额都为100美元，策略1的期末余额为454美元，策略2的期末余额为758美元，而买进—持有策略的期末余额为419美元。

诸多因素导致每月某日效应的产生。大多数美国人都享受养老金固定缴款

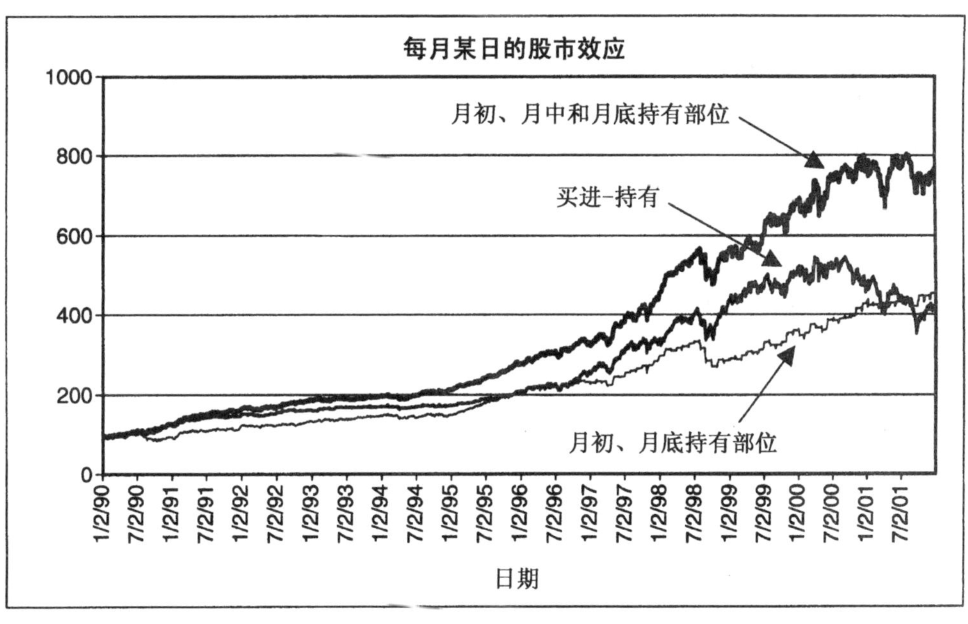

图10.5　每月某日的股市效应。每月某日策略的表现优于买进—持有策略

福利。这与30年前的情况不同，那时的养老金根据最终薪金来定，也就是所谓的固定养老金计划。目前，大多数养老金储蓄计划都允许个人选择储蓄的类别。新的计划一般涉及雇主给付的资金。例如，如果每个付款期间，我都支付100美元到我的401账户，作为福利计划的一部分，公司则要付50美元。重点是，对这笔资金我有投资决策权。

一般来说，有10~15种方案可供选择，如贴现公司股票、股票共同基金、公司债券共同基金以及政府债券共同基金等。每到发薪水的时候，资金便从工资账户转到共同基金管理人那里。由于大部分薪水每两周发一次，有大量401基金在月初、月中和月底涌入到共同基金。基金公司收到资金后，自然会投资到股票或债券，推动股价或债券价格上涨。

运用价格波动率指数交易标准普尔500

市场力量决定价格波动率，情况和股票价格或期货价格一样。投资者因担心股票价格下降，于是争相购买卖权来规避价格大幅度下跌的风险。如果投资者确信股市价格将大涨，会考虑买进买权，以便在行情到来时，大赚一笔。选择权市场的购买压力会增大价格波动率，促使卖权、买权价格升高。

如果投资者对股市充满信心，通常会卖掉选择权。有些投资人根据自己的多头部位，出售买权，以赚取一些额外的权利金收益。另一些投资人可能会出售卖权。当这部分投资者进场时，价格波动率通常会下降。选择权买家和卖家之争，可以从CBOE价格波动率指数（也就是通常说的VIX）看出来。

VIX是根据选择权实际交易的价格计算出来的。当指数上升时，意味着选择权买方的力量超过卖方，推动价格波动率上升。指数下滑时，表示选择权卖方的力量超过买方，促使价格波动率回落。

VIX是衡量标准普尔100选择权的隐含价格波动率。价格波动率是导致选择权价格涨跌的主导因素。一般来说，隐含价格波动率较高代表市场较敏感，未来收益率前景不乐观。反之，隐含价格波动率较低，则表示股市稳定，股民信心十足，对股市看法乐观。我们可以使用VIX来衡量投资人心理，交易标准普尔500。对市况忧心忡忡时，我们进场建立部位；对市况充满信心时，持有现金。从图10.6可以看出VIX的峰位一般对着标准普尔500的谷底，VIX的谷底则对着标准普尔 500 的峰顶。

据我所知，有两种方法运用价格波动率指数交易标准普尔 500。其中一种方法是由普莱斯·哈德利（Price Headley）在《交易大趋势》一书中探讨的布林带——根据价格波动率绘制价格通道。市场技术师约翰·布林格（John Bollinger）将其推广。使用简单移动平均绘制中间带，使用最近价格标准差乘数绘制顶部和底部带。哈德利的策略使用 21 天移动平均以及布林带两个标准差。如果当天标准普尔 100 收盘价高于 10 天移动平均，并且 5 天前 VIX 向下穿越顶部布林带，则进场建立多头部位。采用此策略，只有先出现卖空的情况，才会产生买入信号。VIX 向上穿越顶部布林带，意味着出现卖空的情况。VIX 下滑，向下穿越顶部布林带，可以缓解这一担忧。VIX 向下穿越顶部布林带，5 天后如果标准普尔 100 收盘价高于 10 天移动平均，交易才会发生。

另一位支持使用价格波动率指数交易标准普尔 500 的是里昂·高斯（Leon Gross）。他是所罗门·史密斯·巴尼公司股票衍生品研究集团的常务董事。高斯建议固定建立和了结部位的基准。最近，他又提出当 VIX 向上穿越 30 时，在标准普尔 500 建立部位；当 VIX 向下穿越 20 时，结束部位，持有现金。

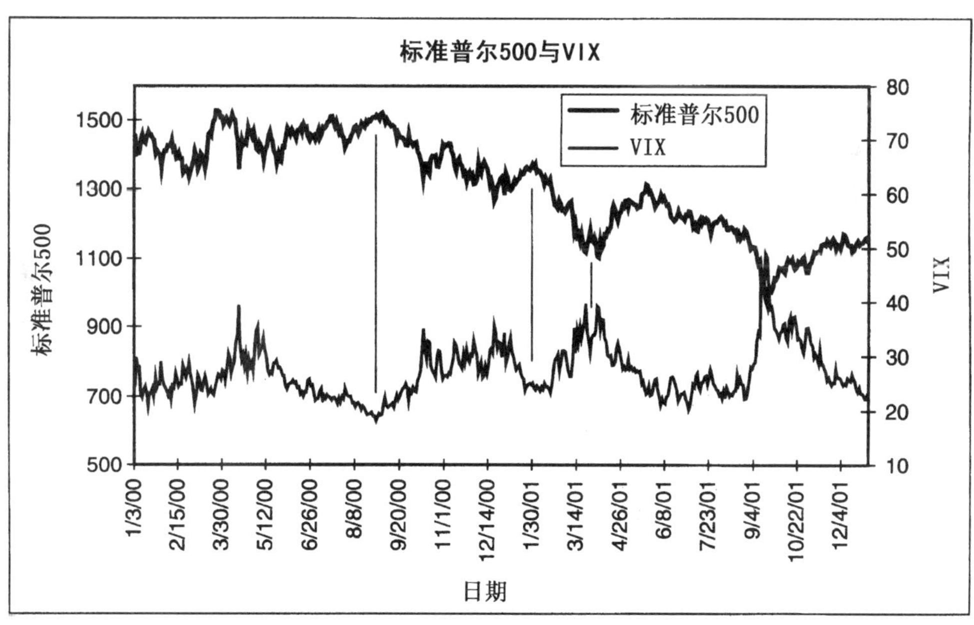

图 10.6　标准普尔 500 与 VIX。VIX 的峰位一般对着标准普尔 500 的谷底，VIX 的谷底则对着标准普尔 500 的峰顶

这两个方法，都是当 VIX 极高时，进场建立部位；当 VIX 较低时，了结部位出场。从图 10.6 可以看出，大盘低谷一般对应着 VIX 高值，大盘峰顶对应 VIX 的谷底。

我感觉上述两策略都不理想，所以我们应该自行创建标准普尔 500 相关的 VIX 策略。首先，确定价格波动率指数的极端时间段。计算 VIX 120 天移动平均值，并以此作为价格波动率的均值。如果 VIX 读数超过均值，代表波动率高于平均水准；反之，VIX 读数低于均值，则代表波动率低于平均水准。其次，计算常态化价格波动率的偏差。当天 VIX 指数减去 120 天移动平均值，然后再除以 VIX 每天的变动率在过去 120 天的标准差。方程式如下：

$$\text{VIX 分数} = \frac{VIX_{\text{今天}} - VIX_{\text{平均}}}{\sigma VIX_{\text{今天}} - VIX_{\text{昨天}}}$$

VIX 分数为正，表示 VIX 高于平均水平，股票市场处于担忧，悲观氛围之中。VIX 分数为负，意味着 VIX 低于平均水平，股市相当乐观。

图 10.7 绘制了 VIX 和 120 天移动平均的走势，以及移动平均加 2 标准差、加 4 标准差、减 2 标准差和减 4 标准差的带状图。这些带状可以突出 VIX 出现极端的情况。更有趣的是，市场行为和当前价格波动率指数的分数密切相关。图 10.8，显示了标准普尔 500 平均收益率和昨天 VIX 分数的关联。计算期间涵盖 1990—2001 年。

VIX 分数等于或大于 4 时，第二天的收益率高于平均水平。VIX 分数等于或小于 -2 时，第二天的收益率为负。根据这种现象，我们可以设计更有效的 VIX 策略，交易标准普尔 500。

当今天 VIX 分数大于 +2 时，就进场买进股票。然后，继续持有多头部位，直到 VIX 分数降到 -2 以下，才卖掉部位出场。图 10.9 是这一策略与买进—持有策略的比较。从图表可以看出，此策略的表现优于买进—持有策略，且持股时间仅为 53%。

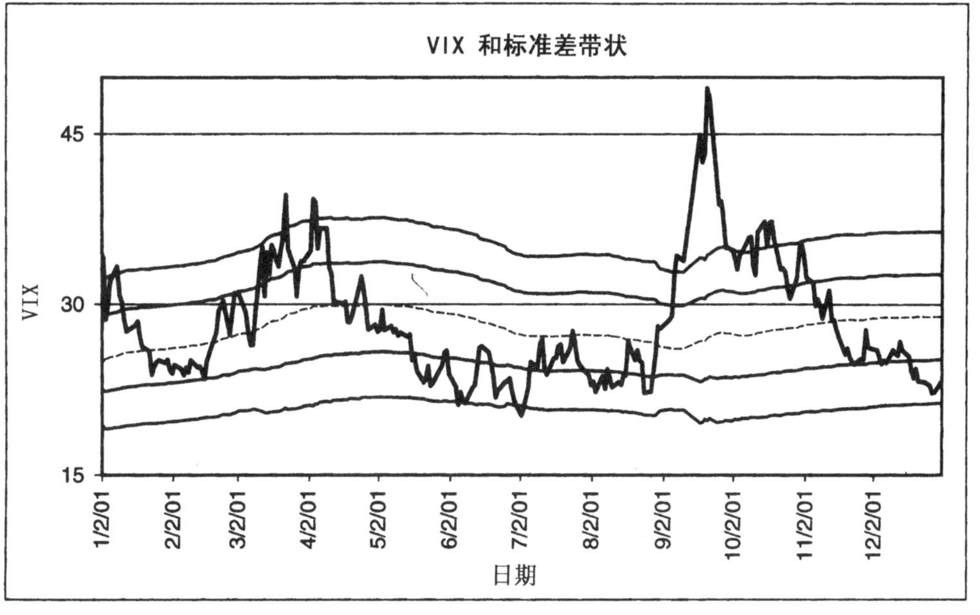

图 10.7　VIX 和标准差带状。在 120 天移动平均线上下两侧绘制标准差带状图，VIX 指数的偏高与偏低时间就清晰可见

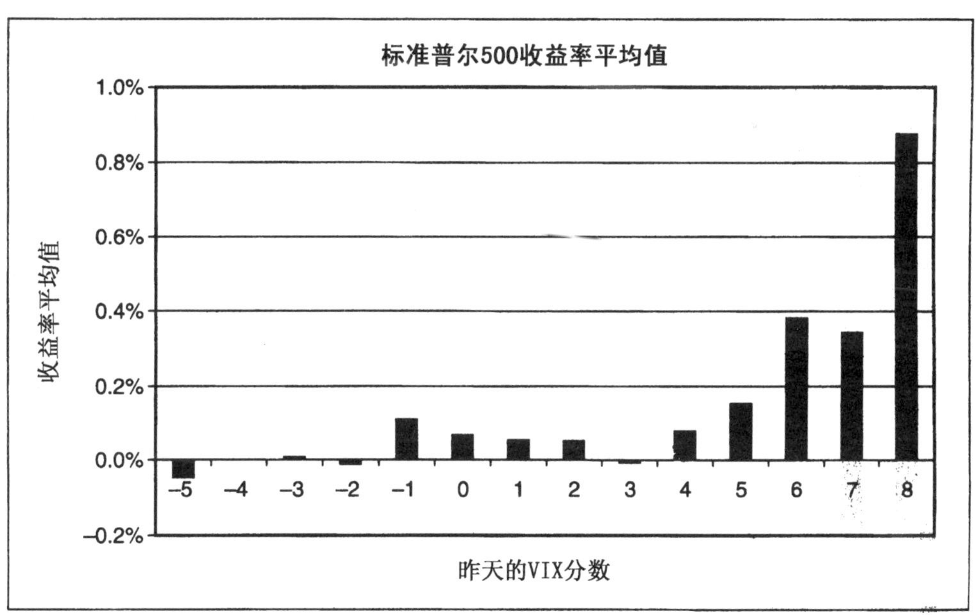

图 10.8　标准普尔 500 收益率平均值。VIX 高出 120 天移动平均值越多，收益率越高。反之，VIX 低于平均值越大，收益率越低

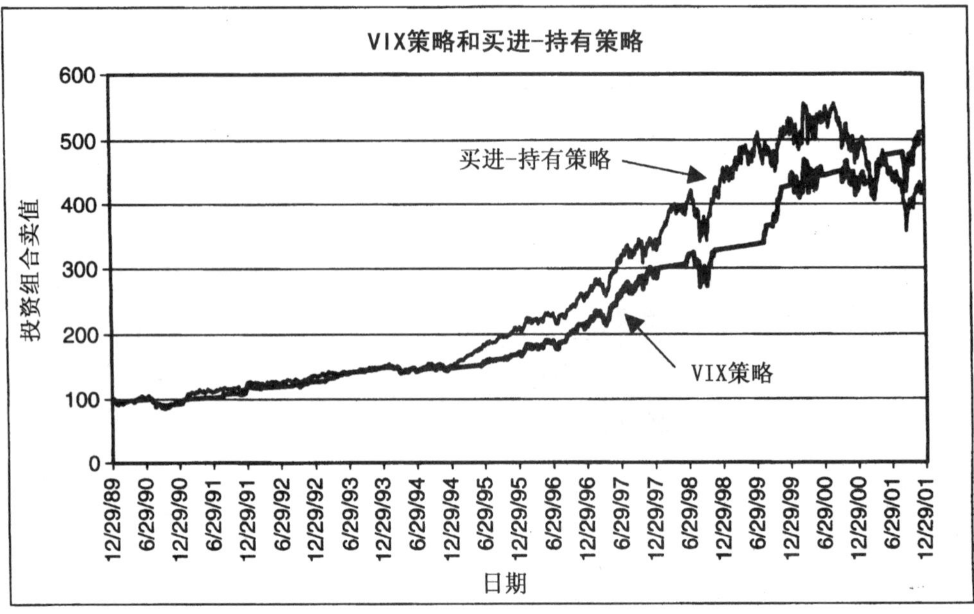

图 10.9 VIX 策略和买进—持有策略。VIX 策略表现优于买进—持有策略

资金管理的新技巧：策略绩效最佳化

资金管理处理计量交易系统的融资问题。当今金融市场，信用程度可以扩张 20 倍，因而资金管理问题非常重要。本章将探讨一些决定最佳信用扩张程度的常用方法。

资金管理的重要性

“资金管理是交易策略最重要的部分。”

有关交易的书大多会援引此话，我却不赞同此观点。资金管理的两个规律是：

1. 任何资金管理技巧都不可能将亏损交易策略转变为赢利交易策略。
2. 不合适的资金管理技巧可以将赢利交易策略转变为赔钱的策略。

根据规律 1，我们需要制定一套能够赢利的策略。因此，我认为交易策略本身非常重要。前 10 章告诉了读者如何设计、创建和评估交易策略。本书原可以就此止笔，让读者进行实际操盘。我相信如果读者秉承我们强调的重要观点，交易就应该可以获利。但是，即使采用能够获利的策略，交易者也常常会赔钱，甚至血本无归。为什么呢？资金管理规律2可以解释其中的缘由：不当的资金管理可以使赢利的策略转变为赔钱的策略。

为了更好地理解资金管理的重要性，假设过去10年你一直在研究某商品。发现此商品的价格区间通常在12～18美元，那么根据研究结果，在高价18美元附近卖出，在低价12美元附近买进，此策略获利能力很强。

现在，假设市场创20美元新高，这时账户交易资本上有45美元，你决定依据前述策略，进场放空一个合约。根据以往研究，价格应该回落，但是，在你结束第一笔交易后，价格持续上涨到25美元。此时，你的第一笔交易损失了5美元，因为知道策略历史绩效不错，于是你决定以25美元的价格，放空第二个合约。价格继续走高，上涨到了30美元。你开始有些失望，因为第一个合约损失了10美元，第二个合约损失了5美元。最初的交易资本45美元已经损失了15美元。当价格升至30美元时，相信价格将回归均值，你感觉自己大赚一笔的机会到了。于是在30美元放空第三个合约。刚完成交易，购买压力就将价格推进到35美元。此时，你的账户已经累计损失了30美元：第一笔交易损失了15美元，第二笔交易损失了10美元，第三笔交易损失了5美元。

你希望继续放空，但是账户的信用额度已不允许你这么做了。实际上，如果价格继续上扬，因缺乏资金，你将不得不结束部位。当然，实际情况也是如此。价格创了40美元的历史新高，你的经纪人打电话告诉你，他必须帮你在40美元的价格，买进3个合约，你账户上的45美元赔得精光。当出现历史上最好的放空时刻时，你交易账户上却没有资金了。

结束部位数周后，价格开始缓慢回落。你被迫在40美元了结部位后不久，价格降低到25美元。最后，价格甚至降到15美元。整个发展过程和你的模型预测的一样。

这个故事听起来可能比较牵强。相信我，此类不适当的资金管理每天都在发生。这种结果往往是资金不足，部位过大产生的。但是此类事件也可演变为大规模事件，震撼整个金融界。

融资杠杆与收益率的关系

本书一直强调追求交易策略的最大绩效。采用的回报—风险衡量方法有夏普比率和K－比率。请记住，交易者的目的是追求单位风险的最大回报，然后融资扩大风险，取得既定收益。所谓融资，也就是借钱进行交易。

现在，融资非常简单。期货交易，可以通过履约保证金进行融资。例如，如果交易芝加哥期货交易所的10年期债券，我只需要存入2 700美元，就可以建立面值为10万美元的多、空头部位。股票市场，可以按账面价值的100%进行融资，也就是说每投入1美元，可以购买面值2美元的股票。另外1美元是以股票为抵押从经纪人那里借的。

预期收益率和风险量成正比。如果不进行融资时，预期收益率为10%。现在对于我拥有的每1美元，再借1美元（暂不考虑利息），然后将2美元用来交易，这时预期收益率就为20%。如果按照3∶1的比例进行融资，对于我拥有的每1美元，借2美元，然后拿3美元进行交易，我的预期收益率也就提高到30%。很多避险基金管理人都采用此战略，将未经融资的预期收益率调整到目标期望值。假设ABC避险基金未经融资时的预期收益率为10%，如果经理人希望收益率能达到30%，他就会按照原有资金的200%进行融资。对于每1美元，将再借2美元，然后拿3美元进行交易。

但是，融资的过程中，往往会发生一些情况。投资涵盖数个时间期间，每个期间的收益率将影响下个期间的起始资金。如果收益存有风险，融资将使风险加剧，最后结果，也就是每个时期结束时的账面资金，我们称为“最终财富”，将大不相同。如果交易者最初投入100美元，经过5年交易之后，拥有500美元，利润为400美元（最终资本减去起始资本）。他的最终财富为500美元。如果两策略平均收益率相同，它们产生的平均最终财富也相同。如果收益率的波动率存在差别，它们最终财富的分布将有很大差异。

我们用以下两策略，来说明波动率是如何影响最终财富的分布的。策略1：年收益率为5%，年波动率为20%。策略2：年收益率为15%，年波动率为60%。两策略的收益－风险比例相同，两者收益率除以风险：5%÷20%＝0.25，15%÷60%＝0.25。两者唯一的区别在于融资程度不同：策略2按照3∶1进行了融资，收益率高，波动率相应也高。

10年之后，采用低收益/低风险的策略1，最初投资100美元进行交易，平均最终财富为100×（1＋5%）^{10}＝162（美元）。采用高收益/高风险的策略2，最初投入的100美元，平均最终财富为100×（1＋15%）^{10}＝404（美元）（参见图11.1）。

我们使用前述策略1、策略2，模拟5 000个随机结果，每个结果都包括120个月的收益率，用来分析10期投资结果的区间。策略2的平均最终财富确实高于策略1，但是策略1的中位最终财富却高于策略2。事实上，高收益/高风险的策略2有60%的时间，产生的最终财富低于起始资金100美元。虽然年度收益率为15%，但还是可能造成年度财富减少的结果。显然，控制交易策略收益率风险很重要。

两个统计量显示的结果不同。策略的平均最终财富低于策略2，但是它的中位最终财富却高于策略2。中位值指数列排列中间位置的数值。以数列23……32……35……47……57为例，平均数为（23＋32＋35＋47＋57）÷5＝38.8。中位值是5个数值排在中间的那个数值，也就是35。

	最终财富	
	平均数	中位值
策略1：	162美元	136美元
策略2：	404	74

图11.1　策略1、策略2的最终财富。两策略的平均数和中间值各不相同

平均数和中位数差异可能很大。比较最终财富时，我们应侧重中位数。平均数是所有最终财富的平均值，中位数是所有排列中位于中间的数值。也就是说，有一半值高于中位值，另一半值低于中位值。它不如两端的数值敏感，因而是衡量偏斜分配（Skewed Distribution）比较合适的统计量。

从图 11.2 和图 11.3 可以看出，进行融资的程度对交易结果影响很大。融资或许可以提高平均收益率，但是融资达到一定程度后，过多的波动率则可能损害未来的收益。尽管策略 1 的年收益率仅为 5%，但是 10 年期间，该策略有约 67% 的时间赢利。策略 2 的年收益率高达 15%，赢利时间只有 43%。虽然，采用策略 2 赚取 100% 或 200% 利润的机会较多，但未必值得冒险。因为该策略 10 年期间赔钱的概率也较高。

策略 2 过度融资会损害最终财富，是由融资的不对称性造成的。假设我的起始资金为 100 美元，损失 10% 后，剩余的 90 美元的收益率保持 11% 才能平亏。假设我的起始资金为 100 美元，损失 25% 后，剩余的 75 美元的收益率要达到 33%，才能弥补损失。如果我富有冒险精神，损失了 50%，剩余的 50 美元的收

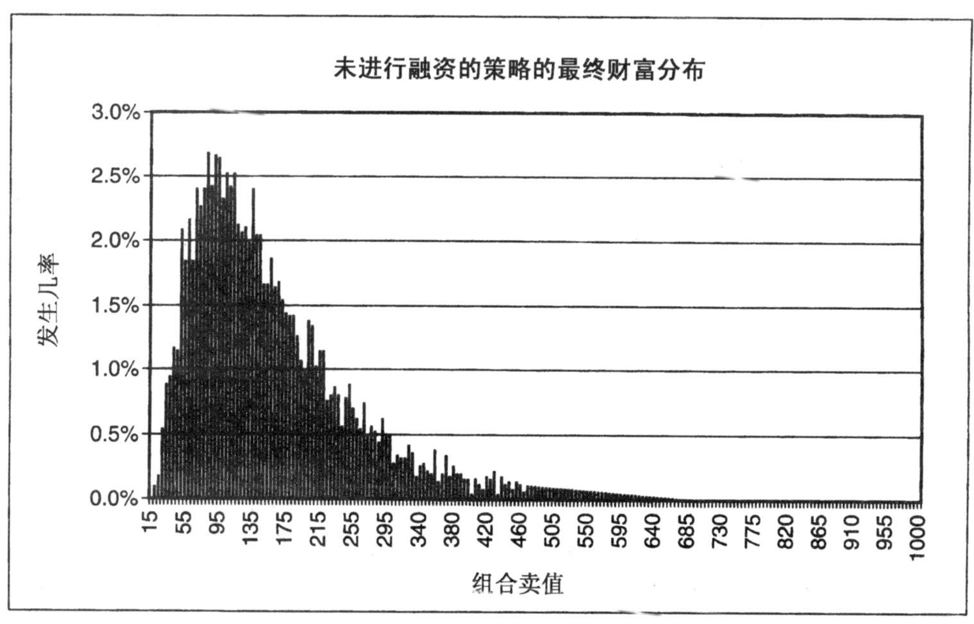

图 11.2　未进行融资的策略的最终财富分布。最终财富大多在 50 ~ 300 的区间

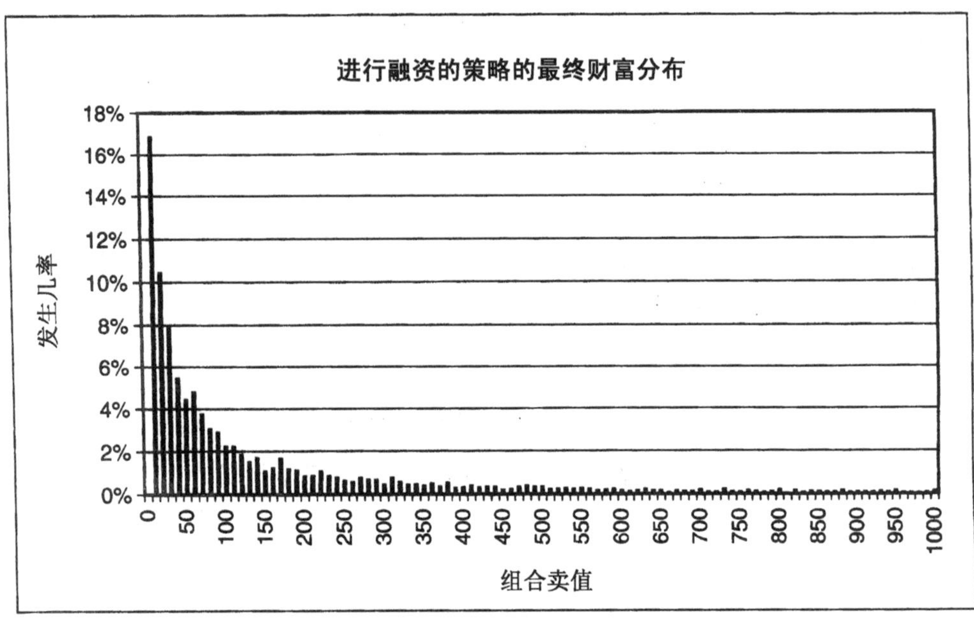

图 11.3　进行融资的策略的最终财富分布。最终财富大多在 0～600 的区间

益率提高到 100%，才能回到原点。损失越大，剩余资金的收益率就越高，唯有这样才能填补损失（参见图 11.4）。

如果策略的收益/风险比率很高，就可能经得起较大风险，因为大额损失可以用优秀的获利能力弥补。如果策略的收益/风险比率较低，则不能弥补大额亏损。所以融资的最佳原则是，收益/风险比率较高的策略，可以采用较高的融资倍数，因为一旦发生较大亏损，也有能力弥补。因为策略的波动率影响最终财富的中位数，如何决定融资的最佳程度就变得很重要了。

$$\text{弥补损失需要的获利} = \frac{1}{1 - \%\text{亏损}} - 1$$

波动率影响最终财富的分布，可以解释人们憎恶风险的思想。如果人们对待风险的态度完全中性，那么只要预期收益为正数，不论风险多高，我们都愿意接受。只要交易策略的预期收益为正，就应该在可能范围内最大限度地融资，这样才能将预期获利最大化。举例来说，如果某人持中性态度对待风险，那么以下两个赌注，对他来说是一样的：

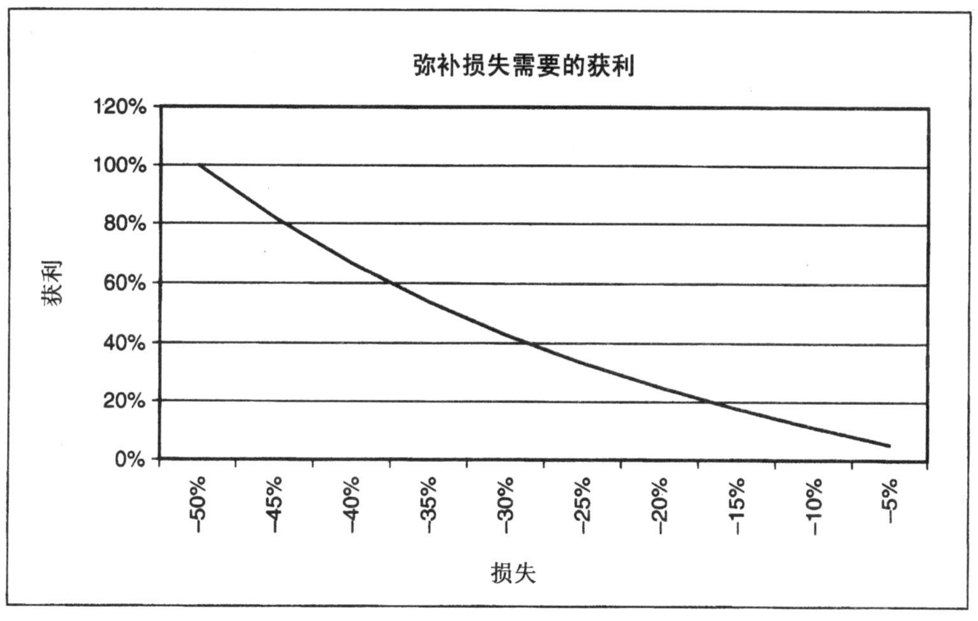

图 11.4　弥补损失需要的获利。损失 10%，需要 11% 的获利来弥补；损失 50%，则需要 100% 的获利来弥补

赌注 1：赚 2 美元的概率为 50%

输 1 美元的概率为 50%

赌注 2：赚 10 002 美元的概率为 50%

输 10 001 美元的概率为 50%

虽然两个赌注的获利期望值都是 +0.50 美元，很少有人会把两者视为同等。我们在意投入资金所承担的风险。高风险带来高收益。如果假定一般人都憎恶风险，那么追求利润还应调整其所承担的风险程度。我们需要最大化时的最终财富的中位数，而不是平均数。

融资存在的危险

为什么很多交易者赔钱呢？有些交易者具备交易的优势，但仍会亏损。

很多情况下，亏损是由过度融资造成的。期货市场此现象尤为突出，因为在期货市场，交易者可以按 5∶1 甚至 50∶1 的比例进行融资。以下两个例子可以说明过度融资的危害。一个例子，交易者有很好的交易技巧，过度融资进行交易。另一个例子，交易者技术平平，但采用不同程度的融资进行交易。

掌握交易技巧的交易者与融资

某交易者使用的交易策略，其中成功的交易占 55%。每笔交易输赢的金额都相同，而且等于赌注大小。此交易者的起始资金为 1 美元，必须决定每笔交易的赌注大小。如果赌注太小，就不能充分利用胜算策略的数学优势；如果赌注太大，损失就可能破坏先前的获利结果。

围绕如何解决赌注规模最佳化问题，他进行了大量研究。存在唯一的最佳赌注规模可以将最终财富的中位数最大化，本章稍后将做解释。本案例每笔交易的最佳赌注规模是交易者财富的 10%。如果模拟 100 次交易，起始资金都为 1 美元，每次交易的赌注大小不同，就很容易看出最佳赌注规模为 10%。随着赌注规模提高到 10%，最终财富中位数也逐步增加，当赌注规模超过 10% 后，最终财富中位数开始减少（见图 11.5）。

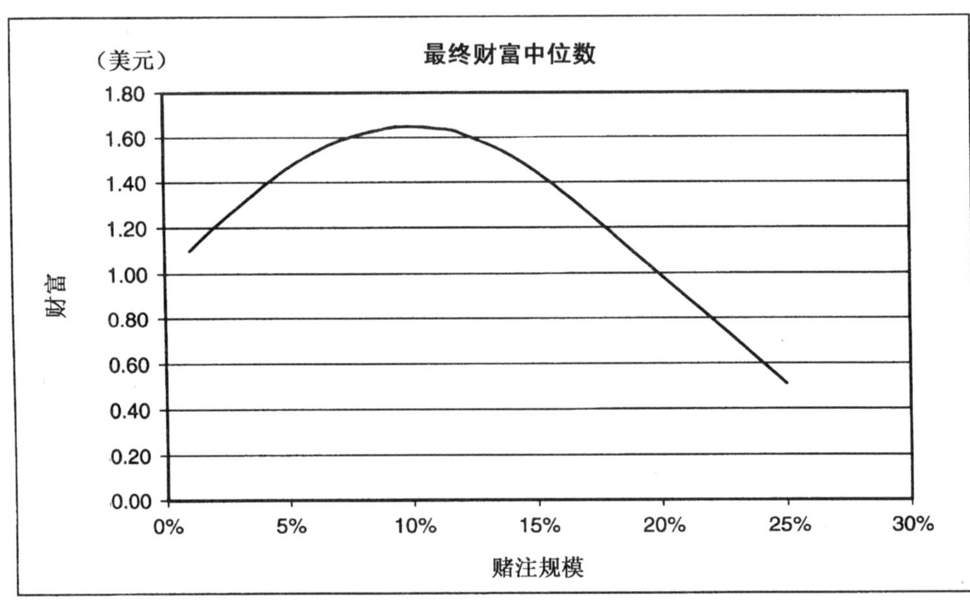

图 11.5　最终财富中位数。每次赌注规模为 10%，最终财富中位数最大

请注意：一旦赌注规模超过最佳值，风险增加，收益减少。如果赌注规模远远大于最佳值，赔钱的概率就大大超过赚钱的概率。上述例子中，如果每笔交易，资金所承担的风险超过20%，最终财富的中位数则低于起始资金1美元。这些结果可以说明资金管理的重要性。假设每次交易都投入全部资本，即使非常幸运，最初的50次交易都赢利，一旦失利将赔掉所有的资本。交易者明白这一点非常重要。这也是为什么多数交易者，包括掌握胜算交易策略的交易者，赔钱的原因之一。

技术平平的交易者和融资

来看一下交易之所以亏损的第二个例子。本例涉及的交易者技术一般，每笔交易成功的概率为50%，每笔交易输赢的金额都相同，而且等于赌注大小。如果起始资金为100美元，进行10次交易，每次交易的赌注规模都为20%，最终收益损失分布持平（参见图11.6）。

请注意：10次交易结束后，这位交易者大约有62%处于亏损状态。策略的胜算比率为50%，为什么交易者还会亏损呢？最终财富期望值虽然为零，但其分布明显倾斜。除非交易者非常幸运（发生的概率很小），否则多数情况交易者

最终财富	发生概率
11	0%
16	1%
24	4%
36	12%
54	21%
82	25%
122	21%
183	12%
275	4%
413	1%
619	0%

图11.6　最终财富分配表。这份表格的数据显示，最终财富数值明显偏斜

的最终财富都少于起始资金。如果输赢交易交替发生，最终资产肯定少于起始资金。交易者用100美元的起始资金，按照每次交易的赌注规模都为20%进行两次交易后，可能出现4种结果（图11.7）。

尽管两笔交易成功获利的金额等于另3种可能亏损的总金额，交易者有75%的时间处于亏损状态。随着赌注规模的增加，收益损失分布倾斜的程度越显著。这也就是为什么95%的期货交易者亏损，仅有5%的人可以赚大钱——运气好，或是水平高。

现实世界的融资

前述例子说明波动率和融资存在危害。这一点也不夸张。我们只要看一下现实世界的例子，就可以发现融资造成的伤害。20世纪90年代末股票市场最流行的趋势是推出指数型产品。

本书前面章节曾探讨过，指数型基金所构筑的投资组合，基本上模拟标准普尔500或纳斯达克100的股价指数。一些资金管理人认为，如果市场收益率良好，那个经过融资之后收益率则更好。20世纪90年代末，指数基金融资开始向个体投资者开放。这些基金借款或通过期货市场按2∶1的比例进行融资。

某些基金公司同时提供纳斯达克100融资多头和融资空头指数基金。多头基金旨在取得纳斯达克100两倍的绩效，空头基金旨在取得放空两倍纳斯达克100的绩效。图11.8详细描述了2000年12月31日，以100美元的起始资金，分别

交易1	交易2	最终财富	概率
赢	赢	100·1.2·1.2=144美元	25%
赢	输	100·1.2·0.8=96美元	25%
输	赢	100·0.8·1.2=96美元	25%
输	输	100·0.8·0.8=64美元	25%

图11.7 简单例子的结果。最终财富有75%的概率低于起始资金100美元

投资多头与空头基金的一年期净资产情况。

2001 年纳斯达克指数下降了 32%，多头和空头基金都亏损了。用于多头的 100 美元起始资金到 2001 年底只剩下 31 美元，用于空头的 100 美元起始资金还剩 95 美元。

一基金做多纳斯达克 100，另一基金做空纳斯达克 100，怎么还会出现亏损呢？和前面探讨的例子类似，基金之所以发生亏损，是融资造成的。行情上涨时，两基金都需要继续买进，以维持特定的融资比例（2:1）；反之，行情下降时，两基金则需要卖出部位，来维持特定的融资比例（2:1）。

问题是波动剧烈的价格横向走势将吞噬两基金的资产价值。如果行情走势明朗，杠杆效益将使基金客户受惠。可是，行情一旦出现横向走势，融资扩张将产生严重危害。

投资组合风险管理的重要性，无论怎么强调也不为过。交易者希望充分发挥

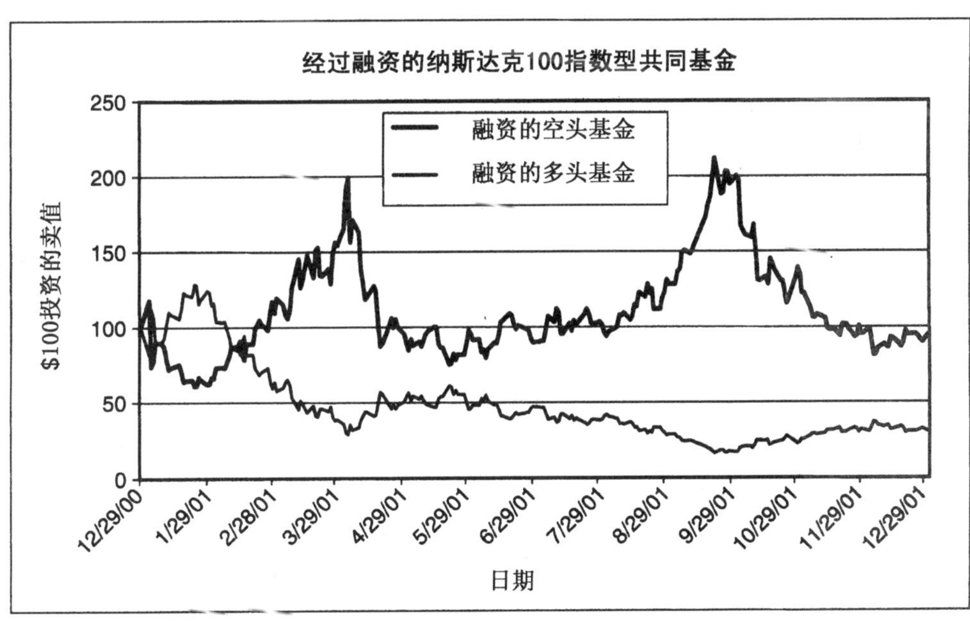

图 11.8　经过融资的纳斯达克 100 指数型共同基金。2001 年纳斯达克 100 指数暴跌，多头、空头基金都发生亏损

预期的优势，这是人之常情，所以会过度使用融资杠杆而承担不当的风险。我可以理解这种倾向，因为我也是交易者。

15 岁时，我开发了一套可以判断期货市场国库券头部和底部的逆势系统。纸上练兵 3 个月期间，我连续 8 次准确预测了短期头部和底部。于是我开了一个交易账户，运用这套新系统，开始在 CBOT 操作国库券期货。

我迫不及待地等着赚钱。还记得自己坐在中学教室里，计算加码交易的预期收入。按照我的测算，交易第一年，我的净资产约有 100 万美元，误差为几百美元。于是，我选单进行第一笔交易。交易刚完成，便发生了奇怪的事情，行情开始对我不利了。因为从来没想过会赔钱，也没有针对这种情况调整交易应急计划。行情继续对我不利，我吓得不知所措。投入的 5 000 美元，已经损失了1 500 美元。我感觉迷惑、害怕以及没有心理准备。最后我以 1 500 美元的损失，了结了交易。

这套策略最终能否赚钱？我完全没有概念。我被第一次交易的结果吓坏了，以后再没用过这套策略。

凯利准则

贝尔实验室的 J. L. 凯利在 1956 年最早开始最佳杠杆的主要研究。凯利研究了受到噪音干扰的电讯传播速度，虽然他的研究对通讯界用处不大，但他认为这与赌场行业关联密切。原则上，凯利发现赌客需要决定赌注的规模，以达到赌金对数的最大值。如果时间足够多的话，财富对数的最大值也就基本等于最终财富中位数最大值。

凯利发现将每次赌注规模设定到最佳化，就可以使最终财富中位数最大化。如果每笔输、赢所支付或取得的彩金都相同，方程式很简单：

$$\text{表示为资本百分数的最佳赌注规模} = 2p - 1$$

此处，p 代表获胜的概率。

如果我获胜的概率为 55%，那么最佳赌注应是资本的（2×55%）－1＝10%。如果获胜的概率为 70%，那么最佳赌注应是资本的（2×70%）－1＝40%。理论上，如果获胜的概率为 100%，那么每次赌注就应该为资本的（2×100%）－1＝100%。如果根本不可能输，每次都拿全部资本下注也就理所当然了。

只有当输赢赌注相同时，也就是说赢时取得 1 美元，输时支付 1 美元，才能采用上述公式。如果输赢的赌注不同，上述公式就需要稍作调整。凯利公式更通用的版本为：

$$\text{表示为资本百分数的最佳赌注规模} = p - (1 - p)/r$$

这里，p 代表获胜的概率，r 代笔赢与输赌金之间的比率。

温斯的最佳 F

拉夫·温斯在 1990 年最先把凯利的研究成果应用到金融交易中。温斯利用每笔交易的收益计算最佳杠杆点。他提出的最佳 F，是将赌注规模设定为最大亏损的某个百分数，借以让一系列交易的最终财富最大化。他认为最大亏损会在某个时候发生，如果承担风险的资金是最大亏损的某个部分，就可以将最终财富最大化。

温斯的方法应该产生有利的结果。策略采用日收益数据，交易数量增加，可以更精确地测量最佳杠杆比率，但如果交易数量太少，导致最终财富曲线凹凸不够平滑，温斯的方法就会遇到麻烦，很难判断最佳杠杆点。

计算最佳杠杆的更好的方法

我认为将最终财富中位数最大化是计算最佳杠杆的最好方法。哈利·马可维兹（Harry Markowitz）在1959年证明，将财富中位数最大化等于将收益的对数平均值最大化。另外，他还提供了收益的对数平均值的计算方法：

收益对数值的期望值 = 收益期望值 - 1/2 收益变异数

假设M代表融资杠杆，上述公式就改写为：

经过融资的收益对数值的期望值 = M · 收益期望值 - 1/2M^2 收益变异数

为了将收益对数值的期望值最大化，我们将经过融资的收益对数值的期望值的导数，并将其设定为0，然后求出M的值——也就是最佳杠杆值。

$$\text{最佳杠杆值（M）} = \text{收益/变异数} = \frac{\mu}{\sigma^2}$$

通过这个公式计算的最佳杠杆，可以使最终财富中位数最大化。如果策略的预期年收益率为5%，年度标准差为20%。最佳杠杆就是（0.05）÷（0.20）^{2} = 125%。也就是说我们按资本的25%进行融资，然后将所有资金投入交易。

假设我们的起始资金为100美元，策略的最佳融资为200%。我们从经纪人那里借来100美元，然后用这200美元，按每股100美元的价格购买了ABC公司的两股股票，使用的交易策略绩效不错，ABC公司的股票价格一路攀升到150美元。此时，我们拥有200美元：两股股票价格300美元减去从经纪人那里借得的100美元。

即使现在有200美元资金，仍需要按200%进行融资。也就是说按照这一策略，我们应投入400美元而不仅是现有的300美元。于是，我们又从经纪人那里借了100美元，将新借的100美元用来购买了2/3股ABC股票。重新满足最佳融资，我们的200美元资金掌控了价值400美元的部位。

如果ABC股价从150美元跌回100美元，我们仍需要重新评估融资。现在我们的净资产为67美元——2.67股的股价267美元减去从经纪人那里借来的200美元。此时，资金为67美元，按200%的最佳融资比列，我们需要掌控的股票价值为 134 美元——比现在持有的 267 美元低。为了与之相符，我们卖掉价值 133 美元的股票，将这部分钱还给经纪人。我们的剩余部位 134 美元减去此时欠经纪人的 67 美元，净资产为 67 美元。

随着部位的盈亏变化，资本和融资额度也需要做相应调整。如同上述例子所示，当最佳杠杆大于 1 倍时，只要获利增加，就需要买进更多股票，取得更多融资。反之，交易亏损时，需要卖掉股票，缩减融资，才能维持最佳杠杆倍数。

据说这也是长期资本管理公司策略上所犯的错误。他们相信策略的最佳融资倍数超过 100%，所以积极融资。所以当资本开始蒸发时，没有卖掉部位，减少融资，反而继续维持或扩大部位规模——这等于增加了融资倍数。这个错误致使该公司在 1998 年 10 月破产，震撼整个金融界。

另一方面，如果最佳融资倍数小于 1，也就是说不把全部资本投入交易，将出现另一种不同的模式。与前述例子恰恰相反，此时获利减少部位，亏损就增加部位。

收益率与收益金额

读者可能注意到本书讨论的多数策略，风险和收益都采用金额计算，未采用本章计算最佳杠杆的百分数。对于固定金额的资本，我们可以使用最佳杠杆公式，计算每次交易的金额。

假设我们交易的起始资金为 10 000 美元，我们创建了一套交易策略，日平均获利 500 美元，日标准差为 5 000 美元。请注意：平均收益和价格波动的时间单位必须一致，两者都可采用每日、每周、每月或每年为时间单位来衡量。通过一些简单的运算，我们发现最佳价格波动金额是资本、平均收益和收益波动率的函数。

$$\text{最佳价格波动金额}=\frac{(\text{资本})\times(\text{平均收益金额})}{\text{价格波动金额}}$$

计算最佳价格波动金额的时间单位，与平均收益和价格波动的时间单位一样。继续回到我们的例子，我们发现 10 000 美元资本的最佳波动金额为：10 000 × 500 ÷ 5 000 = 1 000（美元/每天）。原理上，实际交易的规模应为历史测试数据的 1/5，因为后者的日标准差是 5 000 美元。

读者应该发现：即使很小的部位，也会发生如此大的价格波动。举例来说，目前某标准普尔 500 合约的日价格波动金额超过 3 000 美元。尽管此策略的赢利性很强，但是仅用 10 000 美元的资金无法建立分散的投资组合。如果融资超过最佳杠杆，从长远来看，将有损收益。从这个例子可以看出，小额账户常处于不利的境地。

随着时间的推移，市场和策略的波动程度也会时强时弱。另外，交易成本也会因盈亏而增减。所以，计算交易策略最佳波动程度时，我们就必须不断重新计算并调整最佳波动金额统计量。这些数据每天的变化不会很大，但是日积月累，最佳价格波动金额可能发生重大变动。

最佳融资的矛盾

了解融资的优势与危害，对投资人和交易者都有益处。投资人可以更有效地安排股票和债券的配置。交易者可以决定最佳的风险承受能力。

本章主要从数学角度进行探讨，似乎我们已经找到了完美的工具。不幸的是，无论是温斯的最佳 F、凯利的准则，还是我们最后提到的最佳融资概念，运用到交易中，都存在重大缺陷。如果期望最佳融资发挥作用，就必须知道交易策略的收益和价格波动程度。如果我们确切地知道预期收益和风险，就可以有效运用最佳融资。

我们根据特定的预期收益和风险计算最佳融资，问题也就由此产生了。如果使用的融资即使超过最佳融资 1 美元，也会导致最终财富中位数减少，同时也将承担更多的风险。如果使用的融资比最佳融资少 1 美元，就不可能让最终财富最大化。

对于预期收益和风险确定的静态赌局，如21点，最佳融资的概念将很有用。但是像金融市场这样的动态赌局，尽管知道策略的历史绩效，但是不可能准确知道未来预期收益和价格波动程度。因此，无法确定最佳融资是否有效。

这也是为什么资金管理技巧，如凯利准则或最佳F，都存在矛盾的原因。虽然我们知道过去的最佳值，但不可能预知未来的最佳值。当然，这并不意味着这些工具没有用处。实际上，这些工具很有用。最重要的作用是判断交易者投入的资金是否超出最佳融资倍数，若是如此，就应该立即减小交易规模。如果交易的资金未达到最佳融资倍数，交易者就应仔细思考一下策略未来的平均收益和价格波动程度怎样。这些问题都是构建有效的资金管理计划要面临的困难。

另一个问题是，计算最佳融资倍数时，假定每个投资人和交易者都想将财富中位数最大化。但是，许多学术研究机构发现，投资人一般都厌恶风险。尽管最佳融资可以使最终财富中位数最大化，但是投资人往往仅将最佳值的一半或三分之一投入交易。结果呢，某个人的最佳值对另一个人来说可能就太过分了。

解决交易难题：创建、检测和评估新的交易策略

现在我们已经掌握一些工具，可以创建、检测交易策略。这些交易策略成功应用于股票、期货和相对价值市场。接下来，让我们创建一套交易理论，然后根据理论构建、调整策略。

创建策略

根据我的交易经验，大的行情走势之后，一般有 3～5 天的跟进走势。价格暴涨之后买进，价格大跌之后放空都是可行的策略。但是，如何衡量这些走势呢?

传统的价格波动率突破方法，利用前述走势，试图在价格单日大涨后买进，价格单日大跌后放空。可是单日的数据足以决定趋势吗？还是需要观察 3～5 天市场的收益再定。新系统通过分析多重期间的收益，借以产生买卖信号，拓展了传统的价格波动率突破方法。

我决定从另一个角度观察价格波动率突破。传统的价格波动率突破系统中，如果符合以下条件就进场买进：

今天收盘价 > 基准价格 + num × 价格波动率衡量

这里，基准价格通常指昨天收盘价或今天开盘价，num 为某特定正数，价格波动率衡量指收盘价标准差或收益率标准差或真实区间的平均数。但是，我相信通过分析单日收益率判断短期突破是短视行为。

可是，如果市场连续两天出现超过平均水平的价格走势，且方向相同又会怎样呢？这些价格走势重要吗？我相信是的。因此，我同时用多重期间分析价格走势的突破，借以产生买卖信号。每天评估介于 5 ~ 20 之间的 x 值。

价格波动率突破新构想：

买进——如果收盘价 − x 天前收盘价 > num × SQRT（x）×过去 100 天价格变动标准差。

卖空——如果收盘价 − x 天前收盘价 < −1 × num × SQRT（x）×过去 100 天价格变动标准差。

每个交易日，对于所有介于 5 ~ 20 的 x 值，我都按照上述法则，搜寻买卖信号。首先考虑 $x = 5$ 的情况，也就是比较 5 天的价格变动量和过去 100 天价格变动标准差的关系。如果价格变动量大于 5 乘以 num 个标准差，就代表潜在的买进信号；反之，如果价格变动量小于 −5 乘以 num 个标准差，就代表潜在的卖出信号。接下来，考虑 $x = 6$ 的情况，然后是 $x = 7$ 的情况，一直到 $x = 20$。

每次，我们都计算 3 个数值的乘数：常数 num、x 的平方根和过去 100 天价格变动的标准差。参数 num 决定产生交易信号的价格走势的敏感程度。数值越小，产生的交易信号越频繁；数值越大，产生的交易信号越少。从常态分布，我们得知大约有 95% 的数值落在 ±2 标准差区间。如果把 num 设定为 2，系统大约有 5% 的时间会产生交易信号。也就是说每 20 天出现一次交易信号，约 1 个月 1 次。

我们可以使用 x 天期的标准差，设定价格波动率突破。为达到此目的，需要用标准差乘以 x 的平方根。举例来说，假设每日价格变动量的标准差为 ±1美元，我们推测未来单日的价格变动量有 68% 可能性在 ±1美元之间，有 95% 的可能性在 ±2美元之间，99% 的可能性在 ±3美元之间。此项推测也可用于 2 天期，只需用标准差乘以 2 的平方根即可。所以未来 2 天的价格变动量有 68% 可能性在 ±1. 41美元之间，95% 的可能性在 ±2. 83美元之间，99% 的可能性在 ±4. 24 美元之间。此方法可用来预测任何天数的价格变动量。图 12. 1 描绘了各种天数的 ±2 标准差的置信区间，该区间随天数的增加而增大。

观察 5 ~ 20 天的信号，可能会出现信号互相矛盾的现象。例如，当 $x = 5$ 时，由于近期价格大涨，可能产生买进信号；同时，当 $x = 15$ 时，由于先前价格大跌，又会产生卖出信号。遇到这种情况时，长期信号一般会压倒短期信号。就这个例子来说，我们一般会接受 $x = 15$ 时的卖出信号，忽略 $x = 5$ 时的买进信号。

图 12. 2 显示了这套新系统应用于欧元期货的情况。此处参数 num 设定为

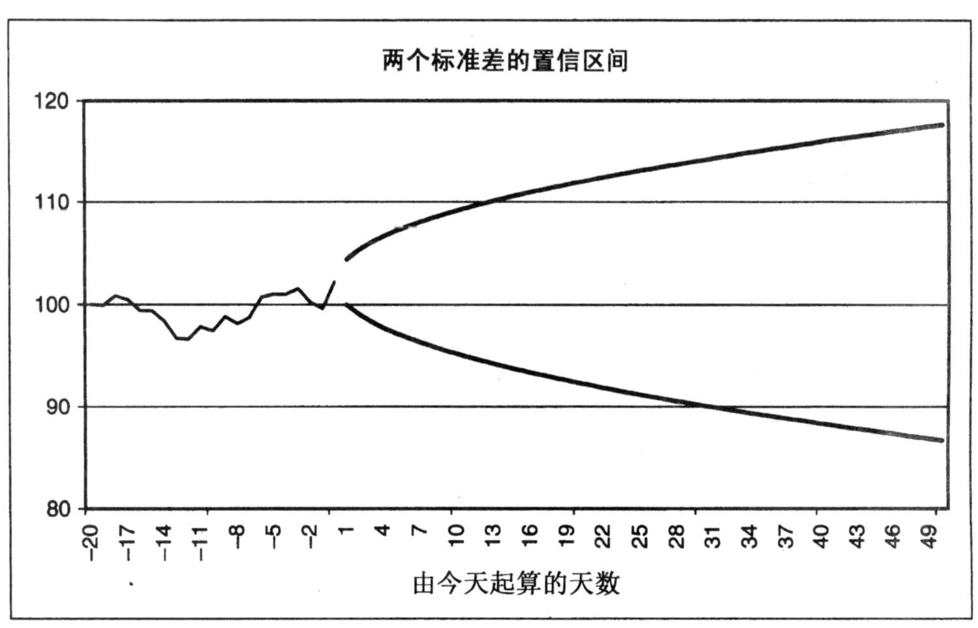

图 12. 1　两个标准差的置信区间。请注意，置信区间并不随时间呈线性增长。其增长速度与时间的平方根成正比例

1.0。10月中旬的价格急跌产生卖出信号。经过一段重大跌势之后，12月末价格从市场底谷开始反弹，1月初产生了买进信号。多头部位一直坚持到4月底。

增加出场法则或许可以提升上述交易策略的绩效。因此我们采用追踪停止的方法结束多头和空头部位。只要部位的卖值与曾经出现的最大值之差超过两个100天期价格变动标准差时，就结束部位出场。换言之，如果我们持有多头部位，价格比最高价下跌了两个100天期价格变动标准差，就结束部位，出场。如果持有空头部位，当价格比曾经出现的最低价高出两个标准差时，就应该结束空头部位。使用此追踪停止的方法，可以及早结束亏损交易，在价格回转前及时结束赢利的交易，保证既得利益。

检测新策略

交易策略经过数量化之后，就进入检测阶段。我们将通过19个期货市场，检测上述新策略的绩效。这套策略仅适用于可以采用顺势系统的市场，如外汇、

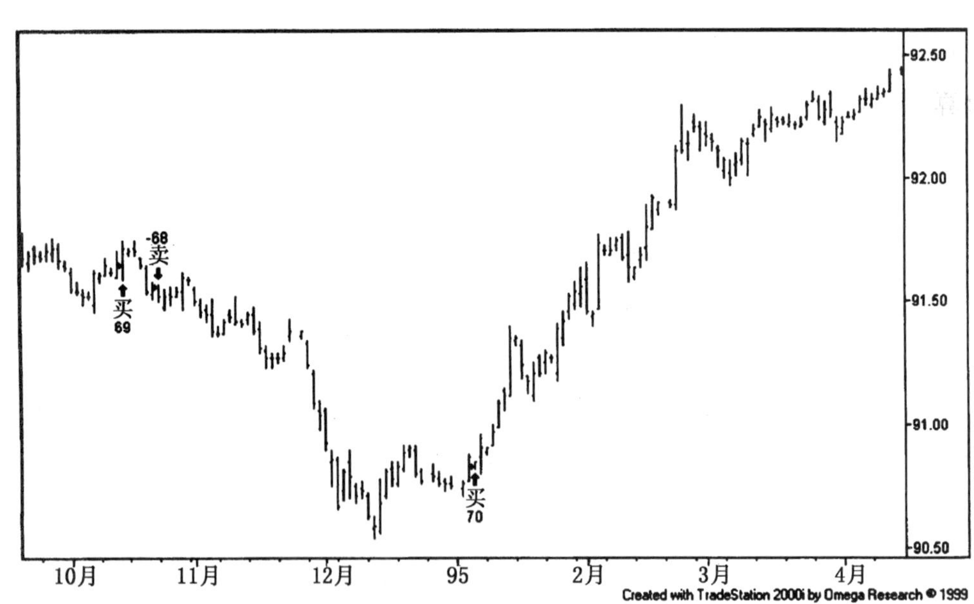

图12.2 新交易策略应用于欧元期货。10月中旬进场建立空头部位和1月初进场建立多头部位，都获利了

利率、石油、谷物与软性商品（包括可可和橙汁）。

对于这套新的价格波动率突破策略，我们准备检测两个版本。版本1：只包含进场机制。版本2：除了进场机制，还增加了追踪停止的出场方法。我们通过改变参数，观察结果是否稳定，以便调整系统。我们将参数num设定为1、1.5和2，来检测num参数的稳定性。图12.3列出了两个版本，各个参数的净利润、夏普比率和K－比率。

从图12.3的数据可以看出策略的绩效结果。首先，增加追踪出场，策略的收益与风险衡量值－夏普比率和K－比率显著提高。当num＝1.5和num＝2时，净利润明显降低。

决定最佳融资

从图12.4绘制的净值曲线图可以看出新策略在所选期货市场的表现。145个月我们赚了8 741 153美元，每月平均赢利60 284美元。历史绩效测试的每月收益波动（标准差）为282 620美元。采用第十一章的最佳融资公式，我们可以计算10万美元投资组合的最佳价格波动金额：

新价格波动率突破策略			
版本1	净利润	夏普比率	K－比率
Num＝1.0	6 560 399美元	0.51	0.30
Num＝1.5	7 454 859美元	0.57	0.23
Num＝2.0	6 185 323美元	0.51	0.05
版本2	净利润	夏普比率	K－比率
Num＝1.0	8 741 153美元	0.74	0.42
Num＝1.5	6 345 168美元	0.58	0.39
Num＝2.0	4 390 501美元	0.51	0.17

图12.3 新价格波动率突破策略的净利润、夏普比率和K－比率。Num设定为1，增加追踪停止方法时，策略的获利能力最高

交易策略评估（期货）

策略名称：新价格波动率突破策略

参数：Num=1.0，追踪最佳部位的2个100天价格变动标准差

说明：5～20天收益变动超过Num个标准差时，进场；2个标准差的追踪性停止点，则出场

测试期间：1999.1.1-2001.12.31

	市场	净利	K-比率	夏普率	最大流失	交易次数	成功%	平均合约	合约平均获利	平均获利	平均亏损	成功线形	失败线形
外汇	AD	179,420	0.01	0.10	–618,070	257	37	21.36	32	31,301	–17,258	18	5
	BP	–124,375	–0.08	–0.06	–769,925	254	36	14.31	–36	30,380	–17,772	16	6
	CD	852,860	0.24	0.41	–265,090	244	43	35.89	98	33,814	–18,958	18	5
	JY	547,513	0.17	0.29	–276,250	252	36	10.81	163	35,047	–17,057	18	6
	SF	–599,700	–0.10	–0.31	–657,463	254	29	13.68	–165	37,866	–18,760	19	6
利率	ED	1,858,175	0.23	0.80	–345,800	205	43	68.06	132	48,385	–21,188	21	5
	TY	337,360	0.12	0.16	–235,312	268	37	23.07	56	34,825	–18,369	18	5
	US	490,906	0.17	0.26	–225,031	240	38	17.09	121	35,472	–17,986	20	5
股票	SP												
金属	GC												
	HG												
	PL												
	SL												
能源	CL	701,120	0.14	0.36	–395,470	244	39	22.40	130	36,192	–17,936	18	6
	HO	253,781	0.05	0.12	–625,216	247	38	19.33	55	33,068	–18,943	17	5
	HU	546,672	0.10	0.25	–368,189	256	37	18.03	118	35,072	–16,996	18	6
谷物	C	353,050	0.12	0.17	–379,513	251	35	61.15	22	39,030	–18,663	19	5
	S	–289,838	–0.13	–0.16	–668,063	235	36	26.19	–48	31,978	–20,082	19	6
	W	377,325	0.14	0.18	–402,050	259	37	44.23	34	34,322	–18,144	18	5
肉类	FC												
	LC												
	LH												
	PB												
软性商品	CC												
	CT	189,935	0.01	0.09	–626,855	230	34	20.85	40	37,739	–18,485	19	7
	JO												
	KC	886,316	0.15	0.41	–391,144	220	39	10.86	371	39,790	–18,923	20	5
	LB	2,075,208	0.16	0.77	–272,816	273	40	22.78	337	45,806	–17,295	16	6
	SB	105,425	–0.03	0.06	–663,623	219	37	43.58	12	33,283	–18,725	18	7
	平均	460,061	0.08	0.20	–430,836	232	35	25.98	77	34,388	–17,449	17	5

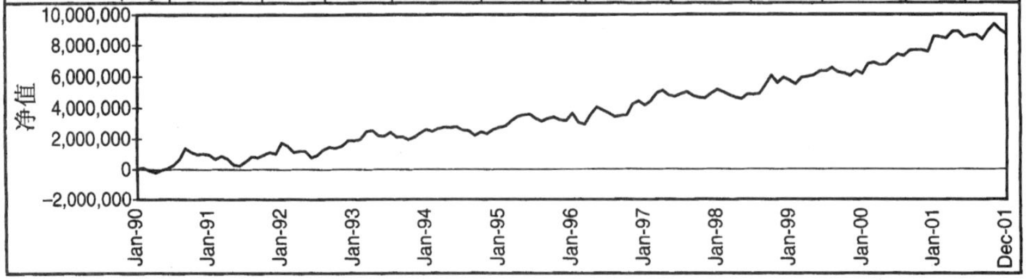

投资组合统计量

净利：	8,741,153	夏普率：	0.74
最大流失金额：	–1,141,172	突破相关：	0.63
K-比率：	0.42	均线相关：	0.54

图 12.4a　新价格波动率突破策略的绩效。在测试期间，新价格波动率突破策略有 12 年赢利

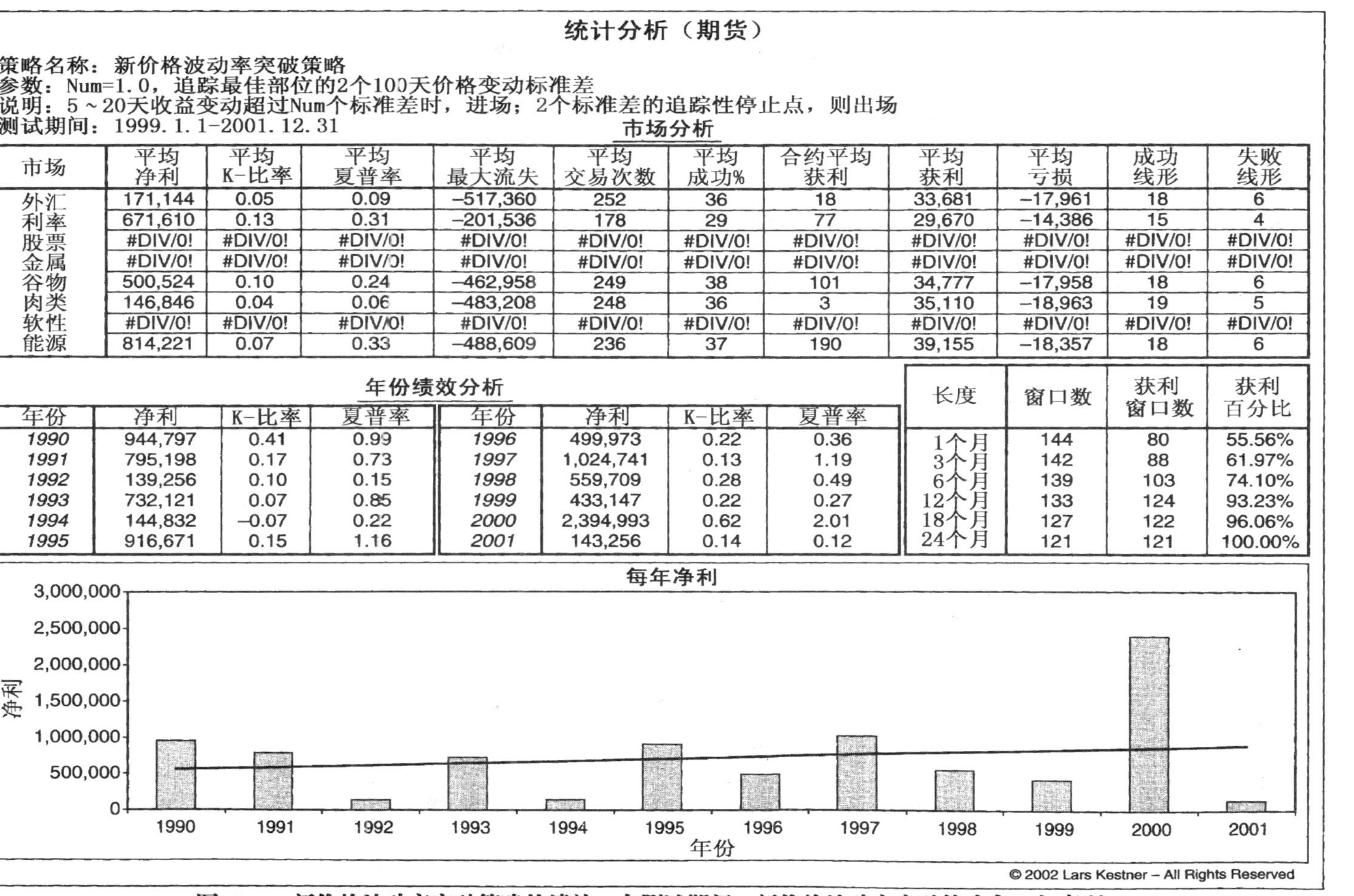

统计分析（期货）

策略名称：新价格波动率突破策略
参数：Num=1.0，追踪最佳部位的2个100天价格变动标准差
说明：5～20天收益变动超过Num个标准差时，进场；2个标准差的追踪性停止点，则出场
测试期间：1999.1.1–2001.12.31

市场分析

市场	平均净利	平均K-比率	平均夏普率	平均最大流失	平均交易次数	平均成功%	合约平均获利	平均获利	平均亏损	成功线形	失败线形
外汇	171,144	0.05	0.09	–517,360	252	36	18	33,681	–17,961	18	6
利率	671,610	0.13	0.31	–201,536	178	29	77	29,670	–14,386	15	4
股票	#DIV/0!	#DIV/0!	#DIV/0!	#DIV/0!	#DIV/0!	#DIV/0!	#DIV/0!	#DIV/0!	#DIV/0!	#DIV/0!	#DIV/0!
金属	#DIV/0!	#DIV/0!	#DIV/0!	#DIV/0!	#DIV/0!	#DIV/0!	#DIV/0!	#DIV/0!	#DIV/0!	#DIV/0!	#DIV/0!
谷物	500,524	0.10	0.24	–462,958	249	38	101	34,777	–17,958	18	6
肉类	146,846	0.04	0.06	–483,208	248	36	3	35,110	–18,963	19	5
软性	#DIV/0!	#DIV/0!	#DIV/0!	#DIV/0!	#DIV/0!	#DIV/0!	#DIV/0!	#DIV/0!	#DIV/0!	#DIV/0!	#DIV/0!
能源	814,221	0.07	0.33	–488,609	236	37	190	39,155	–18,357	18	6

年份绩效分析

年份	净利	K-比率	夏普率	年份	净利	K-比率	夏普率
1990	944,797	0.41	0.99	*1996*	499,973	0.22	0.36
1991	795,198	0.17	0.73	*1997*	1,024,741	0.13	1.19
1992	139,256	0.10	0.15	*1998*	559,709	0.28	0.49
1993	732,121	0.07	0.85	*1999*	433,147	0.22	0.27
1994	144,832	–0.07	0.22	*2000*	2,394,993	0.62	2.01
1995	916,671	0.15	1.16	*2001*	143,256	0.14	0.12

长度	窗口数	获利窗口数	获利百分比
1个月	144	80	55.56%
3个月	142	88	61.97%
6个月	139	103	74.10%
12个月	133	124	93.23%
18个月	127	122	96.06%
24个月	121	121	100.00%

图12.4b　新价格波动率突破策略的绩效。在测试期间，新价格波动率突破策略有12年赢利

最佳价格波动金额＝资本×平均收益金额/价格波动率

最佳价格波动金额＝100 000×60 284÷282 620＝21 330（美元）

根据公式，计算出的最佳价格波动金额为21 330美元/每月，历史测试的月份价格波动为282 620美元。因此，我们需要缩小投资部位的规模，大约仅能交易金额的7.5%（约1/30）。记住：交易的合约个数，是用资本100 000美元除以100天期价格变动的标准差。如果投入100 000美元，月份价格波动为282 620美元。根据最近融资金额来操作100 000美元，就应该用其乘以7.5%（100 000×7.5%＝750美元）。对于100 000美元的交易资本，使财富中位数最大化的每次交易的合约个数为：

交易的合约个数＝750美元÷100天期价格变动的标准差

接下来，要考虑最棘手的部分。我们知道上述最佳数值是根据历史绩效数据得出的，可是将来又会发生什么呢？于是我将最佳杠杆减半，来缓冲未来的不可知事件。

经过调整的新策略合约个数/交易的金额＝375美元÷100天期价格变动的标准差

如果使用375美元做分子，计算投资部位的规模，每月的预期收益为：60 284×7.5%÷2＝2 261（美元），月份价格波动为：（282 620美元）7.5%÷2＝10 598。如果实际交易时的数量与基准相差较大就应该小心了。实际交易的结果与历史数据测试结果偏差太大，意味着我们的计算有误或是策略绩效减退。任何情况对交易者来说都是灾难。

结束语

金融交易者是现代炼金师。我们的工作是预测不可预知的情况。日复一日，我们都试图把铅变成黄金。当我们无法预测不可预知的情况时，往往感到沮丧、忧心忡忡。毕竟，我们的工作是预测几乎不可能预测的金融市场。

读者在阅读本书后，得到的一点启示是：几乎一切都可以用数字分析。数字让世界运转，不仅金融世界如此，我们生活的每个层面都是这样。计量分析几乎可以解释任何事件或预测任何结果。数字或许无法解释所有的事情，但是对金融数据进行分析，可以促使交易成功。希望本书可以说服你，不要轻信事情的表象——尤其是可以运用数学知识检测或解决的。

我们检测了股票交易、金融期货、金属、肉类、谷物、石油产品、棉花、可可、糖、外汇、利率期间结构、信用码差、价格波动率以及股票和商品的关系。如果切达干酪期货成为最热门的市场，也可以使用本书介绍的计量方法分析。这正是计量方法的最大优点：使用方便。

多年的交易经验告诉我，金融交易并非易事。总有获利的机会，但是必须认真工作，才能领先于同行。我的童年在路易斯安那州度过，当时我的网球教练总要求我们加强体能训练，每天训练结束前，让我们围着球场快跑20多分钟。我们都很讨厌这一训练，认为没有多少用处。我还清晰地记得教练对我们大吼："你们知道现在新奥尔良州怎么训练的吗？他们就在练习赛跑。你们要想打败他们，就必须在平时训练时超过他们。"

教练是对的。任何行业，体育或是学术研究，人们都是通过不断工作学习提高自己的水平。通过日复一日的积累，人们变得更快、更强壮、更敏捷。请记住这条建议：如果想打败对手，就应投入比对手更多的精力。

凯恩斯（John Maynard Keynes）在《就业、利息和货币的基本理论》一书中写道：

名誉按常套败落，总比一反常规成功强。

凯恩斯认为人们一般反常规才能成功。但是，不按常规方法行事的人，有时不一定成功，也会因此遭受嘲笑。我建议试图采用冒险的方式发迹的人，接受凯恩斯的劝告。独立思考，另辟蹊径。交易成功将带来无比的满足感，即使失败，你仍会振作起来，重新尝试。

祝福大家，愿大家交易成功！